동아시아 철도네트워크의
역사와 정치경제학 II
- 세계화 시대의 '철의 실크로드' -

동아시아 철도네트워크의 역사와 정치경제학 II
- 세계화 시대의 '철의 실크로드' -

초판1쇄 발행일 • 2008년 8월 30일

엮은이 • 이옹현
펴낸이 • 이재호
펴낸곳 • 리북
등   록 • 1995년 12월 20일 제13-663호
주   소 • 서울시 마포구 솔내1길 19 서연빌딩 2층
전   화 • 02-322-6435
팩   스 • 02-322-6752

정   가 • 20,000원

ISBN 978-89-87315-84-3
      978-89-87315-82-9(전2권)

동아시아 철도네트워크의 역사와 정치경제학 II

− 세계화 시대의 '철의 실크로드' −

이웅현 편

리북

* 이 연구는 정부(교육과학기술부)의 재원으로 한국학술진흥재단의
지원을 받아 수행된 연구(KRF-2003-072-BM2006)임.

■ 서 문

주행기록을 정리하면서

　2002년 12월 유난히 추웠던 어느 겨울날, 학문적 궤도를 달리하는 10여명의 연구자들이 고려대학교 평화연구소라는 비좁은 시발역의 대합실에 모였다. 교수, 강사, 연구원 등 서로 다른 열차를 타고 정치학, 사회학, 문학, 역사학 등 서로 다른 궤도에서 각자 나름대로의 종착역을 향해 달려가고 있던 이 소수의 연구자들은 '동아시아 철도 네트워크의 역사와 정치경제학'이라는 새로운 종착지로 달리는 레일로 궤도수정을 하기로 결의하고, 대합실의 벽지도 위에 크게 그려진 세 개의 중간 기착지 '19세기 제국주의와 철도', '20세기 근대화와 철도' 그리고 '21세기 세계화와 철도네트워크의 가능성' 사이사이에 간이역을 그려 넣었다.
　한시적으로 설정된 시간인 3년이라는 짧은 기간 동안에 주파해야 할 노선치고는 상당히 긴 거리와 많은 지선들이 설정되었고, 각 지선에서 중간역까지의 주파를 책임질 기관사와 부기관사의 역할 분담도 이루어졌다. 이후 간선 및 지선의 건설과 주행의 승인을 받기까지 이 연구자들은 여러 차례의 모임을 거듭했고, 정해진 노선과 역

그리고 부설해야 할 철로의 바람직한 모습에 관한 각자의 구상과 의견을 주고받았다. 서로 다른 궤도를 서로 다른 차량으로 달려오던 연구자들의 다양성은 때로는 시간낭비의 한 요인이기도 했지만, 결과적으로는 훌륭한 철로와 종착역을 만드는 데 기여한 바가 더 많았다. 논의의 결과인 철도부설과 차량제작 그리고 운행계획에 관한 보고서는 A4 용지 1,000여 매로 정리되었고, 2003년 6월 한국학술진흥재단에 제출되어 주행을 시작해도 좋다는 승인을 받았다.

이후 3년 동안 멀리는 '동아시아 철도네트워크의 역사와 정치경제학'이라는 종착역을 향해 가깝게는 세 개의 중간역을 향해 각 지선의 기관사들이 경쟁적으로 달렸다. 처음에 자신을 갖고 부설한 노선에는 뜻밖에도 곳곳에 험로가 기다리고 있었다. 어떤 열차는 기관사의 전직(轉職)으로 수개월 만에 기관사를 교체해야 했고, 또 다른 열차는 예기치 못한 노선파열로 주행에 차질을 빚기도 했다. 그러나 모든 기관사들은 주어진 구간에서 최선을 다했고, 완주를 위해서 중간 기착지마다 매번 모임을 갖거나 전문가를 초치하여 의견을 구하는 수고를 마다하지 않았다. 추운 겨울날 출발한 열차와 기관사들은 결국 2006년 8월의 뜨거운 여름날, 3년의 주행을 마치고 종착역에 무사히 도착했다.

모든 열차가 종착역에 도착했지만 각 열차의 주행기록을 정리하여 성공적인 주행을 알리는 보고서 작성에 또 다른 2년이 소요되었다. 여기에 상재(上梓)하는 이 두 권의 책이 주행에 참여한 모든 기관사들의 노력과 지략을 결집한 바로 그 보고서이다. 철도부설과 차량제작 및 운행계획 보고서만 해도 몇 권의 책으로 정리되었을 것이지만, 이 두 권의 책에 이름을 올린 모든 기관사들은 주행기록만의 활자화에 만족하기로 했다. 그리고 활자화된 이 주행기록 보고서에 대해서는 여러 가지 이견이 있을 것을 예상하면서, 자신들의 주행기록이 더 신속하고, 더 정확하며, 더 안전한 운행 방법의 창안에 밑거름이 되고 새로운 노선개발에 도움이 된다면 스스로의 미숙함이나 직업병을 겸손하게 인정하고, 비판을 받아들이겠다는 마음가짐을 견지하고 있다. 열차와 노선의 편리함이나 정확성에 관해서는 결국 앞으로 이 노선과 열차를 이용하실 전문가와 비전문가 모두를 포함한 승객들이 판단해 주실 것이기 때문이다.

고려대학교 평화연구소라는 시발역이 없었더라면, 그리고 철도 부설과 운행계획수립 및 승인에 이르기까지 학문적 관심과 지원을 아끼지 않으신 강성학 교수님이 당시 평화연구소 소장이 아니었더라면 본 열차는 출발하지 못했을지도 모른다. 교수님과 연구소에 진심으로 감사드린다. 3년 동안 안전하게 주행할 수 있도록 다소 방만하기까지 했던 계획을 승인하고 지원해 주신 한국학술진흥재단에도 감사드린다.

2008년 8월
모든 열차가 떠난 텅 빈 종착역에서
모든 참여연구자들을 대신하여
이 웅 현

■ 차 례

서 문 주행기록을 정리하면서 ▮ 이웅현 • 5

서 장 동아시아 철도네트워크의 역사와 미래 ▮ 이웅현 • 13

제1부 산업화 시대의 철도네트워크
  제1장 남북한 철도의 발달과 산업사회 갈등 ▮ 이철우 • 33
  제2장 중국 경호(京滬)고속철도의 부설 배경과 효과 ▮ 김지환 • 83
  제3장 유럽연합(EU)의 공동운송정책(CTP)과 철도의 역할 및 위상
                                                  ▮ 이군호 • 109

제2부 철도네트워크의 군사전략적 의미
  제4장 독일철도의 군사적 이용에 관하여 – 초창기에서 비스마르크
      시대까지 – ▮ 이군호 • 135
  제5장 남북한 철도와 군사적 가치 – 대결의 수단에서 협력의 수단으로 –
                                                  ▮ 이수석 • 157
  제6장 남북한 철도연결의 군사적 영향 – 긴장완화 효과와 과제 –
                                                    ▮ 박종철 • 183

제3부 철도네트워크와 문화변동

제7장 공간은 살해되었다! – 독일 근대작가들을 통해 본 철도의 시공간 –
　　　　　　　　　　　　　　　　　　　　　　　　‖ 이군호 • *223*

제8장 남북한 철도의 단절과 사회문화적 변화 – 해방부터 한국전쟁 기간을 중심으로 – ‖ 박종철 • *245*

제4부 철도네트워크와 동아시아의 미래

제9장 남북한 철도연결사업의 기대효과와 과제 ‖ 서보혁 • *289*

제10장 러시아–한반도철도 복원과 연결사업(TSR–TKR)의 전망과 발전방향 ‖ 안병민 • *319*

제11장 동아시아 철도네트워크의 미래와 그 의미 ‖ 이철우 • *339*

■ (Ⅰ권 차례) 동아시아 철도네트워크의 역사와 정치경제학 Ⅰ
   - 근대화와 제국주의의 명암 -

서문 주행기록을 정리하면서 ‖ 이웅현 • *5*
서장 철도와 제국주의 그리고 근대화의 명암 ‖ 조진구 • *13*

제1부 동아시아 지역의 철도네트워크의 형성과 역사
    제1장 동북아시아 철도건설과 지역국가관계의 변화 - 19세기 후반과 20세기 초반 제국주의 시기를 중심으로 - ‖ 진시원 • *53*
    제2장 동아시아 철도네트워크의 기원과 역사 - 청일전쟁에서 태평양전쟁까지 -
                                                      ‖ 진시원 • *83*

제2부 열강들의 제국주의 정책과 철도
    제3장 19세기 말~20세기 초 미국의 동북아정책과 철도 ‖ 서보혁 • *125*
    제4장 제정 러시아의 제국주의와 동방정책의 역사적 고찰 - 동청철도를 둘러싼 중러 관계의 변화를 중심으로 - ‖ 김지환 • *169*
    제5장 러일전쟁과 시베리아횡단철도 그리고 일본 ‖ 안병민 • *211*
    제6장 시베리아횡단철도 - 건설배경과 과정 및 개발정책을 중심으로 - ‖ 윤영미 • *235*

제3부 만주·한반도의 철도부설과 일본제국주의
    제7장 한반도 철도부설과 제국주의의 경쟁과 음모 ‖ 박종철 • *263*
    제8장 일본제국주의 정책과 한반도 철도건설의 역사 ‖ 이수석 • *307*
    제9장 일본의 중국 및 만주침략과 남만주철도 - 만주사변(1931) 이전까지를 중심으로 -
                                                      ‖ 이군호 • *331*
    제10장 일본의 철도부설과 한국민족주의의 저항 ‖ 이철우 • *359*

제4부 동아시아의 근대화와 철도의 역할
    제11장 중국 국민정부 철도부의 성립과 롱해철도(隴海鐵道) ‖ 김지환 • *395*
    제12장 북한의 산업화와 철도 근대화 정책 ‖ 서보혁 • *429*
    제13장 한국의 산업화정책추진과 철도를 통한 산업화 - 해방 이후부터 1980년대 중반까지를 중심으로 - ‖ 이철우 • *459*
    제14장 일본의 근대화와 고속철도 - 신칸센의 영향과 역할을 중심으로 - ‖ 조철호 • *497*
    제15장 남북한·시베리아 철도연계와 동북아통합 ‖ 조철호 • *525*

서 장

동아시아 철도네트워크의 역사와 미래(이웅현)

서 장
동아시아 철도네트워크의 역사와 미래

이 웅 현

조지 스티븐슨의 여덟 량짜리 기차가 지구상에 첫 선을 보인 것은 1814년이지만, 스톡턴-달링턴을 잇는 궤도가 개통되고 본격적으로 운행을 시작한 것은 1825년 9월 27일의 일이었다. 스티븐슨의 '실험(Experiment)'호는 400명이 탄 28량의 여객차와 6량의 석탄수송열차를 끌고 시속 6.4km의 속도로 달리면서 지구상에 새로운 교통기관이 탄생했음을 알렸다.[1] 처음에는 석탄 수송을 위해 달렸던 기차는 1830년 조지의 아들 로버트가 '리버풀 & 맨체스터 철도회사'를 설립하면서 승객을 실어 나르는 최초의 '근대적' 교통수단으로서 궤도에 진입했다.[2] 그 후 10년 동안 유럽 국가들은 경쟁적으로 이 새로운 교통수단의 부설에 박차를 가했고, 1835년에는 영국이 약 200km, 프랑스 149km, 프러시아 604km, 오스트리아 198km, 벨기에 20km 그리고 미국이 1,283km

---

1) "Первые железные дороги в России," *Красный архив*, Том 76, Но. 3 (1936), p. 83.
2) クリスチャン・ウルマー(坂本憲一訳), 『折れたレール：イギリス国鉄民営化の失敗』(東京：ウェッジ 2002年), p. 33.

의 철도를 보유하게 되었다.3) 후발국가로서 산업화에 박차를 가하던 프러시아가 다른 국가나 자국의 영토 면적에 비해 비교적 많은 노선을 건설하고 있었다. 당시의 철도는 시간과 공간을 압축해 주는 최첨단 산업화 수단이라고 생각되었다. 오늘날의 사이버 통신수단이 사람들의 시간과 공간 개념을 바꾸어 놓은 것처럼 철도는 삶의 패러다임을 변화시키는 것이었다. 조지 스티븐슨은 오늘날의 빌 게이츠였다.

산업화와 근대화가 동의어로 해석되던 19세기 동아시아에서 이 첨단 '축지법'의 연마에 가장 먼저 뛰어든 것은 일본이었다. 일본은 1872년 도쿄-요코하마를 잇는 철도를 개통하면서 철도왕국으로서의 첫 걸음을 내디뎠지만, 일본의 위정자들이 기차의 위엄을 처음 경험한 것은 1860년이었다. 1860년 파견된 견미(遣美)사절단원들은 파나마지협에서 미국철도를 견학, 시승했다.4) 이들은 태어나서 처음 본 기차와 철도에 대한 경이로움을 "증기(기관차)는 연기로 자욱하고, [기적]소리도 우렁차다. 맨 뒤가 상석으로 되어 있는데, 증기(기관차) 다음에 화물을 적재하고, 그 다음에 가벼운 (화물)순서로 싣고, 끝 쪽에 [사람이…]" 또는 "[기적]소리 우렁차기가 노한 천둥소리와 같아서 두 사람이 서로 이야기해도 무슨 말인지 들을 수가 없다"고 기록했다.5) 메이지유신 단행 후 불과 4년 만에 철도를 건설한 것을 보면 철도는 일본 위정자들이 구상하던 근대화의 순위에 앞자리를 차지하고 있었음에 틀림없다.

그로부터 4년이 채 지나지 않은 1876년 조일수호조규를 체결하기 위해 강화도에 머물던 일본대표단의 실무자들은 조선의 대표 신헌

---

3) "Первые железные дороги в России," p. 84.
4) 池井優, 『日本外交史概説』三訂, 慶応通信, 平成4年(1992년), p. 21.
5) 野田正穂・原田勝正・青木栄一・老川慶喜, 『日本の鉄道：成立と展開』 日本経済評論社, 1986年, pp. 6-7.

에게 "(일본에는) 철로로 수 천리나 길을 포장하여, 화륜차를 왕래하도록 한다"고 자랑했다.6) 실제로 1876년 초 당시 일본의 철도는 도쿄-요코하마 간 29km, 오사카-코베 간 32.7km 등 총 61.7km(일본의 거리단위 '리'로 환산하면 15리)에 불과했지만,7) 일본인들에게 철도의 경이로움은 '수 천리' 그 이상이었던 것이다.

조선에 자국의 철도를 자랑했던 1876년 당시의 일본인들은 느끼고 있지 못했겠지만, 철도는 근대화와 산업화의 수단 내지 징표라는 가치 이외에도 군사적으로 유용하다는 사실을 일본인들은 18년 뒤에 깨닫기 시작했다. 프러시아가 오스트리아와 프랑스를 잇달아 격파하면서 산업화의 총아로서 뿐만 아니라 기동력을 확보하는 군사 무기로서의 철도의 가치를 입증한 것처럼, 일본도 1894년 청일전쟁을 통해서 20여 년 동안 건설한 철도네트워크를 군사력 동원에 효율적으로 이용했다.

1894년 당시까지 동아시아에서 철도네트워크를 보유한 유일한 국가는 일본이었다. 일본 중앙부에서 히로시마까지 철도가 부설되어 있었고, 이 철도네트워크를 이용하여 5만 여 명의 군사력을 동원하는 데 불과 2개월 밖에 걸리지 않았다. 일본의 많은 젊은이들이 도시와 도시를 잇는 철도를 통해 다른 지방을 처음 경험했다. 지방의 병사들에게 히로시마는 경이로움 그 자체였고, 다른 지방에서 올라온 젊은이들과의 집단적 만남도 이전에는 경험할 수 없는 것이었다. 이와 같은 문화적 충격은 철도의 시간적 정확성에 의해 더욱 증폭되었다.8) 시간과 공간의 단축을 통한 기동성 확보 그리고 철저한 시간엄수를 통한 규율과 절도를 철도와 열차를 통해 습득하면서,

---

6) 田保橋潔, 『近代日鮮関係の研究』(上), 文化資料調査会, 昭和38年(1962년), p. 494n.
7) 野田正穂(1962), pp. 25, 30.
8) Stewart Lone, *Japan's First Modern War: Army and Society in the Conflict with China, 1894-95* (London; Macmillan Press, 1994), pp. 54-58.

근대적 전쟁 수행의 첨병으로서의 철도의 가치를 절감했던 것이다.

청일전쟁과 러일전쟁을 거치면서 일본에게는 산업화나 근대화의 수단으로서 뿐만 아니라 국제정치적, 군사적 수단으로서의 중요성이 증가하기 시작했다. 청일전쟁으로 획득한 타이완에 남북종단철도를 1899년부터 건설하기 시작(1908년 완공)했고,9) 영국과 동맹체결의 시기를 전후로 해서 러시아의 남진을 우려한 정치적 의도에서 한반도의 종단철도 부설권도 획득했다.10) 최초의 철도건설 후 30년의 세월이 흐르면서 근대화의 추동력으로서의 철도에서 정치군사적 팽창 수단 즉 제국주의의 첨병으로서의 철도로 인식이 바뀌어 간 것이었다.

동아시아 지역에서 일본의 제국주의적 팽창이 극에 달하는 1930년대 말에 이르러서는 멀리 이란과 이라크까지 연결하는 동아시아–중앙아시아의 철도네트워크를 구상했다. 비록 성공하지는 못했지만, 이른바 '방공(防共)철도'라 명명한 이 구상은 소련에 대항하는 유럽 국가들과의 연대를 상징하는 국제정치적 의미를 지님과 동시에 전 세계를 하나로 묶는 물류수송망 혁신의 아이디어를 담고 있었다.11)

그러나 국내적으로 철도는 산업화와 근대화의 수단으로서 활용되었고, 더 신속하고 편리한 근대적 운송수단으로서 철도에 대한 꿈은 변하지 않고 있었다. 1901년『호치심붕(報知新聞)』에 20세기 철도의 모습을 예상한 다음과 같은 기사가 실린 적이 있다. "19세기 말에 발명된 엽연초(葉煙草)형 기관차는 크게 발전하여, 열차는 작은 가옥의 크기로 모든 편리함을 갖추게 되고, 승객으로 하여금 여행

---

9) 高橋泰隆,『日本植民地鉄道史論：台湾, 朝鮮, 満州, 華北, 華中鉄道の経営史的研究』, 日本経済評論社, 1995年, p. 13.
10) 井上勇一,『東アジア鉄道国際関係史：日英同盟の成立および変質過程の研究』, 慶応通信, 1990年, pp. 74-101.
11) 湯本昇,『中央アジア横断鉄道建設論：世界平和への大道』(東京：東亜交通社), 昭和14年(1939年) 참조.

중에 있다는 느낌을 갖지 않게 할 것이다. 겨울에는 실내가 따뜻할 뿐 아니라 한 여름에도 냉기를 제공하는 장치가 있다… 속력은 통상 1분에 2마일, 급행이라면 1시간에 150마일 이상을 달려, 도쿄와 고베 사이는 두 시간 반이면 족하고, 현재 나흘과 반나절을 요하는 뉴욕-샌프란시스코 구간은 하루에 주파한다. 동력은 물론 석탄을 사용하지 않아 매연도 없다."[12] 이러한 기대를 실현하게 된 것은 70년이 지나서였다.

철도의 운반수단(차량)은 노선에 의해 운동방향의 제약을 받는다. 자동차처럼 도로 위에서 운전자의 의사에 따라 어디로든지 통할 수 있는 교통수단이 아니다. 그러나 속도와 안전이라는 면에서는 자동차를 능가한다. 전적으로 운전자의 주의력에 의존하는 자동차와 달리 조작의 미숙으로 노선을 이탈하거나 역방향의 차량과 충돌할 위험이 거의 없다. 뿐만 아니라 시속 100km 정도의 속도제한도 철도에는 적용되지 않는다. 항공기나 선박 역시 대량의 인적, 물적 수송에는 절대적으로 필요한 운반수단이지만 적어도 하나의 국가처럼 제한된 육상에서의 운반수단으로는 목적지의 근접성과 정확성이라는 면에서 철도보다 우월하지 않다.[13] 바로 이러한 점 때문에 산업화시대의 수송수단으로서의 철도의 고속화에 착안하게 된 것이고, 그 산물이 1964년 개통된 도쿄-오사카 구간 신칸센(도카이도 신칸센)이었다. 일본은 20세기 중반에 이미 육상의 교통수단으로서는 가장 빠른 시속 200km의 산업화 동력을 장착하게 되었다.

동아시아 철도네트워크 건설의 선발주자로서 일본은 100여년의 철도사를 통해 근대화의 상징으로서의 철도, 군사적 정치적 수단으로서의 철도 그리고 산업화의 동력으로서의 철도 건설의 경험을 압축적으로 해 왔던 것이다.

---

12) 角本良平, 『新幹線開発物語』, 中央公論新社, 2001年, pp. 26-27에서 재인용.
13) 角本良平(2001), pp. 29-30.

일본의 철도사는 동아시아 철도네트워크 형성의 과정과 미래에 많은 시사점을 제공한다. 동아시아 국가들에게 있어 철도는 초기에는 근대화의 견인차였을 뿐만 아니라 전통사회의 삶의 방식과 사고를 획기적으로 변화시킨 매개체이기도 했다. 선발국가에게는 철도를 매개로 한 근대화가 새로운 세계의 경험, 빈곤으로부터의 해방 그리고 민주적 가치관의 확산 등을 의미했지만, 한국과 중국 등 철도 후발주자들에게는 이민족의 지배, 발전의 종속화 그리고 전통사회의 급격한 파괴라는 부정적 측면을 의미하기도 했다.

뿐만 아니라 철도건설은 초기투자 비용이 막대하게 소요되기 때문에 한 국가의 정부정책 목표 및 의지에 통제받지 않을 수 없는 물리적 조건 하에 놓여있다. 이러한 조건이 동아시아 국가들 사이의 철도발전의 격차를 야기한 주원인이기도 하다. 그러나 발전의 선후를 떠나서 결과적으로는 지역의 철도네트워크가 건설되면 지역 간의 연결이 용이해지고 산업화의 동맥 구실을 함은 물론, 더 나아가 국가 간의 접촉을 가능하게 함으로써 국가 간 교류를 활발하게 한다. 따라서 동아시아 지역에 있어 철도건설이 동아시아 지역 국가들의 산업화에 어떠한 영향을 미쳤는지, 어떠한 군사적 정치적 문제를 안고 있는지, 그리고 어떤 사회적 갈등과 문화충돌의 문제를 초래했는지 면밀하게 검토할 필요가 있다.

이것이 산업화 시대 철도의 과거와 현재적 논점이라면, 미래의 논점으로서는 거시적인 동아시아 철도네트워크의 완성 가능성을 살펴보아야 할 것이다. 즉 동아시아 철도네트워크에 대한 이해는 완료형에서 끝나지 않으며 현재진행형의 지속성 하에서 파악되어야 하며, 미래의 완성된 모습을 가늠하기 어려운 작업이다. 끊임없는 긴장감 속에서 관찰되어야 하는 것이다.

현재 동아시아를 잇는 수송로는 도로, 해운, 항공 등 세 가지 방법이 있지만, 논의의 초점은 철도네트워크이다. 육상의 교통로는 남북한 분단으로 한반도에서 단절되어 있고, 중국횡단철도(TCR)와 연결되는 만주통과철도(TMR)가 시베리아횡단철도(TSR)와 연결될 몽고 국경부근에서 연결되지 않은 구간이 있다. 동아시아 지역의 철도네트워크는 연결되지 않은 이 두 개의 구간을 연결할 때 비로소 운위할 수 있을 것이다. 이렇게 연결된 동북아 철도네트워크가 이 지역에 속한 남북한, 중국, 러시아, 몽고 그리고 일본 등 동북아 경제협력을 통해 역내 상호의존을 발전시킬 가능성을 안고 있다고 한다면 이 동아시아 철도네트워크의 전망 역시 중요한 논점이 될 것이다.[14] 더욱이 1939년 일본인 유모토가 구상했듯이 동아시아의 철도네트워크가 중앙아시아와 유럽으로 이어질 가능성을 함께 고려하면 동아시아의 철도네트워크는 '철도의 세계화'의 발판으로서의 역할도 하게 될 것이다. 즉 동아시아 철도네트워크에서 파악해야 할 것은 동아시아의 과거, 현재 그리고 미래이며, 동아시아의 역사와 전망을 파악하는 주요 매개수단으로서의 철도의 가치를 부인할 수 없다.

이와 같은 문제의식에서 출발하는 이 연구는 총 4부 11편의 논문으로 구성되어 있다. 제1부 '산업화 시대의 철도네트워크'에서는 산업화 또는 후기 산업화 사회의 철도의 여러 단면을 산발적이기는 하지만 여러 지역을 통해 검토하고 있다. "남북한 철도의 발달과 산업사회의 갈등"이라는 제1장에서 이철우는 한국과 북한 모두를 산업화 도상의 사회라고 전제하고, 철도의 개발과 발전 과정에 남북한 사회에 나타난 산업사회의 문제점을 대비하여 보여주고 있다. 즉 철도가 경제발전의 필수적인 수단으로서 기여하는 산업화 과정에서 남북한은 미국과 소련 등 열강이 제공한 원조의 혜택을 받았다는 공통점을 지니지만, 한국이 1960년대 초부터 미국의 1차 산품

---

[14] 2003년 한국학술진흥재단에 제출한 연구계획서 '동아시아 철도네트워크의 역사와 정치경제학' 중에서

위주의 원조를 중심으로 대외 의족적인 산업화를 추진한 반면, 북한은 소련과 동유럽 사회주의 국가들의 시설재(플란트) 중심의 원조를 토대로 중공업 특히 군수산업 위주의 대내 지향적 산업화를 추진했다는 차이가 있다. 그러나 이러한 차이로 인해 한국과 북한은 전혀 다른 길을 걷게 되었다. 한국이 산업화 초기 경공업제품위주의 수출정책을 추진하여 산업화의 기틀을 마련하고, 70년대 중반부터는 중화학공업정책으로 경제성장의 발판을 마련한 반면, 북한은 자립적 경제정책 하에 군사경제병진정책을 추진함으로써 1970년대 초반까지는 한국보다 우위에 섰지만, 군사비 과다지출, 중공업비대에 따른 기형적 산업구조, 대외진출봉쇄, 북한내부의 구조적 문제 등의 요인으로 경제성장이 지연되고 경제침체가 가속화되어 외부 세계의 지원 없이는 생존조차 힘들게 되었다.

사회문화적으로는 남북한 모두 노동계층이 급증하는 가운데 계층 간 갈등, 가족구조와 가치관의 변화 등의 문제가 발생했는데, 한국의 경우 중산층이 증가하는 가운데 소득재분배의 불균형심화로 계층 간의 대립과 갈등이 노정되었으며, 농촌해체를 급진전시켰으며, 물질주의적, 소비지향적, 이기주의적 가치관을 형성시켰다는 것이다. 북한은 신 중간계급의 증가로 역시 계층 간 갈등이 심화되었으며, 여성들의 경제활동참여는 증가하였으나 이중노동에 시달리게 되었다. 또한 사회주의적 가정으로 변화시킴으로써 가족 구성원들 간에 상이한 가치관을 형성시켜 전통적 가족의 모습을 찾아볼 수 없게 하였으며, 공동생산, 공동분배정책으로 인한 노동동기 약화로 노동을 기피하고 나태하게 만들어 의존적, 수동적 가치관이 형성되었다는 것이다. 이철우는 자본주의체제와 사회주의체제의 산업화 과정의 차이로 인한 한국과 북한 사회의 이러한 변화를 철도의 역할을 매개로 기술하고 있다.

제2장 김지환의 "중국 경호고속철도의 부설 배경과 효과"는 맹렬

하게 산업화하고 있는 현재의 중국에 절대적으로 필요한 교통수송망의 확충과 가속화를 '경호고속철도'를 사례로 분석하고 있다. 즉 21세기 철도의 고속화라는 세계적인 조류 속에서 '특유의 사회주의 시장경제'를 추구하고 있는 중국이 최초의 고속철도인 경호고속철도를 부설하는 것은 특별한 의미를 가지고 있다고 전제하면서, 경호고속철도는 북경과 상해를 연결하는 노선으로서 중국에서 가장 경제가 발달한 동부 연안지역을 관통하는 중국 종단철도라고 그 의미를 규정하고 있다.

연 9.6%의 높은 경제성장률을 기록하고 있는 중국이 경제발전의 중심지역이라 할 수 있는 동부 지역의 발전을 가속화시키기 위해서는 운송 능력의 고속화가 필연적이 조건이 될 수밖에 없지만, 기존의 경호철도는 이미 운수능력이 포화상태에 달하여 이와 같은 역할을 담당할 수 없게 됨으로써 '고속철도화'에 착수하게 되었다고 설명하면서, 2006년에 착공되어 2010년에 완공되는 경호고속철도는 북경과 상해를 300~350km/h의 속도로 운행하여 운행시간이 5시간대로 단축될 것이며, 연 8,000여 만 명의 승객을 실어 나를 것이라고 예측하고 있다. 경호고속철도는 북경 경제권역과 상해 경제권역을 긴밀히 연결하여 시장경제의 활성화와 국민 소득 수준의 향상에 크게 기여할 것이며, 21세기 중국 경제 발전의 견인차 역할을 하게 될 것이라는 주장은 부상하는 대국으로서의 중국의 미래에 철도가 얼마나 커다란 역할을 할 것인가를 가늠하게 해 준다.

제3장에서는 동아시아 국가는 아니지만, 동아시아 철도네트워크의 도정을 예측하기 위한 수단으로 유럽연합의 운송정책과 그 과정에서의 철도의 역할과 위치를 분석하고 있다. "유럽연합(EU)의 공동운송정책(CTP)과 철도의 역할 및 위상"에서 이군호는 유럽이 전통적으로 철도가 발달한 지역임에도 불구하고 화물운송에 있어서 철도의 역할이 큰 비중을 차지하지 못해왔고 철도운송 분담율의 추이도

1970년대 이후 지속적으로 하락하고 있지만, 유럽의 공동운송정책의 틀 속에서 철도의 활성화대책은 지속적으로 추진되는 과정에 있으며, 향후 유럽내륙 철도운송망의 발전 및 활성화가 더욱 가속화 될 것이라고 주장하고 있다. 21세기 들어 한국은 물류수송 체계상의 문제점으로 지적되어 왔던 도로중심의 수송에서 철도와 해운 중심의 대량-장거리 수송체계로 전환하고, 시설 간 연계를 통한 물류시스템의 효율화를 추진하겠다는 구상을 발표하였다. 이에 따라 정부는 고속철도 개통과 철도청의 공사화를 계기로 철도의 화물수송기능을 확대하고 화물터미널, 항만 등의 물류거점시설의 정비와 연안수송체계 및 일관수송체계를 구축하며, 관련 법제도의 정비를 통하여 물류체계의 효율화를 적극 추진할 예정이다.

한국의 이러한 새로운 물류정책은 이미 북미와 유럽에서 시도하는 정책과 일맥상통하는 것이라고 이군호는 보고 있다. 특히 도로교통망의 한계에 직면하여 지속가능한 수송체계의 확보를 위해 고민해 온 유럽이 근해수송, 철도수송, 내륙수로수송을 통합한 복합운송시스템을 기존의 물류인프라의 활용도를 향상시키고 도로수송체계의 붕괴를 방지하기 위한 유력한 대안으로 인식하고 있는 것은 한국의 구상에 많은 시사점을 제공한다는 것이다. 유럽연합이 도로와 자동차 중심에서 탈피하여 환경친화성이 뛰어난 철도나 내륙해운의 역할을 강화함으로써 각 교통수단간 균형적 수송 분담을 추구하고 있는 배경에는 유럽의 경제적 통합이라는 맥락에서 추진되어 온 유럽단일시장의 확보 및 그에 따른 범유럽적 통합운송체계의 필요성이 깔려 있으며, 범유럽 수송네트워크(Trans European Transport Network: TEN-T)와 마르코 폴로 프로그램(Marco Polo Programm)으로 대표되는 유럽연합의 공동운송정책에서 핵심적인 역할과 위상이 기대되는 분야가 바로 철도라고 예상하고 있다. 이군호의 분석은 철도네트워크를 통한 동아시아 지역통합의 미래를 전망할 때 참고

할 수 있는 좋은 사례가 될 것이다.

제2부 '철도네트워크의 군사전략적 의미'에서는 근대화와 제국주의시대 뿐만 아니라 현재에도 여전히 그 중요성을 잃지 않고 있는 철도의 '군사적' 성격에 관한 고찰을 시도한다. 한국과 북한의 철도를 통한 연계를 고려할 때 자주 등장하는 군사적 한계의 문제의 성격과 극복방안을 세 편의 논문을 통해 엿볼 수 있다.

제4장 이군호의 "독일철도의 군사적 이용에 관하여"는 일본과 마찬가지로 후발 자본주의국가인 비스마르크 시대의 독일을 사례로 삼아 '철도의 군사적 이용'에 관한 일반론을 전개하고 있다. 화물운송 및 대중적 교통수단으로서의 철도의 의미가 분화되기 시작한 곳이 바로 19세기의 독일이라고 할 수 있다. 이 논문은 철도가 산업물자의 운송수단으로서 뿐만 아니라 대중적 교통수단으로서 입지를 굳혀갔고 나아가 군사적 수단으로까지 효용의 폭을 넓혀나가게 되었다고 그 시간적 발전과정을 기술하면서, 기술의 군사적 이용이라는 측면에서 철도 역시 예외일 수 없다고 강조한다. 철도는 항공기술이 보편화되기 시작하는 제1차 세계대전 시까지 그 군사전략적 이용가치를 증대시켜 갔다는 것이다. 철도는 '배타적 공공성(公共性)' 즉 다른 교통 및 운송수단에 비하여 공공재로서의 성격이 각별히 강하다는 점 때문에 국가권력 혹은 정치권력과 상당히 밀접한 상호관계를 맺는다. 따라서 군사적 효용가치를 매개로 한 국가와 철도의 전략적 결합은 필연적이라고 할 수 있다고 강조한다. 이 논문은 철도가 경제적, 산업적, 대중적 효용가치와 아울러 군사적 효용가치를 본격적으로 발휘하기 시작하는 19세기 중반에 주목하면서 비스마르크 시대까지의 독일을 중심으로 철도의 군사전략적 가치와 그의 활용을 조망한다. 독일 통일전쟁의 사례를 통해서 철도가 대규모 병력의 동원과 이동, 시간 단위의 작전계획 수립 가능성 확대 등을 통해 군사적 효용성을 발휘했다는 점을 분석하고 있을 뿐만 아니라,

제국 창설 이후 독일이 대내적 통합정책을 수립하고 추진하는 과정에서도 철도를 효과적으로 이용했다고 강조하면서, 철도의 국가건설과 통합의 역할까지 언급하고 있다.

제5장 "남북한 철도와 군사적 가치"는 현실적인 문제를 다루고 있다. 이수석은 한반도철도의 성격이 정치적 상황에 따라서 변화해 왔다는 점을 강조하고 있다. 즉 한반도의 철도가 자본주의의 산물로서 교통수단의 근대화에 기여한 점이 없는 것은 아니지만, 일본 제국주의의 경제발전과 군사적 목적을 위한 통치수단의 역할에 더 충실했던 시기가 있었고, 해방 이후에는 남북한이 분단되면서 경제발전을 위한 대량수송의 중요한 인프라로 부각되었다고 분석한다. 즉 남북한은 철도의 경제적 가치에 주목하면서 철도를 통해 운송 발전을 도모하였다는 것이다. 그러면서도 한국전쟁의 발발로 철도가 병력과 물자수송의 중요한 도구로 변화되었고, 그 군사적 중요성이 다시 부각되었다고 쓰고 있다.

21세기에 들어서 6·15 남북정상회담 이후 남북한 교류와 협력이 활성화되면서 다시 철도는 과거의 군사적 수단에서 남북경협을 통한 협력수단의 역할을 할 가능성이 커졌다고 보고 있다. 예를 들어 경의선, 동해선 철도연결사업은 남북한 분단과 대치의 역사에 새로운 화해와 협력의 계기가 되며 남북경협을 뒷받침하는 인프라가 될 것이라는 기대가 높아졌다는 것이다. 따라서 남북한은 철도의 군사적 가치대신 경제, 사회문화적 가치를 증진시키는 방향으로 상호 노력해야 한다고 결론짓고 있다.

제6장 박종철의 "남북한 철도연결의 군사적 영향"은 좀 더 구체적으로 한국과 북한의 철도가 연결되었을 경우에 발생할 수 있는 군사적 효과를 분석한다. 즉 2000년 남북정상회담 이후 진행되어온 남북한 철도연결사업의 현황과 남북한의 입장을 살피고 철도협력의 군사적 영향력을 분석하고 있다. 철도협력은 경제적인 이득과 사회적

인프라 구축 및 문화교류의 증진이라는 효과와 함께 비무장지대 관리 및 정전체제 유지문제, 비무장지대의 군사시설 제거, 군사적 신뢰구축 등 군사적인 의미를 지니고 있다. 무엇보다 철도 및 도로의 연결은 첨예한 남북 간 군사대치의 현장인 비무장지대를 통과하는 것이기 때문에 양측의 군사적 신뢰를 전제로 한다는 것이다. 박종철은 이와 같은 사실이 과거 동서독의 철도연결을 통해서도 입증된다고 주장하면서, 남북한 철도연결사업의 군사적 효과가 남북협력에 대한 북한의 소극적 입장, 정전협정과 관련된 유엔사의 개입, 비무장지대의 관할권 문제, 한반도문제에 대한 주변국의 개입 등 제약요인을 안고 있다고 강조하고 있다. 결론적으로는 이러한 점들을 모두 고려하여 남북한 군사적 긴장완화를 위한 철도협력을 위해서는 철도연결에 대한 북한의 참여를 유도하기 위한 경제적 보상 제공, 유엔사령부로부터 남북 협력사업에 대한 관리권의 이양, 남북 군사회담의 제도화, 공동 관리를 위한 기술적·제도적 문제의 해결 등을 제안하고 있다.

   제3부 '철도네트워크와 문화변동'에서는 제2부에 비해 다소 소프트한 주제를 다룬다. 제7장 "공간은 살해되었다!"는 가장 문학적인 색채의 독특한 글이다. 이군호는 이 장에서 독일의 근대 작가들의 작품을 통해서 철도의 시간과 공간이라는 문제에 접근하고 있다. 철도가 갖는 복합적 성격으로 인해 철도는 인간의 일상이고 문화이자 정치요 경제라고 전제하고, 최근의 남북한 철도연결을 둘러싼 파급효과에 관한 국내외의 지대한 관심에 주목한다. 철도가 복합적 성격을 가짐에도 불구하고 철도가 갖는 문화적 함의를 다룬 연구가 거의 전무한 국내적 상황을 개탄하면서, 독일 근대문학을 논의의 출발점으로 삼고 있다. 유럽대륙에서는 19세기 초반 철도가 문자 그대로 굉음을 울리며 등장했을 때, 그리고 이어서 근대화와 산업화의 견인차로 각광받기 시작했을 때, 작가들의 의식세계는 이 새로운

굉음을 탐지하는 지진계로 작동하였으며 철도라는 '괴물'의 존재를 그들의 사유세계 안으로 끌어들여 다양한 의미를 부여하기 시작했다는 것이다.

이 장에서 이군호는 하이네, 아이헨도르프, 괴테, 뵈르네 등 4명의 독일 근대문학 작가들이 1850년 이전에 그들의 글 속에 그려낸 철도의 모습을 통해서 당시의 시대변화와 이에 따른 사람들의 의식변화의 일면을 소개하고, 특히 그 가운데에서 철도가 불러일으킨 시공간 개념의 혁명적 변화에 초점을 맞추고 있다. 철도가 가져온 '변화'와 '변동'에 주목하면서, 철도가 이질적이고 경이로우며 때론 공포를 자아내는 신문물로서 수용되는 과정을 문학적 관찰의 대상으로 삼고 있는 것이다.

제8장에서는 이러한 문학적 관찰의 대상을 한반도의 현실로 옮겨놓았다. "남북한 철도의 단절과 사회문화적 변화"의 장에서 박종철은 철도가 한반도 전체에 '사회적 동원'을 가져 올 수 있는 교통수단이었으며 동시에 커뮤니케이션의 수단이라고 전제하고, 근대화에 관한 커뮤니케이션 이론 및 사회적 동원 개념에 입각하여 한국의 근대화 과정에서 철도와 사회문화적 변화와의 관계를 분석하고 있다. 한국의 근대화 과정에서 철도는 첫째, 일제 식민지하에서 정치·군사적 목적과 식민지 자원 수탈이라는 목적을 위해 건설되면서 필연적으로 전통 농촌사회와 신분구조의 해체, 기형적 도시화 등의 결과를 가져왔고, 둘째, 해방 후 남북분단과 전쟁을 거치면서 철도의 단절은 남북한의 이질화와 차별적 발전을 심화시키는 요인으로 작용하였다는 특징을 지닌다고 주장하면서 한반도에서의 철도의 사회, 문화적 영향을 분석한다. 우선 일제 강점기에는 철도가 부설된 지역을 중심으로 신흥 도시가 부상함으로써 철도 경유 지역으로부터 먼 전통 도시들은 몰락하게 되었고, 한국인들이 사용하던 막연한 시간 개념이 근대적인 시간 개념으로 바뀌게 되었다고 설명한다.

또 철도를 이용하는 승객은 누구나 동등한 대우를 받게 됨으로써 신분차별 의식이 사라지고 대신 평등 의식이 전파되었다고 강조한다.

해방 이후부터 분단국가 수립시기까지는 철도가 거의 유일한 인적·물적 이동 수단으로 인구, 물자, 가치관의 이동 수단이었기 때문에 같은 열차로 통학하거나 출퇴근하는 사람들 간의 교류가 이루어지고, 인식의 연대가 이뤄질 수 있게 하는 계기가 마련되었다고 한다. 그리고 한국전쟁 과정에서 철도는 군수물자 수송부터 피난민들의 이동에 이르기까지 운송 수단으로 가장 중요한 기여를 했을 뿐만 아니라 전황에 따라 철도국과 본부도 함께 이동하며 군의 후퇴와 전진, 군수물자의 공급을 도왔고, 전쟁 발발 후 남으로 피란을 가야 했던 많은 사람들을 대량으로 이동시키는 핵심 운송수단으로서의 역할을 했다고 분석하고 있다. 결론적으로 박종철은 한반도에서 철도는 해방과 전쟁이라는 비정상적인 사회적 탈구(social dislocation)가 진행되는 과정에서 한국에 새로운 사회·문화 시스템을 도입하는 데 중요한 역할을 했다고 강조하고 있다.

제4부 '철도네트워크와 동아시아의 미래'에서는 한반도를 중심으로 한 동아시아 지역의 철도네트워크 형성에 관한 기대 섞인 전망을 주로 다룬다. 우선 구체적으로 제9장에서 서보혁은 "남북한 철도연결사업의 기대효과와 과제"라는 제하에 남북한 철도연결사업의 완성을 위해 필요한 기술적, 정치적 과제를 도출하고 있다. 남북한 간에 철도연결사업이 합의된 이후 현재까지의 추진과정을 살펴보고, 여전히 이 사업은 시작단계에 머물러 있다고 전제한다. 이 사업의 완성을 위해서는 남북한의 협력과 주변국을 비롯한 국제적 관심과 협력을 조성할 수 있는 구체적인 계획이 필요하다고 강조하면서, 무엇보다도 남북한 철도연결사업이 어떤 방향으로 나아갈 것인지에 대한 뚜렷한 비전이 있어야 한다고 역설한다. 그리고 그 비전과

방향의 내용으로 한국의 주체성 확보, 한반도의 평화정착에 기여, 동북아 공동번영에 기여 등 세 가지를 들고 있다. 뿐만 아니라 남북철도연결사업의 완성을 위한 기술적 과제로서 첫째, 한반도의 철도가 동북아시아의 간선철도가 될 수 있도록 획기적인 수송력 강화 정책을 추진하고, 둘째, 기술적 자립과 경영의 노하우를 축적하고, 셋째, 노후한 북한철도를 현대화 하고, 넷째, 장기적으로 남북한 철도와 유라시아철도의 통합운영을 위한 법적, 제도적, 기술적 대비를 해야 한다는 등 구체적 실천방안을 제시하고 있다.

제10장 "러시아-한반도철도 복원과 연결사업의 전망과 발전방향"은 실제로 한국의 철도교통정책에 간여하는 연구자의 연구결과이다. 안병민은 이 장에서 한국과 러시아 사이에는 해상운송과 항공운송을 통한 다량의 인적, 물적 수송이 이루어지고 있지만, 현재와 같은 국제복합운송시스템은 정시성, 경제성, 안전성을 생명으로 하는 물류의 측면에서 볼 때, 비효율, 고비용 구조라는 점에 착안하고 있다. 한반도를 종단하는 철도와 러시아 대륙횡단철도인 시베리아횡단철의 연계가 이러한 장애물을 일거에 해결할 수 있는 최적 대안이라는 것이다. 특히 철도는 영토의 많은 지역이 혹독한 환경에 노출되어 있는 러시아에 있어서 저렴하고 신속하며 안전한 수송수단이며, 특히 시베리아횡단철도가 러시아의 동쪽 지역과 서쪽 지역을 연계하는 산업축으로서 천연자원과 노동력, 기술, 자본을 결합시키는 기능을 수행하는 러시아의 간선이며, 정치, 사회적으로는 광대한 러시아 영토를 하나의 통일된 국가로 결집시키는 역할을 해 온 만큼 이 철도와 한반도종단철도의 연결은 동아시아 지역의 번영과 안정에 매우 중요한 의미를 지닌다고 강조한다.

구체적으로 양 노선의 연결이 가능한 4개의 노선을 지적하면서 그 장단점을 분석하고, 양대 철도 연결을 위한 선결 과제로서 첫째, 북한 내 철도 인프라의 개·보수 및 정비 지원, 둘째, 중장기적인 로드맵 하의 북한철도 현대화 추진, 셋째, 동북아시아 역내국가간 국제협력이 강화 등을 제시하고 있다. 이 장은 결론적으로 남북한 간 철도망 연결을 통한 대륙철도망 연계는 관련국가간의 긴밀한 협력이 전제가 되어야 한다면서, 남북한의 철도망 연결사업의 성공적 수행을 위해 동북아시아교통장관회의나 동북아시아철도협력기구 등의 창설도 필요하다고 강조하고 있다.

마지막 제11장은 한반도와 동북아시아를 중심으로 한 "동북아시아 철도네트워크의 가능성" 모색이다. 이철우는 이 장에서 지역을 중심으로 권역화되고 있는 현대 세계에서 동아시아 지역은 세계에서 가장 역동적인 경제시장으로 등장하고 있음에도 불구하고 상이한 정치체제와 이데올로기로 인해 유기적인 협력체제가 구축되지 못하고 있다고 지적하면서, 급속한 경제성장으로 폭증하는 수출입 물동량의 원활한 수급을 위해서나 해상운송의 한계를 극복하기 위해서 동아시아 지역 국가 간 상호협력에 기반을 둔 육상운송부문의 연결이 시급하다는 점을 강조한다. 그리고 이러한 네트워크의 형성에서 중심적 역할을 수행할 수 있는 것이 유라시아대륙을 연결하는 대륙횡단철도라고 역설한다. 이 범세계적인 네트워크의 건설에는 동아시아 지역 내 국가들 간의 철도연결이 선행되어야 하며, 화물의 대형화, 수송의 신속성과 안정성, 운임의 경제성이 요구되고 있는 현대세계에서는 이러한 네트워크의 형성이 절실하다는 것이다. 그리고 동아시아 철도네트워크의 출발점은 남북한 철도의 연결이 되어야 함을 지적한다. 남북철도연결은 한국철도 본연의 기능을 회복하는 것이자 60년 동안 분단되어 왔던 한반도의 운명을 극복하고 광활한 유라시아대륙으로 공간을 넓혀 나가는 것을 의미함과 동시에 북한의 개혁·개방유도, 남북한 긴장해소 및 관계개선, 북한경제의 회생, 동아시아 지역 국가들과의 단일시장구축을 통한 상호협력 증진과 경제발전, 물동량증가에 따른 국제물류운송비의 획기적인 절감, 시장기반 확대, 자원의 안정적 확보 등 다양한 의미가 제공될 것이라고 예측하면서, 이철우는 결론적으로 이 네트워크의 형성이야말로 아시아-유럽 대륙 간 랜드브리지의 완성이자 철의 실크로드의 완성을 의미하는 것이며, 철도를 통한 세계화에 기여하는 것이라고 강조하고 있다.

제1부
산업화 시대의 철도네트워크

제1장 남북한 철도의 발달과 산업사회 갈등(이철우)
제2장 중국 경호(京滬)고속철도의 부설 배경과 효과(김지환)
제3장 유럽연합(EU)의 공동운송정책(CTP)과 철도의 역할 및 위상(이군호)

제1장
남북한 철도의 발달과 산업사회 갈등*

이 철 우

I. 머리말

 해방의 기쁨도 잠시, 한반도는 미국과 소련이라는 열강에 의해 남북으로 분단되었다. 한민족에게 수탈과 착취의 굴레를 제공했던 철도도 같은 운명에 처했다. 그 후 남북한은 반세기 이상을 각자 제한된 지역에서 상이한 이데올로기 하에 나름대로의 삶을 지속했다. 민족분단의 상징인 철도가 남북으로 단절된 후부터 남북한은 상이한 산업화를 추진하였다. 남한은 자본주의적 시장경제원리를 토대로 북한은 사회주의적 계획경제방식으로 산업화를 추진하였다. 상이한 산업화의 결과 남북한은 정치, 경제, 사회, 문화 등 모든 부분에서의 변화를 가져왔다.
 근대화 초기 산업화를 추진하는 과정에서 철도는 육상운송기관으로서 중요한 역할을 담당하였다. 근대문명과 기술발전의 총아였

---

* 이 글은 『한국사회』 제6집 2호(2005년)에 게재된 것임.

던 철도는 남북한의 산업화에도 중요한 역할을 수행하였다. 각종 지하자원개발, 농공업발전 및 지역균형개발에 박차를 가하는데 있어 철도는 경제발전의 원동력역할을 수행하였다. 북한은 1950년대 중반부터 본격적인 산업화를 추진하면서 지리적 제약을 극복하기 위해 간선철도를 비롯한 많은 지선을 건설하였다. 반면 남한에서의 철도는 한국전쟁 후 3대 산업선을 중심으로 경제발전을 위한 주 운송기관으로 활용되면서 발달하기 시작하였다. 그 후 남북한은 경제발전을 촉진시키기 위한 견인차로서, 대동맥으로서 철도를 신설하거나, 복구, 연장, 복선화하면서 발달을 거듭하여 왔다.

철도가 경제발전의 필수적인 수단으로서 기여하는 가운데 남북한은 상이한 체제하에 수차례의 경제개발계획을 추진하였다. 산업화 과정에서 남북한은 미소열강이 제공한 원조의 혜택을 받았다. 남한은 1960년대 초부터 미국의 1차산품위주의 원조를 중심으로 대외 의존적 산업화를 추진하였던 반면 북한은 소련과 동구사회주의 국가들의 시설재중심의 원조를 토대로 50년대 중반부터 군수산업위주의 중공업정책 하에 대내 지향적 산업화를 추진하였다. 이를 토대로 남한은 산업화 초기 경공업제품위주의 수출정책을 추진하여 산업화의 기틀을 마련하였으며, 70년대 중반부터는 중화학공업정책으로 경제성장의 발판을 마련하였다. 반면 북한은 미·소화해, 남한의 군사정권등장, 중·소갈등 등 외부위협에 능동적으로 대처하기 위하여 자립적 경제정책 하에 군사경제병진정책을 추진하였다. 70년대 초반까지 남한경제보다 우위에 있던 북한경제는 지나친 군사비 과다지출, 중공업비대에 따른 기형적 산업구조, 대외진출봉쇄, 북한내부의 구조적 문제 등의 요인으로 경제성장이 지연되고 경제침체가 가속화되어 외부세계의 지원 없이는 생존조차 힘들게 되었다.

남북한의 상이한 체제하의 산업화는 많은 문제를 야기하였다. 남북한 공히 노동계층이 급증하는 가운데 계층 간 갈등, 가족구조와 가치관의 변화 및 기타 문제를 가져왔다. 남한은 중산층이 증가하는 가운데 소득재분배의 불균형심화로 계층 간의 대립과 갈등이 노정되었으며, 농촌해체를 급진전시켰으며, 물질주의적, 소비지향적, 이기주의적 가치관을 형성시켰으며 가족을 둘러싼 문제를 확대시켰다. 반면 북한은 신 중간계급의 증가로 계층 간의 갈등을 심화시켰으며, 여성들의 경제활동참여가 증가하였으나 이중노동에 시달리게 하였다. 또한 사회주의적 가정으로 변화시킴으로써 가족 구성원들 간에 상이한 가치관을 형성시켜 전통적 가족의 모습을 찾아볼 수 없게 하였으며, 공동생산, 공동분배정책으로 인한 노동동기 약화로 노동을 기피하고 나태하게 만들어 의존적, 수동적 가치관을 형성하였다.

이 장에서는 이러한 내용을 중심으로 남북한 철도발달과 산업사회의 갈등을 논의하고자 한다. 먼저 남북한이 분단된 이후 상이한 체제하에서 서로 다른 경제발전의 길을 걸어오면서 철도가 양 체제 경제발전에 어떻게 기여했는가를 철도를 중심으로 고찰하고자 한다. 즉 남북한이 산업화를 추진하는 과정에서 경제발전 및 산업진흥의 긴요한 동력이자 동맥으로 활용된 철도가 어떠한 발달경로를 걸어 왔는지를 남한은 경제개발계획시기별로, 북한은 3대철도축과 주요간선을 중심으로 살펴보고자 한다.[1] 그 다음 상이한 체제하에 추진된 남북한 산업화가 어떠한 과정을 걸어 왔으며, 어떤 방식의 경제발전정책을 폈는가, 그리고 그것이 양 체제 경제발전에 어떠한

---

1) 남한의 성공적인 산업화가 집권자의 근대화에 대한 강한 의지, 교육과 근면을 중요시 하는 유교이데올로기, 군사정권의 정당성의 부재만회, 군의 강한 응집력과 추진력, 미국의 원조, 잘 훈련된 유능한 관료들의 노력, 대다수 국민들의 잘살겠다는 강한 열망 등 복합적인 요인들에 의해 이루어졌다는 많은 논의들이 있었지만, 철도가 산업화에 결정적 역할을 수행하였다는 구체적 논의는 거의 없었다. 여기서는 이러한 점에 착안하여 철도가 남북한의 산업화에 어떤 식으로 기여하였으며 어떠한 결과를 가져 왔는가를 실증적 사례를 들어 논의하고자 한다.

영향을 미쳤는가를 살펴보고자 한다. 그 다음으로 상이한 산업화정책 추진결과 남북한 사회에 어떤 변화가 있었고 어떤 문제를 내포하고 있었는가를 상호비교 논의하고자 한다. 특히 북한경제가 심각한 위기에 빠진 원인과 결과에 대해서도 언급하고자 한다.

Ⅱ. 이론적 배경: 철도의 역할, 산업화와 갈등

1. 철도의 역할

교통기관의 발달은 국가발전에 필수불가결한 요소로서 경제발전의 원동력역할을 수행함과 동시에 인간생활의 질적 향상을 가져온다. 특히 철도는 문명의 이기로서 산업혁명의 총아역할을 수행하였는바, 한 국가발전의 토대를 마련할 뿐만 아니라 경제활동의 매개체로서 인간생활을 변혁시키는 중요한 요인으로 작용하였다. 영국의 산업혁명기시 철도는 산업화의 중추적인 역할을 수행하였으며, 경제발전에 커다란 전기를 가져 왔다. 철도는 근대화시기에 있어 최초의 사회간접자본으로써 국가의 부를 증대시키는데 견인차역할을 하였으며 산업발전에 지대한 영향을 미쳤다.[2] 이러한 철도는 산업구조부문에서 전면적 개편을 불러 왔으며 지역경제발전과 도시발달을 촉진시키는데 획기적인 역할을 수행하였다. 세계 각국은 철도의 중요성을 인식하고 국가에 가장 긴요한 기간산업의 하나로서 많은 투자를 하여 왔다. 철도가 산업화시기에 있어 경제발전의 동력으로서, 사회의 공기로서 산업의 대동맥으로 중요한 역할을 수행하였음을 의미한다.

---

2) 홍갑선, 『철도산업론』, 21세기한국연구재단, 1996, p. 47.

철도는 경제발전을 위한 도약의 선행역할을 수행하였으며, 경제 규모를 확대시키는데 선도적 역할을 수행하였다. 철도는 성장 동력으로써 사람들을 실어 나르고, 사람들이 생산한 제품을 운송하고, 생산에 필요한 원료를 실어 나르는데 효율적인 수단이었다. 또한 철도는 도시와 농촌을 연결시켜 농산물과 공산품을 원활하게 수송하는 역할을 담당하였다. 이와 같이 철도는 여객과 화물을 도시 간, 지역 간 수송을 독점하여 시장의 확대를 가져 왔으며, 경제활동인구의 원활한 이동을 가능하게 함으로써 산업발전에 기여하였다.3) 또한 철도는 공업의 발전, 농촌근대화, 산업도시형성, 지역개발 및 분업촉진 등의 대변혁을 가능하게 하였으며, 경제발전의 필수적인 자원개발, 유통망 확장에 기여하여 산업진흥에 직접적인 영향을 주었다. 이러한 모든 것들이 철도라는 매개체가 존재하였기 때문에 가능한 것이었다. 철도는 다른 교통수단보다 저렴하고 광역적 대량수송이 가능함으로써 시장의 확대 및 시공간적 활동범위의 확대를 가져와 산업발전을 촉진시켰다. 즉 철도는 광역성, 저렴성, 고속성, 안정성, 정시성 면에서 탁월하였기 때문에 국가의 중추적인 운송기관으로서의 자리매김하여 왔다.

철도는 그 외에도 사회경제구조의 변동과 맞물려 많은 변화를 가져 왔으며 인간들의 삶의 질을 획기적으로 변화시켰다. 철도는 도시 간 혹은 지역 간의 사회적 교류 및 인적교류의 확대를 통하여 경제활동의 폭을 확장시켰으며 경제를 활성화시키는데 기여하였다. 철도는 모든 재화와 용역에 새 생명을 불어 넣어 생산과 소비를 진작시켰다. 철도는 사람과 상품을 일정한 시간에 목적지까지 이동시키고 이동거리를 확대시킴으로써 유통범위의 확대 및 잠재적 수송수요를 유발시켰다. 철도는 물자의 원활한 공급을 가능하게 함으

---

3) 오건호 역, 『탈선』, 이소출판사, 2001년(Andrew Murray, *Off the Rails*), p. 46.

로써 인간들의 생활수준의 질적 향상을 가져 왔다. 또한 철도는 합리성과 효율성을 자극시켜 근대적인 사고를 고취시켰으며 생산성 증대에 기여하였다. 특히 철도는 시간의 중요성을 각성시켰으며 표만 사면 누구나 신분차별 없이 목적지까지 도달할 수 있음으로써 평등사상을 심어 주기도 하였다.[4] 철도는 지역 간 격차해소에도 기여하였으며 도시기능을 더욱 강화시켜 대도시로 성장하는데 기틀을 마련하였다. 또한 철도는 활동수행상의 이동 용이로 말미암아 대다수 인간들에게 문화생활의 향유를 보편화시켰으며, 질 높은 교육욕구의 충족 및 보다 나은 교육적 혜택을 보편화시키는데 기여하였다.

그러나 철도는 도로의 발달과 자동차증가로 그 중요성이 퇴색하고 있다. 그렇기는 하지만 대량성, 광역성, 저렴성, 안정성, 정시성, 신속성으로 말미암아 여전히 주요한 교통기관으로 남아 있다. 철도는 그 자체의 환경친화성, 에너지효율성, 토지 및 수송효율성 측면에서 도로운송보다 우수한 이점을 갖고 있기 때문에 그 중요성이 더욱 부각되고 있다.[5] 점점 증가되는 물동량의 증가로 말미암아 도로교통 체증, 보상비의 급증에 따른 도로확장의 한계, 환경오염의 심화로 더욱 그 필요성이 부상되고 있다. 더 나아가 향후 지속적으로 증가할 교통수요의 처리와 지속가능한 사회발전을 위한 교통체계 구축에 필수적인 수단으로 재인식됨으로써 그 중요성이 다시 부각되고 있다.

2. 산업화와 갈등

저발전사회나 신생독립국의 경제발전을 설명하기 위해 등장한

---

4) 原田勝正, 『鐵道と 近代化』, 吉川弘文館, 1998年.
5) 이갑수, "한국철도와 사회경제", 서선덕 외, 『한국 철도의 르네상스를 꿈꾸며』, 삼성경제연구소, 2001년, p. 107.

산업화논의는 학자들 간에 일치된 정의는 없다. 하지만 통상 전근대 사회가 보다 향상되고 발전된 사회로 이행되는 것을 의미한다. 따라서 산업화는 경제발전, 공업화, 도시화, 기술발전 등과 같은 의미로 사용된다.

레비(Levy), 스멜서(Smelser), 무어(Moore) 등에 의하면, 산업화가 진전되면 될수록 인간의 노동이나 축력의 이용이 감소하는 대신 기계와 기술과 같은 도구사용이 증대됨에 따라 인간의 노력이 배가된다고 한다.[6] 특히 레비는 기계사용의 비율이 높아지는 산업화는 사회조직의 전문화를 가져오며, 사회체계간의 상호의존성을 높이며, 도시와 농촌간의 상호의존성을 심화시키며, 가족의 기능을 축소시킨다고 한다.[7] 스멜서는 산업화를 경제발전과 밀접히 관련되는 것으로 언급하면서, 가족의 영역에서 핵가족화 경향이 나타나며, 계층의 영역에서는 귀속적 위계체계가 약화되며, 인간들 간의 접촉증가로 이질성과 문화해체를 초래하는 것으로 본다. 또한 러너(Lerner)는 산업화가 경제적으로 어느 정도의 자립 지속적 성장을 가져오게 하며, 사회계층간의 이동증대를 가져오며 사회구성원들의 가치관의 변화를 가져 온다고 언급한다.[8]

한편 로스토우(Rostow)는 산업화가 경제발전의 필수불가결한 요인임을 인식시켜 교육기회를 확산시키고, 공업과 농업에 있어 기술발전이 자극함으로써 농업이 상업화되고 농업기술의 혁신이 이루어지는 등 경제성장을 진전시킨다고 언급한다.[9] 미르달(Myrdal)은

---

6) 김지화 역, 『사회변동의 이론』, 한울, 1983년(R. P. Appelbaum, *Theories of Social Change*), p. 40; 박영신 역, 『사회변동과 사회운동』, 세경사, 1987년(Nail J. Smelser, *Essays in Sociological Explanation*), p. 146.
7) Appelbaum(1983), p. 40.
8) Daniel Lerner, *The Passing of Traditional Society* (Glencoe: Free Press, 1958).
9) W. W. Rostow, *The Process of Economic Growth* (W. W. Norton & Company, 1962), p. 310.

산업화가 생산성 제고, 생활수준의 향상, 사회경제적 평등화를 실현시킨다고 언급한다. 오갑환은 농업사회에서 공업사회로 이행 즉 기술발전을 의미하는 산업화는 경제발전은 물론 노동생산성을 높여주고 도시화를 촉진시켜 분업화, 전문화가 촉진되고 기술발전과 생산성 증대 및 경제성장을 가져 온다고 한다.[10]

이와 같이 산업화는 공업화, 경제성장, 도시화, 사회발전과 맥락을 같이함을 알 수 있다. 그것은 경제를 발전시켜 한 국가의 국민소득을 증가시켜 생활수준을 향상을 가져오며, 산업구조의 개편을 불러 일으켜 1차 산업의 인구를 고용창출효과가 큰 2, 3차 산업에 종사케 하여 2, 3차 산업 인구를 증가시킨다. 또한 산업화는 교통통신의 발달을 촉진시키며, 교육기회의 확대 및 보편화를 가져와 자유와 평등의식을 고취시켜 정치적 민주화를 촉진시키고, 도농 간의 인구이동을 확대시켜 도시화를 급진전시키며, 중간계층의 확대로 인한 계층분화현상을 보편화시킨다.

그러나 산업화는 취업이나 교육을 위해 도시로 인구를 흡인시킴으로써 농촌사회의 공동화를 가져오며, 가족구조의 단순화 및 가족가치관의 변화로 노인부양, 이혼 및 세대 간 갈등과 같은 가족문제를 발생시키며, 아노미와 같은 사회병리현상을 만연시켜 사회문제를 증폭시킨다. 또한 인간들 간의 교류를 증진시켜 사회적 연대감을 형성시키기는 하나 군중속의 고독, 소외감, 이질성을 심화시키며, 전통문화의 와해 및 미풍양속의 해체를 초래한다. 또한 경제성장 일변도에 따른 부정부패의 만연, 가진 자와 못 가진 자 간의 빈부격차, 노사 간의 갈등, 가족해체, 환경오염 등과 같은 문제를 초래한다.

---

10) 오갑환, 『사회의 구조와 변동』, 박영사, 1996년, pp. 289, 315.

Ⅲ. 남한철도의 시기별 발달과 경제발전

한국철도부설의 시작은 일제가 한반도를 식민지배하면서 비롯되었다. 일제는 대륙침략을 위한 병참선으로 활용하기 위해, 한반도내 각종 자원을 효율적으로 수탈하기 위해서 철도를 부설하였다. 이러한 배경 하에 부설된 철도는 경부선, 경의선, 경원선, 호남선, 평원선 등 주요간선을 주축으로 많은 지선들이 혈관처럼 남북을 관통하거나 동서로 연결되면서 발달되었다.

남북의 철도는 1945년 8·15 광복을 맞으면서 남과 북으로 단절되었으며[11] 경인선을 제외하고는 거의가 운휴상태에 들어갔다. 1950년에 발발된 한국전쟁은 그 나마 부분적으로 운영되어 오던 철도를 완전히 파괴하여 운행을 중단시켰다. 남북의 철도는 상이한 이데올로기 하에 단절과 파괴의 수난을 겪으면서 상이한 체제 속에 독자적인 발달의 길을 걸었다. 남과 북의 철도는 각종 지하자원개발, 지역사회개발, 공업기지건설 등 경제발전과 산업개발을 위해 나름대로의 발달과정을 겪으면서 오늘에 이르고 있다.

1. 해방 후~1960년대 초 복구기 : 3대 산업선 시기

정부수립 후 산업철도로 1949년에 처음으로 기공된 영암선은 중앙선의 영주에서 철암까지 86.4km의 노선으로 산업개발의 동서 간 횡관선 역할을 수행하였다. 이 선은 강원도지역에 상당량 매장된 무연탄(삼척탄전)을 비롯한 각종 지하자원의 개발 및 원활한 수송

---

11) 해방 당시 한국의 철도는 총연장 6,362km였으며, 분단으로 남북의 철도가 단절된 후 북한철도는 3,720km였으며, 남한철도는 2,642km였다. 『한국철도학회지』, 2000년, p. 5; 이철우, "한국의 근대화정책 추진과 철도를 통한 산업화"(미간행논문), 2005년, p. 9.

을 위해 부설되었는데[12] 정치, 경제, 사회, 문화, 군사적으로 중대한 의의를 갖고 있었다. 그 후 영암선은 묵호, 강릉을 거쳐 경포대까지 연장되었고 기존의 철암선, 삼척선 그리고 동해북부선 등을 통합하여 1963년 영동선으로 개칭되었다.[13] 영월선의 연장으로 제천에서 분기되어 함백에 이르는 연장 60.7km의 함백선은 교통이 불편한 고지대에 위치하여 수면상태에 있던 영월탄전(영월화력발전소공급)과 약 2억 톤의 매장량으로 추정되는 함백탄전을 개발하기 위해 건설되었다. 3대산업선 중에 최초로 부설된 경북선의 점촌에서 가은까지 연결되는 연장 22.5km의 문경선은 동해중부선, 진삼선, 경전중부선을 중단시키면서까지 제1차 철도건설계획에 의하여 부설된 것이었다. 문경선은 소백산맥지역의 무연탄을 비롯한 이 지역의 각종 지하자원을 개발하기 위해서, 또 문경지역의 시멘트공장, 석탄공장이 건설됨으로써 산업자원의 효율적 수송을 위해 산업선의 일환으로 건설되어 경제발전에 기여하였다.[14] 한편 경제개발에 필요한 각종 지하자원의 개발 및 산업의 동력자원으로 활용하기 위해 개발된 태백선도 이 당시 수송부진으로 연탄파동을 겪고 있는 도시지역의 난방을 위한 원료로 이용하기 위하여 채굴된 무연탄을 전국으로 원활하게 수송하여 국민생활의 안정과 산업발전에 기여하였다.

---

12) 영암선이 개통되기 전까지 장성, 도계탄광에서 생산되던 석탄을 묵호항을 거쳐 배로 서울까지 운반하는데 600시간이 소요되었는데, 영암선의 개통으로 철암역에서 청량리역까지 10시간으로 단축되었으며, 수송비용도 10분의 1로 절감되어 국민생활과 경제안정 및 산업발전의 전환점이 되기도 하였다. 대한석탄공사, 『대한석탄공사 50년사(1950~2000)』, 2001년.
13) 대한토목학회, 『대한토목학회지』, 1996년, p. 54.
14) 1955년에 착공한 충북선의 일부는 미국의 원조계획에 의한 충주비료공장의 건설을 위한 것이었다. 최강희, 「한국의 철도 일백년」, 『대한토목학회지』 Vol. 44, No. 7 (1996), p. 26.

이 밖에도 1953년 11월부터 1958년 12월까지 진행된 충북선 복구 및 연장사업은 경부선과 중앙선을 동서로 연결시킴으로써 중부내륙지역을 전국의 육상교통체계 속에 편입시키는데 크게 기여하였으며, 충청북도의 지역경제발전 특히 농업 진흥에 크게 기여를 하였다. 주인선은 화물이 폭주하고 있는 인천항에 발착하는 화물선적시간을 단축하는데 기여하였다. 오류동선은 경기도 부천에 위치한 비료공장에서 생산되는 원료와 연료를 수송하기 위하여 건설된 산업선이었다. 1951~52년 부산, 울산지역에 건설된 우암선, 울산선, 장생포선은 전쟁기간 중 병력과 군용물자 수송을 위해 건설되었는데 이후 부산항의 화물의 신속한 수송으로 항만시설의 효율적인 운영을 도모하였으며 물자수용능력을 확장하는데 기여하였다. 1952년 9월에 착공되어 1953년 5월 준공된 사천선은 사천비행장의 군사수송을 원활히 하는데 주목적이 있었다. 1957년 5월 착공하여 1년여 만에 준공한 강경선 역시 연무대의 논산훈련소에 병력과 군수물자를 수송하는데 기여하였다.[15] 이 당시에 건설되고 복구, 연장된 철도는 군용목적 뿐만 아니라 모두 경제부흥을 위한 주요 자원개발을 주목적으로 하는 것이었으며, 결과적으로 경제개발 5개년계획이 시행되는데 있어 초석이 되었다.[16]

---

15) 철도건설국 편, 『철도건설사』, 교진사, 1969년.
16) 한편 3대 산업선 이외에 UN군(미8군)이 주관하여 부설한 두개의 철도가 있다. 1950년 한국전쟁발발로 말미암아 철도의 운영권이 미군에 이양되고 전시운영체제로 전환되고 있는 상황에서, 미군은 군용화물을 수송하기 위하여 경인선의 소사에서 분기하여 김포비행장까지의 약 12km의 김포선을 1951년 완공하였으며, 군산선의 종점 군산에서 옥구까지 약 12km의 옥구선이 1953년 완공되었다. 특히 옥구선은 양곡을 군산항으로 운반하는데 기여하였다. 이러한 철도부설은 미군정의 철도부흥정책에 힘입은 것이었다. 이 당시 미군(UN)은 한국 최초로 35량의 디젤기관차를 도입하여 철도근대화에 기여하였다. 미군에 의해 운영되던 철도가 1955년 6월 운영권이 한국정부로 인수된 후, 서울과 부산 간 통일호 운행이 개시되었으며, 함백선 60.7km 전구간이 개통되기도 하였다.

이 시기에 철도정책은 화물 및 인력수송은 물론 미국의 한반도 주둔과 관련된 군사정책의 일환으로서 전개되었다. 전후에는 미군으로부터 한국철도를 회수하여 국유화하고 복구 및 새로운 건설을 단행하여 산업발전에 기여하였다. 특히 해방이후 철도시설물의 보강과 기술의 발전이 시작된 시기이며 동시에 전국화물수송의 80% 이상, 여객수송의 50% 이상을 차지한 것에서 보듯이 모든 수송의 대동맥으로 활용되던 시기였다. 1960년대에 들어서부터는 이를 발판으로 남한의 경제발전과 지역개발 및 자원 확보를 위한 철도건설이 추진되어 철도를 통한 산업화가 적극적으로 전개되었다.

2. 제1차 경제개발 5개년계획시기(1962~1966년)[17]

1차 경제개발5개년 계획기간은 철도건설이 가장 활발하게 이루어진 시기였다. 정부는 빈곤척결과 경제발전이라는 큰 목표 하에 산업발전과 지역사회개발에 따라 격증하는 수송수요에 부응하기 위하여 횡적인 철도건설은 물론, 생산지에 이르기까지의 철도를 건설할 필요성이 증대되었기 때문이다. 이 기간 동안 능의선(의정부-능곡, 31.8km), 영동선(북평-속초, 110.3km), 경인복선(영등포-동인천, 27.8km), 경북선(점촌-영주, 57.5km), 동해북부선(북평-속초, 110.3km), 망우선(망우-성북, 4.9km) 등 11개 노선 총 283.2km를 완성하였다. 이들 철도는 대부분 농수산물과 광산물을 원활하게 수송하고 고립되어 있던 영호남을 잇는 역할을 담당하였다. 능의선의 경우는 서울인구의 분산과 대도시 건설을 촉진시키고 관광객 유치를

---

[17] 이하 철도를 통한 산업화와 관련된 내용들은 철도청, 『한국철도100년사』, 1999년; 철도건설국 편, 『철도건설사』, 1969년; 철도기술연구원, 『철도기술백서』, 2003년; 대한토목학회, 『대한토목학회지』, 1996년 및 철도와 관련된 인터넷자료(http://library.krri.re.kr 등)를 토대로 하였다.

목적으로 건설되었다. 경인선의 복선화는 우리나라 정치, 경제, 문화, 군사의 중심도시로서 폭증하는 인구를 분산시키고 경인공업지역의 발전에 대처하기 위한 것이었다. 경북선은 태백산지구 종합개발계획의 수송력을 향상시키기 위하여 건설되었는데 영남지방의 산업발전과 에너지자원의 확보, 생산력의 향상 및 기간산업을 확충하고자 하였으며, 삼척지구 무연탄과 동해지구의 수산물과 광산물을 수송하는데 우회수송의 불편을 덜어 주었다. 망우선은 청량리, 성북, 망우를 연결하여 무연탄의 수송효율을 높이는 기여하였으며, 중앙선의 수송화물을 직결시켜 산업발전에 기여하였다. 동해북부선은 태백산에 연한 동해안 일대의 풍부한 지하자원의 개발을 촉진시키는데 기여하였으며, 수산자원의 개발을 촉진하고 풍부한 임산자원의 활용 및 산업경제면에서 경제적인 수송을 도모하고 지역사회개발을 촉진하는데 기여하였다. 정선선 역시 함백 및 정선지역에 매장되어 있는 지하자원을 개발하는데 수송을 담당하기 위하여 건설되었으며 기간산업발전에 크게 공헌하였다.

그 외에도 남포선(남포-옥마, 4.5km)은 충남에 위치한 성주탄좌의 무연탄의 개발을 촉진하기 위하여 건설되었는데 군산의 화력발전소, 장항의 비료공장 등에 연료를 공급함으로써 산업발전에 기여하였다. 1964년 4월에 착공하여 이듬해 12월에 개통한 진삼선(사천-삼천포, 18.5km)은 남해안 지역의 교통난 해소 및 산업경제의 중심지로 발전시키기 위한 목적으로 건설되었으며 지역사회개발의 중요성차원에서 부설된 선이었다. 이 선은 부근 군소도서지방 어민들의 수산자원 개발에 박차를 가하였으며, 남해안의 수산자원의 수송과 인근도시와의 교통망을 연결함으로써 이후 남동임해공업지역의 발전에 이바지하였다. 경부선과 호남선 남단부를 연결하는 경전선(진주-순천, 80.5km)은 남해안 지역에 교통의 혜택을 줌과 동시에 인구, 경제, 문화면에서 영남과 호남, 두 지방을 소통시켜 대횡단 철도로서 산업과 경제를 균형 있게 발전시키는데 기여하였다.

한편 1962년에 착수된 황지선(통리-심포리-백산-황지, 14.5km)은 산업의 원동력이 되고 자립경제건설의 기본요소가 되는 석탄을 증산개발하기 위한 것이었으며, 태백지구의 본격적 종합개발을 위해 건설되었다. 1965년 7월 기공식을 가진 광주선(광주-금지, 65km)은 호남지역의 개발은 물론 호남의 곡창지대와 영동의 공업지대를 연결하여 두지역의 경제발전을 추진하고 국가전체의 경제발전에 기여하였다. 이 선은 또한 광주, 목포지구의 공업화와 당시 정부가 추진하고 있는 지리산지구 종합개발계획을 촉진시키는데 중추적 역할을 수행하였다. 1966년 12월에 시작되어 1967년 11월에 준공을 본 북평선(북평-묵호), 복선공사를 한 영동선 역시 이 지역의 수산물, 광물수송을 원활하게 하기 위한 산업철도의 역할을 담당하였다. 특히 북평선은 동해공업지구를 발전시키는데 중요한 역할을 담당하였다.

3. 제2차 경제개발 5개년계획시기(1967~1971년)

이 기간 동안 철도는 태백선(예미-정선, 41.6km), 문경선(점촌-문경, 22.3km) 등 13개 노선 총 228.1km가 연장·부설되었다. 이전 시기보다 긴 길이의 철도건설은 정부의 강력한 성장정책을 반영하고 있었다. 1967~1968년 착공해서 준공된 광주공업단지선, 전주공업단지선도 모두 정부의 경제개발계획 방침에 따른 두 지역의 공업단지 조성과 직접적인 관련 속에서 부설된 지역노선이었다. 광주공업단지선은 광주시를 공업도시로 발전시키기 위해 공업단지의 조성을 촉진하였으며 자동차공장을 비롯한 기타 중소기업진흥에 기여하였다. 전주공업단지선은 전주지역에 공업단지조성을 촉진시켰으며 각종 공장의 공업원료와 제품의 경제적 수송에 기여하였다.

포항종합제철선은 경제개발 5개년계획의 일환으로 연간 300만 톤을 생산하는 포항종합제철소를 지원하기 위해 신설되었는데, 포항제철소에 원자재를 공급하고 생산된 제품을 국내 및 해외에 공급하기 위한 수송선으로 활용하기 위해 단일 목적 하에 건설되었다. 또한 여수항을 중심으로 한 대규모 임해공업단지가 건설됨에 따라 이를 지원하기 위해 건설된 여천선은 특히 1973년 10월 호남종합화학기지가 조성되어 국제규모의 석유화학공장을 완공함으로써 세계 굴지의 석유화학공업임해단지로 개발하는데 큰 기여를 하였으며 농산물 가공공장, 시멘트공장 등 호남지역의 공업발전을 촉진시키는데 기여하였다. 또한 호남선의 일부구간 복선화가 추진되었는데 영산강과 동진강 지역의 개발을 촉진하고 호남지방일대의 공업단지를 조성하는데 기여하였다. 중앙선의 복선화도 추진되었는데 무연탄, 시멘트를 비롯한 각종 지하자원을 개발하여 산업자원의 수요공급을 충족시키는데 기여하였다.

4. 제3차 경제개발 5개년계획시기(1972~1976년)

이 시기 철도는 중앙선(청량리-제천, 155.2km), 태백선(제천-고한, 80.1km), 경부선(서울-수원, 41.5km) 및 경인선(서울-인천, 38.9km)의 복선전철화, 영동선(고한-동해, 85.5km 산업선 전철화) 등 14개 노선 총 449.2km가 부설되었다. 부설길이는 이전 시기에 비해 두 배나 증가한 것으로 이는 모두 정부의 수출공업 육성을 위한 자원수송 및 공단조성과 밀접한 연관을 가졌다. 특히 풍부한 노동력과 시장을 끼고 있는 경인선의 복선화 작업은 자립경제체제 확립과 경제개발을 집중적으로 추진하기 위한 목적으로 추진되었는데 수도권일대를 산업단지화하는데 기여하였다. 즉 서울과 인천사이를 연결함으로써 경인지역일대를 공업지대로 급성장시키는데 기여하였다.

5. 제4차 경제개발 5개년계획시기(1977~1981년)

이 시기 철도는 노선확충만이 아니라 기존노선의 복선화 등 철도 체계의 효율화가 추진되었다. 이 때 부설된 철도는 호남선 복선(천안-대전, 88.6km), 충북선 복선(조치원-봉양, 113.2km), 경부선 복복선(영등포-수원, 32.2km) 등 8개 노선 총 291.9km가 부설되었다. 1975년 착공해 1980년 10월 완공된 충북선의 복선화는 수송능력의 획기적 증대를 가져 왔으며, 충주지역의 공업발전 및 충청북도의 지역경제발전에 큰 도움이 되었다. 1978년 호남선의 천안과 대전의 복선화에 이어 대전과 이리사이를 복선화한 정부는 이어서 이리-송정리 사이 101.2km의 복선화를 시작하여 1988년 9월에 완료하여 호남지역의 산업발전에 기여하였다. 이와 함께 정부는 경부선의 복복선화를 시작함으로써 철도운행 및 수송능력을 향상시켜 해당지역 및 전국 차원의 경부축을 중심으로 한 산업발전과 균형적 경제발전을 추진하였다.

6. 제5차 경제사회개발 5개년계획기간 : 1982년 이후

이 시기 철도는 호남선 복선(이리-정주, 43.9km) 등 9개 노선 총 64.9km 길이가 부설되어 이전 시기에 비해 노선길이와 사업 수에서 축소되었다. 이러한 이유는 철도확충이 포화상태에 이르렀으며 철도가 경제성장을 위해 건설보다는 효율적 이용단계에 들어섰음을 의미한다. 이후 철도건설은 다양화되었는바, 복선화, 전철화 등 노선체계의 개선과 다양한 철도개발을 전개하였다. 광양제철선(천원-장성, 29.3km), 중앙선(영주-단성, 35.0km, 전철화) 등 7개 노선 총 157.7km가 부설되었다. 특히 광양제철선이 조사 설계 후로부터 3년 9개월 만인 1987년 9월에 준공되어 광양제철소의 원자재 및 생산품 수송의

원활화는 물론 지역산업기지개발을 촉진하는 매개역할을 수행하였다.

Ⅳ. 북한철도의 발달과 경제발전

1. 북한의 철도발달현황

북한은 1946년 8월 10일 중요산업국유화 법령을 선포하면서 철도를 인민의 소유로 귀속시킨 후, 국민경제발전의 중요수단으로 발전시켜 왔다. 1948년에 이르러 북한철도의 총연장길이는 3,766km에 달하였다.[18] 1949년에는 만포선과 평원선 일부구간이 전철화되어 농공업발전에 박차를 가하였다. 발전을 거듭하던 철도는 1950년 한국전쟁으로 철도시설이 대부분 파괴되었으나, 전쟁이 끝난 후 이렇다 할 육상운송수단이 없던 북한으로서는 철도설비복구에 총력을 기울였다.

전후 경제회복시기(1954~1956년)에 주요 철도간선의 복구에 전력을 다하였으며, 재건과정에 중국의 도움을 받기도 하였다. 제1차 5개년계획(1957~1961년)기간 중에는 전철화와 운수기자재의 생산에 역점을 두어 화물차 생산을 개시하였다. 7개년계획기간(1961~1967년)에는 전철화 추진을 도모하여 평의선과 평라선 총연장 1,000여km 구간이 전철화되었으며, 황해남도지구 협궤철도를 표준궤도로 바꾸었으며, 운수장비의 기계화 수준도 높였다. 6개년 계획기간 중(1971~1976년)에는 동서해안을 연결하는 주요간선의 건설로 이천과 세포 간 총연장 180km의 철도가 1972년 개통되어 강원도와

---

18) 임명, "북한의 철도교통", 『대한교통학회지』, 제11권 1호, 대한교통학회, 1993년, p. 111.

황해도의 농공산품 유통을 가능케 하였다. 강계-혜산-무산간 약 400km의 철도가 건설되어 동서해안의 경제연계를 강화하였을 뿐만 아니라 북부내륙지역의 경제발전에 기여하였다. 또한 이 기간 중에 청진-나진, 평양-마동 간 160km가 넘는 철도전기화가 실현되었으며 남신의주-덕현, 은파-철광 간의 420km가 넘는 새로운 철도가 부설되었다. 제2차 7개년 계획기간 중 북한은 전철화 건설을 계속 추진하여 평양-남포, 고원-봉산, 길주-혜산 간 1,500km의 전철화를 실현하였고 전기기차와 화물차 등 철도운수차량도 계속 증가하였다.[19] 북한은 수차례의 경제개발기간을 통하여 전철화 및 새로운 지선을 계속 건설하여 농공병진의 경제발전 및 지역개발에 적극적으로 활용하였다.

2. 북한의 철도현황과 3대 철도축

북한의 모든 화물과 여객운송은 철도에 의존하는 주철종도의 불균형적인 구조이다. 따라서 도로, 해운, 항공은 철도에 연계된 보조적 운송수단으로 활용되고 있다.[20] 북한의 간선도로가 기본적으로 철도노선을 따라 평행하게 발달되어온 것처럼 철도는 중요한 육상운송기관으로서 평양을 중심으로 사면으로 뻗어 있다. 북한은 산악지형이 많아 경사가 급한 곳이 많기 때문에 대량수송이 가능하고 규칙적인 수송이 가능한 전철화하여 이용하여 왔다.

---

[19] 임명(1993), p. 112; 장세화,『동북아 수송체계 현황과 전망』, 해운산업연구원, 1992년, pp. 124-125.

[20] 북한의 수송부문은 전체화물수송의 90% 정도와 여객수송의 70% 정도를 철도가 담당하고 있다. 북한은 철도수송능력을 제고하기 위하여 철도의 전기화, 광궤화, 중량화, 복선화에 의한 정책을 꾸준히 추진하여 왔다. 1991년 현재 철도수송수단별로는 기관차 1,500여대, 화물 및 여객용 차량 32,000여대 및 전문차량으로 구성되어 있다. 김재명, "남북한 무역수송체제 연결방안", 학술대회발표논문집, 2000년, p. 23.

북한철도는 1998년 말 현재 총연장길이가 5,214km이고 이 중 4,132km가 전철화되었다.[21] 북한은 일찍이 수차례의 경제계획 기간 중에 전철화를 추진하여 현저한 성과를 거두었으며 주요 간선인 평의선과 평라선, 만포선 등이 전철화되었다.[22] 북한의 철도망은 동서해안을 따라 형성되어 있는데 지하자원 및 산업, 인구밀집지역에 집중적으로 부설되어 있고 북부 오지지역과 동서를 가로질러 부설되어 있다. 북한의 철도망은 크게 서해안축, 동해안축, 동서 횡단축으로 나뉘어져 있으며, 중국의 단동을 거쳐 북경까지 가는 국제선과 러시아의 핫산을 거쳐 모스크바까지 연결되는 국제선이 있다.[23]

① 서해안축 : 개성-사리원-평양-신의주를 연결하는 총연장 423km의 경의선이 대표적인 노선으로 낭림산맥 서부의 주요철도와 교차하면서 서부평야지대의 주요산업 및 농업중심지를 관통하고 있다. 경의선은 평양-신의주 구간의 평의선과 평양-개성구간의 평부선으로 구성되며, 평의선은 신의주에서 압록강철교에 의해 평양-북경간의 국제열차를 운행할 수 있는 철도 교통축이기도 한다. 지선으로는 황해청년선(사리원-해주항, 100km), 평남선(평양-온천, 90km), 평덕선(평양-덕천, 154km), 개천선(신안주-개천, 29km), 평북선(정주-수풍, 124km), 양시선(신의주-양시, 29km), 다사도선(양시-다사도, 23km), 덕현선(신의주-덕현, 49km) 등이 파생되어 있다.

---

21) 이영균 외, 『남북한간 교통물류체계 정비확충방안』, 교통개발연구원, 2001년, p. 47.
22) 임명(1993), p. 112.
23) 북한은 지리적으로 중국 및 러시아와 접하고 있는 바, 이들 국가들과 철도망이 연결되어 국제화물 및 여객을 수송하고 있다. 현재 신의주-단동(주 4회 왕복), 남양-도문(현재 중단), 만포-집안(비정기적 운행)의 대중국 3개 노선과 두만강-핫산(주 2회 왕복)의 대러시아노선 등 4개가 운행되고 있다. 김연규, 안병민, 이선영, 『남북한 교통망 연결을 위한 기초조사』, 교통개발연구원, 2000년, pp. 31-4.

② 동해안축 : 기본간선은 평라선으로 평양의 간리-나진을 연결하며 총연장은 809km이다. 본래 이 선은 원라본선(원산-나진)과 연결되는 바, 원산에서 동해안을 중심으로 북쪽으로 함흥-길주-청진-고무산을 통과하여 중국국경 및 러시아국경과 연결되는 광궤, 단선 철도이다. 특히 평라선은 동해안 해안선을 따라 북한을 종단운행하며, 화물수송량이 가장 많은 노선으로 1973년에 전철화되었다. 주요 지선으로는 산업선인 백두산청년선(구혜산선, 길주-혜산, 145km), 단풍선(단천-홍군, 80km), 신흥본선(함흥-부전호, 93km), 금골선(구한만선, 여해진-금골, 64km), 무산선(고무산-무산, 58km), 경원선(원산-평강, 101km) 등이 파생되어 있다.

③ 동서횡단축 : 평라선의 일부인 평원선이 있는 바, 동서를 횡단하는 총연장 862km로 서부지역의 중심지인 평양과 동부지역의 항구도시인 원산을 가로지르는 유일한 횡단철도이다. 이 노선은 해방 전부터 운영되어 왔으며 전철화, 단선으로 구성되며 광궤로 되어 있다. 지선으로는 평원선을 중심으로 만포선(순천-만포, 303km), 은산선(은산-개천, 41km), 고원탄광선(둔전-성암, 20km), 청년이천선(구지하리선, 평산-세포, 163km) 등이 파생되어 있다.[24]

3. 북한의 주요간선[25]과 산업화

① 평의선 : 평양과 신의주를 연결하는 간선으로 총 연장선은 225km로 1964년 8월에 전구간이 전철화되고 중량레일로 교체됨에 따라 수송능력과 통과능력이 향상되었다. 철도경유 지역에는 청천

---

24) 이영균 외(2001), p. 48; 김재명(1993), p. 29
25) 북한의 주요간선에 관한 자료는 임명(1993); 김연규 · 안병민 · 이선영(2000); 유석형 · 임종관, 『남북한 화물운송체제 구축방안』, 해운산업연구원, 1993년; 장세화, 『동북아 운송체계 현황과 전망』, 해운산업연구원, 1992년을 참조하였다.

북한의 철도축과 주요간선

철도축	노선명	구 간	총연장(km)	비 고
내륙 노선	만포선	순천-만포	303	
	백두산청년선	길주-혜산	145	구 길혜선
	백무선	백암-무산	194	
	강계선	강계-낭림	57	
	운산선	신현-금산	49	
서부 노선	평의선	평양-신의주	225	1964년 전철화
	평북선	정주-수풍	124	
	평부선	평양-개성	187	평개선이라고도 함
	평덕선	평양-덕천	154	평양-덕천
동서 노선	청년이천선	평산-세포	163	구 지하리선
	평라선	평양-나진	809	전철화
	신흥선	서함흥-부전호	93	1992년 전철화
	금골선	연해진-금골	64	구 함남선
	함북선	청진-회령-나진	331	
	무산선	고무산-무산	60	
	강원선	고원-평강	145	
	금강산청년선	안변-구읍	102	1997년 개통
서부 순환선	황해청년선	사리원-해주항	100	
	은율선	은파-철광	118	
	배천선	장방-은빛	60	

강공업지구, 신의주공업지구 및 낙원기계연합기업소, 용암포조선소, 청천강화력발전소, 안주지구탄광연합기업소 그리고 4개의 평야 등이 위치해 있다. 이 철도는 북쪽에서 석탄, 금속, 건축 재료를 운반하고 남쪽에서 목재와 유색금속광석을 운반하며, 기계, 양곡, 일용공업품 등이 상호 운반되고 있다. 이 중 석탄은 개천지구 및 순천지구의 무연탄을 평양지구, 구장으로, 개천지구의 무연탄은 신의주지구로, 안주지구의 유연탄은 청천강 화력발전소로 수송된다. 철도연선에는 몇 개의 작은 지선이 있어 평양과 서북부의 정치, 경제, 문화의 중심지를 연결하고 있다. 압록강대교와 중국철도가 연결되어 1954

년부터 평양-북경간 국제철도간선이 운행되어 화물과 여객을 운송하고 있다.

② 평라선 : 평양과 동해안 북부 항구도시 나진을 연계하는 철도간선으로 총연장 809km로 동서교류 물동량의 85~90%를 담당하는 바, 6개년 경제계획(1971~1976년)기간 중에 전철화가 완료되어 수송능력이 향상되었다. 이 선은 동서해안지구를 연결하는 가장 중요한 노선으로 동부지역의 청진, 함흥, 나진 등을 평양과 직접 연결시켜 북한 정치경제발전에 중요한 역할을 하고 있으며 해상운수와도 연계된다. 수송되는 화물은 공장, 기업소 등에서 사용되는 석탄, 코크스와 같은 연료 및 원료, 공장 및 기업소에서 생산되는 건재, 비료, 금속 등 대량화물이 대부분이며 농산물도 수송된다. 석탄은 순천지구에서 하루에 수천 톤이 평양화력발전소로 수송되며, 시멘트는 순천시멘트연합기업소에서 수출항인 남포항을 비롯하여 전국각지로 보내어진다. 금속은 김책제철연합기업소를 비롯한 동부지역의 주요 공업기지로부터 서부지역의 주요 소비지로 수송된다. 화학비료는 함흥지구에서 황해남북도의 평야지대로 수송되며 양곡은 이와 반대로 동부지역으로 수송된다. 그리고 흥남의 흥남비료연합기업소, 부령합금철연합기업소, 흥남제련소, 용성기계연합기업소를 비롯한 함흥지구 공장, 기업소들과 연결된다. 단천의 마크네샤공장, 제련소와 연결되며 성진제강연합기업소, 성진내화물공장 등은 김책항과 연결된다. 특히 두만강 일대의 물동량은 나진, 선봉역에 집결되어 중국 및 러시아와 대외무역화물의 연대수송을 담당하고 있다. 이 선은 평의선, 평덕선, 함남선, 단흥선, 길혜선(백두산청년선) 등의 지선과 내지지구의 탄광, 광산, 산림지대를 연결되고 있다.

③ 평남선 : 평양을 거쳐 항구도시 남포에서 온천까지의 총연장 90km의 철도간선이다. 이 선은 대동강 하류의 탁선, 대안, 용품, 남포 등을 연결되며 금속과 기계공업 중심지 및 광양만, 온천 등 염전의

중요한 노선이다. 여객운송 외에 공업원료와 제품, 농산물 및 소금을 운송한다. 이 선은 평양과 남포항을 직접 연결되며 지선에는 광공업지역이 있어 이곳에서 생산되는 제품을 대외로 수출하는데 중요한 역할을 수행하고 있다. 그 연선공업중심의 규모가 계속해서 확대됨에 따라 그 역할도 날이 갈수록 커지고 있다.

④ 평부선 : 평양과 개성을 연결하는 총연장 187km로 이 선상에는 금속공업단지, 기계공업단지, 화학공업단지 이외에 규석광산이 입지하고 있어 수송량이 많다. 즉 황해제철연합기업소, 2·8시멘트연합기업소, 사리원방직공장, 황북지구 무연탄종합기업소, 재령평야 및 연백평야 등이 위치해 있어, 기업소, 광산, 평야지대를 중심으로 한 화물수송이 이루어지고 있다. 수송품목으로는 석탄이 가장 많은 비중을 차지하며 선철, 강재를 비롯한 흑색금속, 비료, 원목, 석재, 모래자갈, 시멘트, 화학제품, 농산물 등이다.

⑤ 만포선 : 순천에서 만포를 연결하는 총연장 303.4km로 1980년에 전철화가 완료되었으며 북한 서북지구를 관통하여 평양지구와 압록강 중류지구를 연결하는 중요한 간선이다. 이 선은 북한의 주요 탄광지대인 개천 및 구장지구와 기계공업의 중심지인 희천, 강주, 남포 등 중요한 공업중심지를 서로 연결시켜 화물수송에 중요한 역할을 수행하며 절강도의 경제, 문화발전을 촉진시키는데 중요한 역할을 수행하고 있다. 만포선의 기본화물은 시멘트, 석탄과 목재로 석탄은 구장탄광지대와 조양탄광 등지에서 생산되어 개천과 구장을 통해 주요 공장 및 기업소에 공급되며, 운봉지역에서 집산된 수십억 톤의 목재는 만포를 경유하여 전국각지로 수송된다. 만포-집안 간의 지선은 중국철도와 연결되어 화물의 수출입을 도모하고 있다.

⑥ 함북선 : 청진에서 회령을 거쳐 나진까지를 연결하는 총연장 331km의 함북선은 중국 및 러시아와 접해 있어 대외화물수송에 중요한 역할을 한다. 주요 취급화물은 석탄, 광석, 목재, 원유, 화학비료,

코크스탄 등으로, 석탄은 회령탄광, 세천탄광, 무산광산, 온성탄광 등지에서 회령탄광선과 무산선을 이용하여 함북선과 연계 수송되며, 광석은 무산광산연합기업소와 김책제철연합기업소에 자철정광을 공급한다. 목재는 두만강역에서 들어오는 화물을 각 지역으로 수송되며, 대외무역화물은 자철정광, 마그네샤크링카, 유색금속 및 유색금속정광이 주요 화물이다. 이 선은 중국으로는 남양역, 도문역과 연결되며 러시아지역으로는 함북선의 지선인 홍의지선이 두만강역에서 핫산역과 연결되어 중계무역에 기여하고 있다.

⑦ 청년이천선 : 평산과 세포사이를 연결하는 총연장 141km로 1972년에 개통되었다. 이 선은 동서를 연결하는 단선전철노선으로 평산에서 평부선, 세포에서 강원선과 연결되며, 주로 산간지대의 지하자원 수송을 담당한다. 황해남북도의 곡창지대에서 생산된 농산물을 동부지구로 수송할 때 이용되며, 황해제철연합기업소의 철강재와 2.8시멘트연업기업소의 시멘트를 각 지역으로 수송하는데 중요한 역할을 한다.

⑧ 백두산청년선 : 길주와 혜산을 연결하는 총연장 142km로 1990년 전철화가 완료되었다. 이 선은 혜산에서 혜산만포청년선과 연결되어 북부 내륙지대를 동서로 횡단하며 중국과 연결되는 국경철도로 목재, 광산물, 농수산물을 주로 수송한다. 기본화물은 목재와 석탄, 광석이며 이 밖에 농수산물과 시멘트, 비료 등을 수송한다. 목재는 백무선을 통해 들어오는 통나무를 길주의 펄프공장과 합판공장 그리고 위연의 제재공장으로 수송하며, 광석은 남계역에서 활석분, 고령토, 마그네사이트를 심포리역으로 수송한다. 운흥광산과 8월광산의 유화철, 동정광 등도 취급하며, 석탄은 양강도 일대에 산재해 있는 공장, 기업소들과 주민 연료용으로 수송한다. 이선은 삼지연선과 혜산만포선의 화물을 중계하는 역할을 담당한다.

4. 북한철도의 편제와 문제점

북한의 철도는 정무원 산하 철도부에서 운영하고 있으며 특히 철도관리에 군대식편제를 채택하여 역의 등급에 따라 대대, 중대, 소대 등으로 나누었다. 역의 간부와 노동자 모두 군 계급이 있는 바, 평양역 역장은 상좌이고 운전수는 상위, 열차장은 상위 혹은 중위, 검차원은 소위 혹은 상사, 열차원은 상사 혹은 중사로 되어 있다.[26]

한편 북한은 해방이후부터 철도를 국유화하여 철도에 많은 투자를 하여 왔다. 철도를 통해 북한은 경제발전에 필수적인 지하자원 개발을 촉진하였으며, 농공업발전 및 지역 간의 균형적 개발에 박차를 가하였다. 북한은 험준한 지형으로 인한 도로운송의 취약점을 극복하기 위하여 간선철도를 비롯한 많은 지선을 건설하였으며, 험준한 지형에 적합한 전철화 작업을 지속적으로 전개해 나갔다. 북한은 철도운송의 대량성, 안정성, 정시성, 에너지효율성 등의 이점을 최대한 살려 철도에 대한 투자를 다른 교통기관이 따라올 수 없을 정도로 상당히 비중 있게 다루었다. 이를 토대로 주철종도의 정책 하에 철도위주의 수송정책을 꾸준히 전개하여 왔다.

그러나 북한은 철도에 대한 과도한 집중으로 오히려 타 수송수단과의 균형된 발전이 이루어지지 못했다. 철도기반시설에 대한 지속적인 유지보수 및 관리부족으로 열악한 상태를 보이고 있는 실정이다. 따라서 경제규모가 확대될수록 수송의 비효율성이 노정되어 산업발전을 적절하게 지원하지 못하고 도리어 걸림돌로 작용하고 있는 실정이다.[27] 또한 북한철도는 열차속도가 너무 느리고 선로상태의 불량 및 고중량에 견디지 못하는 실정이다. 화물차량의 부족 및

---

26) 임명(1993), p. 116; 장세화(1992), p. 131.
27) 이영균 외(2001), p. 54.

노후화도 문제가 되고 있을 뿐만 아니라 화물적하 및 양하의 기계화 수준도 낮다. 화차의 부족과 다양화되지 못하다는 지적도 받고 있다.[28] 또한 북한철도는 평양근처에만 복선화되어 있을 뿐 나머지 전체의 노선은 단선화되어 있다. 따라서 속도를 빨리 낼 수 있도록 선로의 복선화작업이 시급히 전개될 필요가 있다. 또한 이를 위해 선로상태의 개보수는 물론 고중량에 견딜 수 있도록 지반시설을 튼튼히 할 필요가 있으며, 노후화된 열차들의 보강 및 열차수를 늘리고 다양화해야 하는 상황에 있다.

V. 남북한의 산업화

1. 전환기 남북한의 산업화

전통적으로 농업사회였던 남북한사회는 분단 후 상이한 이데올로기 하에 정치체제를 달리하면서 광범위한 사회변동을 겪었다. 분단된 상황 하에서 남북한 사회는 각자의 체제생존을 위해 산업화를 추진하였다. 먼저 북한은 일제가 남긴 공장과 지하자원을 바탕으로 1947년부터 초보적 단계의 산업화를 시작하였으며,[29] 남한은 북한보다 훨씬 늦은 1960년 초반에 산업화를 시작하였다. 남한은 대외지향적 성장전략하에 시장경제원리에 토대된 자본주의적 산업화를

---

28) 임명(1993), p. 118; 유석형, 임종관,『남북한 화물운송체제 구축방안』, 해운산업연구원, 1993년, p. 26.
29) 북한의 산업화단초는 그 동안 일제가 수탈하기 위해 조성한 남농북공정책에 의한 지역적 우위에 토대된 것이었다. 예컨대 북한은 전력과 석탄생산 면에 있어서 각각 92:8, 79:21로 남한보다 상당한 우위에 있었으며, 농업생산 면에서 75:25로 북한보다 상당한 우위에 있었다. 도흥렬(1996) p. 6.

추구한 반면, 북한은 대내지향적 성장전략 하에 모든 산업을 국유화하고 강력한 중앙통제방식에 입각한 사회주의적 산업화를 강행했다.

해방직후부터 남북한의 산업화는 사회주의와 민주주의라는 양대 체제 및 미소의 원조정책의 영향을 받으면서 대립적 경제체제를 추진하였다. 남북한의 대립적 경제체제는 한국전쟁을 거치면서 분명하게 형태를 갖추었다. 남북한 경제체제의 형성과 이념적 성격은 농지의 소유형태와 관련하여 극명하게 드러났다.[30] 북한은 실질적으로 1950년대 중반이후부터 산업화를 본격적으로 추진하여 1960년대 초반에 공업화 성숙단계[31]에 접어들었다. 그러나 남한은 1970년대 중반에 이르러 개발도상국가로 부상하기 시작하였다. 시기적으로 다소 차이를 보이면서 시작된 남북한의 산업화는 외원의존적인 경제적 토대 하에서 체제생존과 안보를 지탱하였다.

북한은 1946년에 토지개혁법령, 산업국유화법령을 발표하면서 지배계급의 경제적 토대를 완전히 박탈함과 동시에 전인민의 노동계

---

30) 북한은 1946년 토지개혁을 실시하여 무상몰수 무상분배에 의해 지주-소작관계의 청산하였으며 1954년에는 농업협동화를 시작함으로써 토지의 사적소유가 완전 폐지되고 사회주의적 생산관계가 지배하게 되었다. 그러나 남한은 미군정과 이승만정권에 의해 2번에 걸쳐 토지개혁을 실시하였지만 유상매수 유상분배방식으로 인하여 지주-소작관계를 청산하지 못하였다. 박순성(2001), p. 137; 서재진(1996), p. 93.
31) 북한은 1947년에 1차, 1948년에 2차, 1949~1950년 동안 1차 2개년 경제계획을 실시하였으며, 한국전쟁 후 1954~1956년에는 3개년 경제계획 및 1957~1961년에는 1차 5개년 경제계획을 실시하였으며 특히 1차 5개년 계획기간부터 중공업정책을 전개하였다. 1961년 남한의 군사정부출현, 1962년 쿠바미사일위기, 중소분쟁 등 대외적 요인들에 의해 북한정권은 자위를 위해 중화학공업에 대한 투자를 증가시켰으며 군사경제병진정책을 전개하였다. 박종철(1995), pp. 233-4. 분단된 직후부터 북한은 1947년 경제계획 이래 1993년 제3차 7개년계획까지 총 9차례에 걸쳐 산업화를 추진하였다. 반면 남한은 1962년부터 제1차경제개발 5개년계획을 시작하여 총 7차에 걸친 5개년계획을 추진하였다.

급화를 공식화했다. 이를 통해 북한정권은 당시의 지주와 자본가계급, 친일파, 민족반역자들의 경제적 토대제거 및 전인민의 노동자화를 추진하여 광범위한 대중적 기반을 구축하였다.[32] 더구나 1950년 북한이 도발한 6·25전쟁은 북한체제내부의 이데올로기문제, 계급문제 및 전근대적 지주소작관계청산을 일시에 해소시킴으로써 사회주의적 산업화를 추진하는데 결정적인 역할을 하였다.[33] 이러한 가운데 북한은 1953년부터 1959년에 걸친 농업협동화 및 기업의 국유화를 통하여 당 관료 중심 하에 집단주의적 경제관리제도를 확고히 하였다. 또한 경제계획의 기본방향을 경제 질서 회복 및 인민생활안정을 위한 농업 및 경공업분야의 발전을 최우선전략으로 채택하였다.[34] 북한은 생산관계의 사회주의화, 생산수단의 국유화를 통하여 스탈린식 자력갱생에 의한 자립적 사회주의 경제건설을 추진해 나갔으며 이를 토대로 김일성 1인 지배체제를 더욱 공고히 하였다.

한편 남한은 해방이후 좌우익간의 대립과 갈등이라는 정치사회적 혼란 속에 미군정의 지배하에 있었다. 북한과 달리 남한은 일차적으로 1946년 미군정에 의해, 2차적으로는 1949년 이승만정권의 농지개혁법에 따라 유상매수, 유상분배원칙 하에 토지개혁을 하였다. 그 결과 남한은 자작농중심의 소농체제가 확립되었으며 공업화 과정에서 농민해체의 물적 기반으로 작용하였다.[35] 남한보다 일찍 경제계획을 세워 상대적 우위를 바탕으로 도발된 6·25전쟁은 엄청

---

32) 도흥렬, "분단 반세기 남북한 사회변화의 비교", 『분단 반세기 남북한의 사회와 문화』, 경남대학교극동문제연구소, 1996년, p. 18.
33) 김동춘, "남북한 이질화의 사회학적 고찰", 『분단과 한국사회』, 역사비평사, 1998년, p. 173.
34) 박종철, "남북한의 산업화 전략: 냉전과 체제경쟁의 정치경제, 1950년대~1960년대", 『한국정치학회보』, p. 233.
35) 박순성, "남북한 경제의 비교: 기원에서 위기이후까지", 『사회과학논집』, 연세대학교사회과학연구소, 2003년, p. 137.

난 인명피해와 재산손실을 초래하였다. 그 나마 남아있던 산업시설과 농업조차 철저히 붕괴되었다. 남한은 전 국민이 절대적 빈곤에 시달리는 가운데 모든 것을 미국의 대외원조에 의존할 수밖에 없는 상황이었다. 이 당시 남한은 미국의 소비재위주의 원조경제하에 경제를 회생시킬 수 있는 물적 토대가 거의 마련되어 있지 못했다. 남한은 자본과 기술이 부족한 상황에서 미국의 비내구성 소비재분야의 원조정책 하에 국가가 자본축적과정에 깊숙이 개입하는 국가주도형 산업화를 추진하였다. 따라서 남한은 미원조의 구조적 틀 내에서 면방직업, 제분업, 제당업 등 3백산업 중심의 소비재산업위주로 이루어질 수밖에 없었다.36) 이러한 상황에서 도시화에 따른 서비스업 등 3차 산업의 이상 비대화현상이 초래되었으며, 원자재의 대미의존이 심화되는 가운데 농업의 황폐화가 초래되었다. 더구나 1950년대 말 미소화해로 인한 미원조감소로 남한의 경제는 침체위기에 직면하였다.

2. 전후~80년대까지의 남북한의 산업화

남북한 사회는 공히 국가에 의한 경제개발전략을 채택하여 산업화를 추진해 나갔다. 특히 미소의 원조와 평화공존은 남북한의 산업화성격을 달리 추구하게 만들었다. 이 당시 북한은 자본과 기술이 절대적으로 부족한 상태에 있었으나 상대적으로 풍부한 자원과 노동력이 경제발전에 근간을 이루었다. 따라서 북한은 사상교육과 이념적 동기부여를 통해 절약과 인민의 노력동원을 활용하여 부족한 자본과 기술을 가능한 상쇄시키는 방향으로의 자급자족적 경제발전노선을 강화해 나갔다.37) 그러나 남한은 농업부문과 인구를 제외

---

36) 박종철(1995), p. 227.
37) 박종철(1995), p. 239.

하고는 모든 면에서 북한에 뒤떨어져 있었다. 남한은 선경제후통일 정책 및 시장경제원칙 하에 저렴한 노동력을 바탕으로 대외의존적 수입대체산업화정책을 추진하였다. 이 당시 남북한 양 체제는 부족한 자본과 기술, 자원 등의 물적 자원을 동원할 목적으로 강제저축체제를 정착시켰으며, 상반된 이데올로기 하에 대중운동적 노동윤리로 인적 자원을 동원하였다.[38]

한국전쟁 후 북한은 1950년대 중반부터 사회주의적 계획경제하에 핵심적인 성장전략을 채택하여 공업화를 본격적으로 추진해 나갔다. 북한은 시장경제를 약육강식의 법칙으로 단정하고 사회주의 경제원리로 대내지향적 자력갱생에 의한 경제건설을 추진해 나갔다. 북한은 소련과 동구권의 시설재중심의 원조[39]에 힘입어 전후복구 3개년계획(1954~1956년) 및 1차 5개년계획(1957~1961년) 기간부터 군수산업중심의 중공업을 우선순위로 하는 산업화정책을 본격적으로 추진해 나갔다. 특히 북한은 전쟁과 미국이라는 외부적 위협에 능동적으로 대처하기 위하여 중공업우선정책을 전개해 나갔으며 군사경제병진의 공업화정책을 추진해 나갔다.[40] 또한 북한은 1961년 남한의 군사정부 출현, 1962년 쿠바 미사일위기, 중소분쟁 등 자위를 위해 중화학공업에 대한 투자를 증가시키고 자립적 폐쇄경제체제를 채택하였다.[41] 북한은 산업화의 선착수와 대외원조, 1950년대 말부터 시작된 사회주의 공업화를 통하여 적어도 1970년대 초까지 남한의 경제력을 상회하였다. 그러나 1970년대 들어와서

---

38) 박순성(2003), p. 142.
39) 북한의 초기산업화에 있어서 대외원조가 차지하는 비중은 매우 컸다. 이 당시 소련과 동구권의 원조는 시설재중심의 설비와 기계가 주종을 이루었으며 그 가운데 공업원료, 자재, 철도교통, 통신복구장비, 농기계, 비료 등 현물원조가 주류였다. 이것이 토대가 되어 경공업보다는 중공업을 우선시하는 발전전략이 전개되었다. 박종철(1995), p. 230.
40) 장맹렬, "남북한의 산업구조 비교"(미간행 논문), 1998년, p. 208.
41) 박종철(1995), p. 234.

는 1960년 중반부터 자주국방을 위한 과중한 군사비부담, 사회주의권의 지원중단, 대서방세계로의 진출봉쇄, 중앙경제계획의 효율성 저하와 같은 구조적 요인으로 경제성장률이 지속적으로 하락하였다. 또한 그 동안 누적된 외채, 중공업우선투자로 인한 농업과 경공업의 상대적 위축이라는 기형적 산업구조로 말미암은 산업간 불균형, 노동력 저하 등 경제구조전체의 문제가 가중됨으로써 경제침체가 가속화되었다. 특히 1960년대 중반부터 4대 군사노선에 의한 군 현대화 및 자주국방을 위한 급증한 군사비는 1967년에 전체예산의 30.4%를 시작으로 지속적으로 증가됨으로써 자원분배의 왜곡을 심화하고 대외관계악화를 초래하였다.[42] 이후부터 북한은 남한과의 경제력비교에서 열세에 놓이게 되었으며 경제침체가 가속화되었다. 따라서 북한은 이를 극복하기 위하여 1970년대에는 외자도입과 독립채산제를 강행하였으나 여의치 못했다. 1980년대에 들어와서는 중공업 이상비대에 따른 생필품부족을 완화하기 위하여 경공업을 강조하고 외자유치를 위해 합영법을 도입하였지만 소비를 충족시키지 못함으로써 경제위기가 지속되었다. 더구나 80년대 후반 동구사회주의권붕괴 및 북한경제방식에 내재하는 한계 등으로 에너지난을 비롯한 식량난, 생필품부족에 직면하게 됨으로써 체제위기 상황에 처하였다. 1990년대에 이르러서는 침체일로에 있는 경제위기를 극복하기 위하여 경제특구중심의 제한적 개방정책이 추진되었으나 그 동안 누적된 경제침체, 모순된 산업구조정책 및 대외 경제관계의 악화로 인해 오히려 외부로부터 지원을 받아야만 생존하는 상황에 이르렀다.

한편 남한은 1960년대 초부터 본격적으로 산업화를 추구해 나갔다.[43] 군사혁명으로 정권을 잡은 군 통치세력들은 정권의 정당성부

---

42) 장맹렬(1998), pp. 237-8.
43) 남한은 제3공화국 1962년부터 1980년까지 4차에 걸쳐 정부주도의 계획

재를 경제발전으로 만회하려 하였다. 대외의존적 수출산업정책에 의한 압축성장의 공업화가 추진되었다. 군사정권은 1961년부터 1963년 까지 농어촌고리채를 정리함과 동시에 저임금에 기초한 경공업제품수출 및 수입대체산업위주의 1차, 2차 경제개발 5개년계획을 추진하였다.44) 대외지향적 수출산업화정책에 따라 가방, 의류, 섬유 등 경공업중심의 제품을 수출하였다. 이후 남한은 한일국교정상화, 월남파병이라는 조치를 통해서 안보체제를 점검하는 동시에 수출산업화 정책을 보다 적극적으로 추진하여 나갔다. 1970년대에 이르러서는 노동력 집약적인 경공업제품산업의 비교우위의 한계 및 미군철수에 따른 군수산업육성필요에 의한 자본과 기술집약적인 중화학공업을 적극적으로 전개해 나갔다. 그러나 1973년에 발생한 석유파동과 무리한 중화학공업부문의 투자로 인한 기업도산, 인플레이션 만성화, 실업률증가 등으로 경제위기를 맞았으나 중동지역의 건설붐과 월남전특수로 경제는 다시 활력을 찾게 되었다.45) 정부의 지속적인 중화학공업육성정책에 힘입어 1970년대 말부터 철강, 기계, 조선 및 화학공업제품 등 기계류 및 중간재 제품이 수출되었다. 1980년대 이후부터는 기술집약적인 소비성 전자제품, 자동차, 중화학공업제품이 수출되었다.46) 이러한 대외지향적 수출산업

에 의한 경제개발 5개년계획을 수행하였으며, 제4공화국과 제5공화국에 와서도 정권이 교체되었음에도 불구하고 이러한 계획경제기조는 크게 바뀌지 않았다. 따라서 제1차경제계획이 시작된 때부터 제2차경제계획까지 노동집약적인 경공업제품위주의 수출정책이 전개되었으며, 3차 경제계획이 진행중인 1970년대 중반부터는 중화학공업제품수출정책을 본격적으로 추진하였다. 이러한 경제정책은 1987년에 전개된 대규모 노사분규, 민주화운동의 영향으로 정부주도의 계획경제가 시장경제로 전환되었다.

44) 박종철(1995), p. 236.
45) 여현덕, "남북한의 산업화와 정치변동", 『분단 반세기 남북한의 정치와 경제』, 경남대학교극동문제연구소, 1996년, p. 150.
46) 주성환, 조영기, "남북한 산업구조의 상호의존성에 관한 연구", 『북한연

화정책은 그 동안 억압되어 왔던 노사분규, 민주화운동이 일어나는 1987년까지 지속되었다. 결과적으로 남한은 1970년대부터 구조적으로 문제가 심각화되고 있는 북한경제를 앞지르는 상황에서 지속적인 경제성장을 거듭하였다.

Ⅵ. 남북한사회의 산업사회갈등

남북한은 분단이후 상이한 체제하에 체제생존을 위해 서로 다른 산업화의 길을 걸었다. 남북한사회는 상이한 산업화전략에 의해 경제체계, 계층구조, 가족체계, 생활방식, 가치체계 등 두드러진 사회변화를 가져 왔다.

1. 경제체제상의 문제

남한경제는 1960년대 초부터 경공업중심의 대외의존적 산업화를 시작하여 몇 번의 고비가 있었지만 1970년 중반부터는 중화학공업을 중심으로 성장의 발판을 마련하였다. 1980년대에 이르러서는 경제성장이 지속되는 가운데 80년대 중반부터 대규모 노사분규, 민주화운동으로 남한경제는 한동안 혼란을 겪었으나 노동환경의 개선 및 민주주의 발전이라는 긍정적 기능으로 작용하여 경제발전의 전환점이 되었다. 이후 대외수출호조, 달러약세, 유가하락 등과 같은 요인으로 고도성장을 지속하였다. 그러나 북한은 중공업 우선정책으로 한 수 차례의 경제계획 결과 1970년대 초까지 남한경제를 앞질렀으나 이후부터 북한내부의 정치, 경제, 군사 등 구조적인 문제로

―――――――――――――
구학회보』, 북한연구학회, 1999년, p. 7.

경제성장이 지연되고 침체가 가속화되었다.

80년대부터 식량난과 생필품난으로 고통을 겪고 있는 북한경제의 문제는 다음과 같은 요인에 기인한다. 첫째, 군수산업중심의 중공업우선정책에 따른 산업구조 간 불균형에 기인한다. 인간생활에 필수적인 소비재를 생산하고 소비를 충족시키는 경공업제품 생산보다는 군수품을 생산하는 중공업의 우선시정책 결과이다. 둘째, 1차, 2차 산업을 뒷받침해주는 금융, 유통, 용역 등의 3차 산업을 홀대한 결과에 기인한다. 북한은 서비스업과 관련되는 3차 산업을 생산 활동으로 보지 않음으로써 지속적인 산업화를 추진하는데 있어 실물경제를 뒷받침하는 3차 산업의 부재로 산업전체가 위축되는 현상을 초래하였다.[47] 셋째, 1960대 중반부터 한미동맹 강화, 쿠바미사일 위기, 남한군사정부출현, 중소갈등 등 안보위협에 능동적으로 대처하기 위하여 군사비급증을 통한 국방력강화를 추진한 것에 기인한다. 4대군사노선과 군현대화를 위한 국방예산이 전체예산의 약 30%에 달함으로서 과중한 군사비부담이 북한경제를 더욱 악화시켰다.[48] 무장력 지향적인 공업화정책이 인민경제성장을 저해한 결과 인민생활을 궁핍하게 만들었으며 북한경제를 더욱 악화시키는 요인으로 작용하였다. 넷째, 경제적 요인뿐만 아니라 경제외적인 요인 즉 군사적 또는 정치적 요인에 기인한다.[49] 사회주의 계획경제를 추진하는데 있어 사회경제체제간의 균형적인 발전을 추구하여야 함에도 불구하고 편중된 당 정책결정에 좌우됨으로써 경제상의 구조적인 문제가 누적될 수밖에 없었다. 다섯째, 사회주의권의 지원을 기대할 수 없는 상황 및 자립지향적인 폐쇄경제체제의 한계, 대외경제 관계의 악화, 세계화의 도전에 적극적 대응부재가 북한경제를

---

47) 장맹렬(1998), pp. 217-219.
48) 박종철(1995), p. 241.
49) 주성환, 조영기(1999), p. 30.

더욱 고통스럽게 하고 있다. 더 나아가 사회주의체제의 공동생산, 공동분배라는 무사안일적 노동문화가 노동자들을 나태하게 만들고 노동을 기피하게 만들었다.50) 근면, 성실, 책임, 신뢰, 자율, 생산성과 정반대되는 노동윤리문화를 조성시킴으로써 주민들로 하여금 목표의식 상실과 노동 동기를 약화시켜 북한경제를 더욱 어렵게 만들었다. 노동에 대한 동기부여를 제대로 뒷받침해 주지 못함으로써 근로의욕을 저하시키고 생산성을 약화시켜 북한경제를 더욱 침체시키는 역효과를 가져왔다.

위와 같은 복합적 요인에 의해 북한경제는 원활하게 작동하지 않고 있으며, 식량난, 생필품난과 같은 경제난의 심화를 가속화시켰다. 따라서 북한주민들은 생존을 위해 암시장과 같은 제2경제를 활성화시키고 있으며 부업을 통한 생존모색을 추구하고 있다. 북한주민들은 최악의 경제적 상황과 절대적 궁핍을 극복하기 위하여 비합법적 시장을 활성화하고 있으며, 더 나아가 생존을 위해 체제를 이탈하는 등 목숨을 건 투쟁을 계속하고 있다. 결과적으로 제2경제의 역할증대는 북한주민들에게 소유의식과 물질주의를 심어줌으로써 국가에 대한 충성보다는 개인의 실리를 보다 중시하는 풍토를 조성하여 사회주의 체제에 대한 불신과 국가권위를 상실하게 만들어 탈 이데올로기 및 체제이완을 더욱 가속화시키고 있는 상황이다.51) 반면 남한은 지나친 세계경제 의존적 수출정책 및 외자의존경제에도 불구하고 지속적인 경제성장을 거듭한 결과, 1990년대 초에는 국민소득이 10,000달러를 넘어 선진국을 상징하는 OECD에 가입하였다. 그러나 1997년 세계경제체제에 대한 부적절한 대응, 기업의 부채비율증가, 누적된 금융부문의 부실, 시장조절의 부조화, 국민들의

---

50) 조한범, "남북한 이질화와 사회문화교류협력", 통일문제특별학술회의, 한국정치학회, 1997년, p. 3.
51) 여현덕(1996), pp. 166-7.

도덕적 해이 등으로 IMF경제위기를 맞았다. 이로 인해 잇따른 기업 도산, 구조조정, 고용불안정, 적대적 병합 등으로 실직자 및 빈곤층이 양산되어 이들의 삶을 보호해야 한다는 사회적 요구가 대두되고 있다.

2. 계층문제

남한이 자본주의 시장경제방식의 산업화를 추구하는 가운데 북한은 사회주의 계획경제방식으로 산업화를 추진하였다. 남북한사회는 공히 국가주도하에 상이한 산업화전략을 추진하는 과정에서 양측 모두 노동계층이 급증하는 결과를 가져왔다. 이러한 가운데 남한에서는 중산층의 증가가 괄목하게 나타난 반면 북한에서는 근로 인텔리라는 신 중간계급이 서서히 부상하기 시작하였다.

남한은 1960년대 이후 산업화가 진전되면서 복잡한 사회체제로 변화되었다. 산업화에 따라 농촌인구의 도시로의 이동이 급증하였으며 봉건적 계층구조가 와해되고 아울러 근대적 계층구조가 형성되었다. 전문직, 관리직, 사무직, 기술직이 크게 확대되고 중간계층의 내부적 다원화가 급진전되었으며 도시지역을 중심으로 판매직, 노동직, 서비스직 등 직업의 구조적 개편이 이루어졌다.[52] 그러나 북한은 토지개혁에 이은 농업협동화와 산업국유화를 통해서 전통적 소유관계에 기초한 계급구조를 해체하는데 성공하였다. 전인민의 노동자화 및 1970년대 이후 사회주의적 공업화로 비농업인구가 1987년 현재 75%로 급증하였다. 전통적 소유관계에 기초한 계급구조의 해체에는 성공했지만 그 대신 출생성분과 당성에 준거한 새로운 사회주의적 불평등구조를 창출하였다. 더구나 기술혁명의 필요

---

52) 도흥렬(1996), p. 14.

성에 따른 기술인재 양성에 따라 근로 인텔리라는 신 중간계급이 성장하였는바, 1946년 6%에 불과하던 신 중간계급이 1987년에 이르러서는 20% 가까이 급증하였다. 노동자와 농민계층이 점차적으로 감소되어 온 대신 전문직과 사무직이 급증한 결과였다.

산업화가 급진전됨에 따라 남한에서도 노동계급, 중간계급, 자본가계급으로 계급분화가 심화되어 계급갈등을 수반하였다. 그러한 양상은 1980년대 중반이후까지 지속되어 대규모 노사분규가 사회를 혼란스럽게 하였으며 동시에 정치권력의 정당성문제에 도전하기도 하였다. 그러나 노동계급이 궁극적으로 추구한 것은 체제변혁보다는 열악한 노동환경을 개선하기 위한 것으로 임금과 노동조건의 향상이었다.[53] 1980년대 말을 기점으로 남한의 노동계급은 계급타협의 논리와 유사한 전략을 선택하여 정치적 지향은 약화되었다. 더욱이 이를 부추긴 것은 사회주의권의 붕괴와 국내의 민주화정착으로 계급갈등이 크게 약화된 결과이며, 자본가계급이나 관리층에 대립되는 하나의 이익집단으로 정착된 결과이기도 하다.[54] 또한 산업화의 진전으로 신중간계층이 양적·질적으로 팽창한 결과 계급갈등이 제도화되어 가고 있으며 계급타협이 정착하고 있다. 이러한 계급갈등의 완화는 선진산업사회의 계급갈등 유형과 유사한 것으로 자본가계급과의 상호모순적인 관계가 아니라 상호보완적인 관계로 계급적 힘의 균형을 의미하는 것이었다.[55] 이들은 자본주의 시장경제질서가 착근하면서 더 현실주의적이고 개인주의적 시장지향성의 산업화와 사회발전으로, 개인의 자유와 권리가 확대된 결과이기도 하였다. 중간계급들은 정치적 민주화에 진보적 성격을 보였

---

53) 서재진, "남북한 계급구조의 변화와 사회갈등", 『분단 반세기 남북한의 사회와 문화』, 경남대학교극동문제연구소, 1996년, p. 72.
54) 서재진(1996), p. 81.
55) 서재진(1996), p. 93.

지만 노동자층의 노사분규와 경제적 평등화에는 보수적 태도를 보였다. 자본주의 사회의 계급들은 자본주의체제에서 얻고 있는 각 계급 나름의 기득권 때문에 체제 통합적 태도를 보이고 있으며 경제가 고도성장함에 따라 계층구조의 평등화가 급진전된 때문이었다.

반면 북한사회에서는 신 중간계급이 확대됨에 따라 이들이 사회주의 이데올로기와 상충되는 체제모순세력으로 대두되고 있다. 노동계급이 주축을 이루는 무계급사회인 북한사회에서 기능적으로 중요한 역할을 수행한다는 이유로 신 중간계급을 수용하고 인센티브를 부여한다는 것은 자체모순이며 이율배반적인 것이다.[56] 북한 주민들 대다수가 노동계급적 가치지향보다는 신중간계급 지향적인 가치의식을 소유하는 경향이 더 높아짐에 따라 북한사회를 더욱 혼란스럽게 하고 있다. 경제적 토대에 기초한 계급은 소멸되었지만 자본주의적 유산이며 정치적 통제대상인 신중간계급의 급증은 계급갈등을 유발시키는 문제집단일 뿐만 아니라 노동계급위주의 북한사회에서 정치적 불안요인을 일으키는 잠재적 이단집단이라 할 수 있기 때문에 북한정권을 곤혹스럽게 하고 있다. 따라서 북한사회는 신 중간계급의 성장이 체제에 이익이 되는 존재가 분명하지만 한편으로 필요악적인 존재로 여겨지고 있다.[57]

3. 가족구조와 가치관의 변화

기든스가 언급한 것처럼, 산업화는 가족구조, 가족가치관 및 가족기능의 변화를 가져왔다. 예외 없이 남북한 사회도 상이한 산업화의

---

[56] 서재진(1996), p. 93.
[57] 그러나 이들 신중간계급은 높은 교육수준을 지니고 있으며 북한사회에 대해 비판하고 여론을 주도하는 세력으로 성장할 가능성이 큰 집단으로서 세계변화에 맞게 개방정책을 가속화할 전망도 크다는 점에서 긍정적인 존재라는 평가도 받고 있다. 여현덕(1996), p. 169.

영향으로 가족의 모습이 달라졌으며, 그들이 갖고 있던 가치관도 커다란 차이를 보이고 있다. 또한 가사노동의 전담자로서의 여성들의 역할도 변화되었다.

    1960년대 산업화의 영향으로 남한은 전통적 대가족제도가 핵가족형태로 변화되기 시작하였다. 1960년 한 가구당 평균 5.6명이던 가족이 1970년에는 5.5명, 1980년 4.5명, 1990년 3.7명, 1995년 3.3명, 2000년 3.1명으로 감소되었다.[58] 부부중심의 가족으로 변화됨으로써 많은 문제가 파생되었다. 자녀양육 및 사회화 기능에 많은 혼란이 초래되었으며, 노인부양문제 발생 및 세대 간의 갈등도 심화시켰다. 결과적으로 소가족화는 전통적 가족관계를 해체시켜 고립과 소외를 촉진시켰으며, 친족과의 유대를 단절시킴으로써 가족공동체의식의 약화시켰다. 반면 북한사회도 가족구성원이 평균 5~6명인 것으로 나타나, 소가족화추세에 있다.[59] 북한사회의 소가족화현상은 사회주의적 가족 원리에 기인하는 것으로 전통적인 대가족제도가 붕괴되었음을 의미함과 동시에 사회구조의 변질을 의미하는 것이었다. 북한은 1946년 남녀평등법 조치로 가장을 중심으로 하는 위계구조 및 친족집단과의 관계를 해체시키는 대신 사회주의적 가족관계로 대체시켰다.[60] 그것은 호적제도와 재산상속제도를 폐지시켜 가족중심의 경제적 기반을 박탈하였음을 의미하는 것이었다. 특히 1980년에 이르러 가정의 혁명화를 완성시킨 북한은 붉은 대가정 실현을 통하여 가족의 원초적 기능인 사회화기능을 완전히 국가사회로 이전시키면서 부모자식간의 관계까지도 2차적 관계로 전락시켜 가족 간의 유대를 소원하게 만들었다.[61] 그러나 1980년대 중반에

---

58) 통계청, 『한국의 사회지표』, 2002년.
59) 김학준 외, 『남북의 생활상: 그 삶의 현주소』, 박영사, 1986년, p. 129.
60) 도흥렬, "남북한 주민의 가족의식 비교", 『북한연구학회보』, 북한연구학회, 1999년, p. 86.

들어와서 북한은 경제침체를 극복하기 위한 대안으로 가정혁명화와는 전혀 다른 공적 가부장제를 부활시켰다. 북한은 이를 통하여 만성적인 경제공황지속에 따른 사회경제적 불만완화를 위한 대책으로 여성을 가정으로 돌아가게 하였으며, 자녀양육과 노인부양과 같은 국가부양책임을 가족으로 이전시켜 가족단위의 부양책임범위를 확대시켰다.[62] 더구나 북한은 과거에 폐지시켰던 상속제를 부활시켜 노동의 물질주의적 인센티브 강화 및 가족부양수단으로 활용하는 조치를 취하였다. 북한사회의 이러한 조치는 결국 경제난에 기인한 것으로 가족을 생산단위이자 자녀양육 및 사회통합의 중심으로 인식하는 유교적 가족주의로 되돌린 것을 의미한다.

한편 남한은 핵가족화가 급진전되는 가운데 여성들의 경제활동인구가 급증하였다. 여성들의 고학력화, 가정생활의 편의확대 및 가족이 맡아 오던 기능을 여타 사회화기관들이 대신함에 따라 가사노동부담에서 벗어난 여성들의 경제활동이 증대되었다.[63] 여성의 경제활동 참여증대로 인한 경제적 독립은 가족생활에 큰 변화를 초래하였다. 경제적 자립능력을 갖춘 여성들이 많아짐에 따라 여성들이 지위가 향상되는 한편 성별 간 갈등의 심화를 가져 왔으며, 결혼생활이 만족스럽지 못할 경우에는 쉽게 이혼하거나 별거하는 등 가족해체를 심화시켰다.[64] 이혼율의 증가로 인한 자녀부양기피, 한부모 가족의 증가 등 가족 불안정성의 문제가 심각해지고 있다.[65]

---

61) 북한은 사회주의정권을 수립한 이래 남녀평등법, 노동법 등 사회주의 조치 및 가정혁명화작업을 통하여 여성의 노동계급화를 추구하였다. 특히 전쟁 후 부족한 노동력을 최대한 활용하기 위하여 가족이 갖고 있던 고유기능을 국가사회로 이전시키면서 여성들의 노동력을 최대한 활용하였다. 도흥렬(1999), pp. 86-7.
62) 도흥렬(1999), pp. 90-93.
63) 1965년 36.5%이던 여성경제활동인구가 1992년에는 47.3%로 증가되었다. 여성한국사회연구회 편(1997), p. 27.
64) 조정문, 장상희, 『가족사회학』, 아카넷, 2001년, p. 94.

또한 여성이 도맡아 왔던 노약자나 환자를 보호하여 오던 가족보호 기능도 약화됨으로써 사회적으로 문제가 되고 있다. 반면 북한사회는 1946년 공포한 남녀평등에 관한 법령을 통하여 여성들의 사회활동을 적극 권장하였다. 특히 전쟁으로 절대적으로 부족했던 노동력을 보충하기 위해 여성들의 노동력을 적극 확대했다. 1976년에 이르러서는 여성들의 경제활동참여율이 전체 노동력에서 48%에 달해 남녀구성비가 비슷한 수준을 보였다.[66] 여성들의 경제활동이 보편화됨에 따라 공동세탁소, 밥공장, 가족식당, 가내작업반과 같은 집단주의적 생활양식이 더 한층 제도화 되었다.[67] 집단주의적 생활양식의 제도화에 따라 부모의 자녀양육기능이 약화되고 정서적 기능이 약화되는 등 전통적 가족기능이 소멸되었다. 또한 여성들의 사회활동이 확대됨에 따라 여성들의 자아의식이 향상되어 가정 내 발언권이 높아 졌으나 직장생활과 가정생활을 동시에 수행해야 하는 이중노동에 시달리고 있다. 결과적으로 여성의 노동계급화는 부족한 노동력을 보충하였지만 전통적 가족제도를 붕괴시키는 등 과거의 정감어린 가족의 모습을 기대할 수 없게 만들었다.

한편 남한에서는 가족가치관의 변화로 권위적이고 수직적이었던 부자관계가 민주적이고 평등한 관계로 변화되었다. 대등한 관계로 변화됨으로써 가장의 권위가 상대적으로 약화되는 한편 가족 구성원들 간의 개별화, 분절화로 가족관계가 소원해졌다. 또한 부부관계도 전근대적 관계에서 평등한 관계로 변화시킴으로써 남편의 권위가 약화되는 대신 어머니의 입지가 강화되어 가족의 구심점이 모호하게 되었다. 또한 가족가치관의 변화는 경로효친사상의 약화 및 조상숭배관념의 약화, 부모부양문제, 부모자녀세대간의 갈등을 유

---

65) 하용출 편, 『한국 가족상의 변화』, 서울대학교출판부, 2001년, p. 54.
66) 김학준 외(1986), p. 180.
67) 도흥렬(1999), p. 86.

발시켜 가족을 둘러싼 다양한 문제를 심화시켰다. 한편 북한사회는 여성의 경제활동참여의 보편화에 따라 국가가 노인부양문제나 자녀양육문제를 해소시켰지만 가장의 권위가 실추됨으로써 가족이 본래 가지고 있던 정서적 기능, 보호기능을 더 이상 기대할 수 없게 되었다. 사회주의적 가정으로 변화됨으로써 가족 구성원들 간에 상이한 가치관이 형성됨에 따라, 부모세대간 갈등 및 노장청세대간 갈등, 노인공경 등과 같은 문제가 심각화되고 있다. 아무튼 오늘날 남북한사회의 가족은 상이한 체제와 이데올로기로 전통적 가치관의 붕괴 및 부모자녀세대간의 갈등, 남녀 간의 불평등한 성역할분업에 따른 이해관계의 충돌 등으로 위기감이 고조되고 있다. 더구나 소비지향적이고 물질중심주의적 가치의 팽배는 가족내부의 세대간 불협화와 가족구성원의 개별화를 촉진시켜 전통적 가족의 모습은 기대할 수 없게 되었다.

4. 도시화 및 삶의 태도 변화

남북한 사회는 상이한 산업화추진과정에서 수많은 부작용을 파생시켰다. 남한사회는 경제발전으로 전체적으로 국민들의 생활수준이 향상되었지만 부의 편중화로 분배구조악화를 심화시켜 계층간 불평등을 확대시켰으며, 또한 도·농간 불균형에 따른 지역 간 격차, 세대갈등, 노인문제 등을 심화시켰다. 반면 북한사회는 정권 내부의 구조적 모순과 사회주의 경제체제가 가진 부작용으로 말미암아 주민생활의 궁핍, 비인간적 인간관계, 노동동기 약화, 체제불신과 이탈 등의 문제가 심각해지고 있다.

남북한의 산업화는 도시로의 인구이동을 촉진시켜 도시화를 급진전시켰으나 많은 문제를 발생시켰다. 남한의 도시화는 주민들의 자발적 의사와 결정에 의해 이루어졌으나 도시와 농촌간의 지역불

균형을 심화시켰을 뿐만 아니라, 도시화에 따른 인구이동으로 말미암아 농촌지역의 가족구성원수의 감소는 농촌의 공동화를 초래하여 농촌해체를 급진전시켰다. 반면 북한에서의 도시화는 당 중앙의 공업화정책과 정치적 목적에 의해 주민의 계획적 이주와 배치에 의해 진행되었다.[68] 도시화로 도시에 거주하는 주민들이 절대적으로 늘어났으나 출신성분이 좋거나 계급이 높은 사람들만이 평양을 비롯한 대도시에 거주하여 각종 문화적 및 물질적 혜택을 누리고 있다. 그러나 그 외 지역에 거주하는 주민들은 문화적 혜택이나 생활상의 편리제공과는 거리가 먼 삶을 누리게 함으로써 열등감과 소외감, 상대적 박탈감을 심화시켰다.

또한 남북한 주민들 간에는 상이한 가치관이 형성되었다. 남한사회는 산업화의 결과 자본주의적 이윤추구논리 팽배로 물신주의 가치관을 조장하였으며 인간관계를 황폐화시키는 결과를 가져왔다.[69] 북한은 공동생산, 공동분배라는 사회주의적 삶의 방식으로 무사안일적 노동문화를 형성시켜 주민들로 하여금 목표의식을 상실하게 하였으며, 동기부여를 제대로 해 주지 못함으로써 노동을 기피하고 나태, 무기력하게 만들어 의존적이며 수동적 가치관을 조장하였다. 결과적으로 그것은 소득의 하향평준화 및 경제침체로 연결되어 빈곤상황을 초래함으로써 체제를 이탈하게 만들고 탈 이데올로기화 하게 만들었다.

남북한사회는 상이한 산업화의 영향으로 주민들의 삶의 태도에도 커다란 차이를 보이고 있다. 남한의 대다수 사람들은 집단적 가치나 공동체 보다는 시장에서의 물질적 보상과 개인적 성공을 우선시하는 현실적이고 이기주의적 가치관을 형성시켜 인간들 관계가

---

68) 김학준 외(1986), p. 33.
69) 여성한국사회연구회 편, 『한국가족문화의 오늘과 내일』, 사회문화연구소, 1997년, p. 38.

분절화되고 고립화되고 있다. 그런 반면 다양한 사회적 압력과 그에 대한 적응력을 자연스럽게 형성시켜 자신의 삶을 스스로 개척하고 책임지는 신축적이며 창의적, 능동적, 적극적 태도를 형성시켰다. 반면 북한은 집단주의적 가치와 공동체 지향적인 가치관을 형성시켰으나 복잡하고 다원화된 현대사회에 적응할 수 있는 교육의 부재로 패쇄적, 의존적, 숙명적 삶을 체질화하였다. 또한 위로부터의 명령에 따라 복종하는 체제 순응적, 수동적, 소극적 인간을 만듦으로써 자신들의 삶을 스스로 개척하고 책임지는데 한계를 보이고 있다.[70]

남북한 사회는 또한 사회정치적 차이에 의해 문화적 이질화현상도 심화되고 있으며, 남북한 경제제도 간 차이나 경제력 격차로 말미암아 새로운 정치 갈등을 발생시키고 있다.[71] 특히 경제적 불균형은 남북한 사이의 매우 심각한 경제적 갈등을 초래하고 있다. 그것은 남북한 주민들간의 승패자 의식을 심화시키고 있으며, 남한주민들은 북한주민들에 대해 우월감과 자신감을 보이는데 반해 북한주민들은 상대적 박탈감의 심화, 좌절감과 패배감을 더욱 조장시키고 있다. 궁극적으로 남북한의 분단과 상이한 체제에 의한 산업화는 동족간의 정체성, 동질성회복을 어렵게 하고 있으며, 문화적 이질성을 더욱 심화시키고 있다.

Ⅶ. 맺는말

분단이후 남북한 사회는 상이한 체제하에 생존을 위해 산업화를

---

70) 김동춘(1998), p. 200.
71) 이우영, "남북한 문화의 이질화를 어떻게 볼 것인가?", 『사회과학논집』, 연세대학교사회과학연구소, p. 147; 문정인 외, 『남북한 정치갈등과 통일』, 오름, 2002년, p. 133; 선학태, "남북한 갈등해결 메카니즘", 『한국정치학회보』, 1998년, p. 211.

추진하였다. 남북한의 분단은 산업화의 기반이 되는 철도의 단절도 가져왔다. 그러나 남북한 양 체제는 일제가 남긴 기존 철도축을 중심으로 독자적으로 경제발전에 필수적인 철도의 발달을 추진하였으며 이를 통해 경제발전과 산업진흥을 꾀하였다.

남한은 50년대부터 3대 산업선을 중심으로 철도의 복구 및 연장을 추진하여 국가경제발전에 기여하였다. 60년대에는 경제개발계획과 맞물려 철도의 발전이 더욱 가속화되었으며, 특히 경제발전의 원동력이 되는 각종 지하자원의 개발 및 산업진흥을 위해 철도가 신설, 복구, 연장, 복선화, 전철화되었다. 또한 지역사회개발, 공업기지건설, 시장 확대 등 경제발전과 산업진흥을 위해 철도를 산업의 견인차로 활용하였다. 반면 북한의 철도는 분단 후 철도를 국민경제 발전의 중요수단으로 발전시켜 왔으며, 전후 경제회복시기에는 더욱 주요 철도간선의 복건에 전력을 다하였다. 북한은 지리적 제약으로 모든 화물과 여객운송을 철도에 의존할 수밖에 없음으로 인해 정권초기부터 철도를 중요한 육상운송기관으로 하는 주철종도의 정책을 전개하였으며 전철화를 빠르게 추진하였다. 북한의 철도는 지하자원개발 및 인구밀집지역을 중심으로 크게 서해안축, 동해안축, 동서 횡단축으로 형성되었다. 이러한 철도축을 중심으로 북한은 지하자원개발, 공업단지조성, 지역개발에 박차를 가하였으며 농수산물, 군수물자를 효율적으로 수송하였다.

여기서 우리가 주목해야 할 것은 남북한 양 체제가 비록 미소의 지원 및 경제발전에 대한 집권층의 의지, 전 국민적 동원에 의해 경제발전(또는 경제침체)을 이루었을지라도 한편으로 철도라는 육상교통기관의 수송 분담 및 산업의 대동맥, 원동력으로서의 역할을 간과할 수 없다. 그 만큼 철도는 산업화시기에 있어 중요한 동력수단으로서의 역할을 톡톡히 수행하였던 것이다. 경제발전의 견인차로서, 원동력으로서의 역할을 수행한 철도라는 운송매체 덕분에 남북한의 산업화는 순조롭게 이루어졌으며 경제발전의 시너지효과를 발휘하였다. 특히 북한의 철도는 산업인프라로서 군사경제병진정책을 추진하는데 있어 결정적 역할을 수행하였다.

초기 산업화과정에서 남한은 미국의 소비재위주의 원조에 영향을 받은 한편 북한은 소련과 동구사회주의권의 시설재중심의 원조를 토대로 상이한 전략의 산업화를 추진하였다. 남한은 60년대 대외지향적 경공업제품수출정책으로 산업화를 시작한 이후, 70년대 중반부터는 중화학공업을 본격적으로 추진하여 경제성장의 발판을 마련하였다. 반면 북한은 50년대 중반부터 군수산업위주의 중공업을 기반으로 산업화를 시작하여 70년대 초반까지 남한경제보다 우위에 있었다. 그러나 자주국방을 위한 군사비 과다지출, 중공업비대에 따른 산업구조간의 불균형 및 자원분배의 왜곡심화, 북한내부의 구조적 모순으로 경제침체가 지속되었다. 남한사회는 잇따른 경제개발계획의 성공으로 국민들의 생활수준이 향상되었던데 반해 북한사회는 거듭된 경제계획의 실패로 경제위기가 가속화되었으며, 식량난, 생필품난이 지속되고 있다.

상이한 체제하에 서로 다른 산업화를 추진한 결과 남북한사회는 경제체계, 계층구조, 가족체계 등 모든 분야에서 크나큰 변화를 가져왔다. 특히 남북한은 산업화를 추진하는 가운데 양측 모두 노동계급의 급증을 가져 왔으며, 남한은 중산층의 증가가 괄목하게 나타난 반면, 북한은 근로인텔리라는 신 중간계급이 부상하였다. 남한은 소득재분배의 불균형 심화로 계층 간의 대립과 갈등이 노정되고 있지만 중산층의 확대로 계층 간의 부조화가 점점 완화되고 있으며 체제안정적인 방향으로 자리 잡아가고 있다. 그러나 계급이 소멸되었다고 주장하는 북한사회에서 신 중간계급의 증가는 체제불안을 조성시킬 뿐만 아니라 계층 간의 위화감을 불러일으키고 더 나아가 이들의 가치관이 전 노동계층에 확산됨에 따른 문제를 발생시키고 있다.

　상이한 산업화는 남북한 사회의 가족구조와 가치관의 변화를 가져왔다. 남한은 소가족화가 급진전됨으로써 가족을 둘러싼 문제가 확대되고 있으며 친족과의 유대관계가 단절됨으로써 고립과 소외가 일상화되었다. 가족가치관의 변화로 가장의 권위가 약화됨으로써 가족의 구심점이 사라지는 한편 경로효친사상의 약화로 부모부양문제를 비롯한 세대 간 갈등 등의 문제를 심화시켰다. 반면 북한 사회는 소가족화되는 가운데 여성들의 경제활동을 적극 권장함으로서 여성들의 지위가 향상되었지만 이중노동에 시달리게 하는 한편 전통적 가족의 모습을 훼손시켰다. 사회주의적 가정으로 변화됨으로써 가족구성원들 간에 상이한 가치관이 형성됨에 따라 부모세대간 갈등, 노장청세대간 갈등, 노인공경 등과 같은 문제가 심각화되고 있다.

　상이한 이데올로기에 따른 산업화는 남북한 주민들 간에 상이한 가치관을 형성시켰다. 남한사회의 자본주의적 이윤추구논리는 이기주의적이고 물신주의적, 소비지향적인 가치관을 형성시켜 인간관계를 분절화, 황폐화시키는 결과를 가져온 반면 북한사회는 사회주의적 삶의 방식으로 무사안일적 노동문화를 형성시켜 노동을 기피하고 나태, 무기력하게 만들어 의존적이며 피동적 가치관을 조장하였다. 결과적으로 남북한의 분단과 상이한 체제에 의한 산업화는 양측통합을 이루는데 있어 앞으로 많은 문제를 노정시킨 한편, 동족 간의 정체성, 동질성 회복을 어렵게 하고 있으며 문화적 이질성을 더욱 심화시키고 있다.

■ 참고문헌 ■

강정구,『분단과 전쟁의 한국현대사』, 역사비평사, 2002.
김동춘, "남북한 이질화의 사회학적 고찰",『분단과 한국사회』, 역사비평사, 1998.
김보영, "815 직후 남북한 경제교류에 관한 연구",『경제사학』, 경제사학회, 1997.
김연규·안병민·이선영,『남북한 교통망연결을 위한 기초조사』, 교통개발연구원, 2000.
김재명, "남북한 무역수송체제 연결방안", 학술대회발표논문집, 1993.
김학준 외,『남북의 생활상: 그 삶의 현주소』, 박영사, 1986.
대한교통학회,『대한교통학회지』제11권 제1호, 1993.
대한석탄공사,『대한석탄공사 50년사(1950-2000)』, 2001.
대한토목학회,『대한토목학회지』, 1996.
도흥렬, "남북한 주민의 가족의식 비교",『북한연구학회보』, 북한연구학회, 1999.
_____, "분단 반세기 남북한 사회변화의 비교",『분단 반세기 남북한의 사회와 문화』, 경남대학교 극동문제연구소, 1996.
문정인 외,『남북한 정치갈등과 통일』, 오름, 2002.
박순성, "남북한 경제의 비교: 기원에서 위기이후까지",『사회과학논집』, 연세대학교 사회과학연구소, 2003.
박종철, "남북한의 산업화 전략: 냉전과 체제경쟁의 정치경제, 1950년대-1960년대",『한국정치학회보』, 한국정치학회, 1995.
서재진, "남북한 계급구조의 변화와 사회갈등",『분단 반세기 남북한의 사회와 문화』, 경남대 극동문제연구소, 1996.
선학태, "남북한 갈등해결 메카니즘",『한국정치학보』, 한국정치학회, 1998.
여성한국사회연구회 편,『한국가족문화의 오늘과 내일』, 사회문화연구소, 1997.
여현덕, "남북한의 산업화와 정치변동",『분단 반세기 남북한의 정치와 경제』, 경남대 극동문제연구소, 1996.
오갑환,『사회의 구조와 변동』, 박영사, 1996.
유석형·임종관,『남북한 화물운송체제 구축방안』, 해운산업연구원, 1993.
이갑수, "한국철도와 사회경제",『한국철도의 르네상스를 꿈꾸며』, 서선덕 외, 삼성경제연구소, 2001.

이길영, "한국철도의 과거, 현재와 미래", 『한국철도학회지』 제2권, 제2 호, 1999.
이영균 외, 『남북한간 교통물류체계 정비확충방안』, 교통개발연구원, 2001.
이우영, "남북한 문화의 이질화를 어떻게 볼 것인가?", 『사회과학논집』, 연세대학교 사회과학연구소, 2003.
이철우, "한국의 근대화정책추진과 철도를 통한 산업화(미간행)", 2005.
임명, "북한의 철도교통", 『대한교통학회지』 제11권 제1호, 대한교통학회, 1993.
장맹렬, "남북한의 산업구조 비교(미간행)", 1998.
장세화, 『동북아 수송체계 현황과 전망』, 해운산업연구원, 1992.
조정문·장상희, 『가족사회학』, 아카넷, 2001.
조한범, "남북한 이질화와 사회문화교류협력", 통일문제 특별학술회의, 한국정치학회, 1997.
주성환·조영기, "남북한 산업구조의 상호의존성에 관한 연구", 『북한연구학회보』, 북한연구학회, 1999.
철도기술연구원, 『철도기술백서』, 2003.
철도청, 『한국철도100년사』, 1999.
철도건설국 편, 『철도건설사』, 교진사, 1969.
최강희, "한국의 철도 일백년", 『대한토목학회지』 Vol. 44, No. 7, 대한토목학회, 1996.
통계청, 『한국의 사회지표』, 2002.
하용출 편, 『한국 가족상의 변화』, 서울대학교출판부, 2001.
홍갑선, 1996, 『철도산업론』, 21세기한국연구재단
황의각, 『북한경제론』, 나남, 1993.
Appelbaum, R. P., *Theories of social Change* (김지화 역, 『사회변동의 이론』, 한울), 1983.
Berger, Peter L., "Securality: East and West" in *Cultural Identity and Modernization in Asian Countires*, Proceedings of Kokugakuin University Centennial Symposium, Tokyo: Institute for Japanese Culture and Classics, Kokugakuin Univ, 1983.
Gereffi, Gary and Donald L. Wyman, eds, *Manufacturing Miracles: Paths of Industrialization in Latin America and East Asia*, Princeton, J.J.: Princeton University Press, 1990.
Harrison, David, *The Sociology of Modernization and Development* (양춘 역,

『사회변동론』, 나남출판), 1988.
Hoselitz, B. F., *Sociological Aspects of Economic Growth*, New York: Free Press, 1960.
Lerner, Daniel, *The Passing of Traditional society*, Glencoe: Fress Press, 1958.
Murray, Andrew, Off the Rails (오건호 역, 『탈선』, 이소출판사), 2001.
Rae, J., *The Road and the Car in American Life*, M.I.T. Press, 1971.
Rostow, W. W., *The Process of Economic Growth*, W. W. Norton & Company, Inc., 1962.
Smelser, Nail J., *Essays in Sociological Explanation*(박영신 역, 『사회변동과 사회운동』, 세경사), 1987.
Tai, Hung-Chao, *Confucianism and Economic Development: An Oriental Alternative?*, The Washington Institute Press, 1989.
原田勝正, 『鐵道と近代化』, 吉川弘文館, 1998.

제 2 장
중국 경호(京滬)고속철도의 부설 배경과 효과*

김 지 환

I. 머리말

20세기 중반 이후 자동차공업과 항공 산업의 발전으로 말미암아 세계 각국의 교통 건설 중심이 점차 도로와 항공운수 방향으로 이동하면서 상대적으로 철도에 대한 투자는 감소하기 시작하였다. 그러나 산업 발전의 고도화와 전문화로 승객 및 화물의 운송량이 급증하면서 도로와 항공 산업이 한계에 이르자 비로소 운송량이 방대하며, 안전하고, 시간에 맞출 수 있으며, 더욱이 환경오염이 적은 철도 운수에 주목하기 시작하였다. 고속철도는 바로 이와 같은 배경 하에서 출현하게 된 것이다.

고속철도는 일반적으로 시속 200km 이상의 철도를 가리키며, 최초 1964년 10월 1일 일본 동해 신칸센이 정식으로 개통된 이래 일본, 프랑스, 독일, 스페인, 한국 등이 고속철도를 부설하였으며, 시속

---

* 이 글은 『평화연구』 제14권 2호(2006년)에 게재된 것임.

210~515.3km의 속도를 주파하고 있다. 이밖에 미국, 영국, 스웨덴, 러시아, 대만, 중국 등이 부설 계획 중에 있다. 전 세계의 고속철도 노선은 총연장 4,400km에 달하는데, 이 가운데 신칸센이 1,952km, 프랑스의 TGV가 1,282km, 독일의 ICE가 427km, 이탈리아의 ETR이 237km, 스페인의 AVE가 471km이며, 우리나라도 2004년 4월에 총연장 400km의 고속철도 보유국에 합류하였다.

  21세기 철도의 고속화라는 세계적 조류 속에서 중국의 고속철도 부설은 특별한 의미를 가지고 있다. 중국 공업경제는 개혁개방 이후 생산관계에 새로운 요소를 도입하면서 생산력이 비약적으로 발전하기 시작하였다. 1978년 이후 20여 년 동안 중국은 연평균 9.6%의 경제성장률을 지속하고 있는데, 이는 세계 평균인 2.8%의 3배 이상을 초과하는 높은 수치이다. 구매력평가(PPP)에서도 5조 6천억 달러로서 전 세계의 12.6%에 해당되며, 미국에 이어 세계 제2위의 자리를 확보하고 있다. 상해 포동 지구를 중심으로 세계 500대 기업이 거의 모두 중국에 진출해 있으며, 중국은 세계의 자본과 기술력을 흡수하여 이른바 '세계의 공장'이라 불리고 있다. '중국 특유의 사회주의 시장경제'란 전무후무한 실험의 주요한 골자는 바로 사회주의적 계획경제 내에 경쟁과 합리를 바탕으로 하는 자본주의적 시장경제의 요소를 적극 도입하는 것이라 할 수 있다.[1]

  이와 같은 위상을 바탕으로 중국은 2008년 올림픽을 유치하였으며, 2010년 상해박람회를 준비하고 있다. 중국은 사회주의 경제건설 일정에서 대략 2000년까지 초보적 사회주의 시장경제체제를 건설하고, 2010년에는 비교적 완비된 시장경제체제를 확립하는 것으로 설정하고 있다. 결과적으로 중국은 정치, 군사뿐만 아니라 경제적으로도 막강한 실력과 위상을 갖춘 명실상부한 초강대국으로 부상하면

---

1) 서진영, 『현대중국정치론』, 나남출판, 1997, pp. 307-309.

서 중국위협론을 실증하고 있는 형편이다.

경호철도는 중국의 간선 종단철도로서, 중국 최대 도시인 북경과 상해를 잇는 명실상부한 중국 철도의 중심선이라고 할 수 있다. 경호고속철도는 중국에서 처음으로 건설되는 고속철도로서 이후 중국 철도의 발전을 위한 시금석이 될 뿐만 아니라, 상해와 북경을 중심으로 하는 연선 지역의 경제 발전을 위해서도 매우 중요한 의미를 가지고 있다고 생각된다. 이 장에서는 경호고속철도의 부설 배경과 그 효과를 통해 중국 경제 발전에서 이 철도가 가지는 의의를 도출해 내고자 한다.

Ⅱ. 각국 고속철도의 발전과 중국 철도의 현황

일본은 1959년 4월 동해도 신칸센의 부설에 착수하여 동경-대판 사이의 노선을 동경올림픽 개최시기인 1964년에 맞추어 개통하였으며, 515.4km/h의 속도로 운행되었다. 이어서 산요(山陽) 1975년 3월, 도후쿠(東北) 1982년 6월, 조에쓰(相越) 1982년 11월과 호쿠리쿠(北陸) 1997년 10월 신칸센을 완성하였다. 1992년부터 동일본, 서일본 및 동해도철도공사는 모두 막대한 자본을 투하하여 300~350km/h의 속도로 운행할 수 있는 차세대 열차를 개발하였으며, 시험운행에서 350km/h의 속도를 기록하였다. 일본은 총 4개 노선의 신칸센을 운행하고 있는데, 동해도 노선의 부설 경비가 가장 저렴하여 3,300억 엔인 반면 산요, 도후쿠, 조에쓰의 노선의 부설에는 각각 9,100억 엔, 28,000억 엔, 17,000억 엔이 소요되었다.2)

프랑스에서는 국영철도인 SNCF가 1960년대 파리-리용간 여객,

---

2) 華允璋,「京滬高速鐵路近年期間不宜立項上馬」,『科技導報』, 1998年8期, p. 23.

화물 수송이 포화상태에 이르게 되자 고속철도인 TGV 건설을 추진하게 되었다. 1970년 고속철도 부설 계획을 수립하면서 가능한한 환승구간을 줄이도록 운행 원칙을 확립하였다. 1976년에 최초의 고속철도인 파리-리용 동남선의 부설에 착수하였으며, 1981년 남동선 파리-리용간 428km 가운데 272km가 완성되고 미개통 구간은 기존선을 활용했으며, 고속차량 TGV-PSE가 최고속도 380km/h를 기록하였다. 남동선 건설 이후 대서양선, 북유럽선, 유로스타(Eurostar), 딸리스(Thalys), 지중해선이 추가로 건설되었다. 1990년에 TGV 대서양선용으로 개발된 고속차량 TGV-A가 513km/h를 달려 철도의 세계최고 속도를 기록하였다.3) 1996년의 통계에 따르면 프랑스 국영철도공사는 이미 1,282km의 고속철도를 보유하게 되었으며, 이는 유럽 고속철도 노선의 절반에 해당되는 수치이다. 그러나 1995년의 통계에 의하면 프랑스 정부는 국영철도회사에 매년 고속철도의 손실부담금으로 500억 프랑(100억 달러)을 제공하여 적자를 메우고 있는 형편이며, 이는 거의 이 회사 영업액의 절반에 해당되는 수치이다.

독일은 도로 중심 교통정책의 한계와 환경보호 대책의 필요성으로 인해 고속철도의 부설에 착수하였다. 독일의 고속철도 ICE(Inter City Express)는 도시간 초특급열차로서 하노버-뷔르쯔부르그간 327km와 만하임-스투트가르트간 99km를 1976년 건설을 시작하여 1991년에 완성했으며, 최고속도 250km/h로 운행을 개시했다. 현재 독일은 고속철도가 총 427km에 달하였으며 속도는 280km/h에 달하고 있다.

스페인은 1992년 바르셀로나 올림픽과 세비아 엑스포 그리고 안달루치아 지역 개발 촉진 등 국내 수송의 어려움을 해결하기 위한 고속철도 도입이 절실했다. 1987년 마드리드-세비아간 471km 구간에 최고속도 250km/h로 달리는 고속철도 공사를 시작해 1992년 스

---

3) 「해외고속철도-프랑스」(http://ktx.korail.go.kr/)

페인 고속철도 AVE(Alta Velocidad Espanola)가 개통되기에 이르렀다.[4] 우리나라 역시 2004년 4월 경부고속철도의 개통과 함께 300km/h의 고속철도시대를 맞이하게 되었다.

일본 고속철도(新幹線) 속도의 발전(km/h)

연도	열차	운행속도	최고시험속도
1964	0系	210	256
1985	100系	230	275
1991	300系	270	325.7
1992	500系	300	386
1993	star21	350	425
1995	300x	350	433

자료: 沈志雲,「京滬高速鐵路建設」,『中國工程科學』2卷7期, 2000年 7月, p. 31.

프랑스 고속철도(TGV) 속도의 발전(km/h)

연도	열차	운행속도	최고시험속도
1983	TGV-PSE	270	
1989	TGV-A	300	515.3
1993	EURO-STAR	300	
1995	TGV-NT	350	
1998	TGV-NG	350	

자료: 沈志雲,「京滬高速鐵路建設」,『中國工程科學』2卷7期, 2000年 7月, p. 32.

중국 철도는 1960년대 초기에 이미 시속 120km에 도달함으로써 속도에서 당시 일본 동해도 신칸센과 90km/h의 차이를 보였다. 그러나 1990년대 초기 세계 선진국의 철도 속도는 이미 300km/h의 수준에 도달하였는데, 중국 철도의 최고 속도는 여전히 120km/h에 머물고 있었다. 즉 30년래 중국의 철도 속도는 세계 수준과의 차이가 축소되지 못하고 오히려 더욱 확대되었던 것이다.

---

4)「해외고속철도-스페인」(http://ktx.korail.go.kr/)

1998년 말 중국의 전국 철도 총연장은 66,428.5km로서, 국유철도 57,583.5km, 지방철도 4,926.7km, 합자철도 3,918.3km로 구성되어 있다. 중국 철도망은 북경을 중심으로 한 방사형 간선 철도망과 남북 종단철도, 동서 횡단철도의 격자형 간선철도망의 구조로 되어 있다. 중국 철도의 복선화율은 34.2%, 전철화율은 22.5% 수준이며, 20,348대의 동력차와 439,326대의 객차 및 화차가 중국 철도망에서 운행되고 있다.

계획경제체제에서 중국 철도는 국민경제의 대동맥으로 지금까지 중국 교통의 주도적 위치를 차지하고 있으나, 시장경제로의 변화와 이에 따른 도로, 항공, 수운 등 타 교통수단의 급속한 발전으로 철도수송 분담률이 계속 저하되는 추세이다. 중국 철도의 여객수송량과 화물수송량은 1995년에 각각 39.6%와 54.0%에서 1998년에는 각각 34.8%와 54.6%로 여객은 감소하였으며 화물은 현상을 유지하는 상태이다.

중국 철도 여객수송 분담률

구 분	수송인원(백만 명)	분담율(%)
1980	922.0	60.4
1985	1,121.1	54.3
1990	957.1	46.4
1995	1,020.8	39.6
1996	935.5	36.3
1997	919.2	35.4
1998	929.9	34.8

자료:『中國交通年鑑-1999』, 中國交通年鑑社, 2000年.

중국 철도 화물수송 분담률

구 분	수송톤수(백만 톤)	분담율(%)
1995	1,593.5	54.0
1996	1,616.8	52.1
1997	1,618.8	56.8
1998	1,532.1	54.6

자료:『中國交通年鑑-1999』, 中國交通年鑑社, 2000年.

위의 표에서 보듯이 중국 철도의 비중은 항공과 도로교통의 발전에 따라 분담률이 저하되고 있지만 그럼에도 불구하고 특히 화물수송 분담률은 여전히 높은 수준을 유지하고 있음을 알 수 있다. 특히 철도는 장거리 여객 및 수송에서 중요한 역할을 담당하고 있다. 일반적으로 중국의 자원 분포의 특성에 따라 서북의 석탄자원을 남과 동으로 수송하며, 북쪽의 나무와 석유를 남쪽과 동쪽으로 수송하는데, 자원수송에서 철도는 매우 중요한 역할을 담당하고 있다. 중국 철도는 경제 발전의 과정에서 중요한 운송 방식으로서 국민경제의 대동맥이며 교통체계의 대 골간으로서, 2003년도 34.7%의 승객수송과 54.7%의 화물수송을 담당하였다.5)

Ⅲ. 경호고속철도 부설의 배경

위에서 살펴본 바와 마찬가지로 중국 철도는 특히 중화인민공화국 성립 이후 줄곧 세계적인 철도의 발전 추세에 부합하지 못하고 낙후되어 왔음을 잘 알 수 있다. 이러한 이유에서 중국 정부는 철도 발전의 필요성을 인식하고 적극적인 투자에 착수하게 된 것이다. 중국철도의 발전 계획은 1998~2000년까지 국가가 철도에 투자하는 금액이 2,459억 위안(한화 약 30조원)으로 1976~1995년 20년간 투자액 1,959억 위안보다 500억 위안(한화 약 6조 2천억 원)이나 많으며, 2002년에 총연장 70,000km를 돌파하였다. 투자의 주요 내역을 살펴보면 신노선 건설 5,340km, 기존선 복선 건설 2,580km, 기존선 전철화 4,400km, 지방철도 건설 1,000km 등이다.

경호철도는 북경, 상해, 천진의 3대 직할시와 하북성, 산동성, 안휘

---

5) 羅慶中, 「中国鉄路発展戦略의 思考」, 『重慶技術』, 2005年, p. 173.

성, 강소성의 4성을 관통하여 명실상부한 중국 철도의 종단선이며 중국 철도 교통의 기초라고 해도 과언이 아니다. 이 철도는 인구 200만 이상의 도시인 북경, 천진, 제남, 남경과 상해의 5개 도시, 50~200만의 덕주, 서주, 방부, 진강, 상주, 무석, 소주의 7개 도시를 지나고 있다. 또한 북경, 태산, 곡부, 태호 유역 및 청도, 항주 등의 명승고적이 분포하고 있어 1997년 연선의 주요 성시를 찾은 관광객만 450만 명 이상에 달하였다. '사회주의 시장경제'의 부단한 발전과 각 성시 경제 실력의 증강, 성시 규모의 확대에 따라 경호선은 중국에서 가장 활력 있는 경제 지역을 관통하는 철도노선이라고 할 수 있다.

경호철도가 지나는 이 지역의 경제적 특징은 다음과 같다. 우선 경호선 연선 지역에는 공장이 집중되어 있으며 공업화의 정도와 도시화의 수준이 기타 지역에 비해 매우 높다. 1996년도 중국 정부가 반포한 백대 도시 가운데 75개 도시가 바로 경호 연선 지구 내에 속해 있으며, 경제발달, 과학기술, 문화교육 및 생활수준이 높은 지

경호고속철도 노선도

자료: http://www.cnr.cn/kby/zl/t20060403_504188742.html

역이라 할 수 있다.

2000년 현재 이 지역의 연간 총생산액은 3.3912억 위안으로서 전국 8.5억 위안의 40%를 차지하고 있으며, 2000~2010년 간 GDP 연간 증가율은 북경 8%, 천진 10%, 하북 7%, 안휘 11.5%, 강소 12%로 예상되고 있다. 북경은 이미 중등 혹은 발달국가 수도의 경제 규모 및 수준을 초과하였으며, 천진은 북방 상업 무역 금융의 중심이며 현대 국제항구 도시이다. 상해는 세계적인 대도시로서의 경제규모와 종합적인 실력을 갖추고 있어 명실상부하게 국제경제, 금융, 무역의 중심지라고 할 수 있다. 하북성은 발해만과 북경, 천진을 기본축으로 급속히 발전하고 있다. 산동성은 장차 철로 연선으로 산업중심 지역이 될 것이며 2010년 기본적으로 현대화를 달성하게 될 것이다.

또한 이 지역은 자원이 상대적으로 부족한 지역이라고 할 수 있다. 경호선 연선 지역은 비록 고도로 발달된 공업지역이지만 필요한 에너지 및 원료는 대부분 기타 지역으로부터의 수입에 의존하고 있다. 예를 들면 석탄 수요량의 98%, 강재의 50%, 목재의 90%, 면화의 70% 등을 외부 지역으로부터 수입하고 있는 실정이다.[6]

경호철도 연선 지역은 면적이 60.37만㎢로서 전국 토지의 약 6.3%에 불과하지만, 이에 비해 인구는 약 3.22억 명으로 전국 총인구의 26.1%를 차지하는 인구 밀집 지역이라고 할 수 있다. 북경과 상해는 이미 국민소득이 2,000달러와 3,000달러를 초과하였으며 이는 전국 평균의 2.74배 및 4.23배에 해당된다. 같은 해 수출 총액은 1086.9억 달러로 전국 각 성시 총액의 39.2%를 차지한다. 경호선 연선에는 대형기업이 1,600여개, 중형기업이 5천여 개에 달해, 각각 전국의 36%와 42%를 차지한다.[7]

---

6) 胡天軍, 「京滬高速鐵路對沿線經濟發展的影響分析」, 『經濟地理』19卷5期, 1999年10月, p. 101.
7) 吳鳳維, 「建設京滬高速鐵路的必要性與緊迫性」, 『中國鐵路』1999年6期, p. 1.

경호선 통과 4성 3시의 국민경제 중의 주요 지표(1997)

성 시	인구 (만 명)	면적 (100km²)	국내총생산			총 소비량		
			수량 (억 위안)	1인 평균 (위안)	전국 평균비교	수량 (억 위안)	1인 평균 (위안)	전국 평균비교
북경	1240	168	1807.5	16658	2.74	1051.5	8480	3.91
천진	953	119	1240.3	13700	2.25	535.0	5614	2.59
상해	1457	63	3360.2	25739	4.23	1325.2	9095	4.19
하북	6525	1900	3950.5	6073	1.00	1195.0	1831	0.84
산동	8785	1567	6650.5	7590	1.25	1906.5	2170	1.00
강소	7148	1026	6685.6	9344	1.54	2106.6	2947	1.36
안휘	6127	1300	2670.6	4359	0.72	849.2	1386	0.64
총계	32235	6143	26364.7	8179		8969.0	2782	
전국(%)	26.10	6.4	35.3					
일인평균				1.35	1.35		1.28	1.28

자료: 吳鳳維, 「建設京滬高速鐵路的必要性與緊迫性」, 『中國鐵路』1999年6期, p. 2.

이와 같은 경제적 배경 하에서 경호철도 연선 지역은 특히 승객 유동 및 운송의 수요가 매우 많아 운수 밀도가 매우 높은 실정이다. 경호철도는 중국의 종단 간선이며 이에 연접하는 9개의 지선을 가지고 있다. 경호선은 중국 철도의 총연장 가운데 2.8%에 불과하나 12.8%의 승객과 8.6%의 화물 운송을 담당하고 있다.[8] 1996년의 통계에 따르면 중국의 최대 도시인 북경과 상해를 잇는 경호철로의 각 구간 이용률을 살펴보면 경진(京津) 구간이 75%, 진서(津徐) 구간이 80%, 서령(徐寧) 구간이 90%, 호령(滬寧) 구간이 97%에 달하여 운수 능력이 사실상 이미 포화단계에 도달하였다고 판단되었다.[9]

경호철도는 1985~1988년 객화 운송량이 지속적으로 증가하여 증가율이 매년 10~15%에 달하며, 1988년에 이용률이 이미 90% 이상에

---

8) 任潤堂, 「京滬鐵路採用輪軌高速系統擴能的合理性」, 『鐵道工程學報』65期, 2000年3月, p. 5.
9) 華允璋, 「京滬高速鐵路近年期間不宜立項上馬」, 『科技導報』1998年8期, p. 24.

도달하였다. 연선 인구가 전국 인구 분포의 4분의 1 이상을 차지하고 있어, 경호철도는 운수밀도에서 전국 철도 평균의 4배에 이르며, 중국 철도 가운데에서 가장 이용률이 높은 철도라 할 수 있다. 경호철도는 승객 밀도에서 전국 철로 평균의 5.24배, 화물 밀도는 3.54배에 이르고 있어 사실상 이미 포화상태에 달했다고 할 수 있다.[10] 이러한 판단에 근거하여 2000년 이후의 운수 수요에 비추어 고속철도의 부설이 불가피하다고 결론짓게 된 것이다.

이와 같이 높은 인구밀도로 말미암아 막대한 여객 및 화물 운수 수요가 존재하여, 또한 자연자원과 생산능력, 경세성장 등에서 북방과 남방 사이의 화물교류 및 북경과 상해 등 경제 발달지역 내부 사이의 화물 교류 등 필요성이 존재한다고 할 수 있다. 만일 고속철도가 완성된다면 북경과 상해 간 운행 소요 시간이 기존의 17시간에서 5시간대로 단축될 수 있을 것이다. 경호고속철도가 완성된 이후에는 시속 350km이상의 속도로 열차 거리는 4분 간격으로 운행될 것이며, 열차는 한 번에 승객 1,000~2,000명을 탑승하게 될 것이다. 그리하여 매일 북경과 상해 사이에 110~120차례 고속열차가 운행하게 될 것이다. 그리하여 매일 22만 명을 운송하게 될 것이다. 이는 중국 경제 발전에서 견인차 역할을 하게 될 것임에 틀림없다.[11]

Ⅳ. 경호고속철도의 부설 계획

중국 정부는 철도 발전을 위해 기존 노선의 보수 및 신노선의 건설뿐만 아니라 고속철도의 부설에 착수함으로써 중국 철도의 수

---

10) 任潤堂,「京滬鐵路採用輪軌高速系統擴能的合理性」,『鐵道工程學報』65期, 2000年3月, p. 4.
11) 王喜軍,「京滬高速鉄路建設方案浅析」,『鉄道工程学報』70期, 2001年6月, p. 7.

준을 한 단계 높이려는 노력을 경주하고 있다. 경호고속철도는 총연장 1,307km(약 24개역), 총사업비 약 160억 달러(약 18조 위안, 138억 위안/km)이며, 수송 능력은 여객 6,000만 명/년(16만 명/일)이다. 경호고속철도 구간은 북경을 출발하여 천진, 제남, 서주, 남경을 경유하여 상해까지의 구간으로 노선은 대체로 현재의 경호철도 기존선과 평행하게 건설될 예정이다. 북경(北京), 천진(天津), 상해(上海) 3개 직할시, 화북(華北), 산동(山東), 안휘(安徽), 강소(江蘇) 4개 성을 통과하며, 해하(海河), 황하(黃河), 회수(淮河), 양자강(長江)의 4대강을 건너게 된다.

일찍이 1990년 3월 제8차 5개년 계획에 고속철도 기본개발 계획이 포함되었으며, 1991년 3월 국가계획위원회에서 고속철도 부설계획안이 결정되었다. 1991년 5월 중국 철도부 산하에 100여명의 전문가로 이루어진 '고속철도 검토위원회'를 구성하여 철도부설의 타당성을 검토하기 시작하였다. 1994년 말 철도부는 국가과학위원회, 국가계획위원회, 국가경제무역위원회와 국가체제개혁위원회와 공동으로 〈경호고속철로 중대기술경제문제 연구보고〉를 제출하고 경호고속철도의 건설은 현실적으로 매우 절실한 과제이며, 기술적으로도 실현 가능하며, 경제적으로도 합리적이고, 국력에 비추어 충분히 소화할 수 있다고 결론지었다.

1993년 4월 국가과학기술위원회, 국가계획위원회, 국가경제무역위원회, 국가체제개혁위원회와 철도부는 연합하여 '경호고속철도 중대 기술·경제문제 연구'의 전문조직을 발기하여 47개 단위, 120여 전문가가 참가하여 공정건설 방안, 자금 조달과 운영기제, 국제합작, 경제평가 등 정책을 입안하기 위한 제반 문제를 연구하기 시작하였다. 이와 함께 1994년 5월 31일, 철도부장은 국무원 총리주재회의 시에 정식으로 경호고속철도의 부설에 관해 보고하고, 이 철도의 부설이 경호(북경-상해) 간의 운수교통 상황을 근본적으로 개선할 수 있다고 보고하였다. 더욱이 동부 연선의 경제발전에 상당한 사회, 경제적 효과를 가져 올 것이며 현대화 및 산업기술 진보에 중요한 역할을 담당할 것이며, 국민 생활수준과 수요에 부응하게 될 것이라고 보고하였다. 이후 1994년 11월 7일 국무원의 지시에 따라 철도부는 경호고속철도 연구 공작을 선포하고 이후 수년간 관련 연구를 진행하기로 결정하였다. 1998년 10월 철도부는 〈경호고속철도 연구보고〉를 내고 다음과 같은 기본 방침을 결정하였다.

첫째, 경호연선에 객운 전용선 총연장 1,300km를 부설한다.
둘째, 25Kv, 50Hz의 전기화를 실행한다.
셋째, 최대 경사도는 1.2%, 최소 곡선반경은 7,000m로 한다.
넷째, 전선에 26개의 역을 설정하고 이 가운데 5개를 이용한다.
다섯째, 운행속도는 300~350km/h로 결정한다.

경호고속철도의 건설비용에 관해서는 민간자본과 법인의 자본을 유치하고, 국외의 자본도 적극 도입한다는 계획을 세우고 있다. 경호고속철도의 3대 자금 내원은 첫째, 국내에서 자금을 모집하며, 둘째 세계은행과 외국 정부로부터의 차관을 도입하며, 셋째, 외국계 은행으로부터 차관을 도입한다는 계획을 가지고 있다.[12]

1994년 2월 국가계획위원회에서 〈북경-상해 간 고속철도 건설계획〉이 확정되어 1996년 7월에는 〈북경-상해 간 고속철도 건설기준안〉이 마련되었다. 1997년 철도부는 국가계획위원회에 〈북경에서 상해에 이르는 고속철도 건설 건의서〉를 제출하였다. 일 년여의 평가를 거쳐 중국 정부는 기본적인 내용을 추인하고 경호고속철도의 건설 필요성에 동의하였다. 2006년 원자바오(溫家寶) 총리가 주최한 국무원 상무회의는 〈경호고속철도건의서〉를 정식으로 통과시켰다.[13]

---

12) http://www.huash.com/news/2006-04/06/content_5322253.htm
13) http://www.cnr.cn/kby/zl/t20060403_504188742.html

고속철도 통과 지역의 지질 조건은 지역에 따라 차이가 많고 노반 침하량도 높아 연약지반 및 강하천 지역에는 교량을 건설해야 한다 (노반토석은 약 1억 천m³). 예를 들어 무석(無錫)에서 소주(蘇州)구간은 연약지질 구간으로 연약지반의 두께가 약 30m에 달하여 대부분의 지역에 교량을 건설해야 한다. 교량구간의 총연장은 432km로서 전 노선의 약 33%를 차지하며, 경호고속철도의 터널 총연장은 약 17km로서 전 노선의 1.3%를 차지하고 있다.

운영계획을 살펴보면 경호고속철도는 여객전용선으로 운영되어 대부분 경호선 주변의 여객을 수송하며, 경호 기존선은 화물수송 위주로 운영될 예정이다. 아울러 중국여객의 특수성을 고려하여 환승을 최소화시키며, 운영 초기에는 중·고속 열차를 병행하여 운행함으로서 여객 수요를 최대한 흡수하는 것으로 계획되어 있다.

경호고속철도의 목표 속도는 250~300km/h이며, 고속선상에서 운행하는 중속열차의 속도는 160~200km/h로 정해져 있다. 중·고속열차의 병행운행을 효율적으로 조절하기 위해서는 대피선과 ATC시스템 도입이 필수적이며, 향후 속도 향상을 고려하여 노반, 교량, 터널 등의 기반시설은 시속 350km의 열차운행 조건으로 설계될 예정이다. 경호고속철도 건설 후 북경-상해간 운행시간은 5시간대로 기존선보다 8~9시간 단축되는데, 중·고속열차 운행 시 속도를 고려하여 최소 곡선반경은 7,000m, 부득이한 경우는 5,500m로 정하였다.

경호고속철도가 경유하는 지역은 비교적 평탄한 지형으로서 최대구배는 1.2%, 궤도간 거리는 5m, 복선터널 단면적은 100m²로 정해져 있다. 기술 장비는 국내외의 기술을 상호 결합하고, 설비도입과 기술도입, 합자(합작)생산 등을 상호 연계하여 점차 국산화를 실현할 예정이며, 국제적으로 2000년대에 고속철도 기술을 선진국 수준으로 끌어올리기 위하여 도입기술의 요구 수준을 높게 설정함으로서 중국 현실에 맞는 고속철도 기술체계를 확립할 계획이다. 고속열차의 생산은 "1, 2, 7 모델"을 채택하기로 방침을 세웠는데, 말하자면 열차 총량의 10%는 수입에 의존하고, 20%는 부품의 수입을 통한 조립으로 조달하며, 나머지 70%는 국산화한다는 방침을 말한다.14)

한편 세계의 고속철도 선진국들은 중국의 고속철도건설 사업의 수주를 위해 수년 전부터 노력을 기울이고 있다. 참고로 일본의 경우 1997년 강산(岡山)에서 고속철도 컨퍼런스(JR West와 JR Central 주관)를 개최하였고, 중국 고속철도 추진 관련인사를 초청하여 JR West의 신형 500시리즈 신칸센을 소개하고 시승시킴으로서 신칸센의 대중국 홍보에 적극적으로 나서고 있다. 일본은 중국 고속철도 사업수주를 위해 일본의 고속철도 전문가 및 관련기술정보 제공에 적극적으로 나서고 있으며, 중국 철도사업에 대한 일본 측 제안사항으로는 중국 철도 프로젝트에 대한 일본의 자본 조달, 중국 철도 프로젝트에 대한 타당성 검토, 지속적인 기술정보의 교환 등이 있다. 특히 일본의 교통성대신 산치안징(扇千景)이 중국을 방문하여 경호고속철도의 부설 과정에서 중일합작을 희망한다는 의사를 전달한 이후 프랑스와 독일, 일본 등의 경쟁이 가열화 되고 있는 형편이다.

중국은 현재 일본, 독일, 프랑스와의 합작을 위한 검토 단계에 들어가 있으며 다음과 같은 문제들이 주요한 검토의 과제로 되어 있다. 현재 중국은 일본 신칸센 기술의 도입에 가장 적극적인데, 가장 큰 장점은 안전성으로 아직 큰 사고가 발생한 적이 없다는 것이다. 그러나 전통적인 중일 간의 민족주의적 감정 및 분쟁, 그리고 신호체계를 비롯한 전반적인 기술 이전에 대한 일본의 소극적인 입장 등이 주요한 걸림돌로 남아있다. 독일의 경우 자기부상식을 포함한 전반적인 기술 이전에 부정적이며, 더욱이 자기부상을 포함한 수차례의 기술상의 장애 및 사고 등 안전성의 문제가 걸림돌로

---

14) http://news.xinhuanet.com/fortune/2006-04/04/content_4380708.htm

작용하고 있다. 프랑스의 경우 한국과 스페인에서 이미 고속철도를 건설한 경험이 있으며 기술 이전에도 긍정적인 입장을 표명하고 있으나, 이전에 중국 심양(沈陽)-주황도(秦皇島) 사이의 철도 구간에서 프랑스가 제공한 신호체계 계통에서 출현하고 있는 잦은 사고와 고장 등이 전면적인 도입에 걸림돌로 작용하고 있다.[15]

전기를 동력으로 한 고속철도의 부설 필요성은 에너지 및 환경 문제와도 밀접한 관련을 가지고 있다. 2002년 현재 중국의 교통 운송은 총 6156.6만 톤의 석유를 소비함으로써 전국 석유 소비량의 24.8%를 차지하였으며, 이 가운데 도로교통이 석유 사용의 75% 이상을 차지하였다. 따라서 이에 상응하는 조치를 강구하지 않으면 2020년도 교통운수에서 소비되는 석유 수량은 총 2.56억 톤으로 전국 석유 소비량의 57%를 차지하게 된다.[16] 이렇게 된다면 중국 에너지 수급에 심각한 문제를 야기할 것임에 틀림없다.

이러한 결과 교통운수는 주요한 환경오염원의 하나가 되고 있으며 장래 그 정도가 더욱 심화될 것임에 틀림없다. 현재 중국 대도시의 일산화탄소 배출량의 60%, 탄화수소의 30%, 질산화합물의 50%의 오염원이 바로 교통기구로부터 배출되는 것이다.[17] 이에 비해 기차는 기타 운수방식에 비해 차지하는 면적이 적고, 에너지의 상대적 소비가 적으며, 더욱이 오염이 비교적 적은 효율적인 운수 방식인 것이다. 따라서 중국의 에너지문제, 환경, 자원 현황에 비추어 고속철도는 가장 효율적인 교통 운송 수단이 될 수 있을 것이다.

---

15) http://www.ynet.com/view.jsp?oid=2505566
16) 羅慶中, 「中國鐵路發展戰略的思考」, 『重慶技術』, 2005, p. 173.
17) 羅慶中, 「中國鐵路發展戰略的思考」, 『重慶技術』, 2005, p. 174.

V. 경호고속철도의 경쟁력과 기대 효과

고속철도의 운행 방식에는 크게 바퀴를 사용하여 레일 위를 주행하는 바퀴식(Wheel-On-Rail)과 자력의 흡인 반발력을 사용하여 열차를 부상시켜 주행하는 자기부상식(Magnetic Levitation)의 두 가지 방식이 있다. 바퀴식 고속철도는 레일과의 점착력 한계로 시속 330km/h가 한계라고 생각했으나, 프랑스가 1990년 5월 남부지선 Vendome 구간에서 시속 513.3km/h의 시험운행에 성공함으로써 지속적으로 발전하고 있다. 자기부상식 고속철도는 독일, 일본 등에서 연구 중이며, 이미 지난 1997년 일본이 시속 550km의 속도 갱신을 세운 이래 시속 580km를 목표로 개발 중이다.18)

중국은 1990년부터 고속철도 부설의 가능성을 타진하기 위한 연구를 시작하였으며, 1991년에 비로소 철도 부설에 대한 본격적인 연구에 착수하였다. 1997년 3월 철도부는 국가계획위원회에 〈경호고속철도부설건의서〉를 제출하였으며, 위원회는 1998년 9월 중국국제공정자문공사에 이에 대한 평가를 의뢰하였다. 자문공사는 평가에서 고속철도의 건설 방식에 대해 검토하였는데, 여기서 기존의 고속철도 운행방식인 바퀴식과 자기부상열차 방식으로의 건설이 모두 고려되었다. 특히 1998년 당시 총리였던 朱鎔基가 경호고속철도를 자기부상방식으로 건설할 수 있는 가능성에 대해 검토를 지시한 이후 바퀴식과 자기부상식을 둘러싸고 격렬한 논쟁이 전개되었다.

자기부상식 고속철도의 장점은 소음이 매우 적고, 에너지 소모가 바퀴식에 비해 현저히 적으며, 철도의 수명도 바퀴식이 35년 정도인데 비해 80년으로 유리한 점을 가지고 있다. 더욱이 바퀴식으로 부

---

18) 「고속철도개요」(http://ktx.korail.go.kr/)

설할 경우 운행 소요시간이 5~6시간인데 비해 자기부상식의 경우 3시간대에 주파할 수 있다는 장점을 가지고 있다. 그러나 자기부상 열차는 기존의 고속철도 방식에 비해 더욱 정밀하고 복잡한 구조와 부설 기술이 요구되었으며 더욱 복잡한 공전설비 및 통제시스템 등이 요구되었다. 이러한 결과 부설 가격이 바퀴식의 궤도고속철도를 크게 초과하였는데, 즉 2~3배나 많은 비용이 소요될 것으로 추정되었다. 즉 1,300km에 이르는 경호고속철도를 부설할 경우 바퀴식의 경우 매 km당 1억 위안의 비용이 소요되어 총 1,300억 위안의 예산 조달이 필요한데 비해, 자기부상식의 경우 총 4,000억 위안의 예산이 필요하다는 결론이 도출되었다.[19] 더욱이 최근 독일에서 발생한 자기부상열차의 사고 등 안전성에 문제가 제기되었으며, 지금까지 상업화된 사례가 거의 없어 일본과 같은 바퀴식 궤도고속철도의 부설 방식이 타당하다는 결론을 도출하였다.[20]

경호고속철도는 자국 내의 철도 시공 등을 통해 철도 공사비를 대폭 경감하였다. 예를 들면 한국의 경우 서울에서 부산에 이르는 412km의 KTX 총건설비용은 160억 달러로서 이를 중국 인민폐로 환산할 경우 3천억 위안이 된다. 경호고속철도가 매 km 당 1억 위안의 소요되는 것을 감안하면 한국에 비해 투자비가 3분의 1에 불과한 실정이다.[21]

그렇다면 과연 경호고속철도가 완공된 이후 기존의 항공운수와 도로운수에 비해 경쟁력을 가질 수 있을 것인가. 여행 시간은 거리뿐만 아니라 운수 방식에 따른 보조시간이 계산되어야 한다. 즉 집을 나서서 비행기와 자동차, 기차를 타기 위해 비행장, 고속도로, 기차역에 이르는 시간을 보조시간이라고 할 수 있다. 비행장은 보통

---

19) http://www.ynet.com/view.jsp?oid=2505566
20) 王喜軍,「京滬高速鐵路建設方案淺析」,『鐵道工程學報』70期, 2001年6月, p. 8.
21) http://www.kantsuu.com/news1/20060405133600.shtml

도심으로부터 멀리 떨어져 있으며, 탑승 수속이 번잡하며 대기시간도 길다. 고속도로의 기점은 일반적으로 도심의 외곽에 위치하며 출구는 항상 번잡하기 마련이다. 그러나 기차역은 일반적으로 도심에 위치해 있으며 승차도 매우 편리하다. 따라서 일반적으로 300km 이하의 거리에서는 고속도로가 가장 경쟁력을 가지며 1,000km 이상의 장거리에서는 항공운수가 경쟁력을 가지며 고속철도는 일반적으로 150~1,300km의 거리에서 경쟁력을 가지게 된다. 뿐만 아니라 고속철도의 최대 탑승 용량은 열차당 1,300명에 달하여 매일 20여만 명의 승객을 운반할 수 있을 정도로 운송량이 막대하다. 항공기 탑승은 대당 300~400명, 매일 20회 계산이면 7,000~8,000명의 운송능력에 불과한 실정이다.

더욱이 고속철도는 정시성이라는 장점을 가지고 있다. 말하자면 운행시간이 정시에 맞추어 정확하며 일본 신칸센의 경우 연착 시간이 1분을 초과하지 않으며 스페인의 AVE 고속철도는 5분을 연착하면 운임 전체를 환불해 준다. 또한 고속철도는 안전성을 가지고 있다. 1964년부터 일본이 신칸센을 개통하고 30여년 이래 안전수송여객은 30여 억 명이며, 유럽에서도 이미 5억 명을 운송하였는데 아직 사망사고가 발생하지 않았다. 전 세계 도로교통 사고는 매년 사망인원이 25~30만 명에 이르며, 1994년 비행기 추락이 47대, 1,385명이 사망하였다. 그러나 고속철도는 기상의 영향도 받지 않으며, 현대화된 열차와 제어계측 등의 장치로 말미암아 기후 조건에 관계없이 안전하게 운행할 수 있다. 이밖에 고속철도는 사회경제적 효과가 매우 커서 여행시간을 단축하여 사회적 생산 가치를 제고시킬 뿐 아니라 연선 경제 발전을 촉진시키는 기능을 가지고 있다.

경호고속철도의 부설 이후 그 이용 가능성과 정도를 예측하기 위해 기존의 중국 승객, 특히 북경 수도공항으로부터 제남, 상해, 남경, 항주, 상주 공항에 이르는 2,118명의 탑승객을 대상으로 경호고속철도의 이용 가능성에 대한 표본조사를 실시하였다. 우선 이들 2,118명 승객의 직업을 12군으로 분류해 보니 이 가운데 행정관리 인원, 기업관리 인원과 과학기술 인원이 전체의 86%를 차지하였으며, 이 가운데 최대의 승객이 바로 기업관리 인원으로서 31%를 차지하였다. 이들의 여행 목적은 출장이 57%, 회의 참석이 20%, 상업, 여행, 친척방문 등이 총 21%를 차지하였다. 이 가운데 17%만이 자비 여행객이었으며, 공비 여행객이 83%를 차지하였다. 이들의 연평균 장거리 교통 이용 회수는 18.58회로서 이 가운데 비행기가 13.68회, 기차가 3.62회, 자동차가 1.46회에 달하였다.[22]

이들 승객을 대상으로 교통수단의 선택 시 우선적으로 고려하는 요소를 조사하였는데, 비용을 고려하는 경우는 매우 낮아 겨우 5%에 불과하였다. 안전이 49%로 1위, 속도가 40%, 그 다음이 비용으로 5%, 다음이 직행 4%, 쾌적성이 2%에 달하였다. 경호고속철도가 만일 시속 300km로 운행된다면 북경-제남 간의 항공이용객 가운데 80.3%가 고속철도의 이용을 선택하였다. 단지 19.7%의 여행객만이 비행기를 선택하였다. 북경-상주 사이는 거리가 비교적 멀어 고속철도 이용 희망 승객이 감소되어 전체의 75.8%이며 나머지 24.2%가 항공을 이용하겠다고 선택하였다. 더욱 장거리인 북경-상해 간 승객은 고속철도가 65.7%, 항공이용이 33.6%에 달하였다.[23] 북경-항주 간 승객 가운데 고속철도 이용 희망 승객은 61.8%, 나머지가 비행기 이용을 선택하였다. 종합적으로 분석해 볼 때, 경호 연선에서 약 70%의 항공기 탑승 승객들이 장차 고속철도의 이용을 희망하여 단지 30% 만이 비행기 이용을 희망하였음을 알 수 있다.

---

22) 胡葉平,「對京滬高速鐵路潛在市場的調查與分析」,『鐵道運輸與經濟』24卷4期, 2002年4月, p. 34.
23) 胡葉平,「對京滬高速鐵路潛在市場的調查與分析」,『鐵道運輸與經濟』24卷4期, 2002年4月, pp. 34-35.

가격을 살펴보면 1996년도 북경-상해 간 항공기 운임은 950위안에 이르며, 같은 해 철도 운임을 살펴보면 보통석 198위안, 보통침대칸 346위안, 상등침대칸 519위안에 달하였다. 한편 경호고속철도의 승차권 운임은 418위안으로 추정되는데, 이는 보통침대칸과 상등침대칸의 사이에 해당되는 가격이며, 항공기 운임의 44%에 상당한다.[24] 일반적으로 외국의 경우 고속철도의 운임은 민항 운임의 약 3분의 2에 상당한다. 이렇게 본다면 고속철도는 가격에서 경쟁력을 가지고 있다고 볼 수 있다. 현재의 추정에 의하면 경호고속철도의 운임을 항공기 운임의 55%로 추정할 경우, 현재 북경-상해 간의 운임이 1,130위안(공항이용료 등 90위안 제외)으로 산정할 경우 600~700위안 정도로 추산되고 있다.[25] 이와 같이 고속철도는 고속도로의 자동차에 비해 더욱 빠르며 쾌적하며 안전성이 있고, 시간을 지킬 수 있으며, 전천후로 운행할 수 있는 장점을 가지고 있다. 항공운수에 비해서도 가격과 안전, 접근성 등에서 우세하다고 할 수 있다.

더욱이 경호고속철도가 완공된 이후에 한중 간의 경제적 협력이 더욱 강화될 수 있다는 가능성도 예측할 수 있다. 이미 한국에서는 평택, 인천과 그 대안인 산동, 요동 간의 열차 페리 연결이 구상되고 있으며, 실현 가능성을 앞두고 있다. 이렇게 된다면 요동반도와 산동반도를 관통하고 있는 경호고속철도가 한중 간의 교역과 물동량의 적지 않은 부분을 담당할 가능성을 배제할 수 없을 것이다. 이는 한중 양국 간의 교역과 경제협력, 나아가 동북아의 상생과 발전을 위해서도 적극적으로 고려할 수 있는 구상이라고 생각된다.

이밖에 경호고속철도는 상해와 북경, 천진 등 연선지역의 경제발

---

24) 胡叙洪, 「系統論述京滬高速鐵路速度目標値的選擇」, 『鐵道工程學報』 65期, 2002年3月, p. 19.
25) http://news.xinhuanet.com/fortune/2006-04/04/content_4380708.htm

전과 나아가 전체 중국 경제의 성장에서 중요한 역할을 수행하게 될 것이다. 특히 경호고속철도의 종점인 상해는 중국 경제 발전의 견인차 역할을 수행하고 있으며, 세계 금융, 무역시장에서 차지하는 비중도 매우 높다. 또한 이미 세계 500대 기업이 거의 모두 상해에 진출해 있을 정도로 앞으로의 발전이 더욱 기대되는 지역이다. 더욱이 상해 지역은 2010년도 상해세계박람회를 계기로 아시아뿐만 아니라 세계적인 도시로 성장할 것임에 틀림없다.

상해 지역은 바로 교통의 편리함에서 그 발전의 원동력을 찾을 수 있을 것이다. 1930년대 상해는 동방의 파리로 불리울 정도로 아시아 무역과 금융의 중심지였다. 역사적으로 상해가 이와 같이 발전할 수 있었던 이유는 바로 열강이 중국에 손쉽게 접근할 수 있는 접근성, 즉 해상교통의 편리함에서 기인하였다고 해도 과언이 아니다. 상해는 바로 태평양으로 진출할 수 있는 지역에 인접해 있으며, 또한 장강의 입구에 위치해 있어 장강 및 기타 강남의 운하 등을 통해 중국 내지로 바로 통할 수 있는 교통의 요지였던 것이다. 이와 같은 교통의 장점에 기초하여 상해는 중국 479개 도시 가운데 경제발전의 정점에 서서 전체 중국 경제의 성장을 견인하고 있는 것이다.[26]

상해 지역의 제3차산업이 차지하는 비중은 35~45% 정도이며, 이는 같은 규모의 국외 도시의 70%의 비중에 비해 훨씬 못 미치는 현실이다.[27] 이러한 가운데 상해의 3차산업의 비중이 곧 50%를 초과할 것으로 예상되며, 특히 이러한 3차산업의 발전에는 교통의 발전, 운송의 신속 및 대량화 등이 중요한 요소가 될 것이다. 상해는 국제도시로서의 발전 과정에서 상주인구 1,500만 명, 유동인구 300

---

26) 孫有望,徐行方,「京滬高速鉄路与上海城市発展的関係」,『上海鉄道学院学報』, 上海:同済大学出版社, 1988, p. 124.

27) 世界大城市規劃与建設編写組,『世界大城市規劃与建設』, 上海:同済大学出版社, 1988, pp. 29-54.

만 명의 규모로서 교통 방면에서도 고속화가 추진되고 있으며, 이는 수도 북경을 비롯하여 각 대도시와의 신속한 물자 및 인원의 유동이 도시의 발전에서 매우 중요하기 때문이다.

Ⅵ. 결론

중국 철도는 1876년 영국 상인들이 부설한 오송철도(吳淞鐵道)에서 시작되는데, 이로부터 130여년이 지난 2010년 최초의 고속철도인 경호고속철도가 완공되게 된다. 오송철도가 상해를 기점으로 하였듯이 경호고속철도 역시 상해를 기점으로 북경에 이르는 노선으로서, 21세기 중국의 경제성장 동력으로 중국 정부가 야심차게 기획한 국가 대형프로젝트이다. 현재 상해의 교통망 가운데 장거리 승객과 화물의 신속한 운송이 특히 심각한 문제로 대두되고 있다. 비록 북경과 상해 사이에는 이미 철도가 운행되고 있지만 그러나 도시의 급속한 발전으로 말미암아 승객과 화물의 운송량이 급증하여 포화상태에 이르렀을 뿐만 아니라 특히 운송 속도는 시급히 개선되어야 할 과제로 지적되고 있다.

이러한 의미에서 경호고속철도의 부설은 북경 중심의 경제권역과 상해를 중심으로 하는 화남의 경제권역을 상호 긴밀히 연계시키게 될 것이다. 2005년 북경 지역의 총생산액은 6,814.5억 위안에 달하며, 천진은 3,663.86억 위안, 하북성은 10,116.6억 위안에 달하고 있다. 이들 지역은 북경을 중심으로 하는 선진적인 경제권역으로 분류할 수 있다. 이와 함께 상해를 중심으로 하는 상해, 강소, 절강의 상해경제권역은 2005년 현재 총생산액이 각각 9,143.95억 위안, 18,272.12억 위안, 13,365억 위안에 달하며 연 11.1%, 14.5%, 12.4%의 성장률을 기록하고 있다. 2010년 경호고속철도가 완공된 이후 이들 양 경제권

역이 긴밀한 연계된다면 이는 중국 경제 성장에 시너지효과를 가져 올 것임에 의심의 여지가 없다.[28)]

물론 고속철도의 부설로 인해 북경과 상해 등 연안 성시 지역으로의 경제력과 인구이동, 교육, 노동시장, 사업의 집중화 현상 등은 충분히 예상할 수 있으며, 이러한 이유에서 결과적으로 개혁개방 이후 출현하고 있는 사회적, 계층적 불균형과 사회적 부의 집중현상을 가속화시킬 우려가 있는 것도 사실이다. 그럼에도 불구하고 과거의 경험에서 보이듯이 발전도상의 중국 경제가 일정한 수준에 도달하기 이전에는 다소간의 사회적 비용을 지불하더라도 경제성장의 동력을 집중화시킬 필요가 있다고 보여진다. 이미 신중국 성립 이전에도 중국은 상해와 청도, 천진 등 소수 연안 성시의 발전을 국가 경제성장의 동력으로 활용한 바 있으며, 중화민국 수립과 개혁개방 이후에도 동부 연안 지역의 선진 성시가 경제발전을 선도적으로 이끌어 온 역사적 경험은 아직 유효성을 가지고 있다고 생각된다.

300~350km/h 속도의 경호고속철도가 2010년에 완성된다면 북경에서 상해로의 운행시간은 5시간대로 크게 감소될 것이다. 경호고속철도는 2006년 내 착공 예정으로서 총 투자액은 1,400억 위안에 달하며 2010년 완공 예정이다. 완공시 매년 약 8,000여 만 명의 승객을 실어 나를 것이며, 300~350km/h의 속도로 상해에서 북경까지 5시간대에 주파할 것이며 매 3분마다 차량이 운행될 것이다.[29)] 경호고속철도는 중국 경제가 가장 발전한 동부 연안 지역을 관통하는 철도로서 노동생산성을 증대시킬 것이며, 시장경제의 활성화와 소득 수준의 향상에 기여하게 될 것이다. 또한 경호고속철도는 전국 정치, 문화의 중심이며 경제관리 중심인 수도 북경과 환발해 경제지구의 중심지인 천진, 그리고 중국 최대의 공업중심지인 상해 등 3개 지역

---

28) http://news.xinhuanet.com/fortune/2006-04/04/content_4380502.htm
29) http://scitech.people.com.cn/GB/25509/58105/59728

을 더욱 긴밀하게 일체화하게 될 것이다. 이밖에 연선은 산동성 성도인 제남과 철도교통의 중심인 서주, 강소성 성도이며 장강 교통의 중심인 남경, 경제 선진지역이며 가공공업의 중심인 상주, 무석, 소주 등의 도시를 긴밀하게 일체화하게 될 것이다.

■ 참고문헌 ■

김지환, "제정 러시아의 제국주의와 東方政策의 역사적 고찰: 東淸鐵道를 둘러싼 중러관계의 변화를 중심으로", 『中國學報』 50輯(韓國中國學會), 2004年 12月.
김지환, "間島協約과 日本의 吉會鐵道 부설", 『中國史硏究』 34輯(中國史學會), 2005年 2月.
김지환, "中國 國民政府 鐵道部의 성립과 隴海鐵道", 『東亞硏究』 49輯(西江大東亞硏究所), 2005年 8月.
서진영, 『현대중국정치론』, 나남출판, 1997년.

「해외고속철도-프랑스」(http://ktx.korail.go.kr/)
「해외고속철도-스페인」(http://ktx.korail.go.kr/)
「고속철도개요」(http://ktx.korail.go.kr/)

世界大城市規劃與建設編寫組, 『世界大城市規劃與建設』, 上海:同濟大學出版社, 1988年.
『中國交通年鑑-1999』, 中國交通年鑑社, 2000年.
羅慶中, 「中國鐵路發展戰略的思考」, 『重慶技術』, 2005年.
華允璋, 「京滬高速鐵路近年期間不宜立項上馬」, 『科技導報』 1998年 8期.
沈志雲, 「京滬高速鐵路建設」, 『中國工程科學』 2卷 7期, 2000年 7月.
胡天軍, 「京滬高速鐵路對沿線經濟發展的影響分析」, 『經濟地理』 19卷 5期, 1999年 10月.
吳鳳維, 「建設京滬高速鐵路的必要性與緊迫性」, 『中國鐵路』 1999年 6期.
任潤堂, 「京滬鐵路採用輪軌高速系統擴能的合理性」, 『鐵道工程學報』 65期, 2000年 3月.

華允璋, 「京滬高速鐵路近年期間不宜立項上馬」, 『科技導報』1998年8期.
王喜軍, 「京滬高速鐵路建設方案淺析」, 『鐵道工程學報』70期, 2001年6月.
胡葉平, 「對京滬高速鐵路潛在市場的調查與分析」, 『鐵道運輸與經濟』24卷4期, 2002年4月.
胡叙洪, 「系統論述京滬高速鐵路速度目標值的選擇」, 『鐵道工程學報』65期, 2002年3月.
孫有望, 徐行方, 「京滬高速鐵路與上海城市發展的關係」, 『上海鐵道學院學報』, 上海:同濟大學出版社, 1988年.

http://www.cnr.cn/kby/zl/t20060403_504188742.html
http://www.cnr.cn/kby/zl/t20060403_504188742.html
http://news.xinhuanet.com/fortune/2006-04/04/content_4380708.htm
http://www.ynet.com/view.jsp?oid=2505566
http://www.huash.com/news/2006-04/06/content_5322253.htm
http://news.xinhuanet.com/fortune/2006-04/04/content_4380708.htm
http://www.ynet.com/view.jsp?oid=2505566
http://www.kantsuu.com/news1/20060405133600.shtml
http://news.xinhuanet.com/fortune/2006-04/04/content_4380502.htm
http://scitech.people.com.cn/GB/25509/58105/59128

제 3 장
유럽연합(EU)의 공동운송정책(CTP)과 철도의 역할 및 위상*

이 군 호

I. 머리말

정부는 2004년 3월 2일 발표한 국가물류체계 개선대책에서 우리나라 물류체계의 문제점으로 도로중심의 수송과 도로에 대한 투자 우선순위 부여 등을 지적하면서 현재의 도로중심 국가물류체계를 철도수송과 연안 수송 중심으로 개선해 나갈 것이라고 발표하였다.[1] 물류수송 체계상의 문제점으로 지적되어 왔던 도로중심의 수송에서 철도와 해운 중심의 대량-장거리 수송체계로 전환하고, 시설 간 연계를 통한 물류시스템의 효율화를 추진하겠다는 것이다. 이에 따라 정부는 고속철도 개통과 철도청의 공사화를 계기로 철도의 화물수송기능을 확대하고 화물터미널, 항만 등의 물류거점시설

---

* 이 글은 『평화연구』 제14권 1호(2006년)에 게재된 것임.
1) 재정경제부 보도자료(2004.3.2) 〈국가물류체계 개선대책〉 참조. (이 보도자료는 아래 인터넷 주소의 2004.3.3일자 게시물에서 취하였음)
   http://www.airtransport.or.kr/atis/board/list.asp?page=10 (검색일: 2006.2.16)

의 정비와 연안 수송체계 및 일관수송체계를 구축하며, 관련 법제도의 정비를 통하여 물류체계의 효율화를 적극 추진할 예정이다.

이러한 정부의 새로운 물류정책은 이미 북미와 유럽에서 시도하는 정책과 일맥상통하는 것으로서, 이들 국가에서도 도로중심에서 철도와 연안 수송으로의 수송모드의 전환이 정책적으로 추진되는 중이다. 특히 도로교통망의 한계에 직면하여 지속가능한 수송체계의 확보를 위해 고민해 온 유럽은 근해수송, 철도수송, 내륙수로수송을 통합한 복합운송시스템을 기존의 물류인프라의 활용도를 향상시키고 도로수송체계의 붕괴를 방지하기 위한 유력한 대안으로 인식하고 있다.[2]

선진국을 중심으로 재편되고 있는 넓은 의미에서의 교통정책의 새 틀은 미래사회의 폭증하는 교통수요를 소화해내면서 동시에 친환경적인 교통대안을 통한 삶의 질 확보라는 두 마리의 토끼를 잡는 데 초점이 맞추어져 있으며, 이는 결국 20세기 산업의 고도성장기를 주도했던 도로와 자동차 중심에서 탈피하여 환경친화성이 뛰어난 철도나 내륙해운의 역할을 강화함으로써 각 교통수단간 균형적인 수송 분담을 추구하는 것으로 나타난다. 말하자면 온실가스 배출 감축의무를 골자로 하는 교토선언과 지속가능한 성장의 모색 등 21세기의 변화된 환경이 교통정책 및 수송정책의 패러다임 변화를 가져오고 있다고 하겠다.

공동운송(Common Transport)[3]이란 국제상공회의소(ICC)의 정의에 따르면, 적어도 2종류 이상의 상이한 운송수단을 이용한 화물운송을 말하는데, EEC 지침 92/106은 이 중에서도 도로를 통한 연계수송

---

2) 백종실, "유럽의 복합운송정책 동향", 『월간 해양수산』, Vol. 245(2005.2), p. 41.
3) 'Common Transport'나 'Combined Transport' 혹은 'Intermodal Transport', 'Integrated Transport' 등의 용어를 번역함에 있어서 기존의 국내 관련논문들에서는 '공동운(수)송'이라는 용어 이외에도 '복합운송', '통합운송', '일관수송' 등의 용어가 사용되고 있다.

거리가 최단거리일 경우만을 복합운송으로 간주하고 다양한 특혜를 부여하였다.4) 복합운송의 최우선 목적은, 각 수송매체의 장점을 살려 수송시스템의 최적화를 꾀하는 데 있다. 즉, 철도와 해운을 통해 장거리 대량화물을 보다 효율적이고 친환경적으로 수송하고, 수송시간과 문전수송(Door-to-Door)의 장점을 가진 트럭 등의 도로 화물운송수단을 이용해 화물을 연계수송하는 것이다. 전문가들은 복합수송 시스템 하에서 철도 및 내륙해운의 성장 잠재력이 가장 큰 것으로 보고 있다. 유럽연합의 공동운송정책이란 하나의 단일한 정책이 아니라 이름과 모습을 달리하는, 그리고 과거와 현재를 거쳐 미래에도 새로운 형태로 계속되어질 여러 개의 구체적 세부정책들의 총칭이라 할 수 있는데, 이 장에서는 유럽의 공동운송정책이 수립되고 정착되는 역사적 발전과정 및 그 향후 발전계획을 무엇보다도 화물수송에서 차지하는 철도의 역할과 위상의 관점에서 조망하는 것을 목적으로 한다.5)

II. 공동운송정책(CTP, Common Transport Policy)의 발전과정

1. 정책수립의 계기
1) 유럽의 경제통합과 시장단일화 및 운송정책 통합
운송 및 교통은 단순히 파생된 수요 또는 2차적 경제활동만을

---

4) 최연혜, "독일의 신교통정책, 21세기 '지속가능한 성장'을 위한 해법", FES-Informations-Series, 2002-03(부정기간행물), Friedrich-Ebert-Stiftung, Korea Cooperation Office. pp. 6-7.
5) 유럽의 공동운송정책에 관한 국내의 기존 연구 성과는 풍족한 편이라고 판단된다. 다만 대부분의 연구들이 정책 전반에 관한, 그리고 운송시스템 전반을 대상으로 하는 총론적인 성격을 취하는 관계로, 본 논문에서는 철도와의 관련성―특히 운송수단으로서의 철도의 장단점과 그 발전 잠재력―에 중점을 두고자 한다.

의미하는 것이 아니라 그 이상의 의미를 갖고 있다. 운송은 범세계적인 생산시스템에 있어서 이미 하나의 독립된 활동이며, 유럽연합에서도 운송은 가장 중요한 경제활동 중 하나로서 총 국내생산(GDP)의 7%를 점유하고 있으며 회원국 내 560만 명의 고용을 창출하고 있다.[6] 유럽연합의 공동운송정책은 본질적으로 유럽의 경제적 통합과정의 자연스런 결과물로, 즉 경제에 딸린 운송부문의 범유럽적 통합과정으로 보아야 할 것이다. 1951년 '유럽석탄철강공동체(ECSC)'를 시작으로 1957년 '유럽경제공동체(EEC)'와 '유럽원자력공동체(EURATOM)'를 거쳐 1967년에는 이 3개 공동체가 통합하여 '유럽공동체(EC)'가 결성되었다. 그리고 1986년에는 EC 12개국이 '유럽단일화법'을 채택하여 1993년 1월 1일부터 단일시장체제를 가동하기로 합의하였고, 1991년에는 '유럽자유무역연합(EFTA)'과 '유럽경제지역협정'을 체결하여 1994년부터 '유럽경제지역(EEA)체제'를 출범시키기로 하였다. 이러한 일련의 단일화 작업으로 1993년부터는 12개국이 참여하는 유럽 단일시장체제가 가동되었고, 1994년부터는 17개국이 참여하는 단일시장체제가 출범하였다. 물론 시장통합에서 한 단계 진전된 경제·화폐통합과 정치·국방·외교적 연합을 목적으로 한 '유럽연합(EU)'체제는 마스트리히트 조약을 통해 이미 1992년에 시작된 바 있으며, 이후 유럽연합 및 유럽단일시장은 동구권 및 스칸디나비아를 포함하는 유럽전역으로 확대되고 있는 추세이다. 세계최대의 단일시장으로서의 유럽이라는 기틀이 마련되는 이러한 일련의 과정에 발맞추어 유럽연합은 유럽단일운송시장, 범유럽운송망, 운송부문의 환경규제, 국제운송 분야에서 EU의 역할증대와 지위제고 등을 골자로 한 21세기 운송정책을 추진하게 되었다.

---

6) 이상윤, "유럽연합의 공동수송정책과 그 시사점: 유럽횡단 수송네트워크", 『월간 해양수산』, Vol. 214(2002.7), pp. 56-57.

2) 도로수송망의 한계

유럽의 수송산업은 전후 유럽의 경제성장과 더불어 지속적으로 성장해 왔으나, 수송모드 간의 불균형한 성장패턴을 보여주었다. 문제의 핵심은 도로수송의 폭발적 증가인데, 98년 시점에서 시장점유율 기준으로 도로수송은 총 화물수송의 74%, 철도수송은 14%, 내륙수로수송은 7% 정도를 차지하고 있으며, 참고로 승객수송에 있어서도 도로에 의존하는 자동차의 이용율도 90%에 육박하고 있다(〈표-1, 2〉참조). 또 다른 한편으로 EU 15개국의 수송수단 분담율 추이를 살펴보더라도 도로의 분담율은 1970년대 이후 증가한 반면, 철도의 분담율 비중은 지속적으로 감소추세를 보이고 있다(〈표-3〉참조). 미국의 경우 화물수송이 1970년대부터 주로 철도에 의존해왔고

〈표-1〉 유럽연합의 화물수송: 수송모드간 시장점유율 추이

(t/km 기준, 단위: %)

구분	도로	철도	내륙수운	파이프라인
1970	50.6	27.8	13.6	8.0
1980	60.6	20.2	10.8	8.4
1985	65.3	18.6	9.8	6.3
1990	69.9	15.4	9.2	5.5
1995	73.3	14.1	7.3	5.3
1998	73.7	14.1	7.1	5.1

자료: EUROSTAT(이상윤(2002), p. 59에서 재인용)

〈표-2〉 유럽연합의 승객수송: 수송모드간 시장점유율 추이

(t/km 기준, 단위: %)

구분	승용차	철도	버스	항공
1970	76.1	10.0	11.7	2.2
1980	77.8	8.0	10.6	3.5
1985	77.5	7.7	10.0	4.9
1990	79.0	6.6	8.9	5.6
1995	80.2	6.2	9.1	4.5
1998	80.0	6.1	8.8	5.1

자료: 〈표-1〉과 같음

⟨표-3⟩ EU 15개국의 수송수단 분담율 추이

년도	10억 톤 킬로미터						분담률(%)				
	도로	철도	내륙수로	파이프라인	해상	합계	도로	철도	내륙수로	파이프라인	해상
1970	489	282	103	64	472	1,410	34.7	20.0	7.3	4.5	33.5
1980	720	290	106	85	781	1,982	36.3	14.6	5.3	4.3	39.4
1990	976	255	107	70	923	2,332	41.9	10.9	4.6	3.0	39.6
1991	1,010	234	107	79	955	2,386	42.3	9.8	4.5	3.3	40.0
1995	1,124	222	115	82	1,070	2,613	43.0	8.5	4.4	3.1	41.0
1997	1,180	239	119	82	1,124	2,744	43.0	8.7	4.3	3.0	41.0
1998	1,249	239	122	85	1,142	2,837	44.0	8.4	4.3	3.0	40.2
1999	1,287	236	122	85	1,197	2,927	44.0	8.1	4.2	2.9	40.9
2000	1,319	250	128	85	1,270	3,052	43.2	8.2	4.2	2.8	41.6
2001	1,344	241	126	87	1,254	3,51	44.0	7.9	4.1	2.8	41.1
2002	1,376	236	125	85	1,255	3,076	44.7	7.7	4.1	2.8	40.8

자료: EUROSTAT(백종실(2005), p. 44에서 재인용)

⟨표-4⟩ 미국의 수송수단 분담율 추이

년도	10억 톤 킬로미터						분담률(%)			
	도로	철도	내륙수로	파이프라인	합계	도로	철도	내륙수로	파이프라인
1970	602	1,117	343	629	2,691	22.4	41.5	12.8	23.4
1980	810	1,342	422	859	3,433	23.6	39.1	12.3	25.0
1985	891	1,280	410	824	3,405	26.2	37.6	12.0	24.2
1990	1,073	1,510	516	853	3,951	27.2	38.2	13.1	21.6
1995	1,345	1,906	534	878	4,663	28.8	40.9	11.5	18.8
1996	1,423	1,985	518	906	4,832	29.4	41.1	10.7	18.8
1997	1,458	1,974	520	901	4,853	30.0	40.7	18.6	18.6
1998	1,499	2,010	521	905	4,935	30.4	40.7	10.6	18.3
1999	1,546	2,093	528	902	5,069	30.5	41.3	10.4	17.8
2000	1,568	2,140	526	843	5,077	30.9	42.2	10.4	16.6
2001	1,534	2,183	505	841	5,064	30.3	43.1	10.0	16.6

자료: ⟨표-3⟩과 같음

2001년 현재 철도의 수송분담율도 43%에 달하는 반면에(〈표-4〉 참조), EU 15개국의 경우 2002년 기준 도로의 수송분담율은 45%이며 철도의 분담율은 7.7%에 불과한 실정이다.

수송모드 간의 이러한 불균형한 이용 상황은 몇 가지 문제점을 야기하였다. EU의 일부지역은 도로수송망의 혼잡이 가중되어 이미 포화상태에 이르렀으며, 매년 유럽연합 GNP의 3% 정도가 도로혼잡 비용으로 지불되고 있다. 환경문제의 측면에서 상황은 더욱 심각하다. 지구온난화를 유발하는 이산화탄소 배출량의 경우 항공 11%, 철도 4%, 내륙수운 1% 정도와 비교하여 도로수송은 80%를 차지하고 있다.[7] 이러한 이유로 환경친화적 수송모드의 이용촉진이 유럽연합의 공동수송정책의 주요 목표 중 하나로 부각되게 되었다.

3) 철도화물운송의 특성

미국을 제외하고 철도의 화물수송 분담이 2차 세계대전 이래 나날이 감소하고 있는 것은 전 세계적으로 공통되는 현상이며, 도로화물운송과의 경쟁에서 실패한 철도화물운송은 이미 오래 전에 화물운송시장에서 새로운 역할을 모색하는 단계에 이르렀다고 할 수 있다. 그리고 공동운송 혹은 복합운송은 이러한 고민의 대표적인 결과라고 할 것이다.[8] 전문가들이 꼽는 철도화물운송 부진의 두 가지 문제점은 도로화물운송의 경쟁우위와 경제구조 및 물류환경의 변화이다.[9] 철도는 중장거리·대량운송에 적합한 운송수단이기

---

[7] 이상윤(2002), p. 60.

[8] 정승주, "유럽의 철도화물운송전략 개발동향과 우리에의 시사점", 『한국철도기술』(웹진), Vol. 55(2005. 9, 10월호), http://www.irail.net/webzine/y2005/m55/3_7.htm (검색일: 2006.3.16)

[9] 이하 운송수단으로서의 철도의 문제점에 관하여는 정승주(2005) 이외에도 최한주, "철도화물수송 효율화 방안", 『한국철도기술』(웹진), Vol. 55(2005. 9, 10월호), http://www.irail.net/webzine/y2005/m55/3_4.htm(검색일: 2006.3.16) 및 유재균, "철도화물수송 증대를 위한 물류체계의 효율

는 하나 궤도를 이용해야 한다는 특성 때문에 접근성과 운송완결성이 낮은 운송수단이다. 과거에 철도는 석탄, 광석, 곡물 등 대량화물 수송수단으로서 중요한 역할을 수행하였으며 장거리에서 도로운송수단에 대해 비교우위를 가졌으나, 역간운송(Terminal-to-Terminal)이 그 특성인 관계로 문전수송(Door-to-Door) 서비스를 제공하지는 못하고 최종적으로 타 운송수단과의 연계를 필요로 한다. 변화된 경제구조와 물류환경 속에서 신속, 정확, 신뢰성 있는 문전서비스가 보편화되면서 도로운송은 급증한 반면 철도운송은 답보상태에 머무르고 있는 것이 현실이다. 철도운송이 문전수송에 불편하다는 단점 이외에도 소량·다품종·다빈도의 소량생산체제로 변화되는 경제활동으로 인하여 도로수송이 선호되는 결과가 초래되었을 뿐만 아니라, 소비자들의 입장변화도 철도의 역할에 영향을 주었다. 소비자들의 욕구가 적시수송(Just-in-Time), 문전수송, One-Stop 방식의 Total 물류서비스 등으로 점점 다양화, 고급화되는 추세에 있지만, 철도는 이런 소비자의 욕구를 충족시키지 못함으로써 철도역할 감소의 한 원인으로 작용하였다. 결국 철도화물운송은 단순히 운송망 확충만으로는 개선을 기대하기는 어렵다고 할 수 있고, 그의 활성화를 위해 필요한 것은 타 운송수단과의 연계수송, 즉 복합운송체계를 구축하는 것이라고 할 수 있다.

2. 정책적 대응과정

1) 역사적 개관
범유럽 차원의 통합된 운송체계의 필요성은 이미 1957년의 '유럽경제공동체(EEC) 설립을 위한 기본조약(로마조약)에서 제기되었다.

화", 『한국철도기술』(웹진), Vol. 55(2005. 9, 10월호), http://www.irail.net/webzine/y2005/m55/3_8.htm (검색일: 2006.3.16)을 참조.

이 조약은 유럽 공동시장의 형성과 공동체 전체의 경제성장이라는 목적을 위한 방책의 하나로서 공동운송정책을 공동체의 시급한 우선과제 중 하나로 채택한 바 있으며, 이 정책의 구체적 내용들은 조약의 3f조와 70조부터 80조에 명기되어 있다. 유럽 역내공동시장의 완성이라는 광의의 목적을 위하여, 그리고 국가 간의 국경을 넘는 운송서비스가 회원 각국의 교통정책 및 국내법에 의한 규제를 벗어나 공통의 정책적 규제 속에서 이루어져야 한다는 요구에 입각하여 회원국 간 국제적 운송에 관한 공동규정을 적용한다는 것이 이 정책의 핵심이라 할 수 있다.10)

그러나 실제로 공동운송정책의 실현과정은 매우 느린 것이었고,11) 로마조약 이후 약 30년이 경과한 1985년에 이르러서야 구체화될 수 있었는데, 그것은 유럽의회가 유럽집행위원회의 적극적인 정책집행을 유럽재판소에 호소한 것이 계기가 되었다. 즉, 로마조약에 명시된 공동수송정책을 유럽 집행위원회가 집행하지 않고 있다는 유럽의회의 비판에 대하여 유럽재판소는 로마조약의 수송정책 조항의 해석과 관련된 기본질문에 대해 간섭을 하게 되었다. 그 결과 유럽재판소는 공동운송정책과 관련된 매우 중대한 결정을 내리게 되는데, 역내 수송서비스의 자유화와 규제완화가 그 핵심으로서, 재화와 승객의 역내수송은 국적이나 설립지역에 대한 차별 없이 유럽공동체의 모든 기업에게 개방되어야 한다는 것이었다(Judgement

---

10) Gerd Aberle, *Transportwirtschaft: Einzelwirtschaftliche und gesamtwirtschaftliche Grundlagen*, München/ Wien 2003, p. 171.
11) 위에 언급한 국가 간 교통정책의 충돌 이외에 주된 이유로 거론되는 것은 수송수단 간의 환적의 효율성 문제라 할 것이다. 공동운송은 단일 수송수단을 이용하는 경우보다 복잡하고, 보다 수준 높은 물류 노하우를 필요로 하기 때문이다. 즉, 공동운송에는 해운업자, 철도회사, 철도인프라 회사, 터미널 운영자, 운수업자, 트럭업자, 하적 및 서비스업체 등 다양한 주체들이 관여하는데, 이들 개개의 능력뿐만 아니라 각 주체들의 조율 및 협력이 전체 수송품질에 영향을 미친다. 최연혜(2002), p. 7.

of the ECJ: Case 13/83).[12]

    1980년대 말에 이르러 유럽 단일시장 구축과 관련하여 공동운송에 관한 인식이 확산되기 시작하고 범유럽 네트워크(TEN, Trans European Network)의 구축 필요성이 제기되었는데, 이는 지역별 다양성이 상존하고 네트워크가 상이하여 재화와 사람의 이동이 자유롭지 못하기 때문에 보다 효율적인 인프라와 상호 연계된 네트워크가 필수적이라는 입장에서 도출된 것이었다. 특히 1980년대 하반기에는 1993년의 유럽 시장통합에 대비한 개별회원국간 운송시장의 개방과 교역의 확대 움직임에 따라 유럽 역내에서는 장거리 수송수요가 급증하면서 도로운송으로의 집중화 현상이 심화되었으며, 이에 따르는 정체현상과 환경오염이 심각한 문제로 대두되면서 복합운송의 중요성과 필요성이 부각되기 시작한 것이었다.[13] 마침내 1991년 프라하에서 열린 범유럽 운송회의(Trans European Transport Conference)에서는 유럽단일운송시장과 범유럽 운송망(TEN-T)의 필요성을 강조한 '프라하선언'이 채택되었으며, 1992년의 마스트리히트 조약에서도 범유럽 운송망이 재차 강조되었다.

  2) 공동운송정책의 목표
    1993년 유럽 단일시장 가동의 시점에서 EU 12개국은 회원국가간의 운송시장 통합을 거의 완료하였다. 이때까지 추진되어 온 EU의 운송정책은 시장통합에 초점이 맞추어져 왔다. 즉 각 국가별로 수립되어 온 운송정책, 운송제도, 운송시설 간의 차이를 조정, 조화, 상호개방, 상호인정의 원칙 하에서 국가단위의 통합을 추진하였던 것이

---

12) Astrid Epiney/Reto Gruber, *Vekkehrspolitik und Umweltschutz in der Europäischen Union*, Universitätsverlag Freiburg. 1997. p. 93.
13) 최중희, "EU 운송정책의 변화에 따른 구주지역 주요항만의 개발전략", 월간 『해운산업연구』(현 『월간 해양수산』), Vol. 139(1996), p. 33.

다. 그러나 시장통합이 완료된 후의 운송정책은 국가기준에서 EU기준으로 전환되고 있다. 즉 개별국가가 아닌 EU가 주체가 되어 전체적인 시각에서 운송정책을 수립, 추진하고 있다.14) EU가 제시하는 향후의 운송정책 추진방향에서는 통합시장 확대에 의한 유럽단일 운송시장 구축, 범유럽 운송망(TEN-T) 개발, 환경보호 강화, 국제운송 분야에서 EU의 역할증대와 지위제고 등이 큰 비중을 차지하고 있다.

유럽연합의 공동운송정책의 목표는 1992년 유럽집행위원회가 발행한 백서『장래 공동운송정책의 발전: 지속가능한 이동성을 위한 공동체의 프레임워크 건설에 대한 범세계적 접근방법(The future development of the common transport policy: a global approach to the construction of a community framework for sustainable mobility)』에 잘 설명되어 있다. 이를 요약하면 공동운송정책의 목표는 이중의 통합을 달성하는 것이다.15) 즉

 i) 수송모드(도로, 철도, 내륙수운, 해운)의 통합: 통합시스템의 형성, 상이한 수송모드의 연계(combined or multimodal transport), 환경친화적 수송모드에 대한 주목.
 ii) 유럽결속 네트워크에 대한 각국 수송네트워크의 통합: 범유럽 운송네트워크의 구축을 통한 회원국 간 경제, 사회적 결속 촉진.

이와 함께 본 백서에 의하면 다음과 같은 사항의 지속가능성을 추구하고 있다.

---

14) 임종관, "EU 범유럽운송정책에 대한 대응전략 수립해야", 주간『해운산업정보』(현『해양수산동향』), Vol. 7(1994.7.25. 제 730호), p. 477.
15) 이하 백서의 내용은 이상윤(2002), pp. 60-61, Aberle(2003), p. 184, Epiney/Gruber(1997), p. 97 등을 참조.

i) 역내 시장의 완성과 유럽연합을 통과하는 화물과 승객의 이동촉진.
ii) 통합된 운송시스템의 개발을 위한 제반 규제 및 장애의 제거.
iii) 환경친화적 운송시스템의 개발
iv) 안전성의 촉진
v) 사회적 측면의 고려
vi) 제3세계와의 관계발전

III. 범유럽 운송네트워크(TEN-T, Trans European Transport Network)

EU의 운송 및 교통정책은 EU의 경제통합이 진척됨에 따라 공동체적 접근이 필요한 분야로 떠올랐다. 이는 개별국가별로 해결할 수 없는 국경 간 문제가 부각되었기 때문이다. 더욱이 EU가 핵심과제로 추진하고 있는 도로운송 분담율 축소는 개별국가의 노력에 의해서만 해결될 수 없는 부분이다. 특히 유럽단일시장 구축과 관련하여 1980년대 말 유럽에서는 '범유럽네트워크(TEN, Trans European Network)'라는 개념이 부상하였다. 이는 유럽시장의 지역별 다양성과 국가별 네트워크의 상이성 등으로 인해 재화, 용역 및 사람 등이 자유롭게 이동할 수 있는 거대한 시장을 구축하기 위해서는 현대적이며 효율적인 인프라가 서로 적절하게 연계되는 것이 절대적으로 요구되었기 때문이다. TEN 사업은 1992년 마스트리히트 조약의 주요 정책목표가 되었으며, 동 조약 129조 및 130조에는 TEN의 구축에 있어 공동체의 역할에 대한 필요성을 "공동체는 교통, 통신 및 에너지 기반시설의 개발과 설립에 기여한다"라고 명시하고 있다.[16] 유럽연합은 이 조약에 근거하여 내부시장의 창출과 사회경제적 통합

---

16) 이상윤(2002), p. 61.

강화를 위한 중요한 요소로 TEN 구축을 추진하였고 이러한 배경과 목적에 근거하여 유럽연합은 교통(TEN-T), 에너지(TEN-E), 통신 (TEN-e) 등 3개 분야를 대상으로 지침을 수립하였다.17)

3개 분야 중에서 교통인프라를 담당하는 범유럽 운송네트워크 (TEN-T)는 1996년에 유럽의회와 각료회의가 〈범유럽 교통인프라 네트워크 지침(Guidelines for Trans-European Transport Infrastructure Network: TEN-T)〉을 채택함으로써 출발하였다. 이 지침은 유럽 전역을 지리적, 경제적으로 연계시키고, 장거리 화물운송의 수송수단 전환, 도로, 철도, 내륙수로, 공항, 항만 및 교통관리 시스템 등을 규정하고 있다. 범유럽 운송네트워크는 1996년부터 2010년까지 유럽의 육상, 해상 및 항공수송 기반시설 네트워크의 통합을 통하여 병목구간의 제거, 격지와의 연결성 확보를 도모할 예정이다. 이 TEN-T 사업이야말로 유럽연합의 공동운송정책의 대표적 사례라고 할 수 있는데, 이 사업이 지향하는 복합운송정책에서는 개별운송수단의 수송분담율 제고보다는 전반적인 교통체계 효율화 차원에서 운송수단 간 통합에 초점을 두고 있다. 즉 유럽연합의 공동운송정책은 ① 기반시설과 교통수단의 통합화 ② 상호연계운영 강화 ③ 서비스 및 규제완화 등에 초점을 두고 있다.18)

1996년부터 2010년까지 TEN-T 사업의 총 투자비는 4,356억 유로이며, 교통부문별 사업투자비에 있어서는 철도가 가장 많은 2,197억 유로를 할당받았다(〈표-5〉 참조). 그 중에서 철도네트워크는 특히

---

17) http://europa.eu.int/scadplus/glossary/ten_de.htm (검색일: 2006.1.7) 및 김태식, "TEN-T 사업의 추진과정과 투자현황", 『월간 교통』(2004-3), p. 60 참조.
18) 볼프강 엘스너(번역 및 요약: 김태식), "유럽의 복합운송정책 추진사례와 동북아시아에의 시사점(The Implementation Process of the European Community's Inter-modal Policies and Conclusions for the North East Asia)", 『월간 교통』(2003-9), p. 19.

<표-5> 교통부문별 TEN-T 사업투자비　(단위: 백만 유로)

구분	1996/1997	1998/1999	2000/2001	2002/2003	2004/2005	2006/2010	합계
도로	15,595	19,433	13,821	24,079	18,272	21,997	113,197
철도	15,025	32,257	35,033	44,035	39,933	53,466	219,749
내륙수로	1,069	1,017	1,975	1,975	1,331	1,779	8,237
항만	6,219	7,534	5,917	6,121	5,305	7,063	38,160
공항	7,893	8,918	7,852	10,182	8,070	13,300	56,215
합계	45,801	69,159	63,690	86,393	72,911	97,604	435,557

자료: 김태식(2004), p. 63.

장거리 수송에 있어서 승객의 고속수송, 화물의 대량수송이라는 장점을 갖고 있어서 복합수송 네트워크에서 필수부문으로 인식되고 있으며 유럽횡단 철도네트워크는 다음과 같은 목적을 지향하고 있다.[19]

i) 고속철도 네트워크: 총 2만 3천km에 달하는 고속철도 네트워크 중에서 약 1만km는 시속 250km 이상을 위해 신설하고, 1만 2천km는 시속 200km을 수용하기 위해 개량될 예정이다. 대부분의 회원국가들은 그들의 철도회사 예산에 고속철도 네트워크 계획을 통합시켜 두고 있다. 그러나 현재 대부분의 유럽 철도회사들이 재정적 어려움에 직면해 있기 때문에 네트워크의 완성은 당초 계획보다 지연될 것으로 전망되며, 또한 몇몇 회원 국가들은 고속철도 네트워크 루트의 확정을 위한 협상 중에 있고 환경적 영향 역시 논란이 되고 있다.

ii) 재래철도 네크워크: 상당부분의 재래철도가 복합수송 서비스를 위해 개량되는 과정에 있는데, 주로 유럽 중심에 위치한 국가에서 기존노선의 확장을 통해 병목구간을 해소하고, 신호체계의 현대화

---

19) 이상윤(2002), pp. 63-64.

와 함께 공항, 항만, 내륙항만 등 결절점에 대한 접근성을 향상시키기 위한 노력을 진행하고 있다. 고속철도 네트워크와 재래철도 네트워크의 완성은 7만km에 달하는 기본적인 네트워크를 형성하게 될 것이며, 이 가운데 2만 3천km의 노선은 복합수송 서비스를 위해 사용될 예정이다.

이와 같은 범유럽 철도망은 장기적으로 스칸디나비아-독일-스위스-이탈리아의 남북축, 영국-프랑스-이탈리아 및 영국-베네룩스-독일-동구권-그리스의 북서·남동축, 스칸디나비아-독일-베네룩스-프랑스-스페인-포르투갈의 북동·남서축, 그리고 서유럽에서 동구권까지 다양하게 연결되는 동서축을 확충하는 방향으로 진행될 전망이다.

그러나 TEN-T 사업은 시행 초기의 예상보다 늦게 진척되었다. 1998년에 발간된 보고서(TEN-T Implementation Report)에 의하면 1996~1997년간에 TEN-T 프로젝트에는 총458억 유로가 투자될 것으로 계획되었으나, 실제 투자액은 380억 유로에 불과할 만큼 사업은 예상보다 크게 진척되지 못했다. 투자부진에 따라 철도와 내륙수로 부문의 인프라 확충과 네트워크 구축이 미흡하게 되고, 일부 구간에서의 교통혼잡이 가중되는 등 TEN-T 프로젝트 추진체계의 수정필요성이 제기되었다. 이에 유럽의회가 각료회의는 항만, 내륙수로항, 복합운송터미널 등을 중심으로 기존의 TEN-T 지침을 수정하는 결의문을 채택하여 인프라 확충과 관련한 프로젝트의 시행기준을 제시하고 복합운송 네트워크 구축의 필요성을 재차 강조하였다. 이런 배경 하에서 유럽연합 집행위원회는 2001년에 TEN-T 지침의 1차 수정안인 새로운 교통 및 운송정책의 목표를 실현하기 위하여 『2010년 유럽교통정책백서(White Paper on a European Transport Policy for 2010)』를 발간하였다.[20] 유럽연합은 2010년까지 유럽 전역의 육상,

해상, 항공 등 교통인프라 네트워크를 통합하여 지속가능한 이동가능성을 보장하고 교통수단간 상호연계를 도모할 예정이다. 교통네트워크의 범위는 인프라, 관리시스템, 항행시스템을 포함하며, 교통인프라는 도로, 철도, 내륙수로, 항만, 내륙 수로항, 복합화물 터미널 등 연계시설을 포함한다. 유럽연합은 장기적으로 범유럽 네트워크를 구축하기 위한 필수 인프라를 구축하는데 약 6천억 유로가 소요될 것으로 추정하고 있다.[21]

IV. 마르코 폴로 프로그램(Marco Polo Programm)

TEN-T 사업과 함께 EU의 교통 및 운송문제를 해결하기 위한 해법으로 또한 마르코 폴로 프로그램이 추진되고 있다. 유럽연합 집행위원회는 2001년 9월 복합운송시스템을 지원하고 수송수단전환을 추진하기 위하여 마르코 폴로 프로그램을 제안하였다. 이 프로그램도 역시 공동운송의 차원에서 이해할 수 있는 운송수단 전환정책(modal shift)의 하나로서 연간 600억 톤km씩 증가하는 유럽의 도로 화물 수송수요를 완화하는 것을 목표로 하고 있다. 이 프로그램은 1, 2 단계로 나누어 2003년부터 2013년까지 연간 600억 톤km의 도로 화물 수송증가분 가운데 120억 톤km를 철도와 해운 등 타 운송수단으로 전환하도록 유도할 계획이다.[22] EU는 이 과제를 통해 1970년

---

20) Aberle(2003), p. 185.
21) 김태식(2004), p. 61.
22) http://ec.europa.eu/transport/marcopolo/index_en.htm(검색일: 2006.1.12) 및 http://europa.eu.int/scadplus/ leg/de/lvb/l24159.htm(검색일: 2006.1.12) 참조. 위의 유럽교통정책백서는 1998년을 기준으로 역내의 도로수송물량이 2010까지 약 50% 증가할 것이고, 더 이상의 추가조치가 내려지지 않는 한 2020년에는 국제도로화물수송물량이 2배가 될 것이라고 경고한 바 있다. Aberle(2003), pp. 185-188.

대 이후 대부분의 운송을 점유해왔던 도로수송의 증가추세가 역전될 것으로 기대하고 있다.

마르코 폴로 프로그램의 1단계 사업은 2003년부터 2006년까지 7,500만 유로를 투자할 예정이다. 본래 이 프로그램은 1997년부터 2001년까지 연계수송 시범사업으로 실시되었던 복합운송시범조치(Pilot Actions for Combined Transport: PACT)의 연장으로서 도로, 철도, 내륙수로, 연해수송 분야에서 시장 중심적이고 혁신적인 프로젝트를 수행하는 업체에게 지원하는 프로그램이다.23) 마르코 폴로 프로그램은 PACT와 같이 복합운송 분야뿐만 아니라 근해수송, 철도수송, 내륙수로 수송시장에서 수송수단전환의 우수한 사례를 확산시키기 위하여 재정을 지원하는 데 초점을 두고 있다.

2단계 사업은 1단계 사업의 추진상황을 토대로 2007년부터 2013년까지 해상고속도로(Motorways of the Sea)24)와 교통량 감소조치(Traffin Avoidance)25)를 추진하여 수송수단전환을 확대할 예정이다. 유럽연합은 마르코 폴로 2단계 사업을 통하여 총 1,400억 톤km의 도로화물수송량을 철도나 근해수송으로 전환하고, 840만 톤의 이산화탄소 배출량을 감소할 것으로 예상하였다. 특히 2단계 사업에서는 철도분야에 우선순위를 부여하고 기존 철도인프라 활용을 극대화하는 시너지효과를 높이는 데 초점을 두고 있는데, 가령 소비재나 특송화물의 수송시에 전용선로를 이용하여 고속열차를 운행하는 국제철도화물 수송네트워크를 구축하는 방안이 그것이다.

---

23) PACT는 5년간 3500만 유로를 투자, 수송수단전환을 통하여 대기오염, 교통사고, 교통혼잡과 같은 외부비용을 절감하기 위한 재정지원 프로그램이다 (http://europa.eu.int/scadplus/leg/de/lvb/l24172.htm 검색일: 2006.1.12)
24) 근해수송서비스에 기초한 물류서비스를 의미하는데, 가령 프랑스에서 스페인까지 피레네 지역의 교통 혼잡을 피하기 위해 근해수송서비스를 확대하는 것을 의미하며, 특정 수송구간의 도로교통량을 감소시킨다.
25) 복합수송 자체가 수송수요의 증가에 구조적으로 영향을 미치지 못하나 수요증가를 균등하게 확산시키는데 초점을 둔다. 백종실(2005), p. 51.

TEN-T 사업이 기본적으로 유럽 내 시장과 경제통합의 발전과 같은 장기적인 목표에 초점을 둔 인프라 네트워크 구축사업이라면, 마르코 폴로 프로그램은 장기적인 목표보다는 시장중심적이고 수요지향적인 정책으로서 수송수단전환에 초점을 두고 있다는 점에서 차이가 있다. 마르코 폴로 프로그램은 TEN-T 사업에 비하여 투자규모가 작고 단·중기 사업인 경우가 많다. 예를 들어 TEN-T 프로젝트로서 피레네 지역을 관통하는 철도터널의 건설은 최소한 15년이 소요되며 수십억 유로가 투입되는 반면에, 마르코 폴로 프로젝트인 해상고속도로 건설은 시간과 투자비용면에서 차이가 있다. 마르코 폴로 2차 프로그램은 EU 25개 회원국 외에 러시아, 벨로루시, 우크라이나, 지중해까지 포함한 지역으로 범위를 확대하여 통합수송시장을 지향하고 있다. 이 프로그램의 총 투자액은 7억 4천만 유로이며 연도별 투자액은 표와 같다(〈표-6〉 참조).

〈표-6〉 Marco Polo II 프로그램의 연도별 투자액 (단위: 백만 유로)

구분	1007	2008	2009	2010	2011	2012	2013
금액	30	50	100	130	130	150	150

자료: Europe Commission, *Establishing the Second "Marco Polo" Programm for the Granting of Community Financial Assistance to Improve the Environment Performance of the Freight Transport System*, July 2004, p. 32.(백종실(2005), p. 52에서 재인용)

V. 철도운송 활성화 대책

유럽은 여객운송에 있어서 전통적으로 철도가 발달한 지역이다. 유럽이 정치적, 경제적으로 하나의 공동체로 발전해가고 국가 간의 경계가 무너지면서 철도를 통한 여객운송은 그 역할이 더욱 증대되었다. 그러나 앞서 살펴본 바대로 화물운송에 있어서는 철도의 역할이 큰 비중을 차지하지 못하고 있다. 특히 20세기 후반 자동차의 본격적인 보급 이후 철도의 운송 분담률은 지속적으로 감소하였다. EU 15개국의 철도운송 분담률을 살펴보면, 1970년대 20%를 차지했던 철도의 운송 분담률은 1980년대에 들어 하락하기 시작하여 현재까지 지속적으로 하락하였다(앞의 〈표-3〉 참조). 수송량 또한 마찬가지로 전체 수송량이 증가한 반면에 철도운송 수송량은 오히려 감소하여 철도운송이 유럽지역에서 화물운송수단으로서는 중요한 역할을 하지 못한 것으로 파악된다.

철도운송의 문제점으로 앞서 도로운송과의 경쟁에서 열세에 있다는 점을 개별 교통수단의 미시적 차원에서 지적한 바 있지만, 거시적 관점에서도 많은 난점들이 있다. 철도인프라 확충이 대규모 투자를 필요로 한다는 점과 회원국 간 국철 네트워크가 나라마다 기준이 달라 통합운영에 있어 정치적, 행정적 제반 문제의 조율이 어렵다는 점 등이 철도인프라의 범유럽적 확대에 걸림돌이 되고 있는 실정이다.[26] 하지만 철도운송은 상대적으로 안전하고 공해가 적다는 점에서 도로나 항공운송에 비해 확실한 비교우위를 갖고 있다. 이런 점 때문에 EU는 철도운송이 활성화될 경우 도로운송의 혼잡성을 획기적으로 완화할 수 있을 것으로 판단하고 있다. 그리고 철도운송 활성화와 인프라 확충이 유럽 내륙물류 효율화를 위한 수단일 뿐만 아니라 EU의 확대로 인해 대륙철도를 이용한 아시아와의 교역가능

---

26) 철도시스템은 열차의 상호운영성에 관한 기술적 장벽의 제거와 관련된 모든 문제가 우선 해결되지 않는다면 완전경쟁이 이루어질 수 없다. 그러나 유럽 네크워크 간에는 신호시스템, 전철화 등에서 상당한 기술적 차이가 존재한다. 이러한 차이는 국가의 정책방향에 따라 형성되었으며, 오랫동안 자국의 철도산업을 보호하는 역할도 수행하였다. 이러한 요인들이 철도교통의 개발을 저해하고 있으며, 단일 네트워크의 구축보다는 시장을 구획화 하는 결과를 가져왔다. 철도부문에 있어 상호운영성의 성취는 분명히 향후의 중요한 과제 중의 하나이다. 엘스너(2003), p. 24.

성이 더욱 높아지고 있는 시점에서 적극적으로 수행되어야 한다는 당위성에는 이미 범유럽적으로 공감대가 형성되어 있다.27)

철도부문에 대한 공동체의 관여는 1990년대 초반으로 상당히 늦은 편이라고 할 수 있다. 우선 철도부문의 활성화 차원에서 철도규제시장의 개방을 위한 각종 정책이 도입되면서 네트워크의 지리적 분산으로 야기된 운영상의 어려움이 해결되기 시작하였다.28) 철도운송망의 확충에 있어서는 1991년에 유럽공동체의 각료이사회(Council of Ministers)가 철도산업의 자립, 고속철도망의 확충, 철도의 노선관리 및 서비스의 분리, 정보관리 및 통제의 통합, 시설의 표준화, 복합운송체제의 구축 등을 목표로 하는 'EC철도개발지침'을 채택하여 이를 본격화하였다.29) 이 지침은 독립적이며 투명한 철도관리와 철도회사들 간의 미래경쟁을 위한 길을 열었으며, 이에 기초하여 몇몇 회원 국가들은 철도서비스 운영과 네트워크의 건설 및 운영 등을 개별적으로 담당하는 독립된 기관을 설치하고 있다.

EU의 철도수송 관련정책은 도로수송의 과중한 부담을 철도로 유인하기 위한 제도와 인프라 확보로 요약된다. 먼저 철도 운송업자에 대한 면허제도(Licensing of Railway Undertaking)가 시행되고 있는데, 이 제도는 EU 철도화물수송시장의 진입에 대한 공통의 요건을 명시함으로써 철도운송사업 진입절차를 단순화하고 차별요소를 극소화하였다. 또한 역내 철도수송의 재도약을 위한 각종 정책이 추진되어 왔다. 1996년에는 유럽위원회 백서를 통해 철도산업의 재도약을 위한 전략(A Strategy for Revitalizing the Community's railways)을 수립하였으며, 2001년 운송백서에서도 이 전략의 강력한 추진을 강조하고 있다.30)

27) 해양수산개발원 정책동향연구실, "유럽 물류 트렌드와 향후 전망", 『월간 해양수산』. Vol. 255(2005.12), p. 26.
28) Lieberalisierung im Schienenverkehr, dbb Europathemen(Ausgabe Nr. 4/ Februar 2005), p. 3. (http://www.dbb.de/ 검색일: 2006.2.7)
29) 최중희(1996), p. 31.

철도운송 부흥정책은 크게 철도에 대한 재정지원, 시장제도의 도입, 공공서비스의 강화, 국가철도시스템의 통합 이라는 방향으로 추진되고 있다.[31] 또한 EU는 역내의 기존 범유럽철도망의 공동운영을 위해 2001년 공포한 '기존 범유럽철도망의 공동운영에 관한 훈령(Interoperability of the transeuropena conventional rail system)'을 통해 철도의 규격, 철도의 건설, 서비스 시행, 갱신, 유지보수 등에 대한 조건들을 규정함으로써 기존 철도망의 효율적 운용과 연계를 위해 노력하고 있다. 한편 EU 지침 2001/12EC의 규정에 따라 연장 50,000km의 유럽횡단화물철도네트워크(Transeuropean Rail Freight Network: TERFN)가 2003년부터 운영되고 있으며, 2008년까지는 약 15만 km에 걸쳐 유럽화물서비스가 운영될 것이다.[32] 그리고 이러한 화물운송에 있어서 민간철도업자가 국철과 경쟁할 수 있도록 새로운 법을 도입함으로써 경쟁을 유도하고 있는데, 2008년까지 민간참여의 폭은 더욱 확대될 예정이다.

VI. 맺는말

도로와 자동차 중심에서 탈피하여 환경친화성이 뛰어난 철도나 내륙해운의 역할을 강화함으로써 각 교통수단간 균형적 수송 분담을 추구하고 있는 최근의 사례를 보면, 프랑스와 오스트리아는 교통 인프라 투자에 있어서 철도와 도로의 비중을 7:3으로 유지하고 있으며, 국토면적이 작은 스위스의 경우 자국의 고속도로에 외국의 대형

---

30) Lieberalisierung im Schienenverkehr, dbb Europathemen(Ausgabe Nr. 4/ Februar 2005), p. 4. (http://www.dbb.de/ 검색일: 2006.2.7)
31) 해양수산개발원 정책동향연구실(2005), p. 29.
32) 엘스너(2003), p. 24.

화물트럭이 통행하는 것을 금지하는 정책을 시행함으로써 국제화물을 철도로 유도하고 있다. 독일의 경우에도 동서독 통일을 계기로 국토개발 종합계획의 틀 안에서 개혁적인 교통정책을 추진하고 있는데, 최근에는 연방정부가 화물운송업계의 거센 반발에도 불구하고 대형화물트럭에 대한 고속도로 이용료 징수법안을 관철시킨 바 있다.[33]

공동운송정책의 파급효과를 일상의 차원에서 비교적 가깝고 알기 쉽게 알아볼 수 있는 위의 사례에서 보듯이, 현재 유럽의 내륙수송은 전환점에 서 있다고 볼 수 있다. EU의 공동운송정책의 취지에 따라 각 운송모드의 경쟁력을 강화하여 도로에 집중되어 있던 운송분담률을 균형 있게 배분하는 한편, 운송의 효율성은 더욱 높이고 운송시장에의 진입은 보다 자유화하는 방향으로 정책이 추진되고 있다. EU가 공동운송정책의 가시적 목표로서 〈표-4〉에서 보는 미국대륙의 균형 잡힌 수송모드간 운송분담률 추이를 따라가는 것을 상정하고 있다면, 이러한 정책방향은 향후 EU 회원국 간의 더욱 공고한 정책공조를 필요로 하고 있다. 특별히 철도부문에 있어서는 유럽 주요 국가들의 국내정치적 개혁 및 협력 작업이 유럽연합 차원의 일관된 정책노선에 부응하는가, 그리고 또한 환경문제와의 관계 속에서 철도부문의 장점이 어떻게 효과적으로 현실정책에 반영되고 실천되는가를 추적하는 작업이 향후 공동운송정책의 성패를 가름하는 중요한 척도로 보인다. 지금까지의 복합운송정책의 효과가 여러 시행착오와 더불어, 그리고 여타의 구조적 요인으로 기대한 만큼 가시적으로 드러나지 못하고, 특히 철도와 관련해서는 그러한 미비점을 의식한 유럽연합이 철도운송활성화와 철도수송의 확대를 적극 추진하고 있는 상황인 만큼, 공동운송정책에서 철도의 위상과

---

33) 최연혜(2002), p. 2.

역할은 지난 10여 년간의 추진과정에서보다는 향후의 추진과정에서 더욱 높아지고 강화될 것으로 전망된다.

■ 참고문헌 ■

김태식, "TEN-T 사업의 추진과정과 투자현황",『월간 교통』(2004-3), pp. 60-65.
백종실, "유럽의 복합운송정책 동향",『월간 해양수산』, Vol. 245(2005.2), pp. 41-56.
볼프강 엘스너(번역 및 요약: 김태식), "유럽의 복합운송정책 추진사례와 동북아시아에의 시사점(The Implementation Process of the European Community's Inter-modal Policies and Conclusions for the North East Asia)",『월간 교통』(2003-9), pp. 17-25.
유재균, "철도화물수송 증대를 위한 물류체계의 효율화",『한국철도기술』(웹진), Vol. 55(2005. 9. 10월호), http://www.irail.net/webzine/y2005/m55/3_8.htm (검색일: 2006.3.16)
이상윤, "유럽연합의 공동수송정책과 그 시사점: 유럽횡단 수송네트워크",『월간 해양수산』, Vol. 214(2002.7), pp. 56-69.
임종관, "EU 범유럽운송정책에 대한 대응전략 수립해야", 주간『해운산업정보』(현『해양수산동향』), Vol. 7(1994.7.25. 제730호), pp. 475-484.
정승주, "유럽의 철도화물운송전략 개발동향과 우리에의 시사점",『한국철도기술』(웹진), Vol. 55(2005. 9. 10월호), http://www.irail.net/webzine/y2005/m55/3_7.htm (검색일: 2006.3.16)
최연혜, "독일의 신교통정책, 21세기 '지속가능한 성장'을 위한 해법", FES-Informations-Series, 2002-03(부정기간행물), Friedrich-Ebert-Stiftung, Korea Cooperation Office.
최중희, "EU 운송정책의 변화에 따른 구주지역 주요항만의 개발전략", 월간『해운산업연구』(현『월간 해양수산』), Vol. 139(1996), pp. 28-43.
최한주, "철도화물수송 효율화 방안",『한국철도기술』(웹진), Vol. 55 (2005. 9. 10월호), http://www.irail.net/webzine/y2005/m55/3_4.htm

(검색일: 2006.3.16)

해양수산개발원 정책동향연구실, "유럽 물류 트렌드와 향후 전망", 『월간 해양수산』. Vol. 255(2005.12), pp. 4-45.

Aberle, Gerd, Transportwirtschaft: Einzelwirtschaftliche und gesamtwirtschaftliche Grundlagen. München/Wien 2003.

Epiney, Astrid/Gruber, Reto, Vekkehrspolitik und Umweltschutz in der Europäischen Union. Universitätsverlag Freiburg. 1997.

〈Lieberalisierung im Schienenverkehr〉, dbb Europathemen(Ausgabe Nr. 4/Februar 2005) http://www.dbb.de/ (검색일: 2006.2.7)

http://europa.eu.int/scadplus/glossary/ten_de.htm (검색일: 2006.1.7)

http://ec.europa.eu/transport/marcopolo/index_en.htm (검색일: 2006.1.12)

http://europa.eu.int/scadplus/leg/de/lvb/l24159.htm (검색일: 2006.1.12)

http://europa.eu.int/scadplus/leg/de/lvb/l24172.htm (검색일: 2006.1.12)

http://www.airtransport.or.kr/atis/board/list.asp?page=10 (검색일: 2006.2.16)

http://www.europarl.eu.int/factsheets/default_de.htm (검색일: 2006.1.7)

제2부
철도네트워크의 군사전략적 의미

제4장 독일철도의 군사적 이용에 관하여
- 초창기에서 비스마르크 시대까지 -(이군호)
제5장 남북한 철도와 군사적 가치 - 대결의 수단에서 협력의 수단으로 -
(이수석)
제6장 남북한 철도연결의 군사적 영향 - 긴장완화 효과와 과제 -
(박종철)

제 4 장
독일철도의 군사적 이용에 관하여*
- 초창기에서 비스마르크 시대까지 -

이 군 호

I. 머리말

　본래 철도는 일차적으로 산업적, 경제적 측면에서 의미가 있는 발명이었다. 산업혁명 훨씬 이전부터 레일모양의 목재에 마력(馬力)이나 인력을 동력원으로 한 초기의 철도가 주로 탄광에서 광물운반차량의 역할을 했으며, 본격적 의미의 철도의 시작이라고 할 수 있는 스티븐슨의 증기기관차가 1825년 영국에서 첫 선을 보이면서 스톡턴과 달링턴 사이를 왕래하기 시작한 것도 석탄의 운반이 주목적이었다. 이처럼 철도가 일반적인 교통수단이 되기 이전에는 산업에서 이용되는 운송수단의 역할을 했던 것이 보편적이었다.[1] 철도는 산업혁명의 산물인 동시에 철도 자체가 그야말로 산업혁명의 기관차가 되었다. 즉 산업혁명의 과정에서 결정적인 자극제가 된 것이 또한 철도 부설이었는데,

---

* 이 글은 『외국어로서의 독일어』 제16집(2005년)에 게재된 것임.
1) 볼프강 쉬벨부쉬(박진희 옮김), 『철도여행의 역사: 철도는 시간과 공간을 어떻게 변화시켰는가』, 서울 1999, p. 13.

영국에 이어서 프랑스(1832)와 독일(1835) 그리고 벨기에(1835), 러시아(1838), 이탈리아(1839) 등이 철도업무를 개시하면서 철도산업은 기계와 철, 강철, 기타 금속 및 석탄 등에 대한 수요를 급격히 늘려 유럽 여러 나라의 산업혁명에 결정적인 박차를 가하게 되었다.[2] 철도부설에 대한 열기가 폭발하고 많은 개인과 기업들이 이 일에 뛰어들면서 각국 정부는 질서를 유지하기 위해 많은 노력을 기울여야만 했을 정도였다.

그러나 이후 곧바로 철도는 산업물자의 운송수단으로서 뿐만 아니라 대중적 교통수단으로서 입지를 굳혀갔고 나아가 군사적 수단으로까지 효용의 폭을 넓혀나가게 되었다. 기술(Technologie)의 역사를 살펴보면 국가는 항상 과학적, 기술적 성과를 국가적 필요에 따라 이용해왔으며, 그 가운데에서 가장 두드러진 것의 하나는 기술의 군사적 이용이라고 할 수 있다.[3] 철도의 경우에도 이 점은 예외일 수 없으며, 철도는 그 초기역사부터 일정시기까지, 그러니까 항공기술이 보편화되기 시작하는 1차 세계대전까지 그 군사전략적 이용가치를 증대시켜갔다. 철도가 갖는 '배타적 공공성(公共性)'으로 인하여,[4] 즉 다른 교통 및 운송수단에 비하여 공공재로서의 성격이 각별히 강하다는 점으로 인

---

[2] 마틴 키친(유정희 옮김), 『케임브리지 독일사』, 서울 2001, p. 193 참조. 철도는 중공업의 주도적 산업군이라고 할 수 있는 석탄-철-강철-기계 제작 등의 분야의 핵심을 이룸으로써 독일 및 유럽의 산업혁명 과정에서 결정적 역할을 했다는 것이 학계의 중론이다 (Dieter Ziegler: *Eisenbahn und Staat im Zeitalter der Industrialisierung: die Eisenbahnpolitik der deutschen Staaten im Vergleich*, Stuttgart 1996, pp. 11-13).

[3] 자크 엘루(박광덕 옮김), 『기술의 역사』, 서울 1996, pp. 244-245.

[4] 철도가 그 성격에 있어서 자동차나 선박 혹은 비행기 등과 같은 여타의 교통 및 운송수단과 확연히 구분되는 점의 하나는 말하자면 '배타적 공공성(公共性)'이라고 할 수 있을 것이다. 다시 말해서 철도 이외의 이들 교통, 운송수단들에 있어서는 (부분적으로 대중화된) 사적 소유물로서의 자가용 자동차, 자가용 선박, 자가용 비행기 등이 존재하지만 철도의 경우 - 국영시스템이든 민영시스템이든 상관없이 - 사적 소유물로서의 자가용 기차의 존재를 생각하기는 어렵다. 아마도 이러한 배타적 공공성으로 인하여 철도는 국가권력 혹은 정치권력과의 상호관계가 남다르다고 할 것이다.

하여 철도는 국가권력 혹은 정치권력과 상당히 밀접한 상호관계를 맺는다고 할 수 있으며, 따라서 군사적 효용가치를 매개로 한 국가와 철도의 전략적 결합은 어찌 보면 필연적 과정으로 보이기도 한다.

전통적인 군사적 전략, 전술개념을 변화시키는 것은 기술과 기계의 변화이다. 전쟁기술과 전략, 전술에 대한 이론을 만들고 일정한 원칙에 따라 군대를 조직화하는 작업은 역사적으로 계속되어 왔지만, 기계는 사실상 과거와 현대의 군사적 전략을 조건 지어 왔으며 앞으로도 그러할 것이다.[5] 특히 19세기의 산업혁명은 서유럽과 미국의 군 수뇌부에 갖가지 신기술을 제공하였으며, 이를 통하여 전통적 전쟁의 양상은 획기적으로 변화하게 되었다. 이러한 관점에서 철도의 군사적 가치와 이용은 흥미로운 주제가 아닐 수 없다. 시대적으로 19세기는 유럽의 산업화, 근대화시기이며 동시에 철도가 다방면으로 확산되었던 시기이기도 하다. 이 장에서는 철도가 경제적, 산업적, 대중적 효용가치와 아울러 군사적 효용가치를 본격적으로 발휘하기 시작하는 19세기 중반에 주목하면서 비스마르크 시대까지의 독일을 중심으로 철도의 군사전략적 가치와 그의 활용을 조망한다.

II. 철도의 군사적 이용에 관한 초기의 구상들

철도가 군사적으로 중요하다는 생각, 그리고 철도를 군사적으로 이용하려는 생각은 철도 자체의 역사만큼이나 오래되었다. 독일(당시 독일연방: Deutscher Bund)의 경우도 최초의 공식철도인 뉘른베르크(Nürnberg)-퓌르트(Fürth) 간의 노선이 1835년에 완성되었으나, 철도의 군사적 활용에 관한 논의는 이미 그 전에 시작되었다. 이러한 논의를 프로이센에서

---

5) 엘루(1996), pp. 291-295 참조.

처음으로 불러일으킨 사람은 베스트팔렌 지방의 기업가인 프리드리히 하르코르트(Friedrich Harkort)였는데, 그는 뉘른베르크 철도노선이 개통되기 2년 전인 1833년에 베저강과 라인강 사이의 철도건설을 프로이센 정부에 건의하면서 이 철도의 군사적 장점들을 적시한 바 있다. 그는 3년 전에 독립한 벨기에가 프랑스의 영향권에 들 것을 기정사실로 보고 라인란트에 대한 프랑스의 군사적 위협을 염두에 두고 있었다. 하르코르트는 이 새로운 철도노선이 존재한다면 프랑스의 침략시, 이 철도를 통하여 단 하루 안에 프로이센 병력 1개 여단이 온전하고도 편안하게 접경지역인 쾰른으로 수송될 수 있다고 믿었다.[6]

같은 해에 프리드리히 리스트(Friedrich List)는 최초로 전 독일을 연결하는 철도네트워크 아이디어를 고안했다. 1833년에 리스트가 『독일의 일반철도 시스템의 토대로서의 작센의 철도시스템에 관하여, 그리고 특히 라이프치히-드레스덴 구간의 철도부설에 관하여(Über ein sächsisches Eisenbahn-System als Grundlage eines allgemeinen deutschen Eisenbahn- Systems, und insbesondere über die Anlegung einer Eisenbahn von Leipzig nach Dresden)』라는 긴 제목의 소책자를 발행했을 때, 그의 주된 의도는 철도를 통하여 독일의 경제적 통합과 나아가서 정치적 통합을 촉진하고자 하는 것이었다. 이 책자에는 리스트의 독일철도 네트워크의 구상이 담겨있었는데, 그 내용의 핵심은 단치히, 브레슬라우, 프라하, 뮌헨, 바젤, 쾰른, 뤼벡 등의 가장 중요한 기점 도시들을 철도로 연결하는 것이었으며 당시의 상황에서는 경제적으로나 정치적으로 실로 환상적(幻想的)인 구상이었다.[7] 1830년대 당시의 여건에서는 개별국가의 국경을 넘어서지 않는, 비교적 짧은 구간의 철도건설만이 가능했던 것이다. 군사

---

6) Klaus-Jürgen Bremm, Von der Chaussee zur Schiene. Militärstrategie und Eisenbahnen in Preußen, in: *IFDT(Zeitschrift für Innere Führung)*, Vol. 2003-3, p. 2.
7) Markus Klenner, *Eisenbahn und Politik 1758-1914. Vom Verhältnis der europäischen Staaten zu ihren Eisenbahnen*. Wien 2002, p. 39.

적 측면에 있어서 그의 아이디어의 요점은, 철도를 통하여 상당수의 병력이 여태껏 상상할 수 없는 속도로 그 어떤 임의의 전선으로라도 수송할 수 있으리라는 것이었다. 결국 철도망을 통하여 전 독일이 하나의 요새가 되는 셈이며, 전력이 열세인 경우에도 이 새로운 수송수단을 통하여 전력균등화 효과를 이룰 수 있다는 것이었다. 나아가 리스트는 전쟁이 실제로 합리적 결정에 입각하여 수행되기만 한다면 미래사회에서는 전쟁이 일어나지 않고 어쩌면 영원히 인류역사에서 사라질 가능성마저도 있을 것이라고 믿었다. 리스트의 이러한 생각은 프로이센의 장교들 사이에서 지나친 환상이라고 폄하, 무시되었다.[8]

철도에서 유토피아적 이상을 발견한 사람은 리스트뿐만이 아니었다. 같은 해인 1833년에 한 익명의 기고자가 『작센신문(Sachsenzeitung)』에 기고한 내용은 이렇다.

> 철도를 달리는 증기기관차는 아마도 영구히 평화를 가져다 줄 것이다. 왜냐하면 한 국가가 자신의 수십 만 병사들 혹은 무장한 시민들을 대포와 총기 그리고 기병들과 함께 모두 한꺼번에 철도를 통해 오늘 수송하기 시작해서 내일이면 전선의 각 전열에 포진시킬 수 있다면 우리가 어떻게 전쟁을 생각이나 할 수 있겠는가?[9]

3년 뒤인 1836년 2월에, 그러니까 독일 최초의 철도가 개통된 지 두 달이 채 되지 않아서 바이에른의 왕 루드비히 1세[10]는 나폴레옹

---

8) Bremm(2003), p. 2.
9) "Die Dampfwagen auf Eisenbahnen führen wahrscheinlich einen ewigen Frieden herbei. Denn wie ist ein Krieg denkbar, wenn eine Nation ihre hundert Tausende von Soldaten oder bewaffneten Bürgern mit Kanonen, Munition und Cavallerie heute sämtlich auf ihre Eisenbahnen einschiffen und morgen unerwartet auf einem Punkte in Schlachtordnung aufstellen kann."(Andreas Knipping, *Eisenbahnen im Ersten Weltkrieg*, Stuttgart 2004, p. 12에서 재인용).
10) 1835년에 개통된 뉘른베르크 철도는 정확히 말해서 바이에른 공국의

전쟁의 연장선상에서 프랑스와의 대결을 염두에 두고 뮌헨의 육군 장성 바인리히(Weinrich)에게 이런 서한을 보냈다.

> 친애하는 국방장관, 병참참모부에서 은밀히 준비해야 할 일이 있소. 그 일은 다름 아니라 서쪽으로부터 공격위협이 있을 경우에 군대를 가장 신속히 결집시킬 수 있도록 독일의 철도를 어떻게 상호 연결해야 하는가 하는 것이오.[11]

이러한 여러 논의들을 통해서 군사적 측면에서의 철도의 장점들은 널리 알려지게 되었으며 실제로 유럽 철도망의 확대는 기존의 전쟁양상에 획기적 변화를 일으킬 전제조건을 마련하였다. 즉 철도로 인하여 군 지휘부는 처음으로 정확한 진군계획을 세울 수 있게 되었고, 상당한 수의 군 병력을 기존에 소요되던 시간의 몇 분의 일에 지나지 않는 짧은 시간 내에 시간 단위까지 정확히 전선에 배치할 수 있게 된 것이었다. 여러 논의들이 잇따르는 와중인 1836년 초에 새로운 철도를 부설하고자 하는 신청들이 줄을 잇게 되자 프로이센의 각료들은 마침내 철도의 군사적 활용가능성을 군대의 정밀한 감식기구를 통해서 조사해 보자는 제안을 국왕인 프리드리히 빌헬름 3세에게 제출하게 되었다. 당시 육군참모총장이던 크라우제네크(Krauseneck)의 지휘 하에서 조사를 벌인 조사관들은 원칙적으로 이 문제에 관하여 낙관적인 견해를 표명하였다. 이 조사결과의 요점을 살펴보면, 유럽의 내륙에 위치한 프로이센의 지정학적 위치에

철도이며 당시의 국왕이 바로 이 루드비히 1세였다.

11) "Mein werther Kriegsminister, lassen Sie, aber ganz geheim behandelnd, im Generalquartiermeisterstab die Arbeit vornehmen, wie nämlich die Eisenwege in Teutschland in einander zu greifen hätten, damit, wenn von Westen im Angriff drohe, die Heere am schnellsten zusammengezogen werden können." (Knipping(2004), p. 12에서 재인용).

주안점을 두고 있다. 즉 프로이센의 입장에서는 서쪽으로 프랑스에 인접한 라인란트 지방, 동쪽으로 러시아에 인접한 동프로이센 지방, 동남쪽으로는 오스트리아 및 러시아와 인접한 슐레지엔 지방 등이 안보상 취약지역이라 할 수 있는데, 이들은 철도라는 수단에서 프로이센 왕국 동부와 서부를 신속히 연결할 수 있는 확실한 방법을 발견했다고 생각했던 것이다.12) 당시 프로이센의 총 9개 군단 중에서 7개 군단이 엘베강 동쪽, 즉 프로이센의 동부에 배치되어 있었기에 동부와 서부의 군사적 연결망은 시급한 문제였다.

그러나 문제는 현실적으로 당시의 초창기 철도규모로는 위에서 말한 전략적 역할을 철도 혼자서 감당할 수 없다는 점이었다. 군부의 조사관들이 가장 회의를 품은 대목은, 민영철도회사들이 대단위 군병력의 수송을 위해 필요한 수용능력을 완비할 수 있겠는가 하는 점이었다. 그래서 결국 그들은 이제 막 완성된, 그리고 동시에 이미 그 효용성을 인정받은 도로체계에 근간을 두고 있던 군사도로 및 간선도로를 포기하고 철도로 대체할 어떠한 이유도 발견할 수 없었다. 다만 당시 군부에서 부분적으로 철도의 효용성을 인정한 부분이 있다면, 그것은 중소규모의 병력, 그러니까 오늘날의 1개 사단 규모에 해당하는 대략 12,000명 정도까지의 병력을 이동시키는 정도의 역할을 부여하였고, 그 중에서도 특히 군수물자와 군량의 공급이나 부상병의 후송 등에 이용하였는데 여기서는 무엇보다도 철도가 시간적으로 신속한 수송을 가능하게 했다는 점이 인정을 받았다. 군부의 지휘부는 산발적으로 부설된 개개의 철도노선들이 종국적으로—앞서 리스트가 제안한 바와 같은—하나의 온전한 철도네트워크를 형성할 정도로 발전한 경우에야 비로소 철도에 전략적 역할을, 그러니까 대규모의 병력을 수송하는 역할을 부여하려고 하였다.13) 요약해서 말하면 1830년대의

---

12) Bremm(2003), p. 3.
13) Bremm(2003), p. 3.

프로이센의 군 수뇌부가 철도에 대하여 취한 태도는 유보적 내지는 회의적이었으며 심지어는 일부 적대적인 그룹도 있었다.[14] 특히 일부의 각료들은 이제 막 상당한 재정적 부담을 안고 완비된 도로망에 대항하는 강력하고도 위험한 경쟁자로서 철도를 인식하였다.[15]

III. 전쟁과 철도

1. 최초의 시도들

1830년대 말부터는 유럽의 여러 나라에서 평화 시에 혹은 전쟁시에 실제로 철도를 통하여 군대를 수송하는 사례들이 나타나기 시작하였으며 점차 철도는 병력의 진군계획에 함께 고려해야 할 요인으로 등장하게 되었다. 본격적인 전쟁에서의 철도의 이용에 앞서 평화시의 철도의 군사적 활용을 살펴보자면, 1839년 10월에 프로이센에서는 가을 군사기동훈련에서 처음으로 8,000명에 달하는 포츠담의 근위병 여단 전체가 훈련을 마치고 새로 부설된 베를린-포츠담간의 철도를 통하여 부대로 복귀하였고,[16] 1840년 10월에 프랑스에서는 1,500명 병력의 1개 연대 전체가 3년 전에 완성된 파리-베르사이유 구간의 철도를 통하여 열병식에 참가하였으며, 오스트리아의 군대는 1841년 8월에 처음으로 700명 규모의 소총대대를 비엔나에서

---

14) Ziegler(1996)., p. 37.
15) 철도가 태동하던 당시에 프로이센뿐만 아니라 대부분의 유럽 강대국에서 군 수뇌부들이 기존의 모든 운송체계를 뒤바꿀 수 있었던 철도라는 미지의 존재에 대하여 갖던 감정은 불안감과 불확실성이었다. (Vgl. Burkhard Köster, *Militär und Eisenbahn in der Habsburgermonarchie 1825-1859*, München 1999, p. IX.)
16) Knipping(2004), p. 12.

브륀으로 철도를 통하여 이동시켰다.[17] 그러나 이들 세 나라에서 철도를 통한 병력수송은 재정적 이유로 일상화 될 수는 없었다. 당시에는 각국에서 민영철도와 국영철도 모두 재정적 문제가 최대의 걸림돌이었다. 군대병력 뿐만 아니라 전쟁수행에 필요한 장비와 물자들에 있어서도 또한 철도를 통한 수송이 1840년대에 들어서 이루어지기 시작했다. 가령 1842년에는 프로이센에서 처음으로 말과 대포 그리고 기타 전쟁장비들을 철도로 수송하고자 하는 시도들이 성공적으로 이루어졌고,[18] 곧 이어 실제 전쟁과정에서 활용되기에 이른다.

2. 프로이센에서의 정비과정

철도의 군사적 활용과 관련하여 프로이센은 1840년대에 들어서 프랑스 및 오스트리아와의 경쟁관계에 있어서 주도적 역할을 점하게 되었다. 프로이센은 국가별로 보았을 때 대륙에서 가장 긴 철도를 보유하고 있었고(다음의 〈표-1〉 참조)[19] 철도의 군사적 이용을 위한 잠정적 계획안들을 가장 먼저 개발하였다.[20] 이 복안들을 바탕으로 프로이센은 이미 1838년에 독일연방 내에서 전 독일의 철도망을 상호협조 하에서 구축해 나가는 작업에 필요한 조치들을 합의해 내는 과정에 주도적으로 나서게 되었다. 프로이센의 이러한 시도는 1845, 46년 무렵에 비로소 성공하게 되는데, 그 정치적 배경은 프랑스의 위협이었다. 즉 라인강과 벨기에를 향하는 프랑스의 전략철도 건설이 이미 현저하게 진척되었고 따라서 독일연방의 서부국경 지

---

17) Bremm(2003), p. 4.
18) Knipping(2004), p. 12.
19) Klenner(2002), p. 212에서 인용.
20) 아래에서 계속 논의되는 야전철도부대의 구상이라든지 1848년과 1867년의 법적 규정 등을 참조.

역의 안전문제가 심각하게 제기되었던 것이다.

〈표-1〉 시대별, 국가별 철도운영 총연장 (단위: km)

	1840	1850	1860	1870	1880	1891
영국	1,348	10,653	16,787	24,999	28,854	32,487
프랑스	497	3,083	9,528	17,931	26,189	37,946
독일	549	6,044	11,633	19,575	33,838	43,424
러시아	26	601	1,589	11,243	23,857	31,071
오스트리아	144	1,579	4,543	9,589	18,512	28,066

여기서 분명한 것은 프로이센의 철도정책은 항상 군사정책과의 연관성 속에서 이해해야만 한다는 점이다.21) 이미 오래 전부터 프로이센의 지도층은 철도가 독일연방 내에서의 프로이센의 영향력 확대에 적합한 수단임을 인식하고 있었고, 프로이센의 참모부는 1845, 46년 무렵에 프로이센 내의 민영 철도회사들이 보유하고 있던, 군사적으로 활용 가능한 자원에 관한 정보들을 체계적으로 수집하기 시작하였고 이 정보들을 토대로 한 철도입법안을 1847년 프랑크푸르트의 연방의회에 제출하게 되었다. 1848년 3월 이후 혁명의 와중에서 프랑크푸르트 국민회의(Deutsche Nationalversammlung)는 독일의 통일과 더불어 철도부문의 통일도 실현시키려 하였다. 국민회의의 구상에 따르면 "제국의 보호와 일반교통의 이익을 위해서 필요한 한",22) 전체 철도에 관한 입법권과 관리감독권은 제국에게 있으며 철도에 있어서의 개별국가들의 자주성은 제국의 중앙권력을 위하여 제한을 받는 것이었다.

그러나 1849년의 혁명헌법은 혁명의 실패로 효력을 가질 수 없었고

---

21) Bremm(2003), p. 4.
22) "(…) soweit es der Schutz des Reichs oder das Interesse des allgemeinen Verkehrs erforderte", (1849년의 프랑크푸르트 제국헌법 제6조 29항. Claudia Albrecht, *Bismarcks Eisenbahngesetzgebung. Ein Beitrag zur 'inneren' Reichsgründung in den Jahren 1871-1879*. Köln 1994. p. 3에서 재인용.)

독일연방 내의 개별국가들의 주권과 철도의 분열은 계속되었다. 이후 1867년 비스마르크가 북독일연방헌법(Die Verfassung des Norddeutschen Bundes)을 제정할 때 프로이센의 통상부는 1849년 헌법의 철도구상을 그대로 이어받았다.[23] 북독일연방헌법은 "국토방위와 일반교통이라는 이익과 관련하여"[24] 철도를 연방의 감독과 입법권에 귀속시켰지만, 헌법이 특별히 명시하지 않는 한, 개별국가들에게 철도에 관한 기존의 모든 입법권, 행정권, 감독권 등을 계속 인정하였다. 즉 철도에 관한 북독일연방의 헌법규정은 단지 일종의 '비상철도법'으로 이해될 수 있는 것이었다. 독일통일 이후 1871년에 제정된 제국헌법은 북독일연방헌법의 이러한 규정을 거의 글자그대로 계승하게 된다.

3. 1848년 2월 혁명과 철도

철도와 전쟁의 관계를 살펴보면, 프로이센이 통일로 나아가는 과정에서 치른 많은 전쟁들에서 철도가 기여한 부분들이 상당히 많았음을, 그리고 그 비중은 점점 커져간 것을 알 수 있는데, 양자의 관계가 본격적으로 처음 맺어지기 시작하는 계기는—프로이센에서 뿐만 아니라 유럽 여러 나라에서도 마찬가지로—1848년 프랑스의 2월 혁명이었다. 지금까지 관심을 끌지 못한 사실이지만, 1848년의 혁명과정에서 철도는 혁명군과 반혁명군 양측에서 모두 주요 수송수단이 되었다.[25] 특히 프로이센에서는 철도를 이용한 병력수송이 1848년에 급격히 증가하였는데, 이는 1848년 2월 프랑스의 루이 필립이 혁명세력에 의해 실각하자 프로이센 군부가 라인지역의 경계강화를 위하여

---

23) Alfred von der Leyen, *Die Eisenbahnpolitik des Fürsten Bismarck*, Berlin 1914, pp. 30-31.
24) "im Interesse der Landesverteidigung und des allgemeinen Verkehrs" (1867년 북독일연방헌법 제4조 8항. Albrecht(1994), p. 3에서 재인용.)
25) Knipping(2004), p. 12.

처음으로 철도를 이용하여 동프로이센의 예비 병력들을 서부로 이송시킨 데에 기인하였다. 1848년 3월 초에는 단 3일 동안에 제 4군단 소속의 6개 대대병력이 매일 2회에 걸쳐 불과 반 년 전에 개통된 라인-베저 철도를 통해 쾰른으로 수송되기도 하였다.

이로써 약 15년 전에 프리드리히 하르코르트가 제안했던 바, 철도를 통한 서부전선 강화책이 현실화되었다고 할 수 있다.[26] 1848년 코펜하겐의 무혈혁명으로 시작된 덴마크 전쟁에서는 이 지역의 독일국민을 보호하기 위하여 프로이센의 국방부가 3월 말에 거의 10,000명에 달하는 약 2개 여단 병력을 베를린으로부터 함부르크를 거쳐 덴마크로 수송하기도 하였다. 또한 국내의 혁명적 소요에 대항하는 과정에서도 프로이센 정부는 베를린의 수비대 병력을 인근지역의 군대를 동원하여 강화하기 위하여 3월 초부터 지체 없이 철도를 가동시켰다. 철도를 통한 이러한 병력수송은 그러나 혁명이라는 정치적 소용돌이 속에서 전격적으로 진행되었던 만큼 철도의 군사적 이용이라는 이론적 차원의 정밀한 계획이나 심사숙고한 구상에 따라 이루어진 것은 아니었다.

4. 독일 이외의 사례들

독일 이외의 지역에서 철도가 전쟁에 투입된 사례들을 살펴보자면, 오스트리아도 1848년 혁명기에 프로이센과 마찬가지로 혁명세력과 대항하는 주요수단으로 철도를 이용하였으며 바로 그 때문에 군사적 우위를 점할 수 있었다.[27] 그 절정이라고 한다면 1850년 가을에 75,000명 이상의 병력을 철도를 이용하여 보헤미아로 파병한 것이라 하겠다.

---

26) Bremm(2003), p. 5.
27) Köster(1999), pp. 138-140; Bremm(2003), p. 5.

전쟁 상황에서 철도가 의미 있고 비중 있게 이용된, 세계사적으로 의미를 부여할 만한 첫 사례는 1859년에 있었던 프랑스-피에몬트 연합군과 오스트리아와의 전쟁이었다.28) 당시 4월 20일과 30일 사이에 걸쳐 파리-리옹 철도회사는 매일 8,500명의 병력과 500마리 이상의 말을 400km가 넘는 두 도시 사이의 철도를 통해, 그리고 일반 민간교통을 중지시키는 일도 없이 수송하였다. 몬테벨로(Montebello)에서 군인들은 기차를 내리자마자 곧바로 전투에 참가하였으며 마젠타(Magenta)에서는 양측이 여러 구역에 걸쳐 철도의 철둑 자체를 목표로 전투를 벌이기도 하였다. 이 전쟁을 통하여 철도는 대규모의 공격작전 수행능력 자체를 입증했을 뿐만 아니라, 대규모의 병력을 집중시켜 결정적 요처에 시간단위까지 정확히 파견할 수 있는 면모를 과시함으로써 군 수뇌부의 전략수립 작업을 전혀 새로운 현대적 차원으로 끌어 올렸다.29)

1861년에서 65년까지 미국 남북전쟁에서의 철도의 역할도 전 세계적으로 주목을 받았다. 당시 양측 모두에서 49,000km에 달하는 철도망을 통하여 무수히 많은 병력수송이 이루어졌으며, 셔먼(Sherman) 장군의 조지아 출정이 가능했던 것은 600km 길이의 단 하나의 철도를 통해서 10만 명 이상의 병력과 23,000마리의 말에 대한 군수보급이 가능했기 때문이었다.30) 그리고 당시 미국에서는 세계 최초로 열차포(列車砲), 장갑열차, 야전병원열차 등의 철도전용 군장비들이 전쟁에 투입되고 있었다.

---

28) Knipping(2004), p. 12. 그리고 이 전쟁의 자세한 경과에 대하여는 Köster (1999), pp. 196-202 참조.
29) Bremm(2003), p. 8.
30) Knipping(2004), p. 12. 이 내용은 영화를 통해 확인되고 있다. 존 포드 감독, 존 웨인 주연의 영화 〈기병대(The Horse Soldiers)〉에서 북군의 사령부는 북군의 기병대에게 철도 폭파 임무를 부여하는데, 이 철도는 남군의 군수 철도인 빅스버그 철도였다.

5. 전략노선(Strategische Bahnen)

1850년대에 들어서 프로이센은 혁명기의 경험과 교훈을 바탕으로 조직적이고 계획적인 군용철도 확충작업에 들어갔다. 특히 1854년 크림전쟁 발발이후 철도담당부처인 통상부와 군부는 미해결의 과제를 앞에 두고 협력을 강화하였다. 그 결과 민영 철도회사들은 전시에 대비하여 그들의 가용 화물차들을 병력, 말, 대포와 각종 무기 등의 수송에 대비할 의무를 지게 되었고, 군부의 수뇌부는 주요 병참기지역의 확충을 독려하였을 뿐만 아니라 여러 대의 기차들이 말과 병기를 동시에 하역할 수 있도록 충분한 수의 플랫폼을 설치하도록 조치하였다.31) 그리고 프로이센의 참모부는 4개의 핵심 철도 노선들을 전략노선(혹은 군사작전노선 militärische Operations-linien)으로 선포하고, 전시에 군부가 이들 철도를 통해서 취약지역의 병력을 강화시킬 수 있도록 하였다.

전략노선은 철도와 군부의 특이한 결합 형태라 할 수 있는데, 전적으로 군사적 필요와 요구를 충족시키기 위한 목적으로 존재한다. 따라서 상식적 의미의 수익성 내지는 경제성을 전혀 고려하지 않고 부설되는 것이 일반적이며 대체로 주거지역과 일반 교통로에서 멀리 떨어져 있다.32) 프로이센의 경우 이들 네 개의 노선들 중에서 두 개의 노선은 프로이센 중부를 지나 라인강으로 연결되고, 하나의 노선은 동프로이센의 쾨니히스베르크(Königsberg, 현재의 러시아 칼리닌그라드)로 이어지며, 마지막 하나는 슐레지엔의 미슬로비치(Mysolwitz)로 향했다. 이 네 개의 노선들을 통하여 프로이센은 상호 독립적으로 3주 이상의 기간 동안 매일 1개 여단의 병력을 수송할 수 있었으

---

31) Bremm(2003), pp. 5-6.
32) http://www.matheboard.de/lexikon/Geschichte der Eisenbahn (온라인 백과사전 Wikipedia, 검색일 2004. 11.20)

며, 이러한 철도시스템은 앞으로 다가올 대(對) 오스트리아, 대 프랑스 전쟁에서의 승리에 결정적으로 기여하게 된다.

6. 독일통일전쟁

1857년에 몰트케(Helmuth von Moltke)가 프로이센의 참모총장에 오르면서 철도는 새로운 위상을 차지하게 되고 철도와 군부의 협력체제는 더욱 강화되었다. 그는 철도에 커다란 의미를 부여하고 전쟁이 발발할 경우에 철도가 결정적 역할을 할 것으로 예상하였다.[33] 그가 가장 먼저 염두에 둔 것은 프랑스와의 전쟁이었으나, 실제로는 오스트리아와의 전쟁에서 철도가 먼저 조직적이고 계획적으로 동원되었다.

몰트케가 먼저 추진한 것은 철도기술과 군사작전계획의 통합이었고, 국방부는 프랑스의 모범에 따라 1857년 철도를 통한 병력수송에 대한 실행규정을 처음으로 마련하여 발간하였다.[34] 또한 그는 1859년에 철도복구를 위한 조치에 관한 규정을 마련하여 공병, 일반병, 일반인 노동자 등으로 역할 분담된 조직을 만들게 하였는데, 이는 후에 오스트리아와 프랑스와의 전쟁에서 큰 역할을 하게 되는 야전철도부대(Feldeisenbahn-Abteilungen)의 전신이라 할 수 있다. 이들의 역할은 적군에 의해서 파괴된 철도노선, 교량 등을 복구하는 것이었다.

이어서 1859년에는 국방부와 통상부의 긴밀한 공동작업의 결과로서 민군(民軍)합동조직이 처음을 발족되었는데, 이 조직은 철도를 통한 프로이센 병력 전체의 수송에 대한 준비와 실행에 대한 책임을 지게 되어 있었다. 베를린에 위치한 이 합동조직의 중앙위원회(Zentralkommission)

---

33) Knipping(2004), p. 12.
34) 가령 이 규정에 따르면 프로이센 병력 1개 군단(약 35,000명) 전체를 수송하기 위해서는 94편의 열차가 필요하며, 각 열차는 60~100개의 차축을 갖추어야만 했다. 그리고 중간급의 운행속도는 시속 25km로 규정되어 있었다. Bremm(2003), p. 6.

산하에는 5개의 집행위원회(Exekutivkommi-ssionen)가 각 지역의 5개 도시에 퍼져있었고 다시 이 집행위원회 밑에는 각각 노선별 병참부 (Linienkommissariat)가 소속되어 있어서 이들이 일정한 철도구간을 담당, 관리하였다. 이들의 역할은 필요한 물자를 철도회사에 요청하고, 군용철도 운행계획을 마련하여 개별부대의 지휘부가 그것을 준수하도록 조치하는 것이었다.35) 대규모의 병력수송에 대비하기 위한 이 조직은 1866년의 프로이센-오스트리아 전쟁에서 처음으로 그 진가를 인정받게 되었다.

프로이센은 국왕 빌헬름 1세가 전시동원령을 내리는 것을 주저하는 바람에 오스트리아보다 늦게 동원 체제에 돌입하였으나 조직적인 철도이용으로 시간적 손실을 만회할 수 있었다. 수송물량이 절정에 달했을 때에는 하루에 20,000명의 병력과 5,500마리의 말이 40편의 군용철도를 통해 국경으로 파견되었으며, 전쟁개시 직전인 6월 23일까지 총 230,000명의 병력과 64,000마리의 말, 6,200대의 군용차량이 660편의 열차를 통해서 수송되었다. 또한 국왕 빌헬름 1세는 기존의 공병대에 각각 65명으로 구성되는 3개의 야전철도부대를 편성하게 하여 전쟁 중의 지속적인 철도사용을 가능하게 조치하였다. 프로이센과 달리 오스트리아와 남부독일의 연합국가들은 기술적, 조직적 관점에서 현대적 전쟁에 대한 준비에 소홀했고 그 결과 오스트리아에 비하여 상대적으로 늦게 전시동원체제에 돌입한 프로이센에 패배하였다.36) 이 전쟁이 6월 26일에서 7월 28일까지 한 달 만에 속전속결로 끝난 데에서 철도의 역할이 상당하였음을 짐작할 수 있다.

오스트리아와의 전쟁에서 얻어진 체험을 바탕으로 프로이센은 철도 편제를 정비하여 평화 시에도 지속적인 연습과 훈련을 통하여 철도운영 및 철도부설에 관한 경험을 축적하게 된다. 그리고 곧 이

---

35) Bremm(2003), p. 6.
36) Knipping(2004), p. 12.

어서 1870년 7월 19일에 프랑스의 선전포고로 프로이센-프랑스간의 전쟁이 개시되었다. 실제 전투가 개시된 것은 8월 2일이었는데, 프로이센은 7월 23일부터 8월 3일까지 완전무장한 50만 이상의 병력과 150,000마리의 말을 국경으로 수송하였다. 오스트리아와 마찬가지로 프랑스 나폴레옹 3세의 강력한 군대도 철도와 관련된 기술적, 조직적 운용이 프로이센에 열세였고 이는 패전의 한 원인으로 지목된다.[37] 1871년 1월 8일에 프랑스는 항복하고 프로이센은 1월 18일에 베르사이유에서 독일제국의 탄생을 선포하였다.

IV. 비스마르크의 철도정책: 철도를 통한 '내적 제국건설'

1862년에 프로이센의 총리로 취임한 비스마르크는 1871년에 독일제국(제2제국)을 건설하고 대외적으로 통일을 선포하는데 성공하였다. 이후 비스마르크는 대외적 통일에 이어서 새로운 제국의 내적 통합을 공고히 하는데 주력하게 된다. 대외적 제국건설에 이어지는 이른바 '내적 제국건설(innere Reichsgründung)'[38]의 과정에서 철도는 중요한 위상을 점하게 되었다. 우편, 전신과 더불어 철도는 특히 국경을 뛰어넘어 파급되는 성향이 있는데다가 경제적, 사회적, 군사적 의미에서 제국의 통일이라는 목적에 크게 부합하는 수단이었다. 더구나 독일의 영토적 분열상황은 각별히 철도부문에서 두드러진 상황이었다.

비스마르크가 정책적으로 중점을 두었던 분야는 경제와 교통이었다. 지역적으로 오랜 기간 동안 분열되었던 독일의 역사적 배경이 있었기에 광범위하게 제국 전체의 경제 및 무역을 촉진한다는 이익 관점에 부응하는 것 중의 하나가 바로 역시 지역적으로 분열되어

---

37) Knipping(2004), p. 12.
38) Albrecht(1994), p. 1.

있던 철도부문을 여러 단계에 걸쳐 통일시키는 일이었다. 그가 우선적으로 추진하였던 것 중의 하나는 독일의 모든 철도를 제국의 단일 통제 하에 둠으로써 철도를 제국의 이익에 복무시키는 것이었으며 이런 맥락에서 철도부문의 법적 통일이 그의 가시적 목표였다고 할 수 있다. 이러한 비스마르크의 장기적 목표는 우선 1871년 4월 16일에 제정된 독일제국헌법(Verfassung des Deutschen Reichs, 일명 비스마르크 헌법)에서도 엿볼 수 있다.

한 국가의 헌법이 그 나라의 역사적, 정치적 체험을 반영한다는 관점에서 1871년의 독일제국헌법을 살펴보면 독일의 지도층이 반세기 동안의 근대화, 산업화 및 전쟁체험을 통하여 철도의 정치적, 경제적, 군사적 중요성을 절감하고 있었다고 볼 수 있다. 여기서 관심의 대상이 되는 것은 다름 아닌 제국헌법의 철도조항들이다. 제국헌법은 총 14장(章)에 걸쳐 78개조(條)로 구성되어 있는데, '제국의 관리감독 및 제국의 입법사안에 포함되는 대상들'을 적시하고 있는 4조에서는 8항에 철도를 언급하고 있고 연방상원의 7개 상임위원회를 규정하는 8조에서는 철도를 우편, 전신부문과 함께 5항에 포함시켰다. 그리고 41조에서 47조에 이르는 제7장은 '철도부문(Eisenbahnwesen)'이라는 제목으로 전적으로 철도에 관하여 논하고 있다.39) 가령 41조는 "독일의 방위를 위하여, 또는 공공의 교통수단으로서 필요하다고 인정되는 철도는 제국의 법률에 의거하여 이들 철도가 통과하는 지역이 속하는 개별 연방국가의 반대를 물리치고, 그러나 그 영토주권은 침해하지 않으면서, 제국의 예산으로 부설되거나 민간 기업에 부설을 인가해 줄 수 있고 토지수용권을 가질 수 있다"40)라고 규정하고 있으며 철도의 군

---

39) Adolf Arndt, *Verfassung des Deutsches Reiches*, Berlin 1913, p. 83 이하 및 http://www.deutsche-schutzgebiete.de/verfassung_deutsches_reich.htm (1871년 비스마르크 헌법 전문, 검색일 2004.11.5) 참조.

40) "Eisenbahnen, welche im Interesse der Verteidigung Deutschlands oder im Interesse des gemeinsamen Verkehrs für notwendig erachtet werden, können kraft

사적 이용과 관련된 47조에서는 "독일의 방위를 목적으로 철도를 사용하는 것과 관련하여 제국의 해당관청이 요구하는 사항들을 독일의 모든 철도행정부서는 즉각 이행해야 한다. 특히 군대와 모든 군수물자는 균일하게 할인된 가격으로 수송할 수 있다"41)라고 기록되어 있다.

비스마르크가 효과적인 제국통솔수단으로 간주했던 제국철도청(Reichs-eisenbahnamt)은 1873년 6월 27일의 제국철도법(Reichseisenbahngesetz)에 의거하여 설립되었다. 그러나 제국 중앙정부의 통제와 규제를 원하지 않았던 개별 연방국가들과 민영철도회사들의 저항으로 실질적으로는 무력한 존재로 전락하였으며 정치적 의미를 상실하게 되었다. 제국철도법을 통하여 제국 내 모든 철도의 법적 통일을 달성하려던 비스마르크의 오랜 노력은 별 성과를 거두지 못했다. 1874, 1875, 1879년 등 세 번에 걸친 법안들은 이미 실패가 예정되어 있었다고 볼 수 있는데, 그 이유는 이 법안들이 독일의 모든 철도들에 대한 제국의 직접적인 감독과 관할을 염두에 둔 것이었고 이는 1871년의 제국헌법의 철도 관련 조항에 규정된 제국-연방국가 간의 권력분할을 침해할 소지가 있었기 때문이다.42) 비스마르크가 추구한 철도개혁이 경제적으로 의미가 있고 제국 전체의 이익에 필요한 것이었음에도 불구하고, 제국 내의 개별국가들은 철도부문의 현상유지를 원했고 중앙권력의 강화를 억제하기 위해 이런 법안들의 위헌성 논쟁을 적절한 기회로 이용

---

    eines Reichsgesetzes auch gegen den Widerspruch der Bundesglieder, deren Gebiet für Eisenbahnen durchschneiden, unbe-schadet der Landeshoheitsrechte, für Rechnung des Reichs angelegt oder an Privatunternehmer zur Ausführung konzessioniert und mit Expro-priationsrechte ausgestattet werden."

41) "Den Anforderungen der Behörden des Reichs in Betreff der Benutzung der Eisenbahnen zum Zweck der Verteidigung Deutschlands haben sämtliche Eisenbahnverwaltungen unweigerlich Folge zu leisten. Insbesondere ist das Militär und alles Kriegsmaterial zu gleichen ermäßigten Sätzen zu befördern."

42) Kurt Pierson, *Die Königlich-Preußische Militär-Eisenbahn*. Stuttgart 1979, p. 17. 및 Albrecht(1994), pp. 6-8.

하였다. 여기서 이들 국가들은 민영철도회사들의 지원을 받고 있었는데, 이들 철도회사들은 무제한적 경제자유주의의 신봉자들이었으며 비스마르크의 신념, 즉 철도가 공공의 교통시설로서 이익산출뿐만 아니라 공동체의 이익에도 부합해야 한다는 생각을 거부하고 있었다.

오랜 시간에 걸쳐 난항을 거듭하던 일반철도의 중앙집권적 통일화 작업에 유리한 전제조건을 마련한 분야는 바로 군용철도 부문이었다.[43] 그 이유는 무엇보다도 철도가 1866년의 대 오스트리아 전쟁과 1870~71년의 대 프랑스 전쟁 승리 및 그에 이은 제국건설에 막대한 기여를 하였기 때문이다. 즉 당시에 철도가 있었기에 전시동원이 단시간 내에 가능하였으며, 전체 전쟁기간 동안 독일군대의 군수를 담당했던 것도 철도였기 때문이다. 제국건설 이후에 독일인들의 민족의식이 고양된 것이 바로 군사적 성공에 기인한 것이었으므로 이러한 대중적 분위기를 철도분야에서의 단일화 입법조치에 유리하게 이용하는 것이 가능하였다. 또한 군용철도 부문에서는 제국 중앙정부의 광범위한 헌법적 권리가 인정되었고 이는 제국의 군사력 강화에 기여하게 되었다. 헌법에 의하여 이미 평화 시에도 철도에 관한 통일적 규정이 유효하게 되었고, 전시에는 제국내의 모든 상이한 체제의 철도들이 실제로 중앙정부의 단일한 지휘체계에 통제되는 실질적인 '제국철도'로 규합될 수 있었다.

비스마르크의 집권 하에서 이루어진 철도통제 시스템은 이후 제1차 세계대전에서 원활한 전시동원체제의 토대가 됨으로써 그 가치를 인정받을 수 있었다. 반면에 비스마르크가 의도했던 '제국철도(Deutsche Reichsbahn)'의 꿈이 실현된 것은 그의 사후 20여년 뒤, 1919년의 바이마르 헌법을 거친 후인 1920년 4월 1일 이었다. 그리고 이 제국철도는 이후 몇 년 동안의 위기시대에 비스마르크가 희망했던

---

43) Albrecht(1994), pp. 19-22 참조.

바, "국가적 결속을 공고히 다지는 강력한 수단(kräftiges Mittel zur Festigung des nationalen Bandes)"44)으로서의 역할을 충실히 수행하였다.

V. 맺는말

철도가 19세기 초반 산업혁명을 근간으로 한 유럽의 근대화시기에 산업화를 이끌어간 선도 기술이었고 산업화의 표상이었던 동시에 그와 밀접하게 관련된 사회적 변동의 거대한 한 축을 담당했던 점은 부인할 수 없다. 그리고 군사적 측면에서 볼 때에도 당시에 새로 등장한 운송매체인 철도는 기존의 전통적 전쟁수행 방식에 전혀 새로운 차원의 가능성을 열어주었고, 19세기 중반 무렵에 유럽의 군대가 현대화되어 가는 과정에서 그 중심에 자리 잡고 있었다. 초기에는 단순히 보조적 수단에 불과하던 철도는 19세기 중반 이후에는 이미 군사전략과 전술 및 총체적 전쟁수행에 있어서 핵심적인 요소로 자리 잡았으며 결국에는 전통적 전쟁의 상(象)을 변화시키는 주체가 되었다. 철도를 통하여 대규모의 병력이 이전과는 비교할 수 없이 빠른 시간 내에 이동할 수 있었을 뿐만 아니라 군 지휘부는 시간 단위까지 정확하게 진군계획을 수립하고 작전을 조율할 수 있게 되었다.

실제로 독일통일전쟁의 역사적 사례를 통해서 알 수 있듯이 철도의 군사적 효용성과 실제적 성과는 유럽 여러 열강들의 군 수뇌부들이 초창기에 철도에 대해 가졌던 회의와 불안감을 해소시키고도 남음이 있었다. 비스마르크가 독일제국 창설 이후 대내적 통합정책을 수립하고 추진하는 과정에서 철도를 효과적으로 이용하려 했던 점은 그러한 역사적 체험을 심화, 확대시켜 반영한 것이라고 할 수 있다. 결국 19세

---

44) Albrecht(1994), p. 123.

기 당시에 가장 현대적인 교통수단이었던 철도를 둘러싼 철도정책 및 군사정책은 19세기의 유럽정치를 이해하는 주요한—그럼에도 불구하고 국내외에서 지금까지 크게 주목받지 못한—한 요인이다.[45]

■ 참고문헌 ■

마틴 키친(유정희 옮김), 『케임브리지 독일사』, 2001.
볼프강 쉬벨부쉬(박진희 옮김), 『철도여행의 역사 – 철도는 시간과 공간을 어떻게 변화시켰는가』, 1999.
자크 엘루(박광덕 옮김, 1996), 『기술의 역사』, 1996.
Albrecht, Claudia, *Bismarcks Eisenbahngesetzgebung. Ein Beitrag zur 'inneren' Reichsgründung in den Jahren 1871–1879*. Köln 1994.
Arndt, Adol, *Verfassung des Deutschen Reiches*. Berlin 1913.
Bremm, Klaus-Jürgen, Von der Chaussee zur Schiene. Militärstrategie und Eisenbahnen in Preußen, in: *IFDT(Zeitschrift für Innere Führung)*, Vol. 2003-3, pp. 1-9.
Klenner, Markus, *Eisenbahn und Politik 1758–1914. Vom Verhältnis der europäischen Staaten zu ihren Eisenbahnen*. Wien 2002.
Knipping, Andreas, Eisenbahnen im Ersten Weltkrieg. Stuttgart2004.
Köster, Burkhard, *Militär und Eisenbahn in der Habsburgermonarchie 1825–1859* München 1999.
Pierson, Kurt, *Die Königlich-Preußische Militär-Eisenbahn*. Stuttgart 1979.
von der Leyen, Alfred,. *Die Eisenbahnpolitik des Fürsten Bismarck*. Berlin 1914.
Ziegler, Dieter, *Eisenbahn und Staat im Zeitalter der Industrialisierung: die Eisenbahnpolitik der deutschen Staaten im Vergleich*. Stuttgart 1996.
http://www.deutsche-schutzgebiete.de/verfassung_deutsches_reich.htm (1871년 비스마르크헌법 전문, 검색일 2004.11.5)
http://www.matheboard.de/lexikon/Geschichte der Eisenbahn(온라인 백과사전 Wikipedia, 검색일 2004.11.20)

---

45) Köster(1999), pp. 1–5; Klenner(2002), p. 7.

제 5 장
남북한 철도와 군사적 가치*
-대결의 수단에서 협력의 수단으로-

이 수 석

I. 머리말

한반도 철도건설 구상은 구한말 일제의 대한반도 정책에서 시작되었다. 일본의 안보관과 연계되면서 한반도철도 건설은 일본의 식민통치와 군국주의 침략을 위해 건설되었다. 그렇기 때문에 한반도 철도는 제국주의의 침략성이 극명하게 드러난 역사적 실체로서 한반도철도 부설은 일본의 정치적 세력 확장과 밀접하게 연관된다.[1] 비록 철도가 자본주의 산물로서 한국의 교통수단의 근대화에 기여한 점이 있다고 하나, 한반도 철도부설은 일본 제국주의 경제발전과 군사적 목적을 위한 통치수단이었던 것이다.

해방과 함께 남북한이 분단되면서 철도는 경제발전을 위한 대량수송의 중요한 인프라로 부각되었다. 남북한은 철도의 경제적 가치

---

* 이 글은 『평화연구』 제14권 1호(2006년)에 게재된 것임.
1) 이길영, "한국철도의 과거, 현재와 미래", 『한국철도학회지』 제2권 2호(한국철도학회, 1999), p. 3.

에 주목하면서 철도를 통해 운송 발전을 도모하였다. 한국전이 발발하자 철도는 병력과 물자수송의 중요한 도구가 되어 군사적으로도 그 중요성을 다시 띠게 되었다. 철도의 군사적 가치가 높아진 것이다. 이후 남북이 대치한 냉전시대 동안 철도는 경제적 관점에서 산업화를 이루는 중요한 수단으로 작동하는 한편, 군사적 입장에서도 고려되었다.

6·15남북정상회담 이후 남북한 교류와 협력이 활성화되자 철도는 과거의 군사적 수단보다 남북한 협력수단의 역할을 할 가능성이 많아졌다. 경의선, 동해선 철도연결사업은 단순히 철도연결에 그치는 것이 아니라 남북한 분단과 대치의 역사에 새로운 화해와 협력의 계기가 되며 남북경협을 뒷받침하는 인프라가 될 것이라는 기대가 높아졌다. 또한 경의선, 동해선 연결은 그 접경지역의 개발과 활성화에 관심을 갖게 하였다.

이 장에서는 이런 문제의식 하에 II절에서는 제국주의 시대 철도의 군사적 역할 및 한반도 철도건설 과정에 나타났던 군사적 특성을 살펴보고, III절에서는 현대전에서 철도의 의미와 분단 이후 남북한이 대치하던 상황에서 남북한 철도의 특성, 특히 경의선 철도와 동해선 철도의 군사적 성격을 고찰해 보고자 한다. IV절에서는 남북교류협력의 시대에서 철도의 의미와 남북교류협력이 철도건설에 미치는 영향, 그리고 경의선, 동해선 접경지역의 활성화 방안에 관해 살펴보고자 한다.

Ⅱ. 식민지 조선과 철도[2]

1. 제국주의 시대 철도의 군사적 역할

철도는 도로와 함께 자본주의의 주된 운송수단이다. 산업화단계에서 철도는 대규모 상품유통과 국내시장의 형성수단으로서 산업발달을 뒷받침하는 중요한 사회 간접자본이었다.[3] 근대화된 자본주의 국가들은 철도부설부터 시작하여 자본주의 상품판매망을 구축하고 인적·물적 네트워크를 만들어 국가영역을 좁혔다. 또한 철도는 경제발전과 관광, 여가생활 등 인류에게 다양한 생활의 영역을 제공하였다.

철도는 경제적 목적 이외에 군사목적으로도 많이 사용되었다. 산업화로 인해 개인용 무기와 화포 등이 군사전략에 영향을 미쳤지만 가장 큰 영향을 미친 것은 철도와 기차였다. 1820년대에 개발된 철도는 1840년대에 이르면 군 병력수송에 이용됨으로써 병력의 원거리 이동에 큰 영향을 미쳐 전쟁의 전술과 병참 운영방식에 일대 혁신적 전환을 이루었다. 예컨대 18세기 중반 오스트리아를 상대로 통일전쟁을 벌였던 이탈리아를 지원한 프랑스는 철도를 이용해 과거 6분의 1수준의 노력으로 3개월에 걸쳐 60만 명 이상의 병사와 13만 마리의 군마를 이탈리아로 수송하여 전쟁을 신속하게 수행할 수 있었다.[4]

군사적 목적으로 철도를 적절하게 잘 활용한 국가가 독일이었다. 프러시아는 오스트리아와의 전쟁에서 철도를 이용한 신속한 기동작

---

[2] 이 절은 졸고, "일본제국주의 정책과 한반도철도 건설의 역사", (『동북아저널』 3권 1호, 선문대 동북아연구소(2005) 중 '일본의 한반도 철도정책'에서 일부 발췌한 글에 새로운 내용을 삽입하여 수정 보완한 글이다.
[3] 이배용, "열강의 이권침탈과 조선의 대응", 『한국사 시민강좌』 제7집, 일조각, p. 113.
[4] 박상섭, 『근대국가와 전쟁』, 나남, 1996, p. 224.

전을 펼쳐 세계전쟁사를 다시 쓰게 하였다.[5] 1개의 철도노선을 갖고 있던 오스트리아에 비해 프로이센은 5개의 철도노선을 확보했기 때문에 오스트리아가 3개월 동안 병력을 동원하는데 비해 6주라는 짧은 기간 내에 성공적으로 병력을 동원하여 전쟁에서 승리하였다.

프로이센의 승리는 철도뿐만 아니라 철도를 통해 전쟁이전의 철저한 이동계획을 바탕으로 수송능력을 극대화시킬 수 있었다는데 기인한다. 이제 전쟁의 승패는 전투현장의 지휘관보다도 전쟁준비를 기획하는 참모진의 역할이 가름하게 되었다.[6] 철도의 발전은 외교의 변화에도 일조하였다. 18세기 이전 전쟁에서는 동원, 집중, 전선배치 등 세 가지 단계를 거쳐 전쟁이 발발하는 것이 관례로서, 동원과 집중이 비록 전쟁을 위한 단계이지만 적대행위로 반드시 간주하지 않았다. 이 단계는 능력을 검증하고 상대의 의지를 확인하는 단계로 활용되어 외교활동이 활발하게 진행되는 단계였다. 그러나 철도의 보급으로 동원과 집중에 소요되는 시간이 축소되면서 동원, 집중, 전선배치의 세 단계의 경계가 불분명해져 외교가 독자적 기능을 수행할 수 있는 공간이 현저히 축소되었다. 과거에 동원은 외교를 통해 돌이킬 수 있는데 비해 철도가 보급된 이후 동원은 사실상 전쟁의 첫걸음으로 간주되었다.[7]

철도수송에 대한 전쟁의 의존도가 높아지면서 전쟁은 철도수송의 원활한 관리가 요구하는 행동논리에 따라야 했다.[8] 평시 전쟁계획의 필요성이 급증하여 전시와 평시의 구분이 무의미하게 되었고

---

5) 육사 전사학과, 『세계전쟁사』(서울: 황금알, 2004), p. 145.
6) 박상섭(1996), p. 226.
7) 박상섭(1996), pp. 228-229.
8) 이 점은 군사적 차원뿐만 아니라 사회적으로도 철도의 보급으로 각 지역 간의 경계가 무너지면서 공간과 시간이 통일된 방향으로 움직였다는 점에서 잘 알 수 있다. 볼프강 쉬벨부쉬, 『철도여행의 역사』, 궁리, 2004, pp. 48-61 참조.

전쟁은 군인만의 업무가 아니라 사회전체의 일이 되었다.

이런 군사전략의 변화 시기에 일본은 근대 군사전략을 채택하면서 철도를 이용한 독일의 신속한 군사전략에 매료되었다. 그래서 독일의 총참모부 제도와 군사기술 전략을 도입하였고, 심지어 독일 장군을 교관으로 영입하기도 하였다. 특히 일본은 철도가 군사적으로 중요한 역할을 한다는 것을 인식하였다. 그 계기가 된 것은 1877년 가고시마 토족의 반란인 서남전쟁 때였다. 이 전쟁에서 일본의 막부정권은 신바시(新橋)·요코하마(橫浜)구간을 운행하고 있었던 열차를 병력수송에 활용하여 기존의 선박을 이용하는 것보다 병력 수송의 효율성을 높인 적이 있었다.9) 이런 경험 하에 일본은 한반도의 식민지화와 대륙의 제패를 위해서는 군사병력의 신속한 이동과 병참노선의 확보가 필요하다는 것을 깨닫고 철도건설이야말로 새로운 군사전략에 필요한 것이라고 간주하였다.

일본 군부는 청일전쟁을 대비한 군비확장의 일환으로 철도의 수송력에 관해 조사를 진행하였다. 그 결과 1888년 3월에는 『철도론』을 정리하여 군사수송의 기준사항을 대부분 정리하는 수준에 도달하였다. 또한 1894년 종관간선 중 아오모리(青森)에서 히로시마까지 철도가 개통되어 군부는 히로시마의 우지나(宇品)항을 군대출항지로 정하고 우지나(宇品)까지 병력의 집중수송체계를 만들었다. 이런 수송체계를 기초로 청나라와 전쟁을 수행하였다. 1904년에서 1905년 사이의 러일전쟁 때는 아사히카와(旭川)에서 구마모토(熊本)까지의 종관간선을 통해 약 100만 명의 병력동원수송이 가능하였다.10) 일본철도는 전형적인 군사수단으로 활용된 것이다.

한편 근대화시기 식민지에서 철도는 경제발전보다는 식민지 본

---

9) 하라다 가쓰마사, "일본에 있어서 철도의 특성과 발달", 한국철도기술연구원 엮음, 『일본철도의 역사와 발전』, 북갤러리, 2005, p. 77.
10) 하라다(2005), p. 78 참조.

국의 수탈과 침략의 도구였다. 식민지 지역 대부분의 철도는 제국주의 열강의 수중에 장악되어 그들의 침략을 위한 도구로 전락하고 말았다. 즉, 철도는 식민지의 물자를 본국으로 실어 나르고 본국의 값비싼 공산품들을 신속하게 식민지에 팔 수 있는 수단이자, 다른 나라와의 전쟁이나 식민지내 반란을 진압하기 위해 빠른 시일 안에 군사력을 동원하는 수단이 된 것이다. 한반도 철도는 이런 식민지철도의 대표적 사례가 되었다.

2. 한반도 철도건설 과정에 나타난 군사적 특성

일본의 철도에 대한 군사적 인식이 한반도 철도부설 과정에도 잘 나타난다. 군사적 관점에서 볼 때 해양과 대륙을 연결하는 지점에 있는 한반도에서 철도의 위력은 크다. 일본은 한반도 철도부설이 자국에 유리할 수 있지만 다른 국가들이 철도부설권을 갖고 한반도 철도를 장악한다면 일본의 안보에 해가 된다는 점을 인식하였다. 그렇기 때문에 한반도 철도를 구상하고 건설하는데 제일 적극적이었던 세력은 일본 군부였다. 일본의 한반도 철도건설은 러시아의 부동항 추구전략과 시베리아철도 건설과 결부되었다. 일본의 입장에서 시베리아철도의 준공은 러시아의 군사적 위협의 고조로 보았기 때문에 시베리아에서 만주까지 진출한 러시아철도가 압록강을 넘어 한반도까지 연장되는 것을 막아야 했던 것이다.

한반도종단 철도의 건설은 일본의 국방과 밀접하게 연관되므로 한반도 철도의 부설권을 누가 가질 것인가에 관해 일본은 깊은 관심을 가졌다.[11] 러시아가 한반도에서 철도부설권을 장악하면 철도궤간은 러시아의 광궤(1,520mm)가 설치될 가능성이 높고, 일본이 철도

---

11) 井上勇一(서화정 역), 『동아시아 철도국제관계사』, 지식산업사, 2005, p. 99.

부설권을 가지면 러시아와의 철도단절 및 만주철도와의 연계를 위해 표준궤(1,435mm)가 채택된다.

　이런 맥락에서 철도부설권문제와 철도궤간의 문제는 중요했다. 일본 군부는 한반도 철도를 군수품을 비롯한 각종 물자를 실어 나를 운송수단으로 간주했기 때문에 한반도를 남북으로 종관하여 만주로 연결하는데 관심이 많았다. 그리고 경부철도와 경의철도 부설권 획득은 반드시 일본자체의 능력으로 부설해야 한다는 인식을 강하게 가졌다.12)

　일본이 최초로 경부철도 부설을 구상하기 시작한 것은 1880년대부터였다. 이 시기 일본군 참모본부는 군사 비밀요원들을 한국에 파견하여 한국의 천연지리들을 비밀리에 조사하였다. 철도부설을 위한 몇 차례의 답사 중에서 1900년 3월 일본군과 경부철도 주식회사 합동으로 실시된 4차 답사가 중요했다. 경부철도에서 우회선은 경제적 측면을 고려한 것이고 직행선은 군사적 측면을 고려한 것인데, 4차 답사는 경제적 측면을 중시하면서도 서울·부산을 최단거리로 가기 위해 군사적 입장을 더 강조했다.13) 또한 일본의 경부철도 노선에는 경부철도를 장악함으로써 한국 남부지역의 정치, 군사, 사회, 경제를 지배하고 나아가 대륙을 연결하는데 그 목적이 있었다.14)

　한편 식민지 국가들에서 철도궤간은 각 국가 간의 역학관계의 산물인데, 한반도 철도 역시 궤간문제가 열강들의 중요한 관심사가 되었다. 실제로 그동안의 역사를 보면 철도궤간은 철도가 비약적인 발전을 하면서 군사전략상 중요한 문제로 대두되었다. 왜냐하면 철도를 애써 만들었지만 적에게 빼앗겨 버려 오히려 그 철도를 통해 적군의 전쟁 물자가 수송될 수 있다면 그 철도를 부설한 국가는

---

12) 森山茂德(1987), pp. 137-138.
13) 정재정, 『일제침략과 한국철도』, 서울대학교 출판부, 1999, p. 55.
14) 정재정(1999), pp. 56-57.

큰 손해를 보기 때문이다.

  이를 방지하기 위해 서구 국가들은 철도궤간이 각각 다른 방식을 채택하게 되는데, 대표적인 사례가 러시아의 광궤 철도이다. 러시아는 당시 군사강국으로 성장하고 있던 독일을 가장 경계했다. 그래서 독일을 비롯한 유럽 여러 나라가 표준궤를 쓰는 것과 다르게 러시아는 자신들만의 궤간으로 철도를 만들면, 전쟁시 철도가 독일군에게 점령당한다 하더라도 독일군은 그 철도를 사용할 수 없을 것이라고 판단했다. 스페인도 이런 이유로 프랑스, 독일과 다른 철도궤간을 선정하였다.[15]

  한반도 철도의 궤간 역시 각국의 이해관계를 대변하면서 군사적 차원에서 중요한 대상이었다. 19세기 말 동북아에 진출했던 열강들은 자신들의 이익에 따라 철도궤간을 강요하였다. 조선정부는 1896년 7월 17일 철도국을 설치하고「국내철도규칙」(칙령 제31호)을 반포하였다. 여기에서 정부는 앞으로 한국에서 부설되는 모든 철도는 표준궤를 채택하도록 규정하였다. 당시 중국에서 건설되고 있던 간선철도가 표준궤였기 때문에 중국철도와 연결되는 궤간을 지닌 한반도 철도를 건설해야 한다는 의도가 반영되어 있었다.

  그러자 시베리아철도를 광궤로 건설하고 있던 러시아는 한국정부에 광궤를 채택하도록 압력을 가하였다. 한국정부는 경인선을 이미 표준궤로 설정하였기 때문에 경부철도도 표준궤로 정하였으나, 러시아의 영향력 때문에 광궤로 개정하였다. 이럴 경우 한반도 철도는 시베리아철도의 연장선 위에 놓여 러시아의 영향권아래 들어간다.[16] 이에 러시아의 남하를 우려하고 있던 미국과 일본이 강력하게 반발하였고, 한국정부는 다시 표준궤 채택을 선언하였다.[17] 정치적 영향력에 따라 철도궤간이 결정된 것이다. 경부철도가 표준궤를 채택하자

---

15) 原田勝正,『鐵道と近代化』(東京: 吉川弘文館 1998), pp. 15-22.
16) 井上勇一(2005), pp. 111-112 참조.
17) 정재정(1999), p. 59.

일본의 군용철도로 부설된 경의철도도 자동적으로 표준궤를 채택하였고, 이후 대부분의 한반도 철도들은 표준궤를 채택하게 되었다.[18]

일본은 청일전쟁과 러일전쟁의 경험을 토대로 동북아에서 군사적 패권을 유지하기 위해서는 철도건설이 중요하다는 것을 깊이 절감하였다. 이런 일본군부의 입장이 일본의 한국철도 정책에서 핵심적인 기조가 되었다. 한반도 종단철도인 경부철도와 경의철도는 청일전쟁 당시부터 일본육군 수뇌부가 군용철도로 건설을 고안할 정도로 군사적 요소가 한국 철도건설과 운영에서 최고의 가치로 되었다.

Ⅲ. 남북대치와 철도

1. 현대전과 철도

근대화 이후 전쟁은 많은 양상을 띠면서 변해 왔다. 근대국가 형성 이후 철도가 전쟁의 형태를 변모시켰듯이 비약적인 과학기술의 발전은 현대전의 양상을 변모시켰다. 현대전에서 항공기가 개발되어 전쟁에 본격적으로 사용되기 전에는 지상군의 전력이 전쟁의 승패에 필수적이었다. 그러나 오늘날 현대전은 지상군 이외에 해공군의 지원이 중요하다. 특히 제공권을 장악하는 것이 전쟁수행에서 무엇보다 필요하므로 해·공군의 지원 없이는 전쟁을 수행하는 것이 불가능하다.

또한 20세기 후반부의 현대전에는 지상군의 투입을 최소화하려 한다. 예컨대 걸프의 경우, 압도적인 공중 전력으로 적 방어 전력을 파괴한 후 최단의 지상전투로 최소의 인명피해를 가져온 전쟁이다. 즉, 오늘날의 현대전은 해당지역을 점령하지 않고 적 의지를 마비시

---

[18] 井上勇一(2005), pp. 136-142 참조.

킬 수 있도록 해공군이 독립작전을 수행하는 동시작전으로 점차 발전하고 있다.[19] 그래서 지상군을 초기에 투입해서 막대한 인명 및 재산의 손실을 초래하는 것은 피하고 있다.

또한 과거 전쟁에서는 화력, 기동, 정보의 제한 때문에 전장으로부터 중심이 위치한 후방지역으로 진입하는 작전의 특징을 갖고 있으나 현재에는 전후방을 동시에 공격할 수 있는 다차원의 동시작전이 가능하다. 이런 상황에도 불구하고 전쟁의 궁극적 승리 혹은 승패는 지상군의 몫이다.[20] 지상군은 병참능력과 수송능력이 뒷받침되어야 한다. 공군이 창설되기 전에 철도는 군대병력과 병참물자의 수송을 위한 최고의 교통수단이었다. 철도를 보다 많이 확보하고 건설한 후 전쟁에 임하는 것이 전쟁승리의 지름길이었던 것이다. 그러나 현대전에서 철도의 역할은 제한적이다. 제공권 없는 철도이용은 무용지물일 수 있기 때문이다. 한국전에서 공군과 해군력을 준비하지 못한 채 전쟁을 시작한 북한군은 미군의 제공권의 압도적 우위로 인해 패전할 수밖에 없었던 역사적 사례가 그것을 증명한다.[21]

그렇다고 해서 군사전략에서 철도의 유용성이 사라진 것은 아니다. 베트남전의 경우 미군의 공군력이 철도를 폭파하더라도 철도는 바로 복구되었다. 철도는 레일과 침목을 준비하고 있으면 언제든지 복구가 가능했다. 물론 철도복구에는 각종 복구장비가 있어야 하지만, 일반도로가 콘크리트나 시멘트를 배합하여 현지로 운반해야 하는 등 장비와 부대시설이 더 많이 소요될 수 있기 때문에 폭파된 일반도로를 보수하는 것에 비해 철도를 복구하는 것이 더 용이할 수가 있다.

또한 일반도로에 비해 전차나 대포 등 대규모 군사장비를 대량으

---

19) 항공력의 역할에 관해서는 벤자민 람베스, "21세기 항공력의 역할" 문정인 외, 『동북아 전력구조와 한국의 우주항공력』, 오름, 2000, pp. 127-153 참조.
20) 박선섭, "미래 한반도 전쟁양상과 지상군 전략", 『21세기 통일대배 육군 전투 발전의 과업과 추진전략』, 한국군사문제연구소, 2002, p. 72.
21) 박명림, 『한국 1950, 전쟁과 평화』, 나남출판, 2003, p. 192

로 이동하는 데는 철도를 이용하는 것이 최적이다. 탱크나, 대포, 장갑차와 같은 대규모 군사장비를 이동시킬 때 군사장비의 무거운 하중으로 인해 일반도로는 지반이 붕괴될 가능성이 높다. 또한 군사장비를 수송하는 대형트럭 등 운송수단이 부족하며, 요즘처럼 교통량이 많은 시대에 일반차량의 통행에 방해가 되면서, 반대로 일반차량들로 인해 군사장비들을 제대로 이동시킬 수가 없을 것이다.

무엇보다 군사장비나 병력이동에 따른 보안상의 문제에서 철도는 일반도로보다 유용하다. 일반도로를 이용하여 병력이동이나 장비이동은 적에게 노출되기 쉽다. 그러나 철도를 이용할 시, 일반화물로 위장할 수 있고, 병력의 경우 통상적인 여객수송의 일환, 혹은 관광열차나 학교나 직장의 단체여행으로 위장할 수 있는 것이다. 특히 철도는 전쟁개시 전 후방지역의 대규모 병력과 물자를 전장으로 수송하는 병참선으로 중요한 가치를 갖고 있다.

이렇게 볼 때 철도는 전투지역에서 직접 사용되기보다 후방지역에서 주로 사용된다는 점에서 여전히 유용성을 갖고 있다. 반면 철도는 이동로의 변경불가능성 때문에 이동로가 사전에 노출되면, 일반도로에 비해 이동로를 변경할 전술적 유연성이 거의 없다는 단점이 있다.

2. 남북대결수단으로서의 철도

1) 수송측면에서 본 철도

일제시대 철도가 군사적 침략을 용이하게 하고 경제적 수탈을 목적으로 설치되었다면 해방이후 초창기에는 주로 경제적 측면에서 철도가 건설, 보수되었다. 북한의 경우 정권 초창기 김일성은 철도의 군사적 목적에 관해 언급하기보다는 경제적 가치에 관해 더 많이 언급하였다. 그는 "나라의 동맥인 철도를 복구하여 수송을 정상화하여야 합니다. 철도가 정상적으로 운영되지 않고서는 인민생활을 향상시킬 수 없고 나라의 경제를 발전시킬 수 없으며 민주주의 새 조선을 성과적으로 건설해 나갈 수 없습니다"[22]라고 주장하였다. 그래서 김일성은 일본이 패망하면서 철도운수시설과 체신시설들을 파괴하였기 때문에 어느 것 하나 온전한 시설이 없으므로 건국사업에서 중요한 역할을 수행하는 철도시설 복구를 지시하였다.[23]

한국전쟁이 발발하면서 철도는 군사적 측면이 다시 부각되었다. 철도는 수송측면과 군부대의 이동루트로서의 가치가 있는데, 한국전 당시 철도는 수송측면에서 큰 역할을 하였다. 김일성은 "전쟁의 운명을 결정하는 항구적 요인의 하나인 후방의 공고성은 다른 항구적 요인들을 결정하는 기초로 됩니다"[24]라고 하면서 전쟁수행을 위한 후방의 공고화를 강조하였다. 후방지역을 공고히 다지기 위해서는 수송능력 확보가 필수적 요인이다. 당시 도로사정과 차량의 부족 등을 고려해 보면 철도만큼 중요한 교통인프라가 없었다.

김일성은 "군수품과 후방물자를 전선에 제때에 수송해야 하는데, 적기의 폭격으로 철도와 도로가 파괴될 경우 인민들을 동원, 제때에 복구하여 군수품과 후방물자 수송에 만전을 기해야 한다"고 하여 철도의 중요성을 역설했다.[25] 그래서 "전시수송조직을 합리적으로 하며 기관차와 화차를 비롯한 철도운수수단들을 제때에 수리정비하고 그 리용률을 높여야 하겠다"고 언급하였다. 또한 "전시수송조직에서는 수송의 선후차를 정확히 가리며 중점적으로 수송하는 원

---

22) 김일성, "건국도상에 가로놓인 난관을 뚫고나가자", 『김일성 저작집 1』 (평양: 조선로동당출판사, 1979), p. 398.
23) 김일성, "건국도상에 가로놓인 난관을 뚫고나가자", 『김일성 저작집 1』 (평양: 조선로동당출판사, 1979), p. 399.
24) 김일성, "조국해방전쟁행정에서 조선북한군의 장성과 그 상태", 『김일성 저작집 7』(평양 : 조선로동당출판사, 1980), p. 458
25) 김일성, "조국해방전쟁의 승리를 위한 각 정당들의 과업", 『김일성 저작집 6』(평양: 조선로동당출판사, 1980), p. 22

칙을 철저히 지켜야 합니다. 철도일군들은 전선수송을 선차적으로 보장하는데 모든 력량을 집중하며 전시조건에 맞는 렬차운행방법을 적극 받아들여 수송의 기동성을 보장하여야 하겠습니다"26)라고 주장하여 전쟁에서 철도의 군사적 측면을 부각시켰다.

남한의 경우도 해방 이후 철도는 마비되었다. 철도는 제강을 비롯한 각종 중공업을 토대로 발달되어야 하는데, 한국철도는 모든 자재와 기술을 일본에서 공급받던 예속적인 철도였고, 심지어 철도운전의 단순한 기능분야까지 한국인의 접근을 철저히 봉쇄하였으므로 해방 이후 철도는 마비된 것이다. 47년부터 생산체제가 정비되어 각종 생산기관이 활동을 재개하면서 철도도 자재가 도입되고 수선능률이 호전되었다.27)

한국전이 발발하자 철도는 당일로 전시수송체제로 긴급 군사수송에 임하였다. 한국전쟁으로 우리나라 육운의 중추적 역할을 담당하고 있던 철도는 기존시설의 약 60%가 심각한 파손을 입었다. 그러나 그 해 9월 16일 철도복구대를 인천에 상륙시켜 서울에서 인천간 철도복구공사를 실시한 결과 9월 28일에 영등포-인천 간 군수열차가 개통되었으며, 10월 8일에는 경부선열차가 운행되는 등 전후 철도복구 작업에 박차를 가하였다. 한국군의 북진에 지장이 없을 정도로 응급복구에 총력을 기울여 한때 평양-원산까지의 철도를 접수, 운영하기도 했다. 전쟁이 교착상태에 접어들자 1953년 3월에 전체적인 긴급복구에 착수하여 시설의 보수개량 등 안전운전에 대응한 선로 보안시설, 통신시설 등을 복구하여 1953년 6월에는 전선에 열차운행이 가능하게 되었다.28) 이렇게 남북이 모두 한국전 당시

---

26) 김일성, "전시수송을 성과적으로 보장하자", 『김일성 저작집 7』(평양: 조선로동당출판사, 1980) p. 98.
27) http://seoul600.visitseoul.net(검색일: 2006.4.11)
28) http://seoul600.visitseoul.net(검색일: 2006.4.11)

철도를 군대와 물자의 수송수단으로 적절하게 활용한 것이다.

한국전 이후에도 북한은 군수경제와 민간경제의 병진발전의 경제정책을 전개하였고, 병진경제발전의 전략 하에 군수경제를 활성화하기 위한 각종 정책들을 추진하였다. 이런 군수경제의 발전을 위해서는 철도가 대표적인 수송수단이었다. 일제시대 건설한 철도의 축을 따라 북한의 공업지대가 형성되었기 때문에 철도는 북한의 경제성장의 동력이 되었을 뿐만 아니라 각 지역의 군사시설을 연결하는 역할을 하였다.

현재 북한의 철도 연장은 2005년 현재 남한의 철도연장 3,374km 보다 긴 5,248km이다. 철도의 87%인 4,557km가 표준궤이며 대부분이 단선이다. 전철구간은 80%에 이르는 4,132km이다. 철도노선은 10개의 기간노선과 90여개의 지선으로 구성되었는데, 주로 평야지대와 해안선을 따라 발달해 있다.[29] 북한은 여객수송의 약 60%, 화물수송의 90%를 철도가 분담하고 있을 정도로 철도의 비중이 높다.

북한의 철도노선에서 군사적으로 의미가 큰 것은 경의선이다. 경의선의 북한노선은 평양을 중심으로 평의선(평양-신의주)과 평부선(평양-부산)으로 구분되어 있는데, 현재 평부선에서 운영되는 구간은 평양-개성 간 187km이다. 평부선은 개성시와 황해북도의 황주, 사리원, 평산, 금천과 평양을 잇는 주요 간선 철도이다. 평부선은 평양, 개성 간 전 구간이 전철화했고, 레일도 중량레일로 교체되었다. 경제적으로 주요 곡창지대를 관통하면서, 황해제철연합소와 2.8 시멘트연합소같은 주요 산업시설을 거치면서 이들 산업시설에 원료를 공급하고 생산된 제품을 다른 지역으로 수송한다. 평부선은 유사시 전쟁 물자를 바로 실어 나를 수 있는 간선철도이도 한다. 그것은 평부선에서 북한 철도의 주요 노선이 갈라지면서 각 지역의 지선과

---

29) 연합뉴스, 『북한연감』, 연합뉴스사, 2004, p. 195.

연결되어 있어 북한전역에서 물자를 실어 서울로 통하는 개성관문과 경의선 남쪽지역으로 이동하기가 비교적 쉽기 때문이다.

현재 북한은 철도의 군사적 가치를 수송측면에서 여전히 강조하고 있다. 즉, 철도의 경제적 가치를 높이기 위한 정책들을 추구하는 한편, 군사적 측면에서 철도수송의 현대화를 통해 군수물자의 원활한 수급을 강조하고 있다. 예컨대 북한은 2003년 북한의 철도화물 수송량이 전년 대비 9.5% 증가하여 당의 선군시대 경제건설 노선에 따라 군수물동 수송계획을 훨씬 초과 수행했다고 설명하고 있다.[30] 이는 군수물자의 원활한 수송을 통해 국방력강화를 증진시키려고 노력하고 있는 단면을 볼 수 있다.

남북대치상황에서 철도를 이용한 전쟁물자 이동은 공군력이 뒷받침되지 않는다면 제 역할을 하기가 힘들 것이다. 그러나 전쟁발발 직전 군사분계선까지 철도로 군수물자를 이동하는 것은 가능하다. 이 점이 남북한철도가 갖고 있는 군사적 가치이다. 한국전쟁 당시 한국은 수송수단의 부족으로 초반에 신속한 병력의 이동이 힘들었다는 점[31]을 인식한다면 수송수단이 전쟁의 승패를 가르는 중요한 요소라는 것을 알 수 있다. 또한 남북한의 철도는 병력과 지원인력뿐만 아니라 기계, 금속, 중화학 단지와 연계되어 관련 군사장비들을 전방이나 해당지역으로 이동할 수 있다는 점에서 철도의 군사적 가치는 여전히 유효하다.

2) 이동로측면에서 본 철도

군부대 이동루트로서 철도의 가치를 살펴보자. 북한군은 "로동당의 군대로서 한반도 전체에 공산주의를 실현하는 것을 뒷받침하는 무력으로서의 역할과 사명을 갖고 있다"고 로동당 규약에 규정되어

---

30) 연합뉴스(2004), p. 196.
31) 김행복, 『한국전쟁의 전쟁지도』, 국방군사연구소, 1999, p. 96.

있다. 이러한 사명을 완수하기 위해 북한군은 공세의 원칙을 내세우면서 병력과 화력을 휴전선일대에 집중적으로 배치하였다. 즉, 전차와 화포 등 지상군을 통한 군사작전을 기본으로 신속하게 남쪽으로 진격할 준비를 갖추고 있는 것이다.[32] 북한의 전면기습 작전의 1차 공격목표는 서울을 비롯한 수도권의 장악이다. 한국전 때처럼 수도권 장악이후에 점령지역을 기정사실화 하여 국제여론을 북한에 유리한 방향으로 조성하려는 전략인 것이다.[33]

현재 한반도를 둘러싼 상황은 많이 변했다. 물론 남한의 군사전략적 힘의 중심부는 여전히 워싱턴이지만 미국이 과거처럼 적극적 군사정책을 전개할 수 있을 지에 관해 논란이 많다. 과거 냉전시대에는 미국이 공산권 견제 차원에서 강력한 봉쇄전략을 전개했지만 현재 미국은 대외개입주의에 대한 비판에 직면해 있어 외교적 고립주의에 기반한 소극적 정책을 펼 수 있다. 따라서 북한은 남한인구의 거의 절반이 살고 있는 수도권을 장악하여 민간인들을 방패로 삼는다면 미국의 최신 정밀유도무기도 속수무책일 것이라는 계산 하에 남한인구가 집중된 수도권을 군사적 공격의 목표로 삼고 있는 것이다.[34]

속전속결을 특징으로 하는 북한군의 진격루트에서 주목을 끄는

---

[32] 이민룡, "남북한 군사전략과 통일한국군", 『한국군사』 5호, 한국군사문제연구원, 1997, pp. 9-11.
[33] 강성학, "북한 군사전략의 역사적 고찰", 『계간 전략연구』 3호, 한국전략문제연구소, 1997, pp. 18-19 참조. 한국전 당시 북한의 군사전략에서 크게 오판한 것이 있었다. 남북한의 군사전략적 중심부는 서울과 평양이 아니라 워싱턴과 북경, 모스크바였다. 북한은 서울을 점령하면 전쟁이 끝날 것으로 오판하여 전격기습전으로 서울을 함락시키는 작전을 구사하였다. 그러나 남한의 군사적 힘의 중심축은 워싱턴에 있었기 때문에 서울을 점령한 것은 남한의 일부 지역을 점령한 것에 불과했다. 군사적 힘의 중심축이 건재하는 한 반격은 언제든지 가능하다. 한국측도 마찬가지이다. 한국전 당시 평양을 점령하면 북한이 항복하고 전쟁이 끝날 것으로 생각했으나 군사적 힘의 중심축은 북경과 모스크바였기 때문에 전쟁은 지속되었던 것이다.
[34] 강성학(1997), pp. 54-55.

것은 경의선과 동해선 철도를 중심으로 진격작전이 이루어질 가능성이 높다는데 있다. 즉, 북한에서 철도는 대남 군사전략상으로 활용하는 측면이 있는데, 한국전 당시에도 경의선 철도는 북한군의 주요 남침통로였다. 1950년 6월 25일 새벽 북한군은 포병의 지원 사격을 받으며 임진강 철교를 간단하게 통과하였다. 비슷한 시기 역시 전차부대를 앞세운 북한군 1사단은 국군 1사단 13연대가 포진해 있는 임진강 상류지역인 고랑포 쪽으로 쳐들어왔다. 고랑포 지역은 북한의 1호 땅굴이 발견된 지역으로서 군부대의 이동이 쉬운 지형이다. 북한군은 국군이 방어선을 치기 쉬운 경의선(임진강 철교) 쪽으로는 전차를 선두로 투입하지 않았으나, 상대적으로 전차의 진입이 쉬운 고랑포 지역에 먼저 진격하였다. 국군 1사단의 패배는 경원선이 지나는 의정부 축선(경원선 축선)을 맡고 있던 국군 7사단의 붕괴와 함께 서울 함락으로 이어졌다.35) 즉, 북한군은 경의선 지역을 따라 남침한 것으로서 경의선은 북한의 주요한 남침통로가 된 것이다.

마찬가지로 서울을 수복한 국군과 UN군은 개성-문산의 경의선 축을 통해 평양을 공격했다. 그 후 중공군의 참전으로 인해 다시 서울을 내주게 된다. 이때도 북한군과 중공군은 '광의의 경의 축선'을 따라 서울을 점령했다. 이러한 경험 때문에 정전 후 한미연합군은 광의의 경의 축선 일대에 두터운 방어망을 구축했다.36) 남북 간

---

35) 이정훈, "지뢰제거 DMZ, 인민군의 남침루트가 될 것인가?", 『신동아』 2000년 10월호 참조. http://www.systemclub.co.kr/unity_2005.htm (검색일, 2005.4.12)
36) 북한군이 경의선 옆길로 기계화 부대를 투입해 문산을 장악한 것에 관해 경의선 축선을 꼭 경의선 자체만으로 봐야 하는가의 논란이 발생된다. 경의축선을 경의선 자체로만 본다면 북한군 기계화 부대는 경의선으로 침투하지 않은 것이 된다. 그러나 경의선을 포함한 좌우의 개활지대로 본다면, 북한군은 경의축선으로 기계화 부대를 침략시킨 것이 된다는 의미다. 그래서 전쟁 수행 시 경의선 축은 철도자체만을 가리키는 것이 아니라 광의의 경의선, 즉, 경의선을 중심으로 그 주변지역을 모두 통칭하는 것으로 중요한 군사적 이동통로라고 할 수 있다. 이정훈(2005) 참조.

의 대치상황에서 경의선 철도의 중요성이 잘 드러나는 대목이다.

한편 경의선철도는 남북 군사대결에서 위장전략으로서 중요한 역할을 할 개연성이 있다. 다시 말해 유사시 북한군은 경의선이나 신국도 1호선으로 가짜 기갑부대를 내려 보내고, 광의의 경의 축선으로는 진짜 기갑 부대를 내려 보낼 가능성을 우려하는 사람들이 있다. 또한 경의선 철도 복구 및 도로 개설에 대해 우리의 주방어선인 문산 축선이 일정부분 와해된다는 점에 대해 군사적으로 우려하는 시각도 있다. 대표적으로 지만원 박사는 경의선 복원의 위험성에 대해 "개성-문산 축선에는 지뢰·대(對)전차 장애물·영구진지·대규모 병력이 밀집돼 있어 유사시 남침하는 북한군과 가장 치열한 전투를 치러야 하는 곳이다. 그런데 이곳에 철로와 도로를 뚫어주면 지금까지 투자한 모든 방어시설이 의미를 잃게 된다. 전선에 있는 대부분의 한국군은 총 한방 쏴보지 못하고 포위될 수도 있다"37)고 주장한다.

2000년 9월 12일 미 국방성의 「2000년도 한반도 안보정세 보고서」는 경의선 연결과 남북간 도로개설에 대해 군사적 관점에서 부정적으로 보고 있다. 북한군의 재래식 전력을 동시에 감축하는 상응조치가 없이 일방적으로 철도와 도로를 연결한다면 그것은 경보시간(Warning Time)이 더욱 단축되는 가운데 병력과 장비를 신속히 동원하여 무력남침을 감행할 수 있는 북한군의 능력을 제고시켜 주는 역효과를 발생시킬 수 있다고 경고한 것이다.38)

만일 경의선이 복원된다면 경의선을 통해 북한군이 남침할 수 있으며, 마찬가지로 복원된 경의선은 북한에도 부담스러울 수 있다. 한국이 복원된 경의선이 북한군의 남침로가 되지 않을까 걱정하듯이, 경의축선이 한국전 당시 평양 함락루트였다는 것을 인식하고

---

37) 지만원은 경의선철도 복원은 북한의 남침통로를 열어주는 격이라고 주장한다. http://www.systemclub.co.kr/unity_2005.htm(검색일, 2006.2.8) 참조.
38) 이동복, "김대중정부의 대북정책 비판", 『월간 조선』 2001년 1월호 참조.

있는 북한도 경의선이 한미연합군의 북침통로로 간주할 수 있기 때문이다. 그래서 "경의선 복원은 전쟁에 버금가는 치열한 남북 경쟁이다"이라는 표현까지 나올 정도로 경의선 철도복원의 군사적 의미는 크다.[39]

이 같은 논란들은 남북관계 개선에도 불구하고 군사문제에 대해 실질적인 합의와 진전이 이루어지지 못할 경우 화해·협력의 통로가 오히려 대결과 침공을 위한 수단으로 기능할지 모른다는 안보차원의 우려로서 나름대로 의미를 지니고 있다.

IV. 남북교류협력과 철도

1. 남북협력수단으로서의 철도

90년대 들어 남북 간 화해무드가 조성되자 한반도 철도는 군사적 가치보다 경제적 가치로 주목받기 시작했다. 북한은 남북철도의 연결에 관심을 표명하면서 남북철도연결로 인한 경제적 가치에 대해 긍정적 인식을 하였다. 김일성은 북한철도를 남한철도 및 대륙철도와 연결하면 높은 부가가치를 창출할 것이라는 점을 인식하여 "신의주와 개성 사이의 철길을 한 선(線) 더 건설하여 복선으로 만들고 남조선으로 들어가는 중국 상품을 날라다 주기만 하여도 거기에서 1년에 4억 달러를 벌 수 있습니다. 우리가 로씨야나 흑룡강에서 수출하는 물자를 두만강 역에서 넘겨받아 동해안에 있는 철길로 날라다 주면 거기에서도 한 해에 10억 달러의 돈을 벌 수 있습니다. 지금은 거기에 철길이 한 선 밖에 없는데 앞으로 한 선 더 건설하여

---

[39] 이에 대해 군사적으로 지나치게 민감할 필요가 없다는 견해가 있다. 박용옥, "경의선의 군사적 가치 논란", 『조선일보』 2000년 9월 8일.

복선으로 만들려고 합니다"⁴⁰⁾라고 언급하였다.

한반도 관통 철도의 중요성을 인식하여 철도의 복선건설을 구상했다고 볼 수 있는데, 이런 언급을 보면 김일성은 시베리아횡단철도와 한국철도의 연결 사업을 구체적으로 검토했던 것으로 보인다. 단절된 남북한 철도를 다시 연결하면 중국, 러시아와의 경제교류를 활성화시키는 등 경제 분야에서 좋은 성과를 올릴 수 있다고 판단한 것이다.

그동안 남북한은 91년 남북기본합의서에서 교통망 연결에 대해 공식합의 하였지만 이후 북핵문제를 비롯한 정치군사적 사안으로 인해 남북 간 대화가 진척되지 못하였다. 그러다가 2000년 6월 정상회담 이후 남북교류 협력사업이 본격적으로 활성화되면서 동년 9월 남북 간 철도연결사업이 합의되었다. 이것은 남북 간 긴장완화뿐만 아니라 동북아지역의 평화협력체제에도 기여하는 획기적 사업이었다.

2000년 9월 25일과 26일 제주도에서 열린 남북 국방장관회담은 최초의 남북한 장관급 군사회담이었다. 이 회담에서 6·15공동선언 이행을 군사적으로 보장하고 한반도에서 전쟁재발을 막기 위해 공동으로 노력한다는 대원칙에 합의한 후, 향후 민간인 왕래와 교류·협력에 따른 군사적 문제와 경의선 철도 연결 및 도로개설 공사와 관련한 안전보장 조치를 협의한다는 구체적 사항에 합의하였다.

이러한 합의에 따라 남북한은 2000년 11월 8일 판문점에서 개최된 군사실무회담을 개시로 여러 차례의 남북군사 실무회담을 가졌다. 5차 회담에서는 남북한이 '남북 공동관리구역' 설정 등 비무장지대의 평화적 이용 및 경의선 철도, 도로 공사를 원활하게 진행하기 위한 41개항의 합의서를 타결했다. 그리고 철도와 도로개설에 따르는 주변의 군사분계선과 비무장지대에 남북 관할지역을 설정하는 문제는 정전협정에 의거하여 처리하기로 합의하였다.

---

40) 김일성, "벨지끄로동당 중앙위원회 위원장과의 대화에서"(1994년 6월 30일), 『김일성저작집 44』(평양: 조선로동당출판사, 1996), p. 471

2003년 9월 17일 열린 8차 남북군사 실무회담에서는 남북한이 「동·서해지구 남북관리구역 임시도로 통행의 군사적 보장을 위한 잠정합의서의 보충합의서」를 채택하였다. 이 시기 남북한의 군사 분야 회담은 군축이라든가 군사부문의 신뢰구축을 위한 조치들보다는 경제협력을 위한 철도, 도로 연결의 기반을 조성하는 측면이 많았다. 북한이 군사 분야 회담을 개최시킨 것은 북한의 경제적 이익과 연관되기 때문이다. 이전부터 경의선, 동해선의 경제적 가치에 주목했던 북한당국이 주변여건이 좋아지면서 본격적으로 나서게 된 것이다.

　경의선, 동해선 연결은 군사보장 합의서 발효와 직접 연결됨으로써 남북협력 사업에 쌍방 군사당국의 보장과 지원이라는 선례를 남겼다. 합의서의 실천단계에 들어서면 남북인프라가 구축되어 물류비 절감, 수송시간 단축 등 실질적인 경제협력 강화 효과가 나타날 것이다. 즉, 경의선은 개성공단 개발을 촉진하고 인천공항의 허브기능 강화에 기여하는 역할을 하며, 동해선은 육로관광 등 금강산 관광 활성화 및 설악산과의 연계관광을 촉진시킴으로써 동해권 경제발전에 기여하게 된다. 그리고 이 두 개의 철도가 중국과 러시아와 연결되면 만주, 시베리아의 자원 및 물자와 연계되어 동북아 경제공동체 구성에 기여하게 될 것으로 전망된다. 남북대치 상황에서 대결의 수단으로만 인식되었던 남북철도가 교류와 협력의 수단으로서 남북경제 공동체 통합의 실현에 기여하게 된 것이다.

　현재 북한은 경제적 측면에서 철도의 현대화 작업을 추구하고 있다. 그 일환으로 북한은 러시아와 공동으로 동해선 실태를 조사하였다. 러시아의 소리방송은 2003년 12월 30일 러시아 교통성 전문가와 북한철도 전문가들의 동해선철도 공동 측지작업이 끝났다고 했다. 이 방송에 따르면 3단계에 걸친 측지조사는 동해선 철교와 교각을 중심으로 진행되어 KTR과 TSR 연결을 위한 계획 작성의 기초가 된다고 하였다.[41] 북한은 러시아와의 철도연결을 통해 경제적 가치를 높여보려 한 것이다.

한편 남북한 철도는 경의선과 동해선 연결 이후에는 궤간의 문제를 파생시킨다. 예컨대 경의선의 경우 중국과 동일한 철도궤간이므로 운송에 별다른 지장이 없으나 동해선의 경우 러시아가 광궤를 채택하고 있기 때문에 러시아와의 국경에서 바퀴를 교체해야 하는 불편이 있다. 이것은 향후 물동량과 군사전략에서 중국이 러시아보다 한반도에 미치는 영향이 더 크다는 것을 의미한다. 러시아의 경우 과거 외국군의 침략으로부터 자국을 보호하기 위해 만든 광궤가 협력의 시대에서는 걸림돌로 작용하기 때문에 현재 광궤로 된 철도를 표준궤로 설립하는데 관심이 많다. 그만큼 철도는 향후 경제협력의 수단으로 가치를 갖고 있는 것이다.

2. 철도접경지역의 활용

경의선, 동해선 철도의 접경지역이 군사적으로 어떤 영향을 미칠 것인가는 아직 많은 연구가 이루어져 있지 않지만 흥미로운 주제이다. 최근 북한은 개성공단의 남측기업 입주 등을 계기로 개성공단 주변의 군 병력을 후방으로 이동시킨 사례가 있다. 물론 북한의 군 병력 이동의 의도에 관해 아직까지 논란은 있지만 경의선은 개성공단으로 인해, 동해선은 금강산, 설악산 연계관광으로 상호 군사시설을 철거해야 하는 상황에 봉착할 수 있다. 그렇기 때문에 북한이 여전히 대남 무력도발의 입장을 버리지 않고 있는 입장에서 철도접경지역을 잘 활용해서 북한으로부터의 군사적 위협감소와 한반도 군사적 긴장완화 효과를 추구해야 한다.

특히 개성공단 사업은 비무장지대에 인접해 있어 군사안보적으로

---

41) 『북한연감』(2004), pp. 195-196.

상당한 영향을 미친다. 북한의 기습남침에 노출되어 있어 한반도 안보정세의 위기에 따라 개성공단 사업의 전망은 달라질 수 있다. 반면에 개성공단은 북한의 기습을 억제하는 완충지대 역할을 수행한다. 즉, 북한이 남침을 할 경우 개성공단은 지리적 위치 때문에 북한군 부대의 이동 및 배치측면에서 불리할 수 있다. 이는 북한의 남침여건이 약화되는 것을 의미하며 공격시 장애물이 된다는 것을 의미한다.

반면 전략적 기습과 관련해서 북한이 오판할 소지도 있다. 북한은 개성공단 사업을 통해 문산 접근로를 통한 인원의 빈번한 이동과 상호접촉으로 군사정보를 쉽게 얻을 수 있다. 즉, 잘 건설된 서울-개성 간 경의선 철도나 육로를 통해 대남기습공격을 할 수 있다. 또한 전면전시 개성공단을 미군과 한국군의 평양접근로상 장애물로 활용할 수 있다고 북한은 오판할 가능성도 있다.[42]

이렇게 군사적으로 민간한 지역인 경의선, 동해선 접경지역이 남북경협과 관련해 군사적 차원에서 주목을 받고 있다. 이 지역은 개성공단 건설사업, 금강산 육로관광사업, 임진강 수해방지 사업 등 현재 남북한 간에 교류협력이 진행되고 있는 지역으로서 한반도내 다른 어떤 지역보다 남북교류협력을 추진하기에 용이하며 개방과 변화의 시너지 효과가 큰 곳이므로[43] 이런 특성을 잘 파악하여 활용해야 할 것이다.

그동안 철도접경지역은 오랫동안 버려지거나 소외된 지역으로 남아있었다. 만일 경의선, 동해선 연결 사업이 제대로 진척되면 남북한 화해와 평화를 위한 분위기 조성차원에서 큰 의미를 갖고 있다. 군사적 긴장완화의 일환으로 이들 접경지역을 어떻게 활용하는

---

42) 김명진, "개성공단 사업의 군사안보적 영향과 대책", 『주간 국방논단』 987호, 국방연구원, 2004, pp. 4-7 참조.
43) 김영봉 외, 『경의·동해선 연결과 접경지역 평화벨트 구축방안』, 국토연구원, 2003, p. 21.

가에 따라 이 지역의 가치는 증대되고 한반도철도는 새로운 관점에서 다시 바라보게 된다. 즉, 철도의 군사적 가치보다는 경제적 가치에 더 큰 비중을 두게 되며, 나아가 민족화합, 민족통합의 수단으로서 철도가 그 역할을 하게 될 것이다. 그렇기 때문에 이들 접경지역의 용도변경에 남북한이 공동의 노력을 기울이는 것이 필요하다.

향후 철도접경 지역을 효과적으로 활용하는 방법에는 여러 가지가 있다. 평화공원 및 생태공원 조성을 통해 이 지역의 자연환경을 보존하는 방향이 있을 것이며, 관광특구 및 안보관광지를 조성하여 분단의 아픔을 실감하고 체험하는 장소로 활용하는 방법이 있다.[44] 또한 금강산에 설치중인 이산가족 면회소 외에 또 다른 이산가족 면회소를 이 지역에 설치하거나 남북이 공동행사를 개최할 수 있는 광장과 시설을 세울 수 있다. 이와 같이 경의선, 동해선 철도의 접경지역을 평화벨트로 구축한다면 군사적 대치지역에서 인적, 물적 교류 협력지역으로 변화될 것이다.

물론 이 지역은 아직 교통망 등 각종 인프라가 부족하고 대부분의 지역에 군사시설 보호구역이 설정되어 있어 출입 및 경제활동에 규제를 받아 낙후된 상태이며 생활환경은 매우 취약하다. 또한 산업입지에 대한 엄격한 규제는 이 지역산업의 입지에 매우 불리한 입장이다.[45] 그렇기 때문에 경의선, 동해선 철도의 접경지역의 군사시설과 군부대 이전 문제를 해결하지 않고서 이 지역을 활용하는 것은 힘들다. 만일 이 지역을 평화벨트화 하거나 관광지역으로 개발, 혹은 생태공원화 시키거나 경협의 선도적 지역으로 지정한다면 군대와 군사시설의 일부가 철거되거나 후방에 배치될 가능성이 많다. 따라서 남북한은 경의선, 동해선 철도복원과 함께 철도접경지역의

---

44) 제성호, "DMZ의 평화조성 방안", 김인영(편) 『DMZ:발전적 이용과 해체』 소화, 1999, pp. 114-122 참조.
45) 김영봉(2003), p. 66.

평화적 활용에 많은 협력과 노력을 기울인다면 남북철도의 평화적 가치는 새로운 단계로 도약할 것이다.

V. 맺는말

한반도 철도는 일본 제국주의 침략사와 궤를 같이 한다. 비록 철도가 자본주의 산물로서 한국의 교통수단의 근대화에 기여한 점이 있지만 한반도철도는 일본 제국주의 경제발전과 군사적 목적을 위한 통치수단으로서의 역할에 충실했다. 해방이후 남북한이 분단되면서 철도는 각 체제의 경제발전을 위한 동력으로 사용되었다. 군사적 가치로서 효용성이 많이 사라진 것이다.

그러나 한국전을 통해 철도 혹은 '철도축'의 군사적 중요성이 부각되면서, 남북한의 경의선과 동해선에 대한 군사적 관심이 증가하였다. 현대전에서 제공권 없는 철도가 군사적으로 별로 의미가 없다는 견해들도 있지만 전차나 대포 등 대규모 군사 장비를 대량으로 이동하는 데는 철도를 이용할 수밖에 없다. 특히 전쟁개시 전 후방지역의 병력과 물자를 대규모로 전장으로 수송하는 병참선으로 철도는 여전히 중요한 가치를 갖고 있다.

그렇기 때문에 경의선, 동해선 철도복원 역시 군사적으로 민감한 사안이다. 북한의 대남기습공격의 통로로서 혹은 유엔군의 북진통로로서 여전히 가치를 발휘하고 있기 때문이다. 반면 남북경협이 활성화된다면 경의선, 동해선 철도는 한반도의 긴장을 해소하고 분단을 극복하는 통합의 상징이 될 것이다. 이를 위해 향후 철도 접경지역의 평화적 개발이 중요하다. 따라서 남북한은 철도의 군사적 가치대신 경제, 사회문화적 가치를 증진시키는 방향으로 상호 유도하는 노력이 필요하다.

■ 참고문헌 ■

강성학, "북한 군사전략의 역사적 고찰", 『계간전략연구』 3호(한국전략문제연구소, 1997).
김명진, "개성공단 사업의 군사안보적 영향과 대책", 『주간국방논단』 987호(국방연구원, 2004).
김영봉 외, 『경의·동해선 연결과 접경지역 평화벨트 구축방안』(서울: 국토연구원, 2003).
김인영(편), 『DMZ:발전적 이용과 해체』(서울: 소화, 1999).
김일성, 『김일성 저작집 1』(평양: 조선로동당출판사, 1979).
김일성, 『김일성 저작집 6』(평양: 조선로동당출판사, 1980).
김일성, 『김일성 저작집 7』(평양: 조선로동당출판사, 1980).
김일성, 『김일성저작집 44』(평양: 조선로동당출판사, 1996).
김행복, 『한국전쟁의 전쟁지도』(서울: 국방군사연구소, 1999).
문정인 외, 『동북아 전력구조와 한국의 우주항공력』(서울: 오름, 2000).
박명림, 『한국 1950, 전쟁과 평화』(서울: 나남, 2003).
박상섭, 『근대국가와 전쟁』(서울: 나남, 1996).
박선섭, 『21세기 통일대배 육군전투 발전의 과업과 추진전략』(서울: 한국군사문제연구소, 2002).
볼프강 쉬벨부쉬, 『철도여행의 역사』(서울: 궁리, 2004).
연합뉴스, 『북한연감』(서울: 연합뉴스사, 2004).
육사 전사학과, 『세계전쟁사』(서울: 황금알, 2004).
이길영, "한국철도의 과거, 현재와 미래", 『한국철도학회지』 제2권 2호(한국철도학회, 1999).
이민룡, "남북한 군사전략과 통일한국군", 『한국군사』 5호(한국군사문제연구원, 1997).
이배용, 『한국사 시민강좌』 제7집(서울: 일조각, 2000).
정재정, 『일제침략과 한국철도』(서울: 서울대학교 출판부, 1999).
한국철도기술연구원 엮음, 『일본철도의 역사와 발전』(서울: 북갤러리, 2005).
原典勝正, 『鐵道と近代化』(東京: 吉川弘文館, 1998).
『신동아』 2000년 10월호.
『월간 조선』 2001년 1월호.
『조선일보』 2000년 9월 8일.
http://seoul600.visitseoul.net

제 6 장
남북한 철도연결의 군사적 영향*
― 긴장완화 효과와 과제 ―

박 종 철

I. 머리말

　남북한 철도연결은 민족의 혈맥을 잇고 한반도종단철도의 교통 기능을 회복하는 사업이다. 또한 남북한 철도연결은 남북이 하나의 교통시설과 산업시설을 매개로 교류하면서 공동의 산업표준을 설정함으로써 산업협력의 기초를 닦게 하는 사업이다. 그리고 남북한 철도연결은 비무장지대를 관통함으로써 분단을 물리적으로 극복하는 동시에, 인적·물적 교류의 활성화를 통해 한반도 긴장완화와 동북아의 평화정착에도 기여할 것이라고 기대된다. 남북한 철도연결사업은 2000년 남북정상회의 직후 논의되기 시작하여 2002년 9월 18일 경의선 및 동해선의 남북 동시 기공식 이후 2005년 말 경의선 및 동해선의 단절구간 연결이 완료된 상태이다. 더욱이 2006년 3월 19일 남북한과 러시아가 TKR(한반도종단철도)과 TSR(시베리아횡단철도)

---

* 이 글은 『평화연구』 제15권 1호(2007년)에 게재된 것임.

의 연결을 위한 공동협력방안에 합의함으로 인해 남북한 철도연결 사업은 향후 한반도를 넘어 유라시아 대륙으로 확대될 전망이다.

남북한 철도연결은 인프라협력의 일환이다. 일반적으로 국가 간 인프라협력은 '인프라시설의 계획과 개발 및 관리를 중심으로 이루어지는 협력'을 의미한다. 남북인프라 협력은 인프라개발사업의 계획 및 시행과 관리 영역에서 진행되는 남북한 간 협력을 의미한다. 남북인프라 협력은 남북경제협력의 중요한 토대이자 주요 구성요소라고 할 수 있다. 남북인프라협력은 중단기적으로 남북경제교류협력의 확대에 기여하고 장기적으로 남북경제공동체의 구축에 기여할 수 있는 기간시설 부문의 남북 간 상호협력을 의미한다. 국가 간 인프라 협력은 인프라시설의 개발과 관련된 협력뿐만 아니라 인프라와 관련된 제도 및 인력과 관련된 협력도 포함된다. 따라서 남북인프라협력도 물리적인 측면의 협력뿐만 아니라 제도 및 인력 측면의 협력도 포함한다.[1]

남북한 철도연결은 다음과 같은 의미를 지니고 있다. 첫째, 남북한 철도연결은 남북경제협력에 기여할 것이다. 남북한 간 해운을 이용했던 것에 비해서 철로를 이용할 경우 물류수송비가 약 1/4 수준으로 감소될 것으로 예상된다. 이러한 물류비 절감은 남북교역에 활기를 불어 넣을 것이다.

둘째, 남북한 철도연결은 남북한 간 군사적 긴장완화를 수반한다. 분단과 대결의 상징이었던 비무장지대를 관통하는 철도연결은 비무장지대의 군사시설 제거, 비무장지대 관리 등 군사적 긴장완화를 가져 올 것이다. 그러나 남북한 철도연결은 철도의 비무장지대 통과에 따른 군사적 이행 조치, 정전체제 유지·관리 등 복잡한 문제를 안고 있다. 따라서 남북한 철도연결이 남북경제협력 뿐만 아니라,

---

1) 이상준 외, 『남북인프라협력사업의 통합적 추진방안 연구』, 국토연구원, 2005, pp. 17-18.

군사안보문제와 어떤 관련이 있는지를 살펴 볼 필요가 있다.

이 논문은 남북한 철도연결의 군사·안보적 효과를 분석하고자 한다. 첫째, 철도연결사업 추진 현황과 이에 대한 남북한의 입장을 살피고자 한다. 둘째, 동서독의 철도연결 사례를 검토하고 남북한의 협력사례와 비교·분석함으로써 남북한 철도협력에 대한 시사점을 찾고자 한다. 셋째, 남북한 철도연결의 군사적 긴장완화 효과와 제약요인을 분석할 것이다. 마지막으로 남북한 간 군사적 긴장완화를 위한 철도협력의 과제를 제시하고자 한다.

Ⅱ. 남북한 철도연결 현황과 남북한의 입장

1. 남북한 철도연결 현황

남북한 철도연결 가운데 일차적으로 경의선 철도연결사업이 논의되기 시작하였다. 경의선 연결사업은 남북정상회담 직후인 2000년 7월 1차 장관급회담과 8월 2차 남북장관급회담에서 논의되었다. 경의선 복원사업은 2000년 9월 16일 공사에 착공하여 남측의 경우, 문산-군사분계선 이남구간 10.2km의 공사가 완료되어 2001월 9월부터는 임진각역까지, 2002년 4월부터는 도라산역까지 열차가 운행되고 있다.

제2차 남북경제협력추진위원회(2002.8.27~30)에서 남북한은 경의선과 동해선의 철도·도로 연결공사를 2002년 9월 18일 남북한 양측에서 동시에 착공하기로 합의하였다. 이에 따라 경의선·동해선 연결과 관련된 군사적 조치를 협의하기 위해 군사실무회담이 개최되었다(2002.9.14~17). 그 결과 남측 국방부장관과 북측 인민무력부장이 서명한 「남북군사보장합의서」(정식명칭은 「동해지구와 서해지구 남북관리구역 설정과 남과 북을 연결하는 철도·도로 작업의 군사적 보장을 위한 합의서」)가 교환되었다(2002.9.17). 아울러 「남북철도·도로연결 실무협의회」제1차 회의(2002.9.13~17)에서 착공식, 철도 및 도로 연결구간, 공동측량, 분계역 설치, 자재 및 장비 제공 등에 대한 합의서가 채택되었다.

경의선·동해선 연결을 위한 구체적 절차들이 마무리됨에 따라 2002년 9월 18일 경의선과 동해선의 기공식이 남측 지역과 북측 지역에서 동시에 진행되었으며, 9월 19일부터 비무장지대의 남측과 북측의 관리지역에서 지뢰 제거 작업이 동시에 착수되었다. 그리고 남북경제협력추진위원회 3차 회의(2002.11.6~9)에서 철도·도로 연결을 위한 공동측량, 공사일정표 교환, 공사 진행상황 상호 통보 등이 합의되었다.

남북한은 2002년 11월 26일에 동해선 철도·도로 연결을 위해 비무장지대의 군사분계선 양측에서 공동측량을 실시하였으며, 11월 29일에는 경의선 철도·도로 연결을 위해 공동측량을 마쳤다. 12월에 개최된 남북철도·도로연결실무협의회 제3차 실무접촉(2002.12.15~17)에서 남북한은 남북철도·도로 연결이 합의된 일정대로 완공될 수 있도록 노력하며, 이에 필요한 자재·장비가 공사일정에 맞추어 제공될 수 있도록 협력하기로 하였다. 그리고 남북한은 철도·도로 연결에 필요한 자재·장비와 개성공단 건설에 필요한 인원과 장비의 수송을 위한 임시도로를 개성 공단 착공 전까지 개통하기로 하였다. 또한 남북한은 차량운행기본합의서를 조속히 발효시키기로 하였으며, 열차운행기본합의서도 빠른 시일 내 문서교환방식으로 채택하기로 하였다.

2004년 3월 남북경제협력추진위원회 제8차 회의에서 남북은 철도 개통에 필요한 북측 역사 자재 제공에 합의하였으며, 2004년 6월 남북경제협력추진위원회 제9차 회의와 제10차 회의(2005.7.12) 및 남북철도·도로연결실무협의회 제5차 회의에서 2005년 10월 중 열차시험운행 및 도로개통식을 개최하고, 2005년 연내에 철도를 개통키로 합의하였다. 이에 따라 8월 18일부터 25일에 남북한의 토목·건축·신호·통신·전력 등 분야별 철도전문가들이 철도 연결구간의 공사실태에 대해 공동점검을 실시하기도 하였다.2)

경의선 연결과 함께 동부지역에서 동해선 철도연결도 논의되었다. 임동원 대통령 특사의 북한 방문 시(2002.4.3~6) 남북한은 동해선 철도와 도로를 연결하기로 하였다. 동해선과 시베리아횡단철도를 연결하면 TKR-TSR 연결사업이 구체화될 수 있다. 러시아와 북한은 2001년 10월 표준궤(1,435mm)인 동해선의 북한 구간을 광궤도(1,524mm)인 시베리아횡단철도와 연결하기 위해 기존 궤도 옆에 레일을 한 줄 더 건설하여 광궤용 열차도 다닐 수 있는 혼합궤로 확장하기로 한 것으로 알려졌다.3) 현재 남측의 동해선 구간은 군사분계선-통전터널 구간(3.8km)구간 공사를 완료하고 통전터널-저진역(3.2km) 구간 공사를 진행 중이다.

경의선의 문산-개성 간 27.3km 공사는 단선궤도이며 공사비로는 약 903억 원이 소요되었으며, 동해선은 단선궤도 27.5km 공사에 912억 원이 투입되었다. 2004년 4월 남북철도·도로연결실무협의회 제4차 회의에서「남북한의 열차운행에 관한 기본 합의서」가 가서명됨으로써 차량운행 합의서와 더불어 철도연결에 따른 기본적인 제도적 장치가 마련되었다.4) 그러나 북한은 열차·차량운행에 대한 군사적 보장합의가 체결되지 않았다는 이유로 열차시험운행에 대해 소극적인 입장을 보임에 따라, 예정되었던 열차시험운행 및 도로개

---

2) 통일부,『통일백서』, 통일부, 2006, p. 142.
3)『조선일보』2002년 4월 24일.
4) 성낙문·김연규·안병민,『남북연결 도로·철도의 교통수요 및 비용분석 연구』, 한국교통연구원, 2005, pp. 20-21.

통식, 철도개통이 2006년으로 넘어가게 되었다. 2006년 2월 제11차 남북 철도·도로연결 실무접촉에서도 이 문제는 합의되지 못하였다. 더욱이 열차시험운행실시(5월 25일 예정)는 북측의 일방적 연기 통보(5월 24일)로 무산되었다.

2. 남북한 철도연결에 대한 남북한의 입장

1) 남한

남한은 남북한 철도연결에 대해 적극적이고 긍정적인 입장을 지니고 있다. 남한 정부는 2000년 남북 철도연결사업이 본격적으로 논의되기 전인 1985년부터 이미 경의선 복구사업을 추진하기 시작했다. 경의선 복구와 관련하여 남한은 1985년 설계를 완료하고, 1992년에는 환경영향평가를 완료하였으며 이후 용지매입을 추진해 왔다. 남한은 금강산선에 대해서 1999년에 설계를 완료하고 동해북부선에 대해서는 건설계획을 수립해 놓았다.

남한은 남북한 철도연결에 대해 경제적 효과와 함께 군사적 긴장완화 효과를 얻을 수 있다는 점을 염두에 두고 있다. 남한은 기본적으로 남북한 철도연결이 남북한에게 경제적으로 이익이 될 뿐만 아니라 직·간접적으로 군사적 신뢰구축을 도모하는 부수적 효과를 지니고 있다고 판단한다. 유럽의 군사적 신뢰구축의 일차적 목적이 군사적 긴장완화였던 것과는 달리 한반도에서의 군사적 신뢰구축은 남북협력을 위한 기능적 필요성(functional requirement)을 지니고 있다. 따라서 남북한 철도연결을 통해 부수적으로 군사적 긴장이 완화되는 효과가 있다.

아울러 남한은 철도연결을 위한 군사적 긴장완화조치의 이행과정에서 남북군사회담이 개최된다는 점을 긍정적으로 평가한다. 남한은 철도 연결와 관련하여 개최된 남북국방장관회담과 군사적 실무회담을 정례화하기를 희망한다. 남한은 이러한 회담들을 통해서 본격적으로 군사적 신뢰구축과 평화체제문제를 논의할 수 있기를 기대한다.5)

특히 남한은 철도·도로 연결과 관련하여 비무장지대 내에 남북공동관리구역이 설정된 것을 군사문제 및 평화체제문제에 있어서 남한의 당사자자격을 인정받는 계기로 활용하고자 한다. 그 동안 북한이 평화체제문제 및 군사적 문제에 관해서 남한의 당사자자격을 인정하지 않았다는 점을 감안할 때, 남한은 북한이 남한을 협상상대로 인정하고 남북공동관리구역에 관한 「남북군사보장합의서」를 채택했다는 것을 긍정적으로 평가한다. 또한 남한은 유엔사가 비무장지대의 일정지역에 대한 협상권 및 관리권을 남한에게 위임한 것도 남한의 당사자자격을 인정받는 계기가 된다고 여긴다.

한편 남한은 경의선·동해선 연결을 위해 비무장지대의 지뢰를 제거할 경우 북한의 남침을 저지할 수 있는 방어수단이 약화되는 문제를 검토하였다. 이에 대비해서 남한의 유사시 작전계획과 군 배치 등이 바뀌어야 한다는 견해도 제시되었다. 그러나 비무장지대의 지뢰제거와 경의선·동해선 연결이 북한의 군 배치 및 작전계획의 변화를 수반하기 때문에 전반적으로 기동력과 화력 면에서 우세한 남한 측에게 유리하다는 견해도 있었다. 이러한 점을 종합적으로 감안하여 유사시 북한의 남침에 대한 대비책이 강구되었다. 예를 들면 철도를 이용한 북한의 남침 가능성에 대비하여 철도에 특수차단 장치를 설치하거나 특수 구조물을 공중에 설치하고, 지하에 교량을 만들어 지반을 함몰시키는 방안이 마련되었다.6)

그리고 남한은 향후 단계적으로 육상교통로를 개설·운영하고

---

5) 박종철, 『남북협력 증진을 위한 군사적 조치의 이행방안』, 통일연구원, 2002, p. 31.
6) 박종철(2002), p. 32.

남북 간 효율적인 물류운송체계 확립하기 위해 남북철도개통에 필요한 철도운행 부속합의서 채택, 철도도로운영공동위원회 구성 등 기술적 문제를 해결하고자 한다. 또한 철도개통식 이후 정기적 열차 운행이 이루어질 수 있도록 제도적 장치를 마련하고자 한다.

또한 남한은 중장기적으로 동북아 물류중심국가 실현을 위한 한반도 종합교통망 구축을 위한 노력의 일환으로 한반도 철도와 TSR, TCR 등 대륙철도와의 연결을 계획하고 있다. 향후 경의선 철도운행이 정례화 되고 중장기적으로 한반도 철도가 대륙철도 및 아시안하이웨이와 연결될 경우, 한국과 일본, 북한, 중국, 러시아, 몽골, 유럽 간 물류 수송은 남북한 모두에게 경제적 이익(통과료 수입 등)을 제공할 것으로 전망된다. 또한 대륙철도망을 통해 우리제품이 중국, 러시아, 유럽 등으로 적기에 저렴하게 수송됨으로써 한국이 동북아 물류 중심국가가 될 수 있다. 따라서 남한은 남북한 철도연결사업을 남북한 협력 차원에서 뿐만 아니라 TKR-TSR/TCR 연결시 발생할 경제적 이익 및 한반도의 동북아 물류중심 국가 건설계획과 맞물려 추진하고 있다.

특히 남한은 대륙철도 연결에 가장 많은 관심을 가지고 있는 러시아와 철도연결망 구축사업에 대해 논의해 왔다. 남한정부는 한러교통협력위원회를 통해 북한의 철도보수작업에 참여할 것을 제안하고 한러정상회담을 통해 시베리아횡단철도와 경의선을 연결시키겠다는 의사를 표명했다. 노무현대통령은 한·몽정상회담(2006.5)을 통해 몽골횡단철도(TMGR)와 TKR과의 연결의사를 밝히기도 했다. 한반도 철도와 대륙철도와의 연결을 통한 다자간 협력은 동북아지역의 철도교통시스템의 표준화방안을 논의하는 데 기여할 수 있다. 아울러 다자간 철도협력을 통해 러시아나 중국 등 주변 국가들을 매개로 남북한 교류를 함으로써 남북경협의 기반을 건설하는 효과가 있다.

2) 북한

북한은 남북한 철도연결사업에 대해 많은 관심을 가지고 있다. 여기에는 남북철도 연결이 고(故) 김일성 주석의 '유훈사업'이라는 점도 작용한다. 「남북기본합의서」(19조)에서도 경의선연결에 대한 내용이 포함되어 있다. 북한은 남북 철도연결을 통해 얻어지는 경제적 이득에도 관심을 가지고 있다. 1994년 김일성 주석은 신의주와 개성 사이의 철길을 복선으로 만들고 남한으로 유입되는 중국 상품을 운송하기만 해도 연간 4억 달러 이상의 수입이 발생하며, 이러한 부대수입을 전부 합하면 연간 15억 달러 이상이 된다고 추정하였다.[7] 김일성 주석이 언급한 15억 달러의 운임수입은 최근 북한 총교역의 약 75%에 해당하는 금액으로 북한이 철도망 연결에 거는 기대를 단적으로 보여주는 것이다. 또한 북한은 TKR과 TSR의 연결을 통한 경제적 효과도 기대하고 있다. 철도전문가들은 경원선과 TSR이 연결되어 활성화될 경우 북한은 최소 연간 1억 5천만 달러의 통과 수수료 수입을 얻을 것이라고 추산했다. 더욱이 러시아와 한국이 투자의사를 밝히고 있어 북한의 입장에서는 비용부담 없이 낙후된 철도시설을 현대화할 수 있다.[8]

그러나 북한은 철도연결로 인한 체제 생존과 안보에 대한 부정적 측면을 고려하여 선택적이고 신중한 자세로 남북한 철도연결사업에 임하였다. 북한은 기본적으로 남한과의 교류·협력에 의해서 북한사회가 외부세계에 노출되는 것을 우려한다. 북한의 지도층은 북한 주민들이 외부세계의 정보를 접하고 남한북한의 국력을 비교함으로써 북한체제의 열악한 실상을 알게 될 것을 우려한다. 또한 북한은 남북교류·협력에 의해서 북한 사회의 실상이 외부에 알려지

---

[7] 『김일성저작집』, 제44권, pp. 470-471.
[8] 윤재희, "남북 철도연결사업에 있어서 주변국가의 경제적 효과," 『복지행정연구』, 제18집(2002), p. 106.

게 되는 것을 우려한다. 북한은 북한사회의 실상이 노출되고 북한의 열세가 공개적으로 입증될 경우, 남한에 대한 견제력을 상실하게 될 것을 염려한다. 또한 북한은 남북협력이 여러 분야에서 장기적이고 제도화된 방식으로 추진될 경우, 북한의 행동반경이 축소될 것을 우려한다. 북한은 교류·협력을 수용하면서도 돌발적인 행동과 제한적 도발을 통해서 남북관계의 틀을 북한에게 유리하게 조성하고 여러 가지 대안을 보유하고자 한다. 이러한 이유 때문에 북한은 남북한 철도연결로 인한 북한사회의 개방과 실상 공개를 염려하여 신중한 입장을 견지하고 있다.

북한의 이러한 태도는 남북군사회담에 대한 북한의 소극적 입장에서도 나타난다. 남북국방장관회담(2000.9.25~27)에서 남한은 국방장관회담을 계기로 군사회담을 정례화하고 한반도의 긴장완화와 평화정착문제를 포괄적으로 논의하기를 기대한 반면, 북한은 남북국방장관회담을 경의선 연결 및 도로건설을 위한 일회성 회담으로 받아들였다. 남북국방장관회담 결과 발표된 공동보도문은 6·15 남북공동선언을 이행하기 위한 군사적 문제 해결, 군사적 긴장완화 및 평화정착문제, 군사실무회담 개최에 의한 철도 및 도로 연결의 실무문제 협의, 남북관할구역 설정, 2차 남북국방장관회담 개최 등을 포괄적으로 포함하였다.[9] 그럼에도 불구하고 북한은 이후 남북군사회담에서 경의선 연결 및 도로건설을 위한 실무문제 협의에 관심을 집중하였다.

특히 북한 군부는 남북한 철도연결이 안보에 미칠 부정적 측면에 대해서 주목한다. 북한 군부는 남북교류·협력이 미칠 파급효과를 군사적 측면에서 평가하고 이를 승인·조정하는 역할을 한다. 철도·도로 연결사업, 공동수재방지 사업, 금강산 관광, 해운, 항로 개설

---

[9] 『동아일보』 2000년 9월 26일.

등은 정전체제 유지와 밀접하게 관련된 군사적 문제이다. 북한 군부는 비무장지대와 접경지대에서 남북협력 사업이 이루어짐으로써 북한의 군사시설, 배치상황 등 군사정보가 노출될 것을 우려한다. 북한은 소련 및 동구국가들이 군사적 신뢰구축 조치를 실시함으로써 군사정보가 노출되고 결과적으로 체제붕괴에까지 이르렀다고 판단한다. 북한이 경원선보다 동해선 연결에 대해서 긍정적인 입장을 보였던 것은 러시아와의 철도협력을 고려한 측면도 있지만, 경의선에 비해서 동해선이 안보적 위협요인이 적은 점도 있다. 동해선은 동부산악지대를 통과하기 때문에 지형적으로 천연 방어망이 조성되어 철도가 연결된다고 하더라도 안보취약 요인이 발생하지 않는다. 또한 경의선에 비해서 경원선이 평양에서 먼 거리에 있다는 점도 중요하다.[10]

한편, 북한 군부는 남북한 철도연결사업을 승인하는 대가로 주적론 폐기나 한미연합훈련 반대 등과 같은 안보정책에서의 양보를 요구하였다. 북한은 2000년 9월 경의선 연결을 위한 지뢰제거 공사를 시작했으나 2000년 동절기에 공사를 중단한 이후 공사를 재개하지 않고 「남북군사보장합의서」의 서명·교환을 연기하였다. 북한이 「남북군사보장합의서」의 서명·교환을 거부하는 표면적인 이유는 남한의 『2000년 국방백서』에서 북한이 주적으로 명기된 것이었다. 북한이 지뢰제거 공사를 중단한 실질적 이유가 무엇이었든지 북한은 남한에게 북한 주적론 폐기를 요구함으로써 이를 군사적 긴장완화 조치의 전제조건으로 활용하였다. 또한 북한은 남북철도 도로연결실무협의 및 임진강수해방지실무협의회(2004.3.24~26 예정)를 "남측이 독수리합동군사연습과 연합전시증원연습을 하고 있는 상황에서 회담을 개최할 수 없다고"주장하면서 일방적으로 회의를 연기했다.[11]

---

10) 김재한 외, 『접경지역을 중심으로 한 남북교류방안』, 통일부, 2002. 7, pp. 140-141.
11) 『국정브리핑』 2004년 3월 22일.

또한 북한은 남북철도연결사업을 북방한계선(NLL) 문제와 같이 북한이 중시하는 군사문제를 해결하기 위한 협상 지렛대로 활용하고 있다. 제4차 남북 장성급 군사회담(2006.5)에서 남한은 철도·도로 통행에 관한 군사적 보장합의서 체결 등 군사신뢰구축안에 관한 협의를 제시하였으나 북한은 해상경계선[12] 설정문제가 먼저 논의되어야 한다고 주장하였다. 그리고 북한은 2006년 5월 25일로 예정되어 있던 남북철도연결 시범운행을 일방적으로 취소하였다. 북한은 철도시험운행 취소 이후에도 서해상 충돌방지 문제를 포함한 군사적 긴장완화 문제가 철도시험운행보다 먼저 해결되어야 한다고 주장하였다.

그리고 북한은 철도연결과 관련한 군사문제에서 북한과 유엔사의 당사자 자격을 주장하는 한편, 실무적 차원에서는 남한과 협의하는 이중성을 보였다. 북한은 남북국방장관회담의 공동보도문(2000.9.26)에서 "남북관할 구역을 설정하는 문제는 정전협정에 기초하여 처리

---

[12] 북방한계선(NLL)은 1953년 8월 유엔군사령관(당시 마크 클라크 미육군대장)이 연합군의 함정 및 항공기 초계활동의 북방한계를 규정, 양측의 충돌을 방지한다는 목적으로 일방 선언한 선이다. 남북 간에 입장차가 있는 곳은 서해 NLL이며, 동해상 NLL은 육상의 군사분계선(MDL)의 연장선이기 때문에 문제가 되지 않는다. 한국은 NLL이 지난 53년간 남북 해상경계선의 실질적인 역할을 해왔고 남북한이 1984년 9월 수해물자 수송 시 양측 상봉점을 NLL로 합의했던 사례 등을 근거로 북한 역시 이를 묵시적으로 인정해왔다는 입장을 지니고 있다. 반면 북한은 NLL을 유엔사가 일방적으로 선언했다며 인정하지 않고 있다. NLL은 1953년 정전 직후 유엔사측이 합의 없이 일방적으로 그어놓은 유령선인 만큼 정전협정은 물론 국제법 위반이라는 것이 북한의 주장이다. 이에 따라 북한은 NLL 인근의 백령도, 연평도, 대청도 등 서해 5개 도서는 유엔사측 관할이지만 도서 주변 수역은 북측 영해라고 주장해왔다. NLL에 대한 북한의 공세가 본격화된 것은 1999년 6월 제1차 서해교전 이후부터다. 북한 인민군 총참모부는 같은 해 9월 2일 NLL 무효화 선언과 함께 해상군사분계선을 설정하고 이 분계선 이북 수역을 인민군측 해상군사통제수역이라고 선포했다. 이에 대한 후속조치로 북한 해군사령부는 2000년 3월 23일 서해 5개 섬 통항질서를 발표하고 남측 선박은 북한이 지정한 2개의 수로를 통해서만 서해 5개 도서로 운항할 수 있다고 주장하였다.

하기로 하였다."(4항)고 함으로써 정전협정을 인정하는 태도를 보였다. 또한 북한은 비무장지대의 남북공동관할 구역설정을 위해「남북군사보장합의서」를 합의하는 과정에서 일차적으로 북한과 유엔사간의 협상을 요구했다. 북한이 이처럼 정전협정과 유엔사의 존재를 인정함으로써 그 동안 정전협정을 무효화시키고 유엔사를 무력화시키려고 했던 북한의 입장에 변화가 생긴 것이라고 볼 수 있다는 견해도 있다.[13] 그러나 북한의 입장변화는 정전체제와 유엔사의 존재를 인정하는 것이라기보다는 철도·도로 연결을 위한 필요성에서 비롯된 것이라고 할 수 있다. 더욱이 북한은 유엔사로부터 비무장지대의 해당 구역에 대한 관할권을 남한에게 위임한다는 공식문건을 받음으로써 북한의 상대역은 남한이 아니라 유엔사라는 것을 확인받고자 하였다. 북한은「남북군사보장합의서」채택을 위한 남한과의 협의는 어디까지나 유엔사와 북한간의 협의에 의한 것임을 입증하고자 하였다. 북한은 군사문제 및 평화체제문제에 있어서 북한과 유엔사가 당사자이며 남한은 위임받은 사항에 대해서만 제한적 권한을 지니고 있음을 확인하고자 하였다.[14]

Ⅲ. 동서독 철도연결 사례의 시사점

1. 동서독 철도연결 사례분석

1) 통일 이전 철도연결 상황
독일에서 최초의 철도는 1835년 뉘른베르그와 위어트 간에 개통

---

13) 김영수, "남북국방장관회담 평가 및 추진방향,"『한반도군비통제』, 제28호(2002. 12), p. 26.
14) 박종철(2002), pp. 36-37.

되었다. 철도는 당시 육상 수송비용을 90% 이상 절감시키는 혁신적 발명품으로서 가장 중요한 교통수단으로 부상하였다. 초기에는 대부분 사설철도였던 독일의 철도회사들은 1875년과 1885년 사이에 지자체로 매입된 후 1920년 4월 1일에는 철도청으로 통합되어 당시 독일 제국의 제국교통부 산하로 통합되었다. 독일철도의 통합은 사철과 지자체 등 다양한 운영주체에 의해 상이한 시스템으로 운영되던 독일의 철도사업이 기술적, 제도적 차원에서 통일되는 계기를 마련하였다. 이런 이유로 2차대전 이후 동서독의 분리에 따라 철도사업도 분리되고, 기술 격차 및 기술적 차이가 발생하였음에도 불구하고 궤도 폭, 차량 표준 등의 호환성이 유지되었다.[15]

분단 이전 동서독 간에는 40여 개의 철도 노선, 30개의 고속도로와 국도, 140개의 지방도로 및 수천 개의 각 지역 간 통과도로가 있었다. 그러나 분단 후 국경통과도로가 직접 연결되지 못했기 때문에 국경지역에 거주하는 많은 사람들이 멀리 돌아가야 하는 폐단이 발생했다. 독일의 경우 한반도와 같이 교통망연결을 위해서 비무장지대를 통과하거나 군사적 긴장완화조치가 필요하지는 않았다. 서베를린은 서독으로부터 약 170km 떨어져 있는 내륙 속의 섬과 같았기 때문에 서독과의 연결이 절대적으로 필요하였다. 따라서 동서독의 교통망 연결은 동독지역에 위치한 서베를린의 생활권확보 차원에서 동서 베를린의 연결 및 서베를린과 서독과의 연결을 추진하는 문제부터 시작되었다.[16]

1944년 9월 「런던의정서」에 의해 전승 4개국이 점령지역의 교통과 통신을 공동관리 할 것을 합의하였음에도 불구하고 서방측과 구소련 간에는 서독지역과 서베를린 간의 교통문제가 합의되지 않

---

15) 최연혜, "남북철도연결에 있어서의 동·서독 철도통합의 시사점," 『토목』, 제49권 제1호 (2001. 1), p. 18.
16) 박종철(2002), p. 41.

았다. 당시 소련과 동독은 이와 같은 서베를린의 지정학적 약점을 서독과 서방에 대한 정치적 압력 수단으로 삼았기 때문이다.17) 그 이후 1945년 5월 서독의 독일연방철도(DB)와 동독의 독일제국철도 (DR)는 양독 간 철도교통의 재개에 대해 합의하는 내용의 헤름스테 트 협정(Das Helmstedter Abkommen)을 맺었다.18) 1945년 9월 연합국 공 동관리위원회의 결정에 따라 4대 전승국은 서베를린에 대한 생필품 및 연료의 공급을 위해 서독과 서베를린 간에 하루 16량의 화물열차 운행에 합의하였다. 이외에도 도로·항공·선박 등에 관해 여러 차 례에 걸쳐 동서독 간에 교통교류 협정들이 체결됨으로써 교통부문 에서 여러 가지 완화조치들과 개선이 이루어졌다. 그러나 실제적인 교류는 구동독의 억압조치와 동구권 중심 경제관계로 인해 상대적 으로 미미하였다.

부침을 거듭하던 양독 간 교통협력이 본 궤도에 오른 것은 1972년 10월 "동서독 정부 간 서독과 서베를린간의 민간인과 재화의 통과에 관한 협정(Transitabkommen)"이 발효되고 부터였다. "교통조약"으로 불리는 이 협정은 전승 4대국에 의해서가 아니라 동독과 서독에 의해서 직접 체결되었다는 점에서 의의를 지니고 있었다. 동독은 이 조약을 통해 서독과 대등한 국가가 되었다는 점을 강조하였고, 서독은 동독을 국가로서 승인하지 않으면서도 동독으로부터 인적 교류에 관한 보장을 확실히 받아낸 점을 강조하였다. 이 협정으로 서독정부는 양독 통과 때 징수되던 도로사용료와 사증비용 등 각종 금전적 부담을 개인으로부터 징수하지 않고, 정부가 예산에서 일괄 적으로 동독에게 지급하였다. 그리고 이 협정에는 철도교통과 관련

---

17) 1948년 7월 18일부터 1949년 5월 12일까지의 베를린봉쇄기간 동안 서독 과 서베를린 간의 교통은 거의 완전히 차단되었다. 이 베를린봉쇄는 1949년 5월 4일 체결된 「뉴욕협정」으로 해제되었다.
18) 그 후 1949년 9월 3일 「오펜바하협정(Offenbacher Abkommen)」으로 양독 간 여객철도여행(Interzonen-Reisezugverkehr)이 확대되었다.

하여 열차시간, 열차구성, 차제구성이 포함되었고, 특히 국제협정에 가입함으로써 양국에서 공통으로 통용되는 요금, 송장 및 귀환용 승차권 발행이 가능하게 되었다.[19]

동서독의 교통망연결에 있어서 주목할 점은 서독이 교통망의 연결 및 운영·관리를 위한 모든 비용과 별도의 경제적 대가를 동독에게 제공하였다는 점이다. 서베를린으로 들어가는 서독인들이 동독 구역을 통과할 수 있도록 해준 데 대한 대가로 매년 일정 수준을 '통행료 일괄부담금'을 지불하였다. 동서독 간 통과교통조약이 체결된 1971년부터 베를린장벽이 무너진 1989년까지 약 31억 1,500만 마르크(약 1조 5,600만원)가 무상지원 되었다. 그리고 서독은 도로건설이나 철도 개량 및 유지 보수 등의 사업에도 투자했으며, 이러한 투자에 대해서 동독으로부터 반드시 이에 상응하는 경제적 및 경제외적 반대급부를 받아냈다. 동독의 교통인프라에 대한 막대한 투자와 자원에 대해 서독에서도 야당과 언론들로부터 '퍼주기'라는 비난을 받았지만, 서독은 분단기간 동안 동서독 간 교통 인프라의 연결을 양독 간 긴장완화를 위한 고리로 적극 활용하였다.[20] 이러한 서독정부의 주도적 노력으로 통일 이전에 이미 동서독 사이의 4개 노선의 고속도로를 포함한 10개의 연결도로와 7개의 연결철도, 동서베를린 사이에 8개의 연결지점이 있었다. 이런 교통인프라의 연결은 양독 간 긴장완화를 위한 매개체로 작용하였다.

2) 통일 이후 철도연결

1989년 11월 9일 동서독 간 국경이 개방되면서 동서독 간 교통망연결은 가장 시급한 문제로 대두되었다. 사회주의 계획경제체제인

---

19) 이상준 외(2005), pp. 69-70.
20) 이철, "남북 및 동북아 철도 연결과 경제협력," 21세기 동북아미래포럼 세미나(2006년 3월 7일), p. 12.

〈표-1〉 교통망 연결에 대한 서독의 대동독지원 내역

통과여객 일괄금	통과여객협정에 근거, 1972년 1월부터 서독과 서베를린 간 통과 시 부과되는 도로사용료, 사증비용 등을 연방정부 예산으로 일괄지급(1972~1989, 78억 DM)
승용차의 도로 사용료 일괄금	서독에서 승용차로 동독지역을 여행하는 경우, 도로사용료 일괄지급(1979~1989, 연 5천만 DM)
통과도로의 건설·보수비용	1965년 이후 서독과 서베를린 간 통과도로 개선을 위한 재정적 지원: Saale교 복구(550만 DM), Helmstedt-Berlin 고속도로 보수(2억 5,950만 DM), Berlin-Hamburg 고속도로 보수(12억 DM), Wartha-Eisenach 고속도로 신설 및 확장(2억 6,800만 DM)
철도 교통여행 개선비용	서독에서 베를린 간 철도 교통 관련 서비스 개선비용 (1억 3,360만 DM)
통과수로 개선비용	서독·서베를린 간 통과수로 피해복구(1억 2,000만 DM), Teltow운하 건설비용(7천만DM), Mittelland운하 확장 비용(1억 5천만 DM)
서베를린 시민의 자비용	서베를린 시민으로 동독 및 동베를린 체류 시 비자비용 (1972년부터 1,206만 DM)

출처: 김영윤, "동서독 교류·협력과 대동독 대가지급," 『통일정책연구』, 제10권 2호(2001), p. 269.

동독에서는 중앙정부가 투자계획을 세우고 또 세부적인 운수계획까지 수립했기 때문에 일선 교통담당자들이 운송수요에 적응할 수 있는 능력이 갖춰지지 않았다. 동독에서 교통서비스는 일부 개인교통을 제외하고는 거의 대규모 운수기업에 의해 제공되었다. 철도망은 비교적 조밀하게 구축되어 총연장이 14,000km에 달했으며, 철도의 수송분담율은 75% 이상으로 동독에서 철도는 가장 방대한 규모를 갖춘 운송수단이었다. 그러나 동독의 철도는 매우 낙후된 상태에 있었다. 복선화율, 전철화율 등이 열악한 상태인 것은 물론이고 신호 및 안전시스템이나 역사들도 긴급히 복구되어야 하는 상태였다. 8,000개 교량 중 3,500개 정도가 85년이 넘은 노후한 상태였으며, 동독제국철도 신호박스의 70% 이상이 수동으로 작동되고 있었다. 서독의 연방철도청도 1991년 상반기 25억 8천만 마르크라는 사상최고

수준의 적자를 기록하는 등의 문제점을 지니고 있었다.[21]

〈표-2〉 통일당시 동서독 철도현황 비교(1989)

		동 독	서 독
영업km	간선	7,537	18,069
	지선	6,469	9,559
	합계	14,035	27,628
전철화율(%)		28	40
복선화율(%)		30.4	45.8
철도밀도(선로km/1000km²)		132km	120km
여객(인)		170만	140만
화물(톤)		420만	200만
직원수		254,491	267,653

출처: 독일 통계청, 1992; 동독통계연감 1990, 최연혜 "남북철도연결에 있어서의 동·서독 철도통합의 시사점,"『토목』, 제49권 제1호(2001. 1), p. 19 재인용.

따라서 이러한 문제점을 해결하고 보다 체계적인 문제해결을 위해 1990년 1월 동서독 공동으로「교통망위원회」를 구성하여, 단절된 교통망의 연결 및 복구를 위한 긴급 프로그램을 수립하였으며, 이는 통일독일 교통망 구상의 기초가 되었다. 또한 1992년「독일연방교통계획」을 통해 서독지역 기존 교통망계획을 지속적으로 추진하면서, 동독지역 교통시설을 신속히 개선하는 것을 목표로 하였으며,「통일독일교통프로젝트」를 통해 동서독간의 대규모 교통망 건설계획을 세웠다. 이 프로젝트는 17개의 교통망 건설 프로젝트를 포함하였는데, 철도부문에서 9개 프로젝트를 계획하였다. 1991년부터 1999년 사이에 통독교통프로젝트에 투자된 총 330억 마르크 가운데 57.6%인 190억 마르크가 철도부문에 투입되었는데, 이는 철도중심의 광역

---

21) 최연혜(2001), p. 19.

교통체계 구축이 주요 교통정책의 목표였음을 잘 보여준다.22)

2. 동서독 철도협력의 시사점

약 40년의 동서독 교류협력 과정에서 가장 긍정적인 평가를 받고 있는 것은 도로, 철도 등 교통인프라에 대한 투자 사업이었다. 서독 정부는 교통부문의 통합에 있어서 뛰어난 계획능력과 재정능력을 바탕으로 통일과정과 병행하여 통일독일교통망계획을 수립하여 신속하게 추진하고 있으며, 또한 EU의 범유럽 교통망 구축을 위해서도 중추적 역할을 하고 있다. 교류협력기간 중에 확충된 도로와 철도는 지역개발을 위한 중요한 토대로서 기능할 수 있었다. 통일 후 구동독과 구서독을 연결하는 고속도로, 철도, 수운 등의 체계적인 정비와 개발이 가능했던 것도 통일 이전의 이러한 교류경험이 중요한 역할을 한 것으로 보인다. 또한 통일 이전에 동서독 간에 교통관련 기본협정을 맺어 보다 체계적이고도 안정적으로 사람과 물자의 이동이 가능했다는 점도 중요하다.23)

남북한의 경우에도 경의선 복원 등 교통인프라 개선에 따른 경제적 효과를 남북한이 공유할 수 있기 때문에 인프라 확충사업이 중요한 교류협력사업으로 추진될 수 있을 것이다. 특히 남북 간 교통협력을 위한 제도적 기반이 매우 중요하므로, 현재 개성공단개발 및 금강산관광과 관련하여 남북 간에 체결된 남북통행관련 협정들을

---

22) 이상준 외(2005), pp. 73-75.
23) 동서독은 교역과 관련하여 양측 간의 기본협약을 잘 준수하였고, 교통로 개설에 따른 통행 관련제반사항을 양측이 명확하게 규정·준수, 교통로의 운행 계획을 철저히 수립·시행, 수송에 이용되는 교통수단의 운행 및 재난 시 구호 조치 등에 대한 긴밀한 협력을 하였다. 또한 상호 교통정보에 대한 교환, 교통로의 원활한 운영을 위한 정부지원이 다각도로 이루어졌다. 이상준 외(2005), pp. 77-78.

구체화하는 것이 필요하며 남북 주민의 통신·통행에 대해 포괄적으로 적용될 수 있는 '통신·통행협정'의 체결도 필요하다.[24] 또한 독일 통일 이후 교통부문에서 철도중심의 인프라투자가 이루어진 것은 향후 통일 한반도의 교통인프라 구축에 시사하는 바가 크다. 현재 철도 중심의 교통체계를 갖고 있는 북한의 교통체계를 감안할 때, 철도 부문의 시설 확충을 위한 남북협력이 중요한 의미를 갖게 될 것이다.

통일당시 독일의 상황은 한반도의 현재 상황과는 매우 큰 차이가 있는 것은 사실이지만 분단국 통합사례로서 독일통일과정을 연구하는 것은 시행착오를 줄이고 급격한 통일로 인해 야기될 수 있는 혼란에 대비하기 위해서 중요하다. 특히 양독 간의 교통인프라 통합은 독일통일정책에 있어 큰 비중을 차지하였으며, 독일 연방정부가 심혈을 기울여 추진하고 있는 분야 중의 하나이다. 또한 양독 간 교통시스템의 통합이 EU의 통합철도정책 강화에 기여했다는 점은 남북철도연결사업과 TSR, TCR과의 연결에 대한 시사점을 제공한다.[25]

그러나 남북한 철도연결은 독일의 경우와는 다른 군사안보적 차원의 몇 가지 문제점을 가지고 있다.[26] 첫째, 한반도에는 독일과 같이 주변국의 협력이 제도화되어 있지 않기 때문에 남북한의 주도권과 주변국의 협력을 조화하기 어렵다. 특히 비무장지대를 통과하는 철도·도로 연결 및 각종 협력사업을 추진하는데 있어서 한반도 문제의 국제적 성격이 분명하게 드러났다. 비무장지대에서 남북협력을 위해서는 일차적으로 정전체제를 관리하고 있는 유엔사로부터의 권한 위임이 필요하며, 유사시 유엔사가 최종적인 관할권을

---

24) 이상준 외(2005), p. 78.
25) 최연혜(2001), p. 18.
26) 박종철(2002), pp. 50-53.

지니고 있다. 이것은 남북협력 사업을 추진하는 데 있어서 정전체제의 특성 및 유엔사의 역할을 고려해야 한다는 것을 의미한다.

둘째, 한반도에서는 평화가 정착되지 않은 가운데 협력사업이 추진됨으로써 불안정한 요소가 항상 존재하고 있다. 한반도의 평화는 형식적으로는 정전협정과 이것을 관리하는 군사정전위원회와 중립국감독위원회의 감시에 의해서 유지되고 있다. 그러나 실질적으로 한반도의 평화는 북한의 군사력과 한·미연합 군사력간의 불안정한 균형에 의해서 유지되고 있다. 한반도에서 실질적인 군비통제나 평화체제로의 전환이 이루어지지 않은 상황에서 남북협력 사업을 추진하는 것은 군사적 균형에 대해서 직접적으로 영향을 미친다. 따라서 남북한은 각종 협력사업이 미칠 군사적 파급효과에 대해서 민감한 반응을 보인다. 더욱이 비무장지대와 접경지역에서 각종 남북협력 사업이 전개됨으로써 남북협력 사업은 불가피하게 군사적 측면에 대해서 영향을 미친다.

셋째, 남한의 대북화해·협력정책이 화해·협력과 한반도 긴장완화를 촉진하고 이를 통해 장기적으로 북한의 개방·개혁을 유도하려고 하는 점과, 남한이 북한의 정치적 실체를 인정하되 북한의 국제법적 실체를 인정하지 않는 점은 서독의 동방정책과 유사하다.[27] 그러나 북한은 동독과 같이 협력의 제도화에 의해서 북한의 실체를 인정받으려고 하기 보다는 협력사업에 수반되는 경제적 이익에 대해서 일차적인 관심을 지니고 있다. 북한은 동독과 같이 분단체제의 현실을 인정하기보다는 아직도 한반도통일이라는 국가목표를 포기하지 않고 있다.

---

27) 대북포용정책과 서독의 동방정책의 비교연구에 대해서는 황병덕 외, 『신동방정책과 대북포용정책: 브란트와 김대중의 민족통일 대구상』, 두리, 2000 을 참조.

Ⅳ. 남북한 철도연결의 군사적 효과와 제약요인

1. 남북한 철도연결의 군사적 긴장완화 효과

경의선 및 동해선 연결은 비무장지대 관리 및 정전체제 유지문제, 비무장지대의 군사시설 제거, 군사적 신뢰구축 등 군사적인 의미를 지니고 있다. 무엇보다 철도 및 도로의 연결은 첨예한 남북간 군사대치의 현장인 비무장지대를 통과하는 것이기 때문에 양측의 군사적 신뢰를 전제로 한다. 남북 간 철도연결은 단순한 토목공사가 아니라 그간 적대관계였던 남북 간에 군사적 신뢰의 다리를 건설하는 사업으로서 냉전시기에 고착화된 제도적 긴장을 탈냉전시대에 걸맞게 제도적 평화로 전환하는 역사적 프로젝트이다.[28]

남북 간 철도연결은 군사적 측면에서 볼 때, 첫째, 비무장지대를 통과하는 교통망 건설이기 때문에 비무장지대의 관리 및 정전체제의 부분적인 변화를 필요로 한다. 한국정전협정에 의하면 군사분계선을 통과하거나 비무장지대 내에 출입하기 위해서는 유엔군사령관과 북한 및 중국군사령관의 허가를 받도록 되어 있다(정전협정 1조의 제7항, 8항, 9항).[29] 따라서 비무장지대 내에서나 비무장지대 일부와 동 지대 외곽을 포함하는 지역에서 남북한이 협력사업을

---

28) 오기평, "남북한 철도연결이 사회·문화교류 확대에 미치는 영향," 민주평화통일자문회의 사회문화 분과위원회 제46차 회의자료 (2002. 5. 2)
29) "군사정전위원회의 특정한 허가 없이는 어떠한 군인이나 사민이나 군사분계선을 통과함을 허가하지 않는다."(한국정전협정 1조 7항); "비무장지대내의 어떠한 군인이나 사민이나 그가 들어가려고 요구하는 지역의 사령관의 특정한 허가 없이는 어느 일방의 군사통제하에 있는 지역에도 들어감을 허가하지 않는다."(한국정전협정 1조 8항); "민사행정 및 구제사업의 집행에 관계되는 인원과 군사정전위원회의 특정한 허가를 얻고 들어가는 인원을 제외하고는 어떠한 군인이나 사민이나 비무장지대에 들어감을 허가하지 않는다."(한국정전협정 1조 9항)

추진하기 위해서는 유엔사와 북한 및 중국 군사령관의 동의가 필요하다.30)

따라서 비무장지대에 철도 및 도로건설을 위한 문제와 관련하여 유엔사, 남한, 북한 간 관할권문제가 대두하였다. 일차적으로 정전협정에 따라 정전체제의 관리는 유엔사와 북한이 책임지고 있다는 현실이 감안되었다. 아울러 정전체제를 관리하기 위한 제도적 장치로 군사정전위원회가 사실상 유명무실화되었으며 그 대신 유엔사·장성급회담이 가동되고 있는 현실도 고려되었다. 이러한 현실인정의 토대 위에서 실질적으로 남북공동 관리구역을 설정하기 위한 타협안이 모색되었다.

남북한의 공동관리구역 설정에 대해 북한과 유엔사가 합의함에 따라 남북군사실무회담도 개최되었다(2000.11.28; 2000.12.5; 2000.12.21; 2001.1.31; 2001.2.8). 5차 남북군사실무회담에서 비무장지대 내 남북관리구역에서 양측 군과 공사인력의 행동규칙을 정한「남북군사보장합의서」가 합의되었다. 이 합의서는 총 38개 항으로 남북관리구역 설정, 지뢰제거 작업, 철도와 도로 연결 작업, 접촉 및 통신, 작업장 경비 및 안전보장 등의 사항을 포함하였다. 특히 쟁점이 되었던 사항은 남북공동관리구역의 폭, 지뢰제거 면적, 폭파작업 시간 등이었다.31)

2002년 6월 서해교전 사태로 소강국면에 접어들었던 남북관계가 2002년 8월 7차 남북장관급회담으로 활력을 되찾으면서 경의선·동해선 연결사업도 추진력을 얻었다. 제2차 남북경제협력 추진위원회 합의에 따라 철도·도로 연결과 관련된 군사적 조치를 협의하기 위해서 군사실무회담이 개최되었다(2002.9.14~17). 남북군사실무

---

30) 제성호,『한반도비무장지대론: DMZ를 평화지대로』, 서울프레스, 1997, pp. 158~159.
31)『동아일보』2001년 2월 9일.

회담에서 남측 국방부장관과 북측 인민무력부장이 서명한 「남북군사보장합의서」가 교환되었다(2002.9.17). 「남북군사보장합의서」는 경의선과 동해선 건설을 위한 조치를 총괄적으로 포괄하여 단일문건으로 작성되었다. 「남북군사보장합의서」에 의해 경의선·동해선의 철도·도로 연결을 위해 비무장지대 내에 철도 노반을 중심으로 폭 250m(경의선)와 100m(동해선)의 '남북관리구역'이 설정되었다.

철도 및 도로건설 지역을 남북한이 직접 통제·관리하는 남북공동관리구역이 설정됨으로써 인력·물자의 통과에 대해 매번 유엔군 사령관의 허가를 받아야 하는 번거로움을 피할 수 있게 되었다. 또한 비무장지대 내에서 남북한이 공동이용·관리체계를 형성함으로써 남북협력의 좋은 사례가 되었다. 남북공동관리구역의 설정은 평화체제 전환과정에서 남북당사자원칙을 주장할 수 있는 근거로 활용될 수도 있다.

둘째, 비무장지대를 통과하는 교통망건설은 제한적이지만 비무장지대를 실질적으로 비무장화시키는 효과를 지니고 있다. 비무장지대는 무장이 금지된 군사적 완충지대이다. 그럼에도 불구하고 사실상 비무장지대는 지뢰와 각종 군사시설이 설치된 지역이다. 그런데 경의선 철도·도로 연결로 인해 비무장지대 내 공동관리구역의 군사시설이 제거되었다.

특히 비무장지대의 지뢰제거는 실질적인 비무장화의 효과를 지니고 있다. 남한은 남방한계선-군사분계선(MDL) 구간에서 경의선의 경우, 22만 5천 800m²(6만 8천 400평), 동해선의 경우 2만 5천 800m²(7천 820평) 면적에 매설된 것으로 추정되는 각각 1천 500발과 400발의 지뢰를 제거하였다. 군부대는 지뢰제거반, 노반공사반, 경계부대 등으로 구성되어 지뢰제거 작업, 노반공사, 공사 중 경계와 군사시설 이전 임무 등을 수행하였다. 지뢰제거 작업을 위해 독일제 지뢰제거

장비 리노와 마인 브레커, 영국제 장비 MK4, 도저, 굴삭기, 분진 제거용 공압기, 개인 장비 등 총 287대(경의선)와 166대(동해선)의 장비가 동원되었다.

북한은 남북군사실무회담에서 지뢰제거 작업을 위해서 지뢰제거 장비를 제공하거나 장비를 구입할 수 있는 자금을 지원해 줄 것을 요청하였다. 임동원 특사의 북한 방문시(2002.4) 김정일 위원장은 경의선 연결을 위해 지뢰제거 장비를 제공해 줄 것을 요청한 것으로 알려졌다.[32] 2차 남북경제협력추진위원회의 합의에 따라 남한이 연결공사에 필요한 자재, 장비 등을 북측에 제공하였다.

셋째, 철도 및 도로의 연결과 관련하여 군사적 신뢰구축 조치가 실시되었다. 비록 공사 실무를 위한 것이지만 남북한 군부 간 전화가 개설된 것은 분단사상 처음이며, 1991년 남북기본합의서를 통해 '군사당국자간 직통전화 설치'에 합의한 지 11년만이었다.

2002년 9월 16일 남북한 군사실무회담 수석대표 접촉과 통신 실무자회담의 합의에 따라 경의선 철도·도로 연결공사를 위해 9월 24일부터 군실무자 간 직통전화가 개통되었다. 「남북군사보장합의서」(4조)에 의하면, 쌍방은 공사현장 간 통신보장을 위하여 동해지구와 서해지구에 각각 유선통신 2회선(자석식 전화 1회선, 팩스 1회선)을 연결하기로 규정되었다. 서해지구의 직통전화는 합의서 발효 후 1주일 내에 판문점 회의장의 서쪽 군사분계선에서 연결하고 동해지구의 직통전화는 지뢰가 완전히 제거된 다음 남북관리구역 동쪽 군사분계선상에서 연결하며 그 전단계에서의 통신연락은 서해지구 통신선로를 이용하기로 되었다. 그리고 쌍방은 매일 07시부터 07시 30분 사이에 시험통화를 하며 통신이 두절되는 경우 기존통로를 이용하여 상대방에게 통보해 주고 즉시 복구하기로 되었다.

---

[32] 『조선일보』 2002년 4월 23일.

또한 경의선·동해선 연결과 관련하여 우발적 무력충돌 방지 및 재난협력 등에 관한 합의가 이루어진 것도 군사적 긴장완화를 위한 바람직한 선례다.「남북군사보장합의서」(5조 작업장경비 및 안전보장)에서 남북한은 상대측 작업인원과 장비의 안전을 보장하며 예상하지 않은 대결과 충돌을 막기 위하여 작업장과 그 주변에서 상대측을 자극하는 발언이나 행동, 심리전 등을 하지 않도록 규정되었다. 또한 쌍방은 우발적인 충돌이 발생할 경우 즉시 작업을 중단하고 모든 경비 및 작업인원들을 비무장지대 밖으로 철수시키며 전화통지문 또는 남북군사실무회담을 통하여 사태를 해결하고 사건의 재발을 방지하기 위한 대책을 세우기로 하였다. 그리고 쌍방은 작업장과 그 주변에서 산불이나 홍수 등 자연재해가 발생하여 상대측에게 영향을 줄 가능성이 있는 경우 즉시 서로 통보하고 자기측 지역에 대한 진화 및 피해방지 대책을 신속히 세우고 피해 확대를 막기 위하여 최선의 노력을 하기로 하였다.

2. 남북한 철도연결의 군사적 제약 요인

남북한을 가로지르는 철도의 연결과 개통은 분명 남북한 모두에 경제적 이익과 사회문화적 효과, 그리고 군사적 긴장완화를 가져오는데 커다란 공헌을 할 것이다. 그러나 남북한 철도연결은 군사적 신뢰구축 조치나 평화체제 전환이 이루어지지 않은 상황에서 진행되고 있기 때문에 군사안보적 요인으로부터 자유로울 수 없다. 따라서 중장기적인 관점에서 군사안보적 문제들을 해결하지 않으면 남북철도연결의 효과가 감소되는 한계를 안고 있다.

첫째, 가장 큰 문제점은 철도문제를 비롯한 남북협력에 대한 북한의 소극적 입장이다. 북한은 평화체제문제 및 군사적 문제에 관해 남한을 당사자로 인정하지 않는 입장을 취해왔다. 북한은 철도연결과 관련된 비무장지대의 관할권 문제에 대해 상대역이 남한이 아니라 유엔사라는 것을 강조했다. 또한 남한은 남북군사회담을 군사적 긴장완화를 위한 회담으로 확대하고자 한 반면, 북한은 회담을 단지 철도와 도로연결을 위한 실무문제를 협의하기 위한 것으로 여기고 있다. 북한이 철도연결에 대해 소극적인 입장을 보이고 있는 이유는 남북협력 사업들이 북한의 체제보장 및 생존과 연관된다고 판단하기 때문이다. 특히 북한 군부는 남북회담을 통한 합의 사항을 이행하지 않거나 연기하면서 남북경협의 속도를 조절하고 있다. 그들은 철도연결은 군사당국간 회담을 필요로 하는 문제이며 군사적 보장 조치가 선행되어야 한다고 주장한다. 북한의 이러한 입장이 지속되는 한 2004년 3월 남측의 한미연합군사 훈련을 이유로 남북철도·도로연결 실무협의회를 일방적으로 연기하는 일과 같은 사례들이 앞으로 발생할 가능성이 있다.

둘째, 남북이 한국전쟁이후로 정전상태에 있기 때문에 남북한 간 군사적 문제를 해결하는 과정에서 정전협정 문제가 대두한다. 특히 철도연결의 경우 정전협정에 따라 유엔사가 관리하는 비무장지대를 통과하기 때문에 유엔사의 개입과 비무장지대의 관할권 문제가 관련된다. 2000년 북한은 남북국방장관회담에서 유엔군사령관이 비무장지대 내에서 군사문제에 관한 협의권을 남한에 위임한다는 내용의 서한을 북한 인민무력부장에게 보내 줄 것을 요청[33]하여, 유엔군 측은 공식 위임서한을 북한 측에 전달하였다.[34] 그러나 북한은 유엔사의 공사위임 서한이 법적·기술적 조건을 충족시키지 못한다고 주장하였다. 북한은 정전협정에 의하면 협정당사자는 유엔

---

33) 『동아일보』 2000년 9월 27일.
34) 군사정전위원회 비서장급 회의(2000.10.14)에서 유엔군 측은 "한국의 국방부가 유엔사를 대리하여 비무장지대 내에서 지뢰제거 및 공사에 필요한 안전보장 대책을 협의할 권한을 지닌다"는 내용의 공식 위임서한을 북한 측에 전달하였다. 『동아일보』 2000년 10월 15일.

군과 북한군이므로 한국군에 대한 비무장지대의 협상권 위임문제에 관해 유엔군과 북한이 별도의 문서를 만들어야 한다고 주장하였다.[35]

북한과 유엔군은 유엔사・비서장급 후속회담을 통해(2000.11.17) 해당구역의 관리권을 남한에 위임하기로 하는 내용의「비무장지대 일부구역 개방에 대한 국제연합군과 조선인민군간 합의서」를 체결하였다. 엄격한 의미에서 보면, 유엔군이 한국군에게 위임한 것은 해당지역의 행정적 관리를 위한 관리권(administration)이며 해당 구역에 대한 최종적인 관할권(jurisdiction)은 아니다. 따라서 남북한이 해당 구역에서 기술적・행정적 문제를 처리하는 관리권을 보유하지만 동 지역에서 진행되는 상황에 대해 유엔사에게 보고해야 하며 우발적 충돌이나 군사적 문제가 발생할 경우 유엔사는 개입할 수 있는 권한을 지닌다고 할 수 있다.[36]

남북한이 철도・도로 연결을 위해 비무장지대의 일부 구역에 대한 관리권을 위임받았지만 이 문제는 여전히 쟁점사항이다. 비무장지대 내의 지뢰제거 작업을 확인하기 위한 남북한 양측의 검증단 파견을 둘러싸고 유엔사와 북한이 견해차를 보였다. 유엔사는 남북한의 검증단이 군사분계선을 넘어 상대측 지역의 지뢰제거 작업을 검증하기 위해서는 남북한이 인원과 검증시기를 군사정전위원회에 대해서 통보해야 한다고 주장하였다. 유엔사는 남북국방장관회담(2000.9)시 '남북한이 남북한 관리구역의 설정문제는 정전협정에 기초하여 처리하기'로 했기 때문에, 정전협정에 따라 유엔사가 군사분계선 통과에 대한 허가권을 지니고 있다는 입장을 표명하였다. 또한 유엔사는「비무장지대 일부구역 개방에 대한 국제연합군과 조선인민군간 합의서」(2000.11)에 의하면, '남북한 군대는 비무장지대 내의

---

35)『동아일보』2000년 10월 19일.
36)『조선일보』2000년 11월 18일.

관리구역에서 제기되는 군사적 문제들을 정전협정에 따라 협의, 처리한다'고 규정되어 있기 때문에 정전협정에 따라 유엔사가 검증단의 군사분계선 통과에 대한 관할권을 지니고 있다고 주장했다.

그러나 북한은 「남북군사보장합의서」의 "남북 관리구역에서 제기되는 모든 군사 실무적 문제들은 남과 북이 협의 처리한다"(2항)는 것을 근거로 검증단의 명단을 유엔사에 통보하지 않고 남북한이 직통전화로 직접 통보할 것을 주장하였다. 이것은 북한이 유엔사에 검증단의 명단을 통보할 경우, 군사정전위원회를 사실상 인정하는 결과가 되기 때문인 것으로 해석된다.[37] 또한 북한은 기본적으로 유엔사가 남북한에게 남북관리구역의 행정적 관리권뿐만 아니라 최종적인 관할권까지 위임했다고 해석하였다.

이 문제와 관련하여 남한 측과 유엔사 대표가 회담을 갖고 유엔사가 북한 측 지뢰검증단 명단을 남한 측을 통해 간접적으로 접수하기로 하였다. 이것은 「남북군사보장합의서」에 따라 남북한이 서로 검증단 명단을 통보하면 된다는 북한 측 주장을 사실상 수용한 것이다. 그럼에도 불구하고 북한이 이를 받아들이지 않자, 결국 남한이 지뢰제거의 검증절차 없이 작업을 완료할 것을 제안하고 북한이 이를 수용함으로써 이 문제는 일단락되었다. 그런데 유엔사는 철도 및 도로가 완공될 경우 군사분계선을 통과하는 인원 및 차량에 대한 승인권을 요구하였다. 제임스 솔리건(미공군 소장) 유엔사 부참모장은 2002년 11월 28일 기자회견을 통해 정전협정에 따라 유엔사가 군사분계에 통과에 대한 승인권을 지니고 있다고 주장하였다.[38] 그동안 정전협정에 따라 남북한의 인사들이 군사분계선을 통과할 경우, 그 명단을 사전에 유엔사에 통보하였다. 북한의 경우 자기 측 인사의 명단을 남한 측에게 통보하면 남한 측이 이를 유엔사에 전달

---

[37] 『동아일보』 2002년 11월 14일.
[38] 『연합뉴스』 2002년 11월 28일, 29일.

하였다. 그 동안 판문점을 통과한 남북한의 인사들이 이러한 절차를 거쳤다. 예를 들면 1차 남북장관급회담을 위해 군사분계선을 통과한 북한의 김일철 인민무력부장과 군 인사들은 남한 측 실무접촉 대표에게 통과명단을 전달하고 남한 측 대표는 이를 유엔사에 전달하였다.

이와 관련하여 남한의 국방부와 유엔사는 우선 금강산 육로관광을 위한 비무장지대 통과절차를 간소화하기로 합의하고 이를 2002년 12월 2일 북한에게 제안하였다. 따라서 앞으로 철도·도로가 개통될 경우 비무장지대의 관할권에 대한 문제는 계속 쟁점사항이 될 가능성이 있다.

셋째, 한반도문제의 국제적 성격으로 말미암아 주변국의 개입이 철도연결과 같은 남북협력 사업에 영향을 준다. 특히 북한과 미국이 핵문제를 비롯한 군사적인 문제에 대해 입장 차이를 보이면서 남북철도연결에 대한 미국의 입장이 중요한 문제가 되고 있다. 기본적으로 미국은 남북경협을 추진하는 과정에서 군사적 신뢰구축 조치가 이루어지는 것을 긍정적으로 평가한다. 그러나 미국은 남북경협을 추진하는 과정에서 북한에게 현금이 지원되거나 군사적 목적으로 이용될 수 있는 장비가 북한으로 이전되는 것에 대해서는 부정적인 입장을 지니고 있다. 철도·도로 연결을 위한 비무장지대 지뢰제거를 위해 지뢰제거 장비를 제공해 달라는 북한의 요청에 대해서 미국은 이러한 품목들이 바세나르협정에 위반되는지 여부를 점검해야 한다는 입장을 표명한 것으로 알려졌다.

그리고 미국은 남북협력을 위한 필요성 때문에 정전체제의 부분적인 변화를 수용하되, 궁극적으로 유엔사가 정전체제의 관할권을 지니고 있다는 입장을 지니고 있다. 미국은 정전체제가 평화체제로 전환되기까지는 유엔사가 정전체제의 관리에 대한 최종적인 권한을 지니고 있다는 점을 명확히 함으로써 정전체제의 무력화현상을 방지하고자 한다. 예를 들면 미국은 남북한 공동관할 구역 설정을 위해서 유엔사가 철도·도로 연결구간에 대한 관리권을 남한에게 위임하는 것에 대해서 신중한 태도를 표명하였다. 미국은 철도·도로 연결을 위한 기능적 필요성 때문에 해당 구역에 대한 관리권을 남한에게 위임하더라도 동 구역에 대한 법적 관할권은 유엔사가 보유하고 있다는 점을 분명히 하였다. 이것은 유엔사가 비무장지대의 관리 및 정전체제의 관리에 대한 최종 권한을 보유하고 있으며, 유사시에 유엔사가 최종적 관할권을 지닌다는 것을 의미했다. 앞으로 임진강 수재방지나 북방한계선에 대한 문제 등에 있어서 미국은 유엔사의 관할권이 인정되어야 한다는 입장을 보일 것이다.[39]

V. 군사적 긴장완화를 위한 철도협력의 과제

다양한 차원에서 남북한 간의 교류를 확대하는 것이 협력적인 남북관계를 발전시키기 위해 중요하다. 특히 철도와 같은 교통인프라의 연계는 교통교류라는 의미뿐만 아니라 경제적, 사회·문화적, 정치·군사적 측면 등 여러 가지 차원에서 교류를 유발하는 파급효과를 가져와 협력적 남북관계를 지속적으로 유지하게 하는 계기가 된다. 철도는 환경 보호 및 에너지 효율 차원에서 21세기형 교통수단으로 인정받고 있으며,[40] 북한이 비교적 잘 짜여진 철도네트워크를 보유하고 있고 철도 수송분담률도 매우 높다는 측면에서도 남북

---

39) 박종철(2002), pp. 37-38.
40) 철도는 환경 친화적인 교통수단일 뿐만 아니라, 혼잡 비용이나 교통사고 등의 사회적 비용 측면에서 유리한 교통수단이다. 혼잡비용, 대기오염, 온실가스, 소음, 토지이용, 교통사고 등을 종합하여 추정한 사회적 비용을 비교해 보면 철도(1.2조원)는 도로(48.4조원)의 2.4%에 불과하다는 조사도 있다. 〈2002년 환경정책평가연구원 자료〉 참조.

간 철도연결사업의 의의가 크다.
 특히 철도연결사업의 중요성은 동서독 통합과정에서 철도 및 도로 연결을 통한 교통인프라의 구축과정을 거쳐 통일의 기반을 조성했다는 선례에서도 잘 나타나고 있다. 그리고 동유럽의 체제전환국들이 체제전환과정에서 교통인프라 부분의 개선을 통해 체제전환을 추진하고 있다는 점도 남북의 철도연결이 북한의 체제전환에 미칠 영향의 중요성을 생각하게 한다. 동유럽의 체제전환국가에서 교통·물류·통신·에너지 등 인프라부문의 발전은 시장의 형성과 발전에 크게 기여하고 있는 것으로 평가된다. 과거 사회주의체제하에서는 국내중심 교통인프라 시설이 경제의 성장 잠재력을 낮추는 주요요인이었다. 그러나 체제전환과정에서 대내적 경제인프라의 구축과 세계시장과의 접근을 위해 철도, 항만 시설 등 교통·물류부문의 개선이 적극적으로 추진되고 있다.[41]
 그러나 남북한 철도연결은 남북교류의 특수성으로 인해 직간접적으로 군사적 영향력에서 벗어날 수 없다. 남북철도연결사업의 성공을 위해서는 북한의 입장변화를 유도하기 위한 대북경제지원 및 차관제공 등의 경제적 보상 제공, 유엔사로부터 남북협력 사업의 관리권 이양, 남북국방장관 회담의 정례화 등과 함께 남북철도연결에 필요한 제도적·기술적 문제의 해결이 필요하다.
 첫째, 남북 철도연결에 대한 북한의 참여를 유도하기 위해 경제적 보상을 제공하는 방안이 필요하다. 특히 실질적인 철도운행에는 군사적 긴장완화 조치들이 필요한 만큼 북한으로부터 군사적 긴장완화 조치에 대한 합의를 이끌어내기 위해서 대북경제지원, 남북경제협력, 대북차관제공 등의 경제적 보상과 연계해야 한다. 예를 들면 「남북경제협력기금」의 일부분이나 별도의 「대북차관기금」을 조성

---

41) 이상준 외(2005), p. 16.

하여 북한에게 차관을 제공할 수 있다. 또한 국제금융기관의 대북차관을 보증하거나 「국제금융채권단」에 한국의 해외법인 금융기관이 참여하여 대북차관을 제공할 수도 있다. 그리고 북한이 외채부담능력을 없는 점을 감안하여 국제금융시장에서 북한의 외채에 대한 채권을 확보함으로써 북한의 대외지불능력을 향상시키고 장기적으로 북한에 대한 채권을 보유하는 방안도 고려될 수 있다. 또한 북한이 IBRD, IMF, ADB 등 국제금융기구를 통한 차관도입과 UNDP를 통한 다자간 경제협력에 관심을 두고 있는 점을 감안하여 북한의 국제금융기구 가입을 측면에서 지원하는 방안도 고려될 수 있다.

실제로 남북협력 사업에 있어서 북한이 남북협력 사업에 호응하는 가장 큰 이유는 직·간접적인 경제적 이익이다. 남한은 금강산관광의 대가로 경제적 보상을 제공하고 철도·도로 연결을 위한 장비와 자재를 제공하였으며, 개성공단 건설의 비용도 부담하고 있다. 또한 남한은 앞으로 철도·도로망의 유지·관리비용, 수자원협력에 소요되는 비용 등을 부담할 것으로 예상된다. 남한의 대북보상은 북한의 협력을 유도하는 유인요인일 뿐만 아니라 새로운 교환관계를 형성하는 촉매제라고 할 수 있다.[42]

둘째, 유엔사로부터 남북협력 사업에 대한 관리권을 이양 받는 것이 필요하다. 한반도의 군사적 문제와 관련하여 군사정전위원회는 정전협정의 유지 및 관리에 관한 역할을 수행하도록 되어 있다. 북한이 정전협정을 사문화시키고 정전협정의 관리기구인 군사정전위원회를 무력화시킴에 따라 군사정전위원회는 유엔사와 북한장성급간의 회담인 유엔사·장성급회담으로 변질되었다.[43] 따라서 비

---

[42] 박종철(2002), p. 52.
[43] 한국정전협정에 의하면 "군사정전위원회는 10명의 고급장교로 구성하되, 그 중의 5명은 국제연합군 총사령관이 임명하며 그 중의 5명은 조선인민군 최고사령관과 중국인민지원군 사령관이 공동으로 임명한다"(20항)고 되어 있다. 그런데 북한이 북한 측 군사정전위원회 대표(1994.4)와

무장지대를 통과하거나 비무장지대 내에서 추진되는 남북협력 사업은 유엔사·장성급회담의 관할을 받도록 되어 있다. 철도·도로 연결의 경우 유엔사와 북한이 비무장지대의 공동관리구역에 대한 관리권을 남한 측과 북한에게 위임한 후에야 남북한이 실무적인 문제를 협의할 수 있었다. 그러나 매 사안별로 유엔사·장성급회담에 의해서 남북협력사항에 대한 권한을 남북한에게 위임하는 절차는 비효율적이다. 따라서 장기적으로 비무장지대 및 접경지역에서 추진되는 남북협력 사업에 대한 관리권을 유엔사가 포괄적으로 남한에게 위임하는 것이 바람직하다. 남한이 비무장지대 내에서 추진되는 남북협력 사업에 대한 권한을 위임받게 되면, 평화체제전환과정에서 남한의 당사자 자격을 인정받고 남북한의 직접 협상을 가능하게 하는데 유리할 것이다. 한편 남한이 유엔사로부터 정전체제의 관리권을 위임받기 위해서는 유엔사와 남한 간 협의가 전제되어야 한다.

셋째, 남북철도연결이 실질적 효과를 얻기 위해서는 남북한 간 군사적 문제의 해결을 위해 남북군사회담의 제도화가 요구된다. 우선 남북국방장관회담을 정례화·제도화해야 한다. 남북국방장관회담은 정기 회담과 사안 발생 시 수시로 개최하는 임시회담으로 구분될 수 있다. 그리고 남북국방장관회담의 의제는 군사적 긴장완화와 신뢰구축, 군축에 관련된 모든 사항들을 망라해야 할 것이다. 특히 남북국방장관회담은 「남북기본합의서」 및 「불가침분야 부속합의서」의 내용에 따라 불가침문제, 불가침 경계선 및 구역, 분쟁의 평화

중국 측 대표(1994.12)를 철수시키고 체코, 폴란드 등 중립국감독위원회 대표도 철수시킴으로써 정전체제를 관리하는 군사정전위원회와 중립국감독위원회가 무력화되었다. 그 대신 북한은 1994년 5월 군사정전위원회를 대체할 기구로서 「조선인민군 판문점 대표부」를 설치하고 미·북간 장성급회담을 요구하였다. 결과적으로 군사정전위원회 대신 유엔사와 북한장성급간의 회담이 정전체제를 관리하는 역할을 맡고 있다.

적 해결, 우발적 무력충돌 방지, 군사적 신뢰구축, 군축 등을 협의해야 할 것이다. 그리고 남북국방장관회담은 군사실무회담의 운영 및 의제에 대해서 협의해야 할 것이다. 예를 들면 남북국방장관회담은 군사실무회담의 운영원칙, 개최시기, 권한, 남북군사회담과 유엔사·장성급회담간의 역할분담 등과 같은 사항을 협의해야 할 것이다.

그리고 군사적 문제를 실무적 차원에서 협의하기 위해 남북군사실무회담을 제도화해야 한다. 남북군사실무회담은 남북국방장관회담과 유기적 관계를 유지하면서 남북국방장관회담에서 합의된 사업을 구체적으로 이행해야 한다.44) 철도연결을 위한 남북군사실무회담은 남북한의 기술적 차이들을 보완하는 구체적인 사항들을 협의해야 한다. 남북한 간에는 전기, 신호, 통신시스템 및 철도 영업제도, 운임, 통관절차 등에서부터 철도용어에 이르기까지 협의해야 할 사항이 많이 있다.

넷째, 남북한 철도연결을 대비해 경의선과 동해선의 연결구간의 관리, 통관절차 문제, 공동 관리를 위한 세부규칙 등 관련된 제반사항에 대한 남북한의 합의가 이루어져야 한다. 경의선·동해선의 철도·도로가 완공되면 경의선 지역의 폭 250m 공간과 동해선 지역의 폭 100m 공간을 관리하기 위한 대비책을 마련해야 한다. 교통회랑을 관리하기 위해 남북한이 비무장지대 내에 분계역을 설치·운영함으로써 정전체제의 틀을 유지하는 가운데 철도·도로를 관리할 수 있다.45) 동·서독의 경우도 자기 지역에 각각 분계역을 설치하여

---

44) 송대성, "남북한 군사적 신뢰구축 및 긴장완화 추진과제 실천방안," 『한반도군비통제』, 28집(2000.12), pp. 88-90.
45) 남북한은 「남북철도 및 도로연결 실무협의회 제1차 회의 합의서」(2002.9.17) 4조에서 "경의선과 동해선의 철도 분계역은 비무장지대 밖의 자기 측 구간 편리한 위치에 각기 건설하며 남측 분계역에서 북측 분계역까지의 철로는 디젤 기관차 견인방식에 맞게 연결한다"로 합의하였다. 따라서 남북한은 각각 자기구역 내에 분계역을 설치·운영하게 된다.

서베를린-하노버 간의 철도를 운영하였다. 또한 철도·도로를 통해 이용하는 사람과 물자에 대한 출입심사 및 검역·통관 절차를 위한 CIQ(Customs, Immigration, Quarantine)는 남북한의 분계역에 설치해야 할 것이다. 분계역을 통과하는 인원은 출입국 절차를 밟고 통과 화물은 세관, 검역, 통관절차를 받아야 한다. 특히 CIQ는 허가받지 않은 인원이나 물자의 반입을 차단하기 위한 방안을 강구해야 한다.

그리고 남북한은 「남북철도·도로연결실무협의회」를 통해 남북 공동관리구역을 운영하기 위한 세부 규칙을 마련해야 한다. 이 운영 규칙에는 열차 및 차량의 운행규정, 남북관리구역의 출입 및 통제 절차, 관리구역의 운영기구, 남북한의 관리기구간 연락방법과 절차, 철도·도로의 유지·보수 및 추가공사 방법, 경비소의 운영, 차량사고·차량전복 등 우발사태에 대한 대책, 산불·수해·도로망 유실 등 재난에 대한 대응책을 마련해야 한다. 또한 운영규칙을 마련하기 위해서는 유엔사와 협조가 필요하다. 특히 남북관리구역의 운영절차, 인원 및 물자의 통과 등에 대해서 유엔사에 대한 보고체계를 마련해야 한다. 그리고 남북관리구역에서 우발사고나 재해가 발생했을 경우, 최종적인 관할권을 갖고 있는 유엔사와 남북한 관리기구 간 역할분담 및 협조체제가 마련되어야 한다.

■ 참고문헌 ■

『국정브리핑』 2004년 3월 22일.
김영수, "남북국방장관회담 평가 및 추진방향",『한반도군비통제』제28호(2002.12).
『김일성저작집』제44권.
김재한 외,『접경지역을 중심으로 한 남북교류방안』(서울: 통일부, 2002. 7).
『동아일보』, 2000년 9월 26일, 2000년 9월 27일, 2000년 10월 15일, 2000년 10월 19일, 2001년 2월 9일, 2002년 11월 14일.
박종철,『남북협력 증진을 위한 군사적 조치의 이행방안』(서울: 통일연구원, 2002).
성낙문·김연규·안병민,『남북연결 도로·철도의 교통수요 및 비용분석 연구』(고양: 한국교통연구원, 2005).
송대성, "남북한 군사적 신뢰구축 및 긴장완화 추진과제 실천방안",『한반도군비통제』제28호(2000. 12).
『연합뉴스』, 2002년 11월 28일, 2002년 11월 29일.
오기평, "남북한 철도연결이 사회·문화교류 확대에 미치는 영향", 민주평화통일자문회의 사회문화 분과위원회 제46차 회의자료(2002.5.2).
윤재희, "남북 철도연결사업에 있어서 주변국가의 경제적 효과",『복지행정연구』제18집(2002).
이상준 외,『남북인프라협력사업의 통합적 추진방안 연구』(안양: 국토연구원, 2005).
이철, "남북 및 동북아 철도 연결과 경제협력", 21세기 동북아미래포럼 세미나(2006년 3월 7일).
『조선일보』, 2000년 11월 18일, 2002년 4월 23일, 2002년 4월 24일.
제성호,『한반도비무장지대론: DMZ를 평화지대로』(서울: 서울프레스, 1997).
최연혜, "남북철도연결에 있어서의 동·서독 철도통합의 시사점",『토목』제49권 제1호(2001).
통일부,『통일백서』(서울: 통일부, 2006).
황병덕 외,『신동방정책과 대북포용정책: 브란트와 김대중의 민족통일 대구상』(서울: 두리, 2000).

제3부
철도네트워크와 문화변동

제7장 공간은 살해되었다!
- 독일 근대작가들을 통해 본 철도의 시공간 -(이군호)
제8장 남북한 철도의 단절과 사회문화적 변화
- 해방부터 한국전쟁 기간을 중심으로 -(박종철)

제 7 장
공간은 살해되었다!*
― 독일 근대작가들을 통해 본 철도의 시공간 ―

이 군 호

I. 머리말: 철도와 문학

　철도는 소위 비문학적 주제인가? 국내의 연구 상황을 살펴보면 아마도 그런 인상을 줄지도 모른다. 하지만 철도는 단순히 철도가 아니다. 철도는 우리의 일상이고 문화이자 정치요 경제라 할 수 있는데, 그것은 철도가 갖는 복합적 성격에 기인한다.[1] 한 실례로 최근의 남북한 철도연결을 둘러싼 파급효과에 관한 국내외의 지대한 관심이라든가 불과 몇 년 전에 운행을 시작한 고속철도(KTX)가 우리의 생활과 의식에 가져온 현저한 변화, 혹은 최근 중국의 티베트철도 개통에 따른 티베트의 현대화 문제나 문화정체성 논란은 철도가 가져오는 복합적 파급효과를 적절하게 보여준다고 하겠다.
　철도가 등장한 근대의 산업사회 이후 현대에 이르기까지 철도가

---

* 이 글은 『독일언어문학』 제38권(2007년)에 게재된 것임.
1) 철도연구는 사회과학과 인문과학 및 자연과학의 제반 학문분과들의 학제간 연구를 전제하는 전형적인 복합학문의 한 사례라고 할 수 있다.

갖는 이와 같은 정치·경제·사회·문화적 의미와 비중에 걸맞게 독일을 위시한 선진국들의 경우는 이미 철도를 중요한 문화인자의 하나로서 인식하고 있으며 그에 상응하여 철도와 제반 문화현상의 상호관계에 관한 연구도 활발한 편이다. 이에 반해서 철도가 갖는 문화적 함의를 다룬 연구는 국내의 경우 거의 전무한 상황이다.[2] 이는 사회과학과 인문학을 망라한 거시적 관점에서 철도연구 전반에 걸친 국내의 연구부재 상황을 반영하고 있다고 할 것이다. 서구 선진국들에서 이루어지고 있는 철도와 문화변동에 관한 총체적 논의는 앞으로 우리가 접하게 될, 또는 어쩌면 이미 겪고 있는 외면적·내면적 변화와도 무관치 않을 것이다. 본 논문은 이러한 문제의식에서 출발한다.

어느 시대, 어느 사회에서든 작가는 시대의 현상과 변화를 가장 앞서서 읽는 정신적 전위부대의 일원이며 그의 작품은 시대를 반영하는 거울이다. 그리고 문학작품은 다른 예술작품과 마찬가지로 우리가 시간을 거슬러 과거로 돌아가 한 시대를 더듬어볼 수 있는 주요한 한 통로이다. 철도가 19세기 초반에 유럽대륙에 문자 그대로 굉음을 울리며 등장했을 때,[3] 그리고 이어서 근대화와 산업화의

---

[2] 각각 1999년과 2003년에 간행된 정재정의 『일제침략과 한국철도(1892~1945)』와 박천홍의 『매혹의 질주, 근대의 횡단: 철도로 돌아본 근대의 풍경』이 철도와 관련한 국내 최초의 중요 연구서라고 할 수 있는데, 이들 논저를 필두로 이제 국내에서의 철도연구도 개척단계에 들어선 것으로 짐작된다. 그리고 독일 학계의 주요 철도연구서라고 할 수 있는 볼프강 쉬벨부쉬 Wolfgang Schivelbusch의 *Geschichte der Eisenbahnreise – Zur Industrialisierung von Raum und Zeit im 19. Jahrhundert*(München, 1977)가 『철도여행의 역사-철도는 시간과 공간을 어떻게 변화시켰는가』라는 제목으로 1999년에 국내에 번역 소개된 것도 바로 이러한 추세의 한 반증이라고 할 것이다.

[3] 1825년 처음 철도를 개통한 영국에 이어서 프랑스(1832)와 독일(1835) 그리고 벨기에(1835), 러시아(1838), 이탈리아(1839) 등이 잇달아 철도운행을 시작하였는데, 처음에는 산업물자의 운송수단으로 주로 이용되다가 점차 대중적 교통수단으로서 입지를 굳혀나가게 되었다. (졸고 「독일

견인차로 각광받기 시작했을 때, 작가들의 의식세계는 이 새로운 굉음을 탐지하는 지진계로 작동하였으며 철도라는 '괴물'의 존재를 그들의 사유세계 안으로 끌어들여 다양한 의미를 부여하게 된다.

이 장에서는 하이네(Heine), 아이헨도르프(Eichendorff), 괴테(Goethe), 뵈르네(Börne) 등 4명의 독일 근대문학 작가들이 1850년 이전에 그들의 글 속에 그려낸 철도의 모습을 통해서 당시의 시대변화와 이에 따른 사람들의 의식변화의 일면을 간략히 소개하고자 하며, 그 가운데에서 특히 철도가 불러일으킨 시공간 개념의 혁명적 변화에 초점을 맞추려 한다. 이렇게 시기적으로 제한을 둔 이유는 이 기간이야말로 철도가 처음 등장한 이후 보편적 대중의 의식 속에서 '일상의 자연스런 일부분'으로 자리 잡기 이전의 시대라고 볼 수 있기 때문이다.4) 말하자면 철도가 가져온 '변화'와 '변동'에 주목하고자 하며, 철도가 이질적이고 경이로우며 때론 공포를 자아내는 신문물로서 수용되는 한에서 문학적 관찰의 대상으로 삼았다.

II. 철도와 문화변동

하나의 전혀 새로운 문물로서 철도가 등장하여 그것이 우리 생활의 일상적인 배경이나 자연스런 문명의 이기로서 받아들여지기까지 철도는 실로 여러 가지 전대미문의 특별하고 혁명적인 것을 내포

철도의 군사적 이용에 관하여: 초창기에서 비스마르크 시대까지」, 『외국어로서의 독일어』 제16집(2005.7), pp. 269-272 참조.

4) 시기적으로 어느 시점에 이르러 철도가 자연스레 일상화되었는지 단정할 수는 없지만, 영국이나 독일의 경우 19세기 후반을 그 시점으로 삼고 있다. Vgl. Alfred Ch. Heinimann, *Technische Innovation und literarische Aneignung. Die Eisenbahn in der deutschen und englischen Literatur des 19. Jahrhunderts*. Bern 1992. p. 18.

하고 있었고 또 그러한 특성들을 통해 심대한 사회문화적 변화를 일구어왔다. 1750년에서 1850년까지의 1세기를 현대로 넘어가는 길목이라고 했을 때, 18세기 이래 과학적 진보의 총아로서 철도는 다음과 같은 측면에서 계몽적 근대와 현대를 잇는 가교로서 기능하였다.[5]

1) 산업혁명의 영향이 무엇보다도 주로 도시 및 도시인근지역에서 감지되었던 반면에, 철도는 그때까지 커다란 사회적 변동의 여파로부터 동떨어진 지역으로까지 멀리 기술의 진면목을 확산시켰다. 이로써 도시-시골간의 차이가 균등화되기 시작하였다.

2) 그때까지의 자연 혹은 자연경관은 소규모의 인위적 가공만을 감수해야 했다면, 철도시대 이후로는 자연에 대한 대규모의 기계적 가공이 이루어졌다. 기존의 도로가 주어진 자연을 존중하여 구부러지고 휘어지며 건설된 반면에 철도를 위해서는 직선공간이 필요해졌고 자연적 장애물들은—터널굴착, 교량건설, 평탄작업 등의 대규모 토목건설을 통해서—돌파되거나 제거되었다. 인간은 자연을 마음대로 가공하는 데에 익숙해져 갔고 그것은 정원사의 손길이 아니라 거대한 기계도구를 동원하여 광범위한 지역에서 이루어졌다. 이로써 '가능성의 시대'가 시작되었다.

3) 철도는 근대인들의 시간과 공간에 대한 개념과 감각을 근본적으로 변화시켰다. 이전까지 자연적 조건에 결박되어 있었던 인간의 시간과 공간에 대한 지각을 완전히 무너뜨리고 새로운 인식체계와 감각을 창출해낸 것이다. 예컨대 철도는 아주 특별한 경우를 제외하고는 평생 자기가 살던 지역을 떠날 수 없었던 사람들에게 며칠씩 걸리던 천리 여행길을 하루나 반나절이면 끝나버리는 여행으로 변화시키는 등 동시대인들을 공간적 제약에서 완전히 해방시켜서 빠

---

[5] 아래에서는 철도와 문학에 관한 독일어권의 대표저작이라 할 수 있는 Heinimann의 저서에서 논거를 취하였다. Heinimann(1992), p. 22이하.

르고 자유로운 공간의 이동을 가능하게 하였다. 공간적 거리의 급격한 단축은 판단주체의 정신적 태도에 따라 회복불가능한 상실로서 받아들여지거나 혹은 물리적 자연에 대한 승리로서 인식되었다. 나아가 표준적이고 규칙적인 열차운행시간과 열차시간표 또한 사람들의 시간에 대한 인식과 감각을 균질화하고 통일하는 중요한 계기로 작용하였다. 지역단위의 시간이 국가단위의 시간으로 대체되었고 시계를 통한 시간의 규율은 점점 더 많은 삶의 영역으로 침투하였으며, 농촌의 평온함 대신에 산업사회의 촉박한 시간이 일상을 지배하게 되었다.

4) 시간과 공간에 대한 감각 못지않게 인간관계(인간-인간) 및 인간-자연의 관계도 근본적인 변화에 직면하였다.

5) 인간존재의 대량화, 대중화는 철도에서 적나라하게 체험되는 19세기적 현상이다. 사회적 성분이 균질적인 소수의 인원들이 함께 하던 개인의 여행형태는—이러한 여행 자체가 하나의 특권이기도 했거니와—수백 명이 사회적 신분과 지위에 관계없이 '민주적으로' 뒤섞여 함께 하는 철도여행으로 바뀌었다. 신분적 위계질서는 공간적 이동성의 편의를 위하여—외형적으로 열차의 등급이 존재하기는 하지만—지양되었다.6)

---

6) 이와 유사한 내용을 한국 신문학 작품에서도 찾아 볼 수 있다. 문학과 철도의 관점에서 볼 때 우리나라 최초의 철도문학작품은 육당 최남선이 1908년 지은 『경부철도가』라고 할 수 있다. 이 작품은 1908년 신문관에서 간행되었는데, 7·5조로 이루어진 장편 기행체 창가의 형식을 취하고 있다. 총 67절로 이루어진 이 창가는 계몽적, 개화지향적, 교훈적 성격을 띠고 있으며 경부철도를 소재로 삼아 근대 문명의 상징인 철도의 찬양을 통해서 개화문명에 대한 동경과 민중계몽이라는 주제를 담고 있다. 철도 열차에 내외국인이 함께 타서 별세계를 이루었음을 노래하며, 사해동포주의 사상 및 봉건질서의 종말도 암시하는 이 작품의 제2절의 내용은 다음과 같다. "늙은이와 젊은이 섞어 앉았고 / 우리내외 외국인 같이 탔으나 / 內外親疎 다같이 익혀 지내니 / 조그마한 딴세상 절로 이뤘네." 고려대학교 아세아문제연구소 육당전집편찬위원회 엮음, 『육당 최남선

이와 같이 철도의 등장은 사람들의 인식, 생활습관, 일상 등등에 엄청난 변화를 불러왔다. 철도시대의 도래가 동반한 이러한 과도기적 변화들은 철도시대 이후의 문학작품들 속에—작가적 지향점과 이념 그리고 형식을 달리하면서—여실히 반영되어 있다.

III. 철도의 시·공간 – 공간의 살해와 아우라의 소멸: 하이네와 아이헨도르프

 철도는 전례 없는 속도로 세계를 바꾸어 버렸다. 철도가 내포한 혁명적 문화변동요인들 가운데에서 철도의 속도에 근거한 거리의 급격한 단축, 그리고 그에 따른 근대인들의 시간과 공간에 대한 인식 및 개념의 변화야말로 어떤 측면에서는 산업화와 근대화의 주요한 조건이자 본질이라고 할 것이다. 19세기 초반에 유럽의 많은 문인들은 철도의 영향을 '공간과 시간의 소멸(Vernichtung von Raum und Zeit)'[7]이라는 문구로 서술하였다. 이러한 생각의 근거는 철도라는 새로운 교통수단이 이루어낸 속도다. 영국에서 초기 열차의 평균속도는 32 내지 48 킬로미터였는데, 이는 당시 우편마차들이 도달할 수 있었던 속도의 약 세 배이다. 말하자면 철도는 익숙하던 시간의 3분의 1로 지날 수 있었던 것이다. 즉, 그 구간은 시간적으로 3분의 1로 축소되었다. 이러한 시간의 단축은 19세기 초반의 글들에서는 일반적으로 공간의 축소로 이해되었다.[8]

전집 5』, 현암사, 1973, p. 347. 노소와 내외국인들 그리고 이방인들이 함께 앉아 있음은 개화시대의 평등사상을 예시하고 있을 뿐만 아니라 세대차이 및 출생과 신분의 차별 그리고 남녀가 유별하던 전통사회의 내외법이 흔들리고 있음을 나타내고 있다. 박천홍(2003), p. 345 참조.

7) Schivelbusch(1977), p. 35.
8) Schivelbusch(1977), p. 35 이하.

하이네(1797~1856)는 전통적인 공간-시간-의식의 관계가 철도를 통하여 혼란을 겪게 된 상황을 포착하여 '공간의 살해'라는 문학적 표현으로 남겼다.9) 1843년 5월 2일 파리에서 1,200명의 초청내빈과 더불어 축제분위기 속에 루앙 및 오를레앙으로 가는 철도노선이 개통되었을 때, 그는 당시 아우구스부르거 알게마이네 차이퉁(Augusburger Allgemeine Zeitung)의 파리통신원으로서 이 사건을 독일에 보고한 바 있다. 후에 '프랑스의 정치, 예술 그리고 민중들의 생활에 관한 보고(Berichte über Politik, Kunst und Volksleben)'라는 부제를 달고 있는 『루테치아(Lutezia)』10)라는 제목의 책으로 출판된 이 글에서 그는 탁월한 직관력으로 철도의 혁명적 성격을 간파하였다. 그는 철도가 세계를 근본적으로 변화시키는 새로운 전환점이 될 것이라고 예견하면서 다음과 같이 기록하였다.

하나는 오를레앙으로, 또 하나는 루앙으로 이어지는 두 개의 새로운 철도의 개통은 이곳에서 충격을 불러일으키고 있으며, 이 충격은 사회적으로 격리된 삶을 사는 사람이 아니라면 누구나 감지할 수 있을 정도다. 파리의 모든 시민들은 이 순간 이를테면 인간 고리를 이루고 선 채 모두 한꺼번에 감전되어 버린 형국인 것이다. 하지만 대부분의 사람들이 이 거대한 동력(動力)의 외양을 마비된 듯 멍하게 응시하는 동안에도, 그 어떤 섬뜩한 전율이, 결과를 예측할 수 없는 전대미문의 끔찍한 일이 일어날 때마다 우리가 느끼는 그런 전율이 철학자를 엄습한다. 우리가 감지하는 바는 오로지,

---

9) 하이네의 이 표현은 '철도와 문학'이라는 포괄적 주제의 거의 모든 독일 2차 문헌에서 아마도 가장 자주 등장하는 문구일 것이다. 박천홍도 그의 저서 『매혹의 질주, 근대의 횡단: 철도로 돌아본 근대의 풍경』의 제 4부 제목을 '공간의 살해'로 정하고 있다. 인용문의 이러한 비중과 성격에 맞추어 비교적 긴 분량에도 불구하고 모두 인용하기로 한다.
10) Lutezia는 Paris의 옛 로마시대 도시명칭이다.

우리의 전 존재가 새로운 철로 안으로 휩쓸려 갔다가 내팽개쳐질 것이라는 것, 장차 새로운 관계와 기쁨과 재난이 우리를 기다리고 있다는 것, 그리고 이 정체불명의 물건이 우리를 유혹하면서 또한 동시에 불안하게 하면서 엄청난 매력을 발산한다는 사실이다. 아메리카 신대륙이 발견되었을 때, 최초의 발포를 통해서 화약의 발명이 알려졌을 때, 인쇄술의 발견으로 최초의 성서 견본쇄가 세상에 전파되었을 때, 우리 조상들이 이런 기분이었으리라. 철도는 인류에게 새로운 격변을 불러일으키고 삶의 색깔과 형태를 변화시키는 그와 같은 또 하나의 숙명적 사건이다. 세계사에 새로운 장이 시작되는 것이며 우리의 세대는 그에 동참한 것에 자부심을 가져도 좋으리라. 이제 우리의 직관방식과 우리의 표상에 어떤 변화가 생길 것임에 틀림없다! 심지어 공간과 시간에 대한 기본적인 개념들도 흔들리게 되었다. 철도에 의해서 공간은 살해되었다. 그리고 우리에게 남아있는 것이라고는 시간밖에 없다. 돈만 충분하다면 시간마저도 정중하게 죽여 버릴 텐데! 이제 사람들은 세 시간 반 내에 오를레앙까지, 그리고 꼭 같은 시간 내에 루앙까지 여행한다. 이 노선들이 벨기에와 독일까지 연결되고 또 그곳의 철도들과 연결된다면, 어떤 일이 벌어질 것인가! 내게는 모든 나라의 산들과 숲들이 파리로 다가오고 있는 듯하다. 나는 이미 독일의 보리수 향기를 맡고 있다. 내 문 앞에선 북해의 파도가 부서지고 있다.

Die Eröffnung der beiden neuen Eisenbahnen, wovon die eine nach Orleans, die andere nach Rouen führt, verursacht hier eine Erschütterung, die jeder mitempfindet, wenn er nicht etwa auf einem socialen Isolierschemel steht. Die ganze Bevölkerung von Paris bildet in diesem Augenblick gleichsam eine Kette, wo einer dem andern den elektrischen Schlag mittheilt. Während aber die große Menge verdutzt und betäubt die äußere

Erscheinung der großen Bewegungsmächte anstarrt, erfaßt den Denker ein unheimliches Grauen, wie wir es immer empfinden, wenn das Ungeheuerste, das Unerhörteste geschieht, dessen Folgen unabsehbar und unberechenbar sind. Wir merken bloß, daß unsere ganze Existenz in neue Gleise fortgerissen, fortgeschleudert wird, daß neue Verhältnisse, Freuden und Dransale uns erwarten, und das Unbekannte übt seinen schauerlichen Reitz, verlockend und zugleich beängstigend. So muß unseren Vätern zu Muthe gewesen seyn, als Amerika entdeckt wurde, als die Erfindung des Pulvers sich durch ihre ersten Schüsse ankündigte, als die Buchdruckerey die Aushängebogen des göttlichen Wortes in die Welt schickte. Die Eisenbahnen sind wieder ein solches providenzielles Ereigniß, das der Menschheit einen neuen Umschwung giebt, das die Farbe und Gestalt des Lebens verändert; es beginnt ein neuer Abschnitt in der Weltgeschichte, und unsere Generazion darf sich rühmen, daß sie dabey gewesen. Welche Veränderungen müssen jetzt eintreten in unsrer Anschauungsweise und in unsern Vorstellungen! Sogar die Elementarbegriffe von Zeit und Raum sind schwankend geworden. Durch die Eisenbahnen wird der Raum getödtet, und es bleibt uns nur noch die Zeit übrig. Hätten wir nur Geld genug, um auch letztere anständig zu tödten! In vierthalb Stunden reist man jetzt nach Orleans, in eben so viel Stunden nach Rouen. Was wird das erst geben, wenn die Linien nach Belgien und Deutschland aufgeführt und mit den dortigen Bahnen verbunden seyn werden! Mir ist als kämen die Berge und die Wälder aller Länder auf Paris aufgerückt. Ich rieche schon den Duft der deutschen Linden; vor meiner Thüre brandet die Nordsee.[11]

---

11) Heinrich Heine, *Lutezia*. In: Historisch-kritische Gesamtausgabe der Werke [DHA: Düsseldorfer Heine Ausgabe]. Hrsg. v. Manfred Windfuhr. Bd. 14, Hamburg 1991, p. 57 이하.

하이네의 철도에 대한 생각은 일방적 환호와 찬미 혹은 단정적 비판과 거부와는 거리가 멀어 보인다. 그의 태도는 양가적 모습을 띠고 있다. 한편으로 그는 철도를 신대륙의 발견 및 화약과 인쇄술의 발명 등과 같은 인류문명사의 일련의 혁명적 발명들과 동등한 반열에 올려놓음으로써 또 한 번의 기술적 진보에 열광하면서도, 또 한편으로는 자신의 철도체험을 전율과 불안감 속에 담아냄으로써 철도라는 신문물에 대해 막연하나마 비판과 경고의 메시지를 보내는 뉘앙스를 풍기고 있다. 이런 양가적 태도는 예리한 시대비평가였던 하이네조차도 당시로서는 아직 철도의 실체와 미래에 관하여 아직 명확한 견해를 정립하지 못한 채 일종의 정신적 "발효상태(Gärzustand)"12)에 머물러 있음을 드러낸다고 할 수 있다.

프랑스에서의 근대화와 산업화 및 철도부설에 생시몽주의자(Saint-Simonisten)들이 커다란 역할을 했고 하이네가 1831년 파리로 이주하는 시기를 전후하여 상당기간 동안 이들 생시몽주의자들과 사상적으로나 개인적으로 밀접한 교분을 유지했다는 점을 감안하면, 그가 철도라는 신문물에 비교적 일찍 접할 수 있었고 그에 대해 일정 부분 호의적 관심을 지속적으로 가졌던 것은 분명하다. 반면에 새로운 신문물의 외양과 공간살해의 비유 및 "어떤 일이 벌어질 것인가!"라는 물음을 통해 드러나는 일말의 섬뜩한 전율과 막연한 불안감의 실체는 두 가지 관점에서, 즉 문학적 관점과 철학적 내지는 심미적인 관점에서 조망해 볼 수 있을 것이다.

첫째로, 철도열차의 위압적인 모습과 그 질주를 체험한 하이네의 불안과 전율의 뿌리를, 그리고 "어떤 일이 벌어질 것인가!"라는 물음에 대한 답변을 문학적 관점에서 더듬어 본다면, 그 실체는 전통적인 시문학(Poesie)과 기술문명(Technik) 간의 긴장관계 속에서 찾아볼 수

---

12) Heinimann(1992), p. 313.

있을 것이다. 위에서 '철도와 문화변동'과 관련하여 언급한 '자연과 인간의 관계'의 균열이나 도시-시골 간의 점진적인 균질화 과정, 그리고 철도를 통해 가속화되기 시작한 산업화와 근대화는 그 이전에 자연과 인간이 보다 밀접하게 공존하던 목가적인 황금시대를 마감하고 냉혹한 기계의 원리가 지배하는 시대를 열어갔다. 저항시인이자 혁명적 사상가로서의 하이네에게서 역사와 사회의 진보에 대한 희망과 믿음이 '속도' 혹은 '빠름'에 대한 선망과 맞닿아 있다고 한다면,13) 낭만적 서정시인으로서의 하이네에게 철도의 등장으로 인한 근대적 변화들은 또 다른 의미에서의 '예술시대의 종말'이라고 할 것이다. 위 인용문과 비슷한 시기에 작성된 것으로 추정되는 하이네의 산문메모 한 편은 철로를 질주하는 증기기관차에 흔들리고 위협받는 문학과 예술의 모습이 다음과 같이 단편적으로 묘사되어 있다.

독일정신의 백미인 철학과 노래—그들의 시대는 지나갔고 그와 더불어 전원의 고요함도 사라져 갔다. 독일은 움직임 속으로 휩쓸려 갔다—생각은 더 이상 고매하지 않고, 그 추상적 세계 속으로 적나라한 현실들이 들이 닥친다—철도의 증기기관차가 우리에게 전율하는 감정의 동요를 불러일으킨다. 이제 노래는 나오지 않고, 석탄연기는 노래하는 새들을 쫓아내며, 가스조명의 악취는 향기로운 달밤을 망쳐버린다.

Die höchste Blüthe des deutschen Geistes; Philosophie und Lied—Die Zeit ist vorbey, es gehört dazu die idyllische Ruhe, Deutschland ist fortgerissen in die Bewegung—der Gedanke ist nicht mehr uneigennützig,

---

13) 전통적 국민성으로서 독일인들의 '느림'과 프랑스인들의 '빠름'은 하이네가 양국의 역사적, 사회적 발전과정을 비교하고 대비하는 데에 종종 사용하는 Klischee의 하나이다.

in seine abstrakte Welt stürzt die rohe Thatsache—Der Dampfwagen der Eisenbahn giebt uns eine zittrige Gemüthserschütterung, wobey kein Lied aufgehen kann, der Kohlendampf verseucht die Sangesvögel und der Gasbeleuchtungsgestank verdirbt die duftige Mondnacht.[14]

철도를 배경으로 하여 기술적 진보와 예술적 퇴행을 전형적으로 대비시키는 서술방식은 동시대의 다른 작가들에게서도 자주 등장한다. 임머만(Immermann, 1796~1840)은 새로이 팽배하는 물질주의적 추세를 철도를 예로 들어 형상화하였고, 드로스테-휠스호프(Droste-Hülshoff, 1797~1848)는 자신의 기차여행을 "포효하는 괴물(das heulende Ungeheuer)"과 함께한 여행이라고 기술하였으며, 신화와 민담이 서려있던 아이헨도르프(1788~1857)의 작품들 속의 폐허와 고성들은 철도와 가장 극명하게 대비되는 낭만적 Topos로 등장한다.[15]

둘째로, 하이네가 기술한 바처럼 파리의 집 대문 앞에 독일의 보리수 향기와 북해의 파도를 병렬시키는 '공간살해'의 메타포와 관련하여 "어떤 일이 벌어질 것인가!"라는 물음에 대한 하나의 답변은 벤야민이 말한 아우라 개념, 특히 그가 「기술복제시대의 예술작품」의 제 3장에서 "인간의 지각의 종류와 방식도 변화를 겪기 마련이다"라고 말하면서 언급한 '자연적 대상들의 아우라'[16]에서 찾아볼 수 있다. 벤야민이 아우라와 아우라의 소멸에 대해 정의했던 바를 떠올리면, 어느 한 지역 혹은 어느 지역의 풍광이 자신의 본원적인 고립상태로부터 벗어나게 되는 것이나 철도를 통하여 외부로 공개되는 것을 아우라의 상실이라고 표현할 수 있을 것이다.[17] '지금 그리고

---

14) DHA, Bd. 10, S. 336.
15) Heinimann(1992), p. 316 이하.
16) '자연적 대상의 아우라'에 관한 벤야민의 논지는 발터 벤야민(반성완 편역), 『발터 벤야민의 문예이론』, 민음사, 1983, pp. 203-204 참조.

여기(Hier und Jetzt)'라는 개념과 '멀리 떨어져 있음(Ferne)'이라는 개념은 벤야민의 아우라 개념을 구성하는 토대인데, 벤야민은 '자연적 대상들의 아우라'를 "어떤 멀리 떨어져 있는 것이 일회적으로 가까이 나타나는 것"으로 정의한다. 그에 따르면 예술작품의 아우라는 그것이 위치하고 있는 장소에서 지니는 일회적 현존성이며, 이러한 공간적이고 시간적인 일회성과 진품성은 복제를 통해 소멸된다. 이와 동일한 논리는 철도열차를 통해 닿을 수 있게 된 어느 한 지역 혹은 그 지역의 풍광에도 적용된다. 이 지역의 풍광은 단체관광객들에게 개방되면서 물리적으로 손상되지는 않으나 쉽고 편안하고 값싼 접근가능성은 그 지역으로부터 고립성 내지는 폐쇄성이 주는 가치를 빼앗는다. 벤야민이 지적하는 복제를 통한 아우라의 상실은 19세기에 대중들이 지방에 더 가까이 다가갈 수 있게 된 과정에 대한 동일한 표현이다. "사물들을 공간적으로나 시간적으로 더 가까이 데려가는 것은, 주어진 것의 일회성을 복제품을 통해 극복하고자 하는 경향과 마찬가지로 대중들의 열광적인 바램이다"라고 벤야민이 말했던 것처럼, 관광여행을 통해 어느 지역에 마음대로 갈 수 있게 되는 현상은 복제를 통해 일회성을 극복하는 과정의 전 단계이자 준비과정이다.

'공간의 살해'로 표현된 획기적 거리단축에 내포된 두 가지의 모순적 계기는, 철도가 한편으로는 이제까지 쉽게 도달할 수 없었던 새로운 공간들을—보다 많은 사람들이 보다 쉽게 접근할 수 있도록—열어놓았지만, 다른 한편으로는 이러한 일이 그 사이의 무수한 공간들을 없앰으로써 가능하게 되었다는 것이다.[18] 철도시대 이전에 출발지와 목적지 사이에 존재했던 전통적 여행공간(Reiseraum) 혹은 사이공간(Zwischenraum)은 철도의 등장과 더불어 사라졌다. 생생

---

17) 벤야민이 말한 아우라 및 아우라의 상실을 철도의 공간개념과 결부시키는 이하의 논지는 Schivelbusch(1977), pp. 42-43을 참조.
18) Schivelbusch(1977), p. 39.

한 연속공간으로 경험되던 밀도 있는 여행공간은 열차로 인해 종식되고, 기차는 단지 출발지와 목적지만을 안다. 아이헨도르프는 그의 노벨레 『은둔자(*Einsiedler*)』에서 자신의 철도체험을 화자의 입을 통해 전달하면서 정거장 사이의 여행공간들이 사라져버린 현실을 '정거장으로만 이루어진 세계'라고 표현하였다.

어느 따뜻하고 좋은 가을아침에 나는 기차를 타고 독일의 한쪽 끝에서부터 빠르게 달렸다. […] 증기기관차들은 단지 정거장으로만 이루어진 이 세계를 쉴 새도 없이 마치 하나의 만화경처럼 뒤흔든다. 스쳐 지나가는 풍경들을 제대로 눈에 담지도 못한 사이에 차창 밖으로는 늘 새로운 풍경들이 얼굴을 들이민다. 이 날아가는 살롱은 방금 전에 익힌 얼굴들을 소화하기도 전에 늘 새로운 모임을 만들어낸다.

An einem schönen warmen Herbstmorgen kam ich auf der Eisenbahn vom andern Ende Deutschlands mit einer Vehemenz dahergefahren, […] Diese Dampffahrten rütteln die Welt, die eigentlich nur noch aus Bahnhöfen besteht, unermüdlich durcheinander wie ein Kaleidoskop, wo die vorüberjagenden Landschaften, ehe man noch irgend eine Physiognomie gefaßt, immer neue Gesichter schneiden, der fliegende Salon immer andere Sozietäten bildet, bevor man noch die alten recht überwunden.[19]

사이공간의 존재의미는 그것으로 인하여 멀리 떨어져있는 자연대상(목적지)의 폐쇄성 내지는 일회성(벤야민이 말하는 '지금 그리

---

19) Joseph von Eichendorff, *Einsiedler*. In: Neue Gesamtausgabe der Werke und Schriften in 4 Bde., hrsg. v. G. Baumann und S. Grosse, Stuttgart o.J. Bd. 2, p. 1019 이하.

고 여기')이 가치를 갖게 된다는 것이다. 즉 여러 장소들이 서로서로에게 공간적 거리를 둠으로써 고립됨을 통하여 각각의 개별성을 형성하고 있었던 것이다. 그런데 철도로 인하여 사이공간이 사라지면서 출발지와 목적지는 서로 접근하면서 충돌하게 되고 이들은 기존의 폐쇄적, 개별적 공간으로서의 아우라를 상실하게 된다. 다시 하이네의 글로 돌아오자면, 파리와 북해, 또는 파리와 독일의 숲은 서로 고립된 채 사이공간에 의해 분리되어 각각의 개별성과 자연대상으로서의 아우라를 간직하고 있었다. 철도를 통한 사이공간의 붕괴 및 두 공간의 상호충돌은 그러므로 기존의 전통적인 인지방식으로는 이해 불가능한 현상으로 파악될 수밖에 없고 그러한 지각과정의 혼돈은 필연적으로 "섬뜩한 전율"과 막연한 불안감을 동반한다.

하이네가 말한 철도에 의한 '공간의 살해'는 다의적인 상실의 메타포로 보인다. 그것은 전통적 문학공간이라 할 수 있는 목가적 전원과의 점진적 이별이고, 전통적 여행의 참맛을 제공해 주던 여행공간 혹은 사이공간의 소멸이며 동시에 멀리 떨어져 있던 개별적 자연대상이 갖고 있던 독자적 분위기(아우라)의 소멸이기도 하다.

IV. 철도의 정치경제학: 괴테와 뵈르네의 관념적 철도관

'공간의 살해' 혹은 '속도에 의한 시간과 공간의 축소'라는 함축적 표현을 통해 작가들이 적나라하게 드러낸 철도의 혁명적 성격은 그러나 문학적, 철학적 인식의 차원에 머무르지 않는다. 그러한 인식은 경제적, 정치적 사색과 성찰로 이어지며 여기에서 우리는 철도의 시공간에서 연유하는 근대화와 산업화, 나아가 대중화와 민주화의 요체를 파악할 수 있다. 철도에 관한 하이네와 아이헨도르프의 문학적 기록들이 현실적 철도체험에 기초한 사실적 성격을 띤다면,

시간적으로 이들에 앞서 철도를 언급한 괴테와 뵈르네의 경우는 실제로 철도를 체험하지 않은 상태에서 관념적 철도관을 피력한다는 점에서 성격을 달리한다. 동시에 이들은 철도가 갖는 정치경제적 맥락에 주목하였던 점이 두드러진다.

철도는 그것이 생겨난 시대에 이미 미래를 기약하는 존재였으며, 많은 소망과 희망들에 현실적 토대를 제공해 줄 수 있는 기술문명의 화신이었다.[20] 정치적 관점에서 보면 '공간의 살해', 즉 시간과 공간을 획기적으로 극복할 수 있는 새로운 수단의 발견이 정치적 현상타파의 한 동인으로 작용할 수 있었다는 점은 명백하다. 1830년 7월 혁명 이후 파리에서 망명생활을 하던 독일의 청년독일파 작가 뵈르네(1786~1837)는 그의 산문집 『파리서신(Briefe aus Paris)』(1830~1833)의 1831년 10월 8일자 기록에서 프랑스의 철도건설 구상을 바로 이런 정치적 문맥에서 관찰한 바 있다.[21] 엄밀한 의미에서 프랑스 최초의 철도인 파리-상제르망 노선이 1837년에야 개통되었기 때문에 뵈르네가 개인적인 철도체험을 할 수는 없었으나, 그는 프랑스의 철도구상에 주도적으로 참여했던 독일의 경제학자이자 대표적 철도이론가인 프리드리히 리스트(Friedrich List, 1789~1846)[22]와의 접촉을 통하여 앞으로 철도를 수단으로 가능하게 될 빠른 공간이동에 이미 열광

---

[20] Martina Ernst, *Phantastische Eisenbahn—Ein komparatistischer Blick auf Erscheinungsform und Funktion der Schienenwelt vornehmlich in der kurzen Erzählprosa*. Frankfurt a.M. 1992, p. 237.

[21] 뵈르네의 이 기록은 독일에서 철도에 관한 정치적 해석을 담은 가장 오래된 문건으로 인정되고 있다. Johannes Mahr, *Eisenbahn in der Dichtung—Der Wandel eines literarischen Motivs im 19. und im beginnenden 20. Jahrhundert*. München 1982, S. 82 참조.

[22] '독일 철도의 아버지'라고 불리는 리스트는 1833년에 전 독일을 연결하는 철도네트워크 아이디어를 고안했다. 그 내용의 핵심은 단치히, 브레슬라우, 프라하, 뮌헨, 바젤, 쾰른, 뤼벡 등의 가장 중요한 기점도시들을 철도로 연결하는 것이었으며, 그의 주된 의도는 철도를 통하여 독일의 경제적 통합과 나아가서 정치적 통합을 촉진하는 것이었다.

하고 있었다. 그가 가졌던 희망은 무엇보다도 철도가 가져오게 될 민주적이고 평화적인 효과에 대한 기대에 다름 아니었다.

내가 아침에 여기[파리]에서 출발한다면 저녁이면 당신 집[프랑크푸르트]에서 차를 마실 수 있을 것이고, 그 다음날 저녁이면 다시 이곳에 돌아올 수 있겠지요. 이 얼마나 멋진 생각입니까! 하이네는 물론 열 두 시간이면 독일에 닿을 수 있다고 생각하면 끔찍하다고 말합니다만, 나와 리스트가 이들 철도에 열광하는 이유는 그것이 초래할 엄청난 정치적 결과 때문이에요. 철도를 통해서 모든 전제정치는 목이 날아갈 것이고 전쟁은 불가능해질 겁니다. 다른 나라들과 마찬가지로 프랑스도 그때에는 최대 규모의 군대를 24시간 내에 제국의 한쪽 끝에서 다른 끝으로 수송할 수 있을 테지요. 그렇다면 전쟁은 체스에서의 기습공격에 불과한 것이 되어버릴 것이고 수행이 불가능할 것입니다.

Wenn ich morgens von hier abreiste, könnte ich abends Tee bei Ihnen trinken und den andern Abend wieder hier sein. Welch ein reizender Gedanke! Heine sagt zwar, es sei eine schreckliche Vorstellung, in zwölf Stunden schon in Deutschland sein zu können. Diese Eisenbahnen sind mun meine und Lists Schwärmereien wegen ihrer ungeheurn politischen Folgen. Allem Despotismus wäre dadurch der Hals gebrochen, Kriege ganz unmöglich. Frankreich, wie jedes andere Land, könnte dann die größten Armeen innerhalb vierundzwanzig Stunden von einem Ende des Reichs zum andern führen. Dadurch würde der Krieg nur eine Art Überrumpelung im Schachspiel und gar nicht mehr auszuführen.[23]

---

23) Ludwig Börne, *Briefe aus Paris*. In: Sämtliche Schriften. Hrsg. v. I. und P. Rippmann. Düsseldorf 1964. Bd. 3, p. 283.

뵈르네의 이러한 생각은 명백히 리스트의 영향으로 볼 수 있는데, 리스트 역시 전쟁이 합리적 결정에 입각하여 수행되기만 한다면 미래사회에서는 전쟁이 일어나지 않고 어쩌면 영원히 인류역사에서 사라질 가능성마저도 있을 것이라고 믿었다.24) 물론 뵈르네는 자신의 생각이 환상이었고 늦어도 1870년의—철도가 핵심적인 전쟁수단으로 동원되었던25)—보불전쟁에 이르러 자신의 전망이 어긋나게 될 것이라는 점을 예상하지 못했다. 그러나 철도를 기반으로 정치적, 군사적 세력균형이 이루어지는 시대가 도래하지 않을까 하는 우려는 철도태동 당시 모든 위정자들이 공히 갖고 있었다. 정치적 근대화의 관점에서 보면, 철도라는 '민주적' 교통수단을 통한 신분질서의 붕괴 및 시간과 공간의 급격한 축소를 통한 국가 간 차이의 해소 내지 극소화는 잠재적으로 갈등억제요인을 내포하고 있었다고 할 것이다.26)

대문호인 괴테(1749~1832)는 박물학자(Generalist)로서 다방면에 걸친 거의 무제한적인 관심으로 익히 알려져 있는데, 철도에 관한 그의 언급도 뵈르네와 유사한 정치적 맥락과 아울러 후에 리스트가 철도에 부여했던 경제적 관심도 그에 앞서서 노정시키고 있다. 1828년 10월 23일자 『괴테와의 대화』에는 철도와 관련한 짧지만 예리한 노시인의 혜안이 드러나 있다.

---

24) 이군호(2005), p. 273 참조.
25) 1857년에 몰트케 Moltke가 프로이센의 참모총장에 오르면서 철도와 군부의 협력체제는 더욱 강화되었다. 그는 철도에 커다란 군사적 의미를 부여하고 전쟁에서 철도가 결정적 역할을 할 것으로 예상하였으며, 실제로 오스트리아 및 프랑스와의 전쟁에서 철도를 조직적이고 계획적으로 동원하였다. 반면에 오스트리아와 프랑스 나폴레옹 3세의 강력한 군대도 철도와 관련된 기술적, 조직적 운용이 프로이센에 열세였고 이는 패전의 한 주요한 원인으로 지목된다. 이군호(2005), pp. 283-285 참조.
26) Heinimann(1992), p. 312.

"나는 독일이 하나가 되지 못할까 두려워하지는 않아"라고 괴테가 말했다. "우리의 잘 닦여진 도로와 앞으로 나타날 철도가 그들의 몫을 할 테니까. 그러나 무엇보다도 서로 간에 사랑하는 가운데 하나가 되어야 할 텐데! 그리고 외적에 대항해서는 늘 하나가 되어야지. 하나가 되어서 독일의 화폐가 전 지역에서 동일한 가치를 가져야 되겠고, 내가 36개 국가들을 여행할 때마다 내 여행 가방을 열지 않고도 통과할 수 있어야 되겠지. 커다란 이웃나라의 국경공무원이 바이마르 공국 시민의 여권을 외국인의 여권으로는 불충분하다고 판정하는 일이 없어야 할 것이고, 독일의 모든 국가들 간에 내국이니 외국이니 따지는 일이 일체 없어야 할 것이야. 나아가 독일은 도량형과 상업에 있어서 뿐만 아니라 내가 일일이 열거할 수 없는 그와 유사한 많은 일들에 있어서도 하나가 되어야 해."

"Mir ist nicht bange," sagte Goethe, "daß Deutschland nicht eins werde; unsere guten Chausseen und künftigen Eisenbahnen werden schon das ihrige tun. Vor allen aber sei es eins in Liebe untereinander! und immer sei es eins gegen den auswärtigen Feind. Es sei eins, daß der deutsche Taler und Groschen im ganzen Reich gleichen Wert habe; eins, daß mein Reisekoffer durch alle sechsunddreißig Staaten ungeöffnet passieren könne. Es sei eins, daß der städtische Reisepaß eines weimarischen Bürgers von dem Grenzbeamten eines großen Nachbarstaates nicht für unzulänglich gehalten werde als der Paß eines Ausländers. Es sein von Innland und Ausland unter deutschen Staaten überall keine Rede mehr. Deutschland sei ferner eins in Maß und Gewicht, in Handel und Wandel und hundert ähnlichen Dingen, die ich nicht alle nennen kann und mag."[27]

---

27) Johann Peter Eckermann, *Gespräch mit Goethe in den letzten Jahren seines Lebens*. München 1984, p. 605.

괴테가 독일의 현실적 희망과 미래지향적 비전을 실현시킬 수 있는 기술적 진보의 표상으로서 철도를 바라보는 것은 명백하지만, 그는 철도가 갖는 혁명적 성격의 핵심이랄 수 있는 속도에 관심을 가진 것이 아니었다. 하이네에게서 역사와 사회의 진보에 대한 희망과 믿음이 '속도' 혹은 '빠름'에 대한 선망과 맞닿아 있다고 한다면, 최근의 연구에 의하면 괴테는 오히려 빠른 것 보다는 느린 것을 선호하고 빠른 것(das Veloziferische)을 악마적이고 사악한 것이라고 생각한 측면이 분명히 있는 사람이었다.[28] 속도에 앞서서 괴테가 철도라는 신문물에서 본질적으로 주목한 것은 철도에 내재한 통합 혹은 결속의 속성, 즉 요즘의 용어로 네트워킹의 속성이었다고 할 것이다. 공간적 거리의 극복수단으로서의 철도는 괴테에게 있어 교통수단으로서의 의미에서 한걸음 더 나아가 독일의 소국분립주의의 극심한 분열상을 극복할 수 있는 정치적, 경제적 통합의 방편으로 이해되고 있었다. 영국에서 철도가 개통된 지 불과 3년 뒤에 괴테가 이 정도의 통찰력을 보였다는 사실이 우선 놀랍거니와, 이후 약 5년 뒤인 1832년에도 여전히, 그러니까 독일에 아직 철도가 부설되기 이전임에도 그가 임종 직전까지 철도에 꾸준한 관심을 보였다는 사실도 흥미롭다. 즉 그는 사망하기 약 한 달 전인 2월 24일에 바이마르 궁정도서관에서 영국의 철도시스템을 주제로 하는 전문잡지를 대출하여 읽었던 것이다.[29]

---

[28] Manfred Osten, *"Alles veloziferisch" oder Goethes Entdeckung der Langsamkeit*, Frankfurt a.M./ Leipzig 2003. 오스텐은 괴테가 빠름, 속도의 증가, 성급함 등의 징후로부터 서구문명의 몰락을 경계하였다고 지적하고 있으며, 그런 의미에서 괴테는 이런 징후 및 속성들을 악마적인 것(das Teuflische), 사악한 것(das Luziferische)으로 보았다고 한다.

[29] Wolfgang Minaty, Die Eisenbahn im Spiegel der Dichtung. In: *Schweizer Monatsheft* 3/63(1983), pp. 229–243.

V. 맺는말

 엄밀한 의미에서는 1990 이후에야 본격적으로 문학과 철도의 관계를 탐구하기 시작한 독일의 경우나 한국의 경우나 마찬가지로 근래에 이르기까지도 철도의 존재는 문학 속에서 오랫동안 숨겨진 존재였던 것처럼 보인다. 그러나 현대를 규정하는 '고속사회'의 시발점인 근대화와 산업화의 시작에서 그 방아쇠를 당기는 역할을 했던 철도의 존재는 속도지향의 현대에서 여전히 유효한 관찰대상이다. 현대를 사는 우리들이 동서양을 막론하고 오늘날 철도와 결부하여 논의하고 구상하는 거의 모든 것들이 이미 철도가 등장할 무렵부터 당대작가들을 포함한 지식인들에 의해 언급되고 지적되었다는 사실은 놀라운 일이다.

 또한 철도 모티프(Eisenbahn-Motiv)는 위에서 간략하게 살펴본 바와 같이 기존의 문학사에서 일반화 되어있는 작가들의 정형화된 모습들을 새로이 조망할 수 있는 한 계기, 바꿔 말하면 정치적, 문학적, 역사적 관점을 달리하는 여러 작가들의 이념적, 문학적, 역사적 좌표와 위상을 달리 조합해 볼 수 있는 하나의 단서 혹은 계기가 될 수 있지 않을까 한다. 전혀 상반된 작가적 성향과 지향점을 대표한다고 볼 수 있는 하이네와 아이헨도르프, 괴테와 뵈르네가 철도라는 하나의 비중 있는 관심사에서 유사한 관점을 공유한다는 점은 흥미로운 사실이며, 본 논문에서 언급하지 않았지만 일견 '고요한 작가'로 각인되어 있는 슈티프터(Stifter, 1805~1868)가 철로를 질주하는 야간열차에 매혹당하는 모습[30]은 전혀 다른 사람인 양 이례적이고도 신선하다.

---

30) Heinimann(1992), p. 317.

■ 참고문헌 ■

발터 벤야민(반성완 편역), 『발터 벤야민의 문예이론』, 민음사, 1983.
Börne, Ludwig, *Sämtliche Schriften*, Hrsg. v. I. und P. Rippmann. Düsseldorf 1964. Bd. 3.
Eckermann, Johann Peter, *Gespräch mit Goethe in den letzten Jahren seines Lebens*, München 1984.
Eichendorff, Joseph von, *Neue Gesamtausgabe der Werke und Schriften in 4 Bde.*, hrsg. v. G. Baumann und S. Grosse, Stuttgart o.J. Bd. 2.
Heine, Heinrich, *Historisch-kritische Gesamtausgabe der Werke*. Hrsg. v. Manfred Windfuhr, Hamburg 1973-1997.
박천홍, 『매혹의 질주, 근대의 횡단-철도로 돌아본 근대의 풍경』, 산처럼, 2003.
볼프강 쉬벨부쉬(박진희 옮김), 『철도여행의 역사-철도는 시간과 공간을 어떻게 변화시켰는가』, 궁리, 1999.
이군호, 「독일철도의 군사적 이용에 관하여: 초창기에서 비스마르크 시대까지」, 『외국어로서의 독일어』 제16집, pp. 269-292. 한국독일어교육학회 2005.
Ernst, Martina, *Phantastische Eisenbahn - Ein komparatistischer Blick auf Erscheinungsform und Funktion der Schienenwelt vornehmlich in der kurzen Erzählprosa*, Frankfurt a.M. 1992.
Heinimann, Alfred Ch., *Technische Innovation und literarische Aneignung. Die Eisenbahn in der deutschen und englischen Literatur des 19. Jahrhunderts*, Bern 1992.
Mahr, Johannes, *Eisenbahn in der Dichtung-Der Wandel eines literarischen Motivs im 19. und im beginnenden 20. Jahrhunder*, München 1982.
Minaty, Wolfgang, Die Eisenbahn im Spiegel der Dichtung. In: *Schweizer Monatsheft* 3/63(1983), pp. 229-243.
Osten, Manfred, *"Alles veloziferisch" oder Goethes Entdeckung der Langsamkeit*, Frankfurt a.M. / Leipzig 2003.
Schivelbusch, Wolfgang, *Geschichte der Eisenbahnreise-Zur Industrialisierung von Raum und Zeit im 19. Jahrhundert*, München 1977.

제 8 장
남북한 철도의 단절과 사회문화적 변화*
- 해방부터 한국전쟁 기간을 중심으로 -

박 종 철

Ⅰ. 서 론

19세기 중엽 서구의 각종 문물을 수용하고, 제도를 도입하여 한국 사회를 근대화하려는 노력이 시작되었다. 근대화는 정치, 경제, 사회, 문화, 가치관 등이 구조적 변화를 통해 근대적 가치와 제도를 형성하는 과정을 의미한다. 한국에서도 19세기 중엽부터 전통의 바탕 위에서 외래적인 요소를 도입하는 근대화 과정이 시작되었다.

근대화 과정과 사회 현상을 분석하는 데에는 다양한 접근법과 이론이 있다. 파슨즈(T. Parsons),[1] 아이젠슈타트(S.N. Eisenstadt),[2] 써튼(F.X. Sutton),[3] 리그스(F.W. Riggs)[4] 등이 주장하듯이 근대화를 농업

---

* 이 글은 『평화연구』 제14권 1호(2006년)에 게재되었음.
1) Talcott Parsons, *The Social System* (Glorence,I.: Free Press, 1951); *The Structure of Socail Action* (New York: McGraw-Hill, 1937).
2) S.N. Eisenstadt, "Modernization and Conditions of Sustained Growth," *World Politics*, 16 (July, 1964), pp. 576-594.
3) F.X. Sutton, "Social Theory and Comparative Politics," in Harry Eckstein and

사회에서 산업사회로 진화하는 과정으로 보는 사회적 근대화이론이 있으며, 로스토우(W.W. Rostow)[5]나 블랙(C.E. Black)[6]처럼 전통사회의 단계적 발전과정을 강조하는 근대화 단계론도 있다. 또한 립셋(S.M. Lipset)이 주장하듯이 경제발전이 선행되어야 정치·사회발전도 기대할 수 있다는 이론도 있다.[7] 그리고 도이취(K.W. Deutsch)나 러너(D. Lerner)는 근대화의 사회적 측면의 중요성을 강조하는 커뮤니케이션 이론을 제시하기도 하였다.

특히 도이취(K.W. Deutsch)는 사회발전의 요건으로서 근대화의 사회적 측면인 '사회적 동원(social mobilization)'을 강조했다.[8] 사회적 동원은 새로운 형태의 집단 동화, 개인적 일체감에 대한 새로운 이미지를 포함하여 직업, 주거, 사회구조, 제도, 역할, 경험, 기대감 등과 같은 구체적인 변화를 포괄한다. 예컨대 사회적 동원은 문화, 기술, 경제생활 등에서 진보되고 발전된 관행이 대규모로 도입되고 수용되는 과정을 말한다. 따라서 사회적 동원은 근대화 과정과 완전히 일치한다고 볼 수는 없지만, 적어도 근대화의 중요한 측면들이나 그 중요한 결과들과 깊게 연관되어 있다. 도이취에 의하면 사회적 동원은 전통사회의 사회·경제·심리적 관행이 사라지고 사람들이 새로운 형태의 사회화와 행태를 접할 수 있게 되는 과정이다. 또

David, eds., *Comparative Politics* (New York: Free Press, 1963).
4) Fred W. Riggs, "The Dialectics of Developmental Conflict," *Comparative Political Studies I* (July, 1968), pp. 197-226.
5) Walt W. Rostow, *The Stage of Economic Growth: A Non-Communist Manisfesto* (Cambridge: Cambridge University Press, 1960).
6) C.E. Black, *The Dynamics of Modernization* (New York: Harper and Row, 1966).
7) S.M. Lipset, "Some Social Requisites of Democracy," *American Political Sciences Review*, 53 (March, 1959), pp. 69-105.
8) Karl W. Deutsch, "Social Mobilization and Political Development," *American Political Science Review*, Vol. 115, No. 3 (September, 1961), pp. 493-514.

동일한 관점에서 러너(D. Lerner)는 커뮤니케이션의 촉진이 근대화를 촉진시킨다고 보았다.9)

철도는 한반도 전체에 '사회적 동원'을 가져 올 수 있는 교통수단이었으며 동시에 커뮤니케이션의 수단이었다고 볼 수 있다. 본 논문은 근대화에 관한 커뮤니케이션 이론 및 사회적 동원 개념에 입각하여 한국의 근대화 과정에서 철도와 사회문화적 변화와의 관계를 분석하고자 한다.

한국의 근대화 과정에서 철도의 발달은 몇 가지 특징을 지닌다. 첫째, 한국의 철도 건설은 일제 식민지하에서 정치·군사적 목적과 식민지 자원 수탈이라는 목적을 위해 추진되었다. 그리고 식민지 철도 건설은 필연적으로 전통 농촌사회와 신분구조의 해체, 기형적 도시화 등의 결과를 가져왔다. 둘째, 해방 후 남북분단과 전쟁을 거치면서 철도의 단절은 남북한의 이질화와 차별적 발전을 심화시키는 요인으로 작용하였다.

이 장에서는 해방 전후에서 한국전쟁까지의 시기를 대상으로 여러 가지 근대화 수단 가운데 철도가 사회·문화적 변화에 미친 영향을 분석하고자 한다. 해방부터 한국전쟁 기간으로 분석시기를 한정한 이유는 한국전쟁 이후 남한과 북한지역에서 서로 다른 이념과 체제에 의해 차별적인 근대화 혹은 산업화가 이루어짐으로써 철도가 남북한의 사회·문화적 변화에 직접적으로 영향을 끼칠 여지가 별로 없었기 때문이다. 따라서 이 장의 주제인 남북한 철도의 단절과 사회·문화적 변화를 살펴볼 수 있는 기간은 해방부터 한국전쟁 기간이 적합하다.

이 장은 우선 일제 강점기 철도가 한국 전통사회에 미친 결과와

---

9) Daniel Lerner, "Toward a Communication Theory of Modernization," in Lucian Pye, ed., *Communication and Political Development* (Princeton NJ: Princeton University Press, 1963), pp. 342-346.

그러한 식민지 근대화의 결과 발생한 사회·경제적 변화를 분석하고자 한다. 예를 들면, 철도가 부설된 지역을 중심으로 신흥 도시가 부상함으로써 철도 경유 지역으로부터 먼 전통 도시들은 몰락하게 되었다. 또한 한국의 경우 차량용 도로보다 철도가 먼저 보급되면서 한국인들이 사용하던 '-나절', '-쯤'과 같은 막연한 시간 개념이 '-시', '-분'이라는 근대적인 시간 개념으로 바뀌게 되었다. 또 철도를 이용하는 승객은 누구나 동등한 대우를 받게 됨으로써 일반 대중들에게 형식상으로는 폐지되었지만 아직 남아 있던 신분차별 의식이 사라지고 대신 평등 의식이 전파되었다.

해방 이후부터 분단국가 수립시기까지 철도는 거의 유일한 인적·물적 이동 수단으로 인구, 물자, 가치관의 이동 수단이었다. 운수동맥의 심장이라는 표현이 시사 하듯이 철도는 당시 이동의 중심수단이었다. 철도는 남에서 북으로, 북에서 남으로 출퇴근하거나 통학하는 이들의 핵심 교통수단이었다. 동시에 철도는 사상이나 가치관을 전파하는 데 있어서도 중요한 역할을 하였다. 같은 열차로 통학하거나 출퇴근하는 사람들 간의 교류가 이루어지고, 인식의 연대가 이뤄질 수 있게 하는 계기가 마련되었다.

그리고 한국전쟁 과정에서 철도는 군수물자 수송부터 피난민들의 이동에 이르기까지 운송 수단으로 가장 중요한 기여를 했다. 전선의 이동에 따라 철도국과 본부도 함께 이동하며 군의 후퇴와 전진, 군수물자의 공급을 도왔고, 전쟁 발발 후 남으로 피란을 가야 했던 많은 사람들을 대량으로 이동시키는 핵심 운송수단이었다.

이처럼 철도는 해방과 전쟁이라는 비정상적인 사회적 탈구(social dislocation)를 경험한 한국에서 새로운 사회·문화 시스템을 도입하고, 유지·발전시키는 데 있어서 중요한 역할을 하였다. 이 장에서는 철도의 이러한 역할을 검토해 보고자 한다. 우선 해방 전후 혼란했던 한반도에서 철도가 사회 질서의 유지·관리와 시스템 변화에 어떤 기여를 했는지, 그리고 전쟁을 겪는 가운데 전쟁 물자 및 군사 수송에서 어떤 기여를 했는지, 또한 그러한 과정에서 철도가 사회구조의 변화에 어떤 역할을 했는지 살펴보고자 한다.

Ⅱ. 일제 식민통치기 철도와 사회·문화적 변화

사회 발달에서 교통은 발전의 척도로서 중요한 의미를 지닌다. 역사적으로 교통은 단순히 필수물자의 수송과 이동수단으로서 뿐만 아니라 가치관과 사상을 전파하고, 관습이나 구습을 깨뜨리고 새로운 가치관을 전파시키는 동인이었다. 영국이 1651년 항해조례를 제정하고 해운진흥을 위해 노력한 결과 해양세력으로서 대제국을 이루게 되었던 것이나, 독일이 비스마르크(Bismarck)의 교통정책에 의해 통일을 성취하고 부강할 수 있었던 것이 그러한 예이다. 또한 중국이 동·서 지역 간 교통망을 연결하지 못함으로써 사회·문화적 교류가 이루어지지 못하고, 언어, 풍습의 다양성으로 인해 국가통일성이 유지되기 어려웠던 것도 교통수단이 한 국가의 발전에 얼마나 큰 영향을 미치는 것을 보여주는 예이다.

한반도의 경우에도 해방 이전부터 철도와 기차가 사회변화에서 중요한 역할을 했다. 1899년 9월 제물포-노량진 간 32km의 경인선이 개통되면서 철도는 우리나라의 사회·경제·문화의 전반적인 영역에 변화를 가져왔다. 근대화 과정은 점진적이고 균형적인 발전만 수반하는 것은 아니다. 근대화 과정은 필연적으로 지역간, 계층간, 세대간 불평등과 차별성을 수반한다. 더욱이 철도건설이 민족자본에 의한 것이 아니라 일본에 의한 것이었기 때문에 철도에 의한 근대화 과정 자체가 많은 문제를 수반하였다. 해방이 될 때까지 우리나라 철도는 민족경제와 국민생활의 발전과 편의를 위한 수단이라기보다는 일본의 대륙침략을 위한 수단과 국내 농산물 및 광산물의 착취 수단으로 이용되었다.

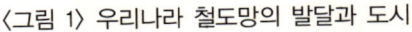
〈그림 1〉 우리나라 철도망의 발달과 도시

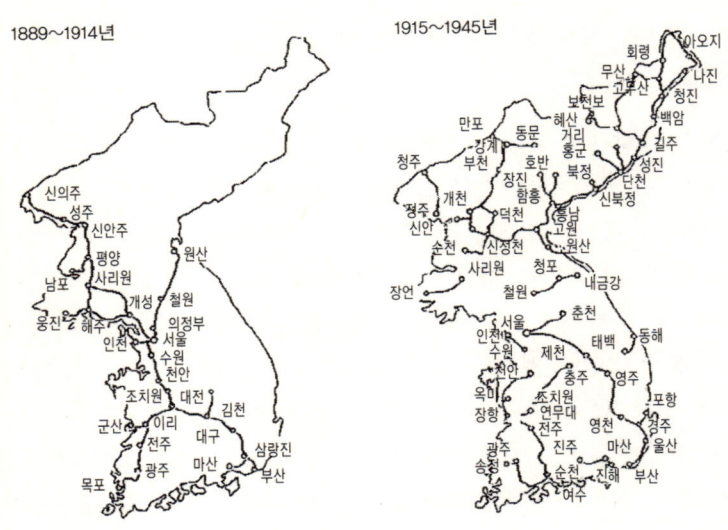

일제 식민통치기간 동안 1899년 증기기관차 4대, 객차 6량, 화차 28량 등의 철도 장비를 보유한 경인철도가 처음으로 개통된 것을 시작으로 1906년에는 서울-부산 간의 경부선과 용산-신의주 간의 경의선이 개통되었고, 1910년 평남선이, 1914년 대전-목포간의 호남선과 서울-원산 간의 경원선이, 1928년 원산-상삼봉 간의 함경선이, 1936년 이리-여수 간의 전라선이, 1942년 청량리-경주 간의 중앙선이 각각 개통되었다.

일제 식민통치 기간 동안 철도 부설은 주로 일본-한반도-만주를 효율적으로 연결시키는 데에 초점을 맞춰 추진되었다. 경부선·경의선·함경선·호남선·중앙선·만포선 등의 간선철도가 모두 남북종관형이었으며, 그 종단역은 대부분 항만과 국경에 설치되었다. 이를 통해 일제 시기의 철도 건설은 한반도의 착취 및 한반도를 대륙침략의 수단으로 활용되기 위한 것이었음을 알 수 있다.

한반도 철도가 일제의 식민통치 및 군사적 목적을 위해 건설되었기 때문에 1941년 태평양전쟁 발발 이후 전세가 일본에게 불리해지자, 철도의 유지·보수를 위한 투자가 감소하였다. 그 결과 2차대전 중에 이미 철도선로나 노상의 유지 및 구조물의 보수가 사실상 중단 상태였고 군사적 가치가 없는 일부 지선의 선로는 철거되기도 하였다.

그러나 일제 시기 철도가 물자의 수송과 전쟁물자의 이동수단 역할만을 한 것은 아니었다. 서구문명에 대해 백지상태와 마찬가지였던 한반도에서 철도는 새로운 관습과 구습을 타파하고 새로운 가치관을 전파하는 견인차 역할도 했다. 철도는 도시의 성쇠에 영향을 미쳤으며, 생활공간의 확대를 가져왔을 뿐만 아니라 유교적 관습과 신분제의 변화에도 영향을 미쳤다. 철도 건설로 인해 경주의 사천왕사 터, 월성, 안압지가 훼손되었다. 또한 철도 건설로 인해 수백 년 역사를 간직한 전통적인 읍성 도시들이 대부분 몰락한 반면, 신설된 철도역을 중심으로 위락·상업시설들이 동심원을 그리며 발달하였다.10)

1. 신흥 도시의 발생

철도는 기존의 지역 구조를 변화시켰다. 철도노선과 철도역을 중심으로 새로운 도시가 형성되었고, 그 지역에서 상공업이 발달함으로써 전 국토에 걸쳐 일대 변혁이 초래되었다.

부산, 원산, 인천, 남포 등의 개항장을 중심으로 신흥 항만도시가

---

10) 이규목, 『한국의 도시 경관』, 열화당, 2004, p. 84.

발달하던 것이 1920년대 경인선 부설을 시작으로 서울, 평양, 신의주, 익산, 대전 등이 성장하기 시작하였다. 말 그대로 철도가 지역구조를 바꿔 놓았던 것이다. 철도가 도시의 몰락과 발달에 큰 영향을 미친 대표적인 곳이 대전과 공주였다. 한가한 촌락이었던 대전은 경부선과 호남선의 분기점에 위치하면서 새로운 도시로 급부상했다. 반대로 충청권의 중심지였던 공주는 급격히 쇠락했고 1932년 10월 도청소재지 마저 대전에 양보해야 했다. 철도 때문에 공주는 지는 해가 되었고, 천안, 조치원, 대전 및 논산은 뜨는 해가 되었다. 도청 이전(移轉) 사건은 백제의 왕도이면서 감영도시였던 공주의 위상을 급격히 떨어뜨린 계기가 되었다. 일제는 이 외 지역에서도 도청소재지를 철도가 지나는 지역으로 이전하였다.11)

한편 철도가 경유하지 않는 지역에서는 철도가 지나는 지점에서 가까운 지역으로 도청소재지가 이동하기도 했다. 충북도청이 충주에서 청주로 이동한 것이 그런 예이다. 경부선이 충북을 거치지 않자, 충북지방의 철도 교통의 관문은 충남 연기군의 조치원이 되었고, 1908년에는 이러한 이유로 도청소재지가 충주로부터 조치원에서 가까운 청주로 옮겨졌다. 청주는 조치원에서 기차를 타면 하루 만에 서울에 닿을 수 있는 곳이었기 때문이다. 이로 인해 충주는 쇠락하게 되었다.12)

이외에도 호남선 개통으로 인하여 강경 대신에 논산이, 장항선이 개통되면서 천안과 장항이, 충북선이 개통되면서 부강 대신에 조치원 등이 발전하기 시작하였으며, 이러한 도시들은 그 지역은 물론 주변 지역에도 변화를 가져왔다.

---

11) 보다 자세한 내용에 대해서는 다음을 참조하기 바람. 박천홍, 『매혹의 질주, 근대의 횡단: 철도로 돌아본 근대의 풍경』, 산처럼, 2003, pp. 208-213; 노형석, 『모던의 유혹, 모던의 눈물』, 생각의 나무, 2004, pp. 305-310.
12) 『주간동아』, 2005년 3월 15일 (476호), p. 60.

2. 시간 개념의 변화

철도는 근대적 시간관념을 우리나라 사람들에게 체질화시키는 역할을 하였다. 시간표대로 움직이는 열차 운행은 시간에 대한 사람들의 인식을 바꿔놓았다. 철도에 의해 분, 초 단위로 움직이는 근대의 인위적인 시간 개념이 일상의 모든 행위를 규정하는 새로운 질서로 등장하게 된 것이다. 기차를 타기 위해서는 시간표의 발차 시각에 맞춰 사전에 행동을 계획하는 것이 필요했다. 넉넉하게 흘러가던 조선인의 시간 개념은 철도 개통 뒤 갑자기 빨라지기 시작했다. 구한말 조선에서 활동했던 미국 공사 알렌은 "비록 승객이 양반이라 해도 기다리는 법이 없었던 기차가 곧 훌륭한 교육자 역할을 하게 되었다"라고 『조선체류기』에서 기술하였다.[13] 미국 공사 알렌은 1905년 5월 25일 경부철도 개통식 축사에서 "철도는 규율 바른 시간에 의하여 운행하는 것이므로 스스로 민중에게 시간을 엄수할 것을 가르치는 까닭에 이점에 있어 철도는 한국 사람에 대한 문명적 지도자라 하지 않을 수 없을 것입니다"[14]라고 말했다.

3. 평등사상의 전파

갑오개혁 이후 양반신분제도가 공식적으로 폐지되었고 신분에 대한 억압적 상황은 조금씩 변화되고 있었지만, 하루아침에 평등한 사회가 도래하지는 않았다. 사람들은 여전히 신분제의 관념으로부터 자유롭지 못했다. 특히 천민집단에 대한 차별의식은 여전히 강하였다.

이와 같은 상황에서 기차는 한국 사회에 평등사상을 전파하는 메신저 역할을 했다. 미국공사 알렌이 경부철도 개통식에서 말한

---

13) 노형석(2004), pp. 28-29.
14) 철도청, 『한국철도사 2』, 철도청, 1977, p. 43.

것처럼 철도는 평등개념을 실행에 옮겼다. 철도는 상민도 양반도 귀함도 천함도 구분하지 않았다. 기차에 탄 승객들은 원칙상 모두 평등했다. 승객의 평등을 제도화한 것은 바로 승차권이었다. 승차권은 사람을 차별하지 않는다. 승차권을 살 수 있느냐 없느냐에 따라 구분될 뿐 출신이나 나이, 성별은 문제되지 않았다. 철도는 요금을 기준으로 1등, 2등, 3등을 나누고 좌석을 배치할 뿐이었다.

또한 철도는 여행의 자유를 보장했다. 기차에 탄 승객은 모두 원하는 곳으로 갈 수 있었다. 전근대사회에서 사람들의 이동거리는 제한을 받았다. 신분제 사회에서는 노비나, 백정, 역민(驛民) 등 특수 신분의 사람들은 이동 거리에 제한을 받았고, 평안북도와 함경북도 등 국경지역 거주민들은 다른 지역으로 이동할 때 관의 허락을 받아야 했다. 그러나 기차는 그러한 제약을 해제하였다. 말 그대로 기차는 모든 승객들에게 평등했다. 기차는 출생과 신분의 장벽을 무너뜨렸으며, 남녀가 유별했던 당시 '남녀칠세부동석'이라는 유교적인 관습과 의식을 개조했다.

기차에는 남자칸, 여자칸이 따로 없었고, 낯선 외간 남자와 여자가 서로 얼굴을 마주하고 앉아야 했다. 그래서 항간에는 "기차놈, 빠르기는 하다마는 내외법을 모르는 상놈이구나!"라는 말이 나돌기도 했다.

III. 해방 공간에서 철도의 역할: 1945~1948

1. 남한지역의 철도 상황

1945년 8월 해방 당시 철도의 총길이는 6,362km, 역 762개, 기관차 1,166량, 객차 2,027량, 화차 15,352량, 종사원 100,527명으로 발전 가능성을 갖추고 있었다. 그러나 남한에서는 미군정이, 북한에서는 구소련에 의한 군정이 시작되면서 한반도는 남북으로 분단되게 되었다. 해방된 지 한 달도 채 안되었던 1945년 9월 11일 남북 간 철도 운행이 중지되었다.

남북한 철도 운행이 중단된 지 일주일 후인 1945년 9월 18일 하지 (John R. Hodge) 중장은 정례 기자회견을 통하여 "북위 38도선 이북은 소련 측에서, 그 이남은 미군이 진주해 있으므로 교통·통신이 두절 상태에 있으나 이 문제를 해결하고자 소련 측과 절충 중이며 38도선 이북은 별문제로 하고 그 이남 지방은 가급적 속히 이를 복구시킬 터이다"[15]라고 기본 입장을 발표하였다.

결국 38도선 이남의 남한 철도 총량은 선로연장길이 3,738km, 영업길이 2,642km(41.5%), 역 300개(39.4%), 기관차 488량(41.8%), 객차 1,280량(63%), 화차 8,424량(54.8%), 통차 29량, 조사원 56,960명(54%) 으로 반쪽짜리가 되었다. 일제 식민지배기에 만주와 연결되었던 한국의 간선철도망이 38도선에서 단절됨으로써 대륙과 연결되는 한반도 종관철도의 기능은 상실되었다. 당시 직접적으로 단절된 철도는 경의선, 경원선, 금강산 전기철도선 등이었다.

1) 사실상 운휴 상태의 철도

해방 당시 철도의 거의 모든 노선이 완전히 운휴 상태에 놓여 있었다. 1945년 10월 7일 당시 전 철도가 운휴 상태일 뿐만 아니라 모든 증기기관차는 정지되어 있었고, 대부분의 종업원이 일손을 놓고 있었다. 더욱이 철도가 보수되지 않았으며, 보수에 필요한 기자재 역시 매우 부족하였다.

1945년 하반기 몇 개월 동안 철도 운영은 최악의 상태로서 모든 여객열차가 연착하는 일이 빈번했고, 철도 운영도 비정상적이었다.

---

15) 『매일신보』 1945년 9월 18일.

분기되는 선로의 열차 접속이 제대로 이루어지지 않아 바꿔 탈 여객이 어려움을 겪었다. 기관차는 오랫동안 수리 보수를 받지 못해 80%의 기관차가 쓸모없는 상태였으며, 나머지 20%조차도 언제 운행이 중단될지 모르는 상태였다. 1946년 1월 1일 기준으로 111대의 기관차가 운행되고 있었지만 대부분이 노후된 기관차였다. 운행 중에 선로 위에서 기관차의 보일러가 터지고 증기가 새는 일이 비일비재했으며 화실(火室)도 불완전한 상태였다.

1946년 1월 1일부터 교통국이 운수국으로 개칭되고 3월 29일에는 다시 운수부로 변경되었다. 그리고 1946년 5월 남한에 있는 조선철도주식회사의 충북선(조치원-충주), 경동선(인천-여주), 안성선(천안-안성), 조선경남철도주식회사의 충남선(천안-장항 벌교), 경기선(천안-장호원), 경춘철도회사의 경춘선(서울 성동-춘천), 삼척철도주식회사의 철암선(묵호항-철암), 삼척선(북평-삼척) 등의 사설철도와 그 부대사업이 모두 국유화되어 운수부로 귀속되었다.

한편 1946년 9월에는 철도 총파업이 발생하여 1개월여 동안 철도 운행이 중단되었다. 1946년 9월 23일의 철도 총파업은 좌익계 노동단체인 '조선노동조합 전국평의회(전평)'이 정판사위폐사건(精版社僞幣事件) 등 사회불안을 틈타 기도한 것으로 교통망의 심장이라 할 수 있는 경성철도공장에서 시발되었다.

당시 경성공장에는 1945년 5월 12일 조직된 우익진영의 대한노총 운수부경성공장지부연맹(오늘날의 전국철노 전신)과, 1945년 10월 19일 조직된 좌익계열의 '전평경성공장동맹'이 대립하고 있었다. 이들은 각기 1945년 11월 5일 조직된 좌익계노조 '전평'과 그 보다 몇 개월 뒤인 1946년 3월 10일 조직된 우익계 '대한독립촉성 노동총연맹(대한노총)'의 산하에서 활동하는 노동조합이었다.

전평의 지시 하에 1946년 9월 13일 경성철도공장은 최저 생활 보장 등의 요구사항16)을 운수부장과 철도국장에게 제출하였다. 이들은 9월 21일까지 회답을 요구했으나 철도당국은 어떤 대책도 마련하지 못했다. 결국 9월 23일 부산 철도공장에서 7천여 명의 노동자가 파업에 돌입했다. 9월 24일에는 부산공장에 이어 경성철도공장마저 파업에 돌입했으며, 철도노동조합 18개 지부 전체조합원 4만여 명이 참여함으로써 미군용열차 34호, 2001, 2002 두 화물열차를 제외한 모든 열차의 운행이 정지되었다.

철도 총파업으로 마비되었던 철도 운행은 9월 3일 1차로 취업한 종사원들의 노력으로 점차 복구되어 10월 2일부터는 각선의 운행이 시작되었다. 또한 1946년 10월 15일 대한노총의 입회하에 '코넬손' 운수부장과 노총 경성공장비주연맹 간에 노사협정이 체결됨17)으로써 파업이 종결되고, 파업 약 1개월여 만인 10월 26일부터는 정상 운영되었다.

2) 기술 인력의 부족

철도운영의 어려움과 능률의 저하에는 1945년 9월 9일 항복문서

---

16) 이들의 요구조건은 ① 쌀을 다음과 같이 배급할 것. 노동자는 4合 가족은 3合 ② 일급제 반대 ③ 임금을 인상할 것(물가수당 월 2,000원 가족수당 1인당 일 600원) ④ 해고 감원 반대 ⑤ 급식을 종전과 같이 계속할 것 ⑥ 북조선과 같은 민주주의 노동법령을 즉시 실시할 것 등이었다.

17) 노사 간의 협의내용은 ① 주식은 1인당 3원에 공급한다. 100명 이상의 종사원이 있는 직장에서는 식당을 설치하고 공급될 식사의 양은 최소한 1합(合)이 되어야 한다. ② 무임승차권 발행에 있어서 3년 이상 근무자에게는 구간승차권을, 그리고 20세 이상 5년 이상 근무자에게는 전선승차권을 발행한다. ③일급제를 준월급제로 개정 실시한다. 1개월에 1일의 월차휴가를 사용할 수 있으며 이를 36일까지 적치하여 일시에 사용할 수 있다. 1개월에 2일 이내의 병가를 사용할 수 있으며 이를 60일까지 적치하여 일시에 사용할 수 있다. ④ 10월 1일까지 월급을 재정이 허용하는 한도 내에서 인상토록 최선을 다할 것이며, 물가수당 1,220원을 1,350원으로, 1,000원을 1,215원으로 각각 인상하여 지급하고 본봉을 평균 200원씩 인상한다. ⑤ 10월 16일부터 시민으로서의 2합(合) 3작(勺)의 배급과, 운수부에서 2합, 주식 1합 도합 5합 3작의 양곡을 배급한다. 등이었다. 철도청(1977), p. 518.

조인이 이뤄질 당시부터 철도관련 한국 측 대표였던 김진태(金鎭兌), 김재하(金在河) 등이 요구했던 일본인 종사원의 해고와 귀환도 하나의 원인으로 작용했다. 철도에 종사했던 일본인이 남한에서 모두 물러간 것은 1945년 10월경이었는데, 이처럼 숙련된 일본인 종사자들이 빠져나가자 이들의 공백을 메워야 하는 어려움이 발생했다.

트루만(Harry S. Truman) 미 대통령은 1945년 9월 12일 기자회견을 통해 한국에 있는 일본인의 일본 본토로의 송환 지시를 밝혔다.[18] 하지 중장은 9월 28일 '매일 평균 4천 명의 무장 해제된 일본 군인을 부산항으로부터 일본으로 운송할 방침이며, 운송되는 무장해제 군인은 정기선을 이용하여 이재민 수용항으로 보내지고, 그들은 개인 소지품과 10일간 소요 식량 및 의료품 이외에는 휴대를 금한다'고 발표하였다.[19] 이처럼 일본인 기술자의 본토 송환으로 인해 철도운영이 심각한 차질을 빚을 수밖에 없었다.

숙련된 철도기술자의 필요성을 절감한 운수부는 필리핀에 있던 미국의 2개 철도대대의 배속을 요청하였다. 1945년 11월 4일 한국에 도착한 미국의 2개 철도대대 가운데 1개 대대는 서울지구에, 1개 대대는 부산지구에 배치되었다. 미국의 2개 철도대대는 철도 운영에는 공헌했지만 철도 운영을 맡을 한국 종사원을 훈련시키는 데에는 역부족으로 단기적인 처방에 그쳤다.

1946년 11월 13일 40여명의 희생자가 발생한 열차사고 이후 영등포 역장과 한 승객의 인터뷰 기사는 이런 상황을 잘 보여준다.[20]

이번 철도참사에 대하여 영등포역장 鄭奎源은 다음과 같이 현재 철도운영에 대한 기술의 빈곤과 인원의 부족 등 여러 가지 원인을

---

18) 『매일신보』, 1945년 9월 14일.
19) 『매일신보』, 1946년 9월 28일.
20) 『동아일보』, 1946년 11월 15일.

솔직하게 지적하였다. 훌륭한 기관수가 되려면 적어도 20년 동안은 기관차와 싸워야 할 것인데 지금은 20내외의 혈기방장한 청년들을 단기간에 양성하여 중대한 임무를 맡기게 되는 것이 이런 사고의 원인이라는 것이다.

요전에는 영등포역에서 역 책임자와 열차운전수가 한 시간 이상 싸움을 하는 동안 기차는 그냥 서 있었습니다. 열차가 그냥 역에 들어와 한 시간씩 기다리는 것은 보통이오 연발은 두 시간 세 시간이 보통이니 어떻게 믿고 통학 통근할 수 있습니까?

3) 연료 부족

연료 부족은 철도 운행의 어려움을 가중시켰다. 철도의 연료인 석탄을 북한지역에 의존했던 남한 지역은 남북 분단으로 인해 연료를 충분하게 확보할 수 없게 되자, 일본에서 기관차용 연료를 수입해야 했다. 당시 필요한 기관차용 연료의 양은 철도의 단축운행에도 불구하고 매월 약 6만 톤의 석탄에 이르렀다. 미군청 광공부의 무어 대위는 석탄 문제에 관해 "미군이 진주하던 당시 3일분 정도의 석탄이 있었을 뿐이고, 그 후 삼척으로 기술관을 파견하고 수송진을 총동원하였으나 여의치 않았으며, 38도선 이북에는 유명한 탄광이 많지만 그 외의 탄광은 갱목·펌프 등을 일본인들이 파괴시키고 갔기 때문에 채탄할 수 없는 형편이었다. 앞으로 필요한 60일분의 사용량 중 18.2% 밖에 확보하지 못한 상태이므로 법령에 의한 통제를 해서라도 시급한 부문에 우선 배급하고, 수송에 만전을 다하고자 교통국에서 전담하도록 하였으며 화순, 단양, 장성, 장기(長岐)와 또한 일본으로부터 기관차용 유연탄을 대량으로 반입할 계획"이라고 밝혔다.[21]

1946년 1월 15일부터 일부 구간이 운행되었지만, 일본으로부터의 석탄선적이 여의치 않아 유연탄 부족으로 2월 1일부터 전선(全線)의 열차운행이 감축되었다. 열차운행 횟수의 감축으로 경부선과 경인선은 2회 왕복에서 1회 왕복으로 줄었으며 경성-목포·여수 간 601·602 직통왕복열차는 완전 폐지되었으며 그 대신 대전-목포 간, 대전-순천 간 열차가 운행되었다. 그리고 용산선은 종전과 다름 없었고 이 밖에 모든 지선 열차의 운행은 1회 왕복으로 줄었다. 또한 철도서비스가 75%까지 줄었기 때문에 여행 및 화물의 우선순위가 정해져야 했다. 최우선순위는 미군정 임무에 꼭 필요한 품목으로 쌀, 기타 식량, 석탄, 군용화물, 군병력 수송, 피난민 수송 등의 순이었다.[22]

1946년 3월 초 9만여 톤의 석탄이 수입됨에 따라 4월부터 호남선 직통열차가 복구되었다.[23] 1946년 5월 20일에는 한국철도가 제작한 유선형 열차인 '해방자(The Korean Liberator) 2호'가 서울에서 부산까지 처녀 운행하였다.[24]

4) 미군정청의 철도 운영 재개 노력

미군정청은 원활한 철도 운영을 위해 그동안 일본인 자본가들에 의해 건설·운영되던 사설철도를 점차 국유화하였다. 사설철도를 국유화한 것은 모든 철도 기능을 조정하고 수송을 촉진하며, 경제적으로 운영하고, 시설의 중복을 피하며, 장래 건설을 통합하기 위한 것이었다. 미군정청은 주식회사 조선철도, 경남철도, 경춘철도 등 3개 사설철도를 운수부에 흡수 합병하기로 결정하였다. 이에 따라 1946년 5월 1일 서울시 교통회관에서 코넬슨 운수부장, 에야허트

---

21) 철도청, 『한국철도 100년사』, 철도청, 1999, p. 519.
22) 「미육군 군정활동 보고서」, No. 5 (1946. 2)
23) 『조선일보』 1946년 3월 20일.
24) 「미육군 군정활동 보고서」, No. 8 (1946. 5)

사철감리관, 사철관계자 다수가 참석하여 사설철도접수식이 거행되었다.

그리고 군정청 법령 제75조 '조선철도의 통일'(1946.5.7)25)에 의해 사설철도가 정부 접수 하에 통일됨으로써 남한 내 철도 운수는 완전한 국영체제로 전환되었다. 이 군정청 법령의 부칙에 따라서 10일 이내에 효력이 발생되어 사철인 조선·경남·경춘철도회사들이 1946년 5월 17일자로 국유철도에 합병되었다.

2. 북한지역의 철도 상황

북한에서의 철도상황도 남한과 별로 다르지는 않았다. 아래의 기사 내용을 보면 북한지역의 상황이 더욱 좋지 않았음을 알 수 있다.

남북조선의 철도 운행 재개에 앞서는 문제는 여러 가지 풍문이 돌고 있는 북조선의 차량 사정인데 해방 당시 북조선에는 기관차 약 5백대, 화차 객차가 각 각 약 1만대가 있었으나 작업능력이 완전

---

25) 法令 第75號 (朝鮮鐵道의 統一)
   第1條 目的 本令의 목적은 공용을 위하여 사설철도를 정부 접수 하에 통일함으로써 조선 내 철도운수를 완전한 국영체제로 발전시킴에 在함
   第2條 收用宣言 前記目的을 달성하고자 朝鮮鐵道株式會社, 慶南鐵道株式會社 及 京春鐵道株式會社의 全財産을 朝鮮政府運輸部監督下에 朝鮮의 공용으로 하기 위하여 자에 취득수용함을 선언함. 上記財産에 관한 所有權은 玆에 朝鮮政府에 귀속됨. 그러나 其財産關係權利者 전부에게 이하 규정에 따라 적당한 보상을 지불함을 요함
   第6條 運營 運輸部長은 其部의 해당각국으로 其統制管理下에 管理運營하기 위하여 此後朝鮮政府에 其所有權이 귀속되는 전 재산을 할당 지정함을 요함
   第8條 施行期日 本領은 公布日로부터 10일 후에 효력을 발생함
                     1946년 5월 7일
                     朝鮮軍政長官
                     美國陸軍少將 아처·엘·러취

치 못한 청진, 원산, 평양 3철도공장이 그 후 고장차를 얼마나 수리 하였는지가 의문시됨으로 남조선의 차량사정보다 극히 비관시 되는 바 있다고 한다. 이에 대해 남조선 철도 당국으로서는 공동위원회의 지시만 있으면 북조선에 부족한 차량과 인원을 남조선에서 보충하여 통일된 철도 연락을 행할 수 있게 하려고 연구 중이라 한다.26)

북한에 독자적인 정권을 수립하려던 소련군사령부의 치스차코프는 1945년 10월 8일부터 11일까지 5도 인민위원회의를 소집하고, 그 회의에서 반드시 해결해야 할 행정·경제영역의 과제 가운데 하나로 철도운수의 신속한 복구를 통해 경제활동의 정상화를 가능하게 할 대책을 마련할 것을 촉구했다. 아울러 북한의 철도망을 2개로 분할하여 평양철도관리국과 함흥철도국을 설치하고 그 지도기관으로 북조선철도관리위원회를 조직할 것이 결정되었다.27)

소련군정은 북한지역에서 전리품과 상품을 소련으로 반출하기 위해 교통수단인 철도를 복구하기 위해 많은 노력을 기울였다. 1946년 5월 1일까지 금, 은, 구리 등 광물을 포함한 3,460만 엔 상당의 전리품과 상품이 소련으로 반출되었으며, 각종 공장과 광산의 창고에는 1억 4,600만 엔 상당의 재고품이 반출을 위해 대기 중이었다. 1946년 2·4분기에는 1억 9,420만 엔 상당의 상품이 생산될 계획이었는데, 이것도 모두 소련으로 반출될 예정이었다.28)

공업설비의 철거와 반출은 소련군의 북한 진주와 거의 동시에

---

26) 『조선일보』 1947년 5월 24일.
27) 전현수, "소련군의 북한진주와 대북한정책," 한국독립운동사연구소 편, 『韓國獨立運動史硏究』 9, 독립기념관 한국독립운동사연구소, 1995, pp. 343-377.
28) 전현수, "산업의 국유화와 인민경제의 계획화: 공업을 중심으로," 『현대북한연구』, 2권 1호(1999), p. 82.

시작되었다. 북한주재 소련 민정청의 문서에는 1945년 8월과 9월에 이미 금속가공 공작기계, 발전설비, 기계제작 설비, 아오지 인조연료 공장의 검사측정기 등이 소련으로 반출된 것으로 기록되었다.
다음 기사는 북한지역의 철도설비의 소련 반출에 관해 보도하였다.

> 북한 김일성 괴뢰집단은 귀중한 양곡과 공업생산품을 소련으로 반출하고 있어 이북 애국동포들의 반감을 사고 있다 함은 여러 번 보도된 바와 같거니와 이번에는 우리나라 산업발전에 지대한 관련이 있는 철도 시설을 철수하여 소련으로 반출하였다는 소식이 있다. 즉 최근 모처에 들어온 정보에 의하면 소련 스탈린의 지시로 작년 10월 20일부터 11월 10일까지 약 20일 동안에 매일 수백 명의 이북동포들을 강제로 동원하여 평양과 신의주 사이에 시설한 철도 레-루를 철거한 후 신의주 소련군부대를 경유하여 소련으로 반출하였다 한다.[29]

당시 소련 민정청 교통부장 돌기흐의 보고서에는 북한지역의 철도가 공업시설의 반출에 이용되었음이 분명하게 나타나 있다. 이 보고서에 의하면 1946년 2월 말까지 북한의 철도운수는 공업설비와 전리품의 반출 및 군부대 수송에 동원되었는데 1946년 1월 말 2,000대의 차량이 공업설비 수송에 이용되었으며, 1946년 2월 말 공업설비 반출을 위해 1,000대의 차량과 전리품 반출을 위해 4,000대의 차량이 이용되었다는 것이다. 그리고 공업설비의 반출을 위해 일반 경제의 수요를 위한 철도의 수송과 여객수송은 전면 중단되었다는 것이다. 1946년 4월까지도 북한 철도수송의 50%가 소련군의 수요를 충당하는 것이다는 것이다.[30]

---

29) 『조선일보』 1950년 4월 18일.
30) 전현수(1999), p. 84.

이와 동시에 북한은 소련군정하에서 주요 산업의 국유화 조치를 단행하면서 철도의 국유화 작업을 진행하였다. 1946년 8월 10일 공포된 북조선 임시인민위원회의 '산업, 교통, 운수, 체신, 은행 등의 국유화에 관한 법령'의 내용은 다음과 같다.[31]

… 조선 인민을 착취하고 조선의 자원을 일본으로 반출할 목적으로 일본이 조선 내에 건설한 일체의 기업소, 발전소, 광산, 철도 등은 반드시 조선 인민의 소유로 이용되어야 할 것이다. 여기서 북조선 인민위원회는 산업, 교통, 운수, 체신, 은행 등의 국유화에 대하여 다음과 같은 법령을 공포한다.
일본 국가와 일본인 사인 및 법인 등의 소유 또는 조선 인민의 반역자로 되어 있는 일체의 기업소, 광산, 발전소, 철도, 운수, 체신, 은행, 상업 및 문화 관계 등은 전부 무상으로 몰수하여 이를 조선 인민의 소유 즉 국유화한다.

3. 인적·물적 이동

해방 당시 철도에 의한 인적 이동의 수를 정확하게 파악하기는 어렵지만 당시 동아일보의 사설을 보면, 많은 사람들이 철도를 이용했음을 짐작할 수 있다.

… 現今의 사정으로는 일반적으로 위험 발생의 가능성은 그렇지 않아도 많음이 사실이다. 열차 운전 회수의 감축과 자재난으로 인한 차량의 부족 그 위에 여객은 격증하여 각 운행 열차마다 살인적 초만원으로 실로 위험천만이다. 그러나 그렇다고 하여 그 종업원들

---

31) 이태욱 편, 『북한의 경제』, 을유문화사, 1999, p. 134.

의 책임이 경감될 이유가 아닐 것이니 그처럼 위험발생의 가능성이 많으면 많을수록 그 주의와 성의는 더욱 더 요구되는 것이다.…32)

당시 철도를 통한 인력 수송의 우선순위는 철수하는 일본인의 수송 문제였다. 1945년 10월 23일부터 28일까지 이를 위한 특별열차가 운행되어 약 3,000여 명의 일본인이 부산까지 운송되었다.33) 또한 만주, 일본 기타 지역에 있는 한국인들의 귀국을 위한 수송 문제도 중요했다. 그 뿐만 아니라 식량이 생산되지 않는 지역으로의 식량수송 문제도 철도의 중대한 임무의 하나였다.

경의선을 이용하는 승객은 1946년 5월 9일까지는 38도선 접경지인 장단(長丹)까지는 자유롭게 여행할 수 있었으나 5월 10일부터는 구간이 단축되어 문산(汶山)까지만 여행할 수 있게 됨으로써 개성 등지에서 출근, 통학하는 많은 승객에게 불편을 주게 되었다.34)

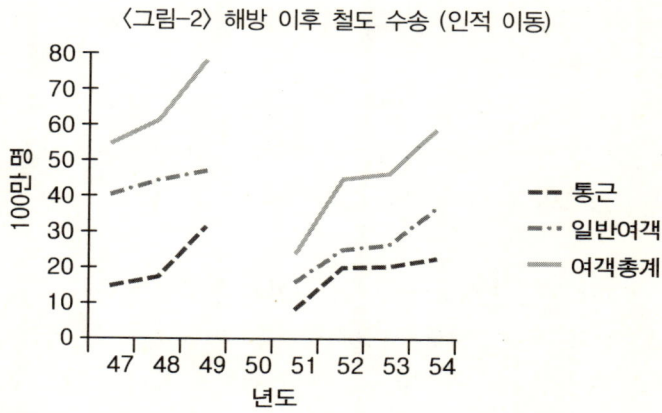

〈그림-2〉 해방 이후 철도 수송 (인적 이동)

출처: 철도청기획관리실, 『철도연보』(1972)를 토대로 작성.

---

32) 『동아일보』 1946년 11월 16일.
33) 『매일신보』 1945년 10월 23일.
34) 『조선일보』 1946년 5월 12일.

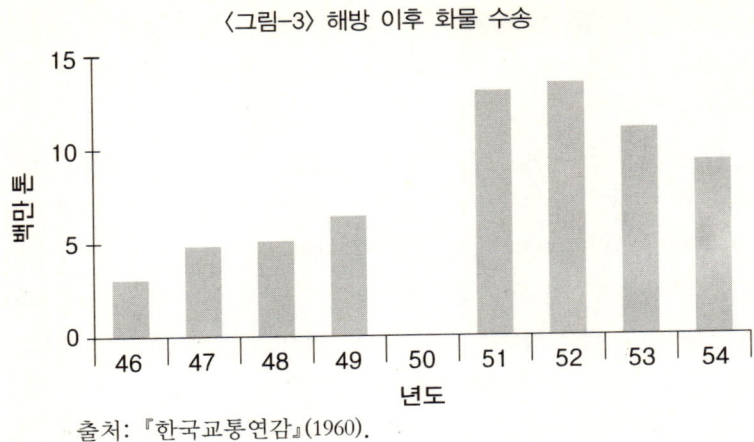

〈그림-3〉 해방 이후 화물 수송

출처: 『한국교통연감』(1960).

　남한만을 놓고 볼 때, 철도이용객은 1947년에 5,464만 명(통근 1,451만 명, 일반여객 4,013만 명), 1948년에 6,113만 명(통근 1,708만 명, 일반여객 4,405만 명)으로 저조한 편이었다. 그러나 1949년에는 철도이용객이 7,741만 명(통근 3,079만 명, 일반여객 4,662만 명)으로 크게 증가하였다.[35]

　해방 후 화물수송량은 정부가 수립되고 국내 산업이 가동됨에 따라 활기를 찾기 시작하여 1946년도 305만 톤, 1947년도 484만 톤, 1948년도 512만 톤, 1949년도 642만 톤으로 증가했다.

　한반도가 분단된 상황에서 제한적이고 통제된 형태이기는 했지만 남북한의 주민이 철도를 통해 왕래할 수 있었기 때문에 철도는 남한과 북한의 소식을 전달하는 통로 역할을 했다고 할 수 있다. 남북한 지역의 주민들은 철도를 통해 남북한 지역을 왕래하면서

---

35) 철도청 편, 『철도연보』, 철도청, 1972, pp. 58-65. 정경호, '한국의 철도교통에 대한 지리적 고찰', 고려대 교육대학원 석사학위 논문, 1974 에서 재인용.

〈표-1〉 운용일차수 및 기간차 키로(46.4.~48.12.)

(단위: 1,000km)

기 간		일차 수	운행키로				
			총 계	여 객	혼 합	화 물	입 환*
46.4.~47.3.		63,598	11,296	3,071	1,031	4,743	2,451
월평균		5,300	941	256	86	395	204
1947.	4월	6,224	1,143	237	96	582	227
	7월	7,208	1,283	314	106	627	236
	10월	7,719	1,430	328	104	752	246
1948.	1월		669	95	29	353	192
	4월	6,085	1,003	133	36	632	202
	5월	5,808	1,005	140	48	602	215
	6월	5,514	1,027	145	41	627	214
	7월	6,446	1,108	215	104	560	229
	8월	6,756	1,137	213	96	605	223
	9월	6,487	1,122	205	99	594	223
	10월	6,521	1,118	204	116	570	228
	11월	6,619	1,075	186	126	539	224
	12월	6,715	1,145	196	93	639	217

* 입환 : 인력이나 동력차를 이용하여 객화차 및 기관차 등의 차량을 이동, 분리, 또는 연결하는 작업

출처 : 철도청, 『한국철도사(4)』(1992), p. 190.

미군정하에서 겪은 자본주의와 민주주의, 그리고 소련군정하에서 겪은 사회주의의 실상에 대해 서로 의견을 교환하였다. 아직 활자매체에 익숙하지 못한 대중들에게는 그러한 경험에 의한 의견교환이 오히려 더 큰 교육효과를 가졌다고 할 수 있다.

4. 남북한 철도 운행 재개 노력

미군정청은 한반도 전체의 통일적인 철도 운행 재개를 준비하였다. 1946년 1월 미육군성이 한반도에 관한 맥아더 보고서를 발표했

는데, 여기에서 철도 문제는 긴급문제로 언급되었다.

    소련이 점령하고 있는 북부 조선과의 철도재개가 긴급문제라고 또한 그는 말하였다. 행정방면에 있어서는 이상에 부합하지 않는 일본 법률을 철폐하고 법원의 인원도 조선인으로 변경하고 경찰방면에도 동일한 조치를 하였다.[36]

모스크바 3상회의의 결정과 관련하여 1946년 1월 16일 개최된 미·소회담에서 미국은 향후의 본 회담에서 '우선적으로' 토의할 몇 가지 의제를 설정했는데, 그 첫 번째 의제가 '남북한의 철도를 서울에 위치한 중앙기구의 완전한 통제 아래 단일 운영체제로 다시 복구한다'는 것이었다.[37] 소련 측도 5개의 의제 중 '남북한 철도 연결 문제'를 네 번째로 제시하였다. 미·소 대표는 38도선을 경계로 하는 남북 양쪽의 육상·해상의 교통, 산업 기관의 상호간 상행위에 의한 교환 물자의 이동, 방송·우편물·전력 문제 등에 대해 토의한 결과 교통문제와 관련하여 다음과 같은 합의를 도출하였다.

    협정에 있는 전차·자동차 기타 해운에 의하여 두 지역 간의 상호 이동을 허가하여 양 지역 사령부와 개인 산업 기관의 상행위에 의하여 교환되는 물자의 상호 이동을 확인한다…. 양 지역에서 3명씩 선출하여 조직된 운수기술공동위원이 이 문제에 협력할 것이다…. 만일 조선인이 적당한 신청서를 60일 이내에 제출하면 양방 지역의 어느 곳이든지 자신의 전 주거지에 귀환하는 것을 허가한다.[38]

---

36) 『서울신문』 1946년 1월 2일자. 미육군성, 조선 제문제 관한 맥아더보고서 발표.
37) 신복룡 편, 『한국분단사자료집(Ⅱ)』, 원주문화사, 1991, pp. 535-537.
38) 신복룡, 『한국분단사연구』, 한울, 2003, p. 330.

그리고 1946년 1월 19일, 소련군 장교 일행이 철도운수문제를 토의하기 위해 용산 운수국을 방문했다는 기사가 보도되기도 하였다.

민족통일에 지대한 지장을 끼치는 38도선에 관한 문제는 지난 16일 군정청 제1회의실에서 개최된 미소공동위원회의 첫 과제로 상정되었다. 이에 대처함인지 19일 오전 9시 반 소련장교일행 4명은 용산 운수국을 심방하고 약 2시간에 달하여 A. J 코넬슨 운수국장과 요담한 바 있었는데, 이것으로 조선 전민중 대망의 38도선 철폐와 일반 철도문제가 기술적으로 각 방면에 걸쳐 토의된 것으로 관측된다.[39]

1946년 2월 5일 미·소공동위원회 15차 예비회담이 종결되면서, 교통망과 관련하여 다음과 같은 내용의 공동성명서가 발표되었다.

1. 제한적인 철도·차량·연안 해상 운송
2. 남북 양측의 한국인 왕래 : 이 항목은 일반적인 여행뿐만 아니라 무역이나 상업 활동으로 인한 여행, 그리고 시민들의 과거 거주지로의 귀환과 학생과 개인이 가정의 일이나 급박한 일로 인해 하는 여행도 포함된다. 모든 사람은 특정 허가와 세부적인 규제를 받는다.···[40]

미국은 1946년 3월 2일 아놀드 소장의 부관인 부드(R. H. Booth) 대령, 민정 장관인 메이(M. W. May) 대령, 미 국무성에서 파견된 베닝호프(H. M Benninghoff) 등을 평양으로 보내 회담을 계속한 결과, 미소공위의 최종적인 공식 15개항의 의제를 확정했다. 15개 의제 가운데

---

[39] 『조선일보』 1946년 1월 20일.
[40] 신복룡(2003), p. 331.

'두 지역에서의 철도·차량 운송과 남북한 항구간의 연안 수송'이 포함된 것을 볼 때41) 남북한 간의 교통 왕래는 미소 군정 모두의 관심사였음을 알 수 있다. 이러한 상황은 다음과 같은 기사에 잘 나타나 있다.

> 조선민족 전체가 갈망중인 남북조선간의 철도 운전 재개 문제는 작년 봄에 열린 미소공동위원회에서도 논의되어 그 당시 운수부 철도 당국에서는 북조선 철도조사대까지 편성하고 공동위원회의 지시만 기다리다가 무기휴회로 말미암아 그냥 지상계획이 되고 말 았는데 금년에는 미소양국정부의 동향으로 보아 해결될 듯하므로 만일의 경우에라도 지체가 되지 않을 강력한 조사단 재편성의 필요 성을 느껴 현재 관계자간에 신중한 대책을 고려중이라고 한다.42)

이처럼 철도가 미소간의 관심 대상이기는 하였지만 근본적으로 소련이 철도를 전리품과 상품의 반출을 위한 운송수단으로만 인식 하고 남한과의 교통망 연결에 대해 적극적이지 않았기 때문에 어떤 성과도 도출될 수 없었다.

Ⅳ. 정부수립시기 철도와 사회·문화적 상황: 1948~1950

정부가 수립되기 직전의 철도 상황은 해방 이전과 크게 다르지는 않았다. 웨드마이어(A. C. Wedemeyer)는 1947년 '한국의 정치·군사상 황에 관한 보고서(Report to the President: Korea)'에서 당시 한반도의 철도 상황을 다음과 같이 보고했다.

---

41) 신복룡(2003), p. 332.
42) 『조선일보』 1947년 5월 24일.

한국은 남동해안의 부산에서 만주 경계선의 안동까지 복선의 중앙선(이 선로는 강원지역의 동쪽 반을 제외하고는 이 나라에 중요한 기능을 한다)을 포함한 훌륭한 표준 규격의 철도 체계를 가지고 있다. 그러나 철도와 기관차를 제외한 철도 차량과 철도 수송은 전쟁 기간의 물자 부족으로 인한 수년 동안의 관리 부실의 결과로 복구가 굉장히 필요한 상태에 있다.

전국의 모든 철도는 일본인 관리, 감독관, 기술 요원들의 철수로 인해 심각한 타격을 받고 있다. 노반은 다량의 콘크리트와 석조 구조로 우수하게 설계·건설되었지만, 남한에 있는 7백만 개의 버팀목은 모두 앞으로 7년 이내에 교체되어야 할 것이다. 또한 다량의 철로와 이음판이 필요하다. 미군정은 2-8-0형의 신형기관차 101량을 공급했다. 그러나 다른 기차의 대부분은 정밀 검사가 필요하다. 철도를 통한 통신 역시 상당한 복원이 필요하다.[43]

또 1947년에 작성된 '한국에 관한 성간(省間) 특별위원회 보고서: 정보보고서 제75호에 대한 비망록(Special Interdepartment Committee on Korea)'은 한반도철도에 대해 다음과 같이 지적하고 있다.

한국은 산악지대가 많다는 점에서 철도 운송은 특히 불가결한 요소인데, 이는 일본인들에 의해 심각한 타격을 입었다. 일본인 기술자와 운전수들이 떠나자 군정청으로서는 그 자리를 채울 수가 없었다. 이와 같은 기본적 운송수단의 완전한 마비를 막기 위해서는 새로운 객차와 도로의 보수가 필요하다.[44]

---

43) 신복룡·김원덕 편역, 『한국분단보고서(하)』, 풀빛, 1992, p. 289.
44) 신복룡·김원덕 편역(1992), p. 315. 이 보고서는 북한에 대해서도 언급하고 있는데 "철도 사정은 북한이 남한보다 훨씬 더 심각하다. 낡은 철도 시설을 교체하고 수선하는 일이 거의 없으며, 임시변통의 정비만을 하고 있을 뿐이다. 철도 운행의 완전 정지를 막기 위해서는 일본인

1948년 대한민국정부가 수립되면서 교통부가 설치되었으며 1948년 11월 4일 대통령령 제26호로 1실(비서실), 6국(陸運局 등) 29과의 교통부 직제가 공포되었다. 지방철도청 직제는 1950년 1월 13일에 대통령령 제262호에 근거하여 서울, 대전, 부산, 순천, 안동, 삼척의 6개 철도국이 신설되었고 그 하부조직으로 서무, 후생, 수송, 운전, 보선, 건축, 시설, 공전, 전기, 기계, 경리, 심사, 자재과의 13개 과와 현업기관이 설치되었다. 이후 1951년 1월 18일 철도국 직제가 새로 제정되어 하부조직으로 관리, 운수, 공무, 공전, 경자과의 5개과와 현업기관이 설치되었다. 일제 강점기에 이뤄진 행정 조직이 외형적으로 바뀌었지만 정부 수립 이후에도 일제시대의 관료적 특성이 지속되었다.

철도관련 조직을 정비한 정부는 철도망 구축에 착수하였다. 남한 지역의 철도는 해방 후 얼마 동안 국내의 지역 개발과 상권 통일이라는 역할에 치중했다. 한국 정부는 1949년에 일제시대에 개발되지 못했던 동서횡관철도망(東西橫貫鐵道網) 구축을 시작하였다. 일제시대에 개발된 주요 광산지대와 공업지대가 북한 지역에 편재되었기 때문에 남한 지역은 심각한 자원부족에 처해 있었는데, 정부는 석탄 부족을 타개하기 위해 주요 탄광을 개발하고자 하였다. 정부는 산업철도라고 불리던 태백산맥 횡단철도 구축을 통해 탄광에서 채취된 석탄 수송을 용이하게 하고자 했다. 이렇게 해서 건설된 소위 3대 산업철도가 영암선, 함백선, 문경선이었는데, 한국전쟁의 발발로 이러한 철도건설은 중단되었다.

다음의 기사는 그런 실정을 잘 기술하였다.

남한의 절박한 석탄사정을 타개코자 교통부에서는 단양, 삼척,

기술자들을 다시 철도 기지로 불러들이는 일이 필요하다."고 기술했다.

영월 등 주요 탄광의 반출역을 강화하기 위하여 단양탄광선(13.7킬로미터), 영암선(94.1킬로미터), 영월탄광선(31.3킬로미터)의 부설 계획을 추진 중이었는데 이즈음 드디어 국무회의를 통과하였음으로 해빙을 기다려 본격적인 공사에 착수케 되었다. 이 3철도의 공사 준공에는 3개년의 시일을 요하는데 단양탄광선은 80만 톤, 영암선은 백만 톤, 영월탄광선은 백만 톤의 석탄을 각각 반출할 수 있게 되는 바 공사비는 영암선이 52억 원, 영월탄광선이 25억 원에 달하여 금후의 공사 진행이 기대되고 있다.[45]

정부가 태백산맥을 따라 영암선, 함백선, 문경선의 철도 부설 계획을 발표하자 그 지역을 중심으로 사람들이 몰려들기 시작함으로써 이 지역들이 경제중심지로 새로 부상하게 되었다.

V. 한국전쟁과 철도

1. 한국전쟁과 북한의 철도

1950년 한국전쟁은 남북한 모두에게 엄청난 피해를 초래하였다. 철도 역시 막대한 피해를 입고, 단절되는 사태를 맞았다. 한국전쟁에서 철도는 한편으로는 핵심적인 전쟁수단이었고 다른 한편으로는 전쟁의 최대 희생물이기도 했다.

우선 철도는 북한지역에서 한국전쟁을 준비하는 데에 큰 기여를 했다. 북한은 1950년 6월초 개전을 준비하면서 각 사단을 '대기동 작전 연습'이란 명분으로 38선 쪽으로 배치하였다. 이 때 짧은 시간

---

45) 『조선일보』 1949년 2월 19일.

에 부대 이동을 가능케 했던 것은 다름 아닌 철도였다. 이는 다음의 증언을 통해서도 알 수 있다.

> 6월 8일을 기해 북한 전역의 철도는 비상 태세에 들어갔다. 특수 공무원을 제외하고는 주민의 여행은 금지되고 … 6월 8일부터 38선을 향하여 남하하는 열차는 줄을 이었고, 열차에는 군인, 전차, 포, 차량, 마차 등이 실려 있었으며, … 3월 중순부터 38선 5km 내에 거주하는 주민들은 전부 소개시켰는데, 이러한 주민 소개는 군사 이동 상황 등의 기밀을 보장하기 위한 것과 한편으로는 남한의 공격이 예상된다는 구실을 붙이기 위해 취해진 배치였던 것 같다.[46]

다음의 북한 철도원 출신의 증언에서도 그러한 사실을 잘 알 수 있다.

> 1950년 3월경부터 무측차(無側車)로 탱크와 야포 등 무수한 군용차가 남하하였다. 4월 들어 무개차에 석탄을 만재한 장대 화물열차가 교행(交行)하기 위하여 대기 정차하였다. 여느 때와 마찬가지로 통표(通票)를 메고 화차 연결기 사이를 넘는 순간 貨車側板 사이로 나무상자가 보인다. 탄약이었다. 위에 석탄을 싣고 위장한 것이었다. '전쟁준비를 하는구나'하고 나는 직감하였다.[47]

다른 한편 철도는 북한이 전쟁을 치르는 데 있어서 걸림돌 역할을 하기도 했다. 1950년 7월 19일 평양에서 김일성이 인민군 최고사령

---

46) 「맥아더 사령부 정보 보고」 1950년 4월 15일. 김점곤, "한국전쟁과 김일성의 통일 전략", 김철범, 『한국전쟁을 보는 시각』, 을유문화사, 1990, p. 128.에서 재인용.
47) 조선일보 편, 『6 · 25 우리들의 이야기』, 조선일보사, 2001. p. 163.

관 직함으로 직접 하달한 극비명령을 보면 철도의 통제가 제대로 되지 않아 군수품 수송에 지장이 있었음을 알 수 있다.

    각 인민군 부대와 철도원들 상호간의 밀접한 연락과 조직이 제대로 되어있지 않기 때문에 군수품 수송을 보장하는데 있어서 막대한 지장을 초래하고 있다. 즉, 군대 철도 경비원이 근무조직을 계획적으로 하지 않고, 또한 수송자와 수취인 간의 연락이 없어서 역 구내에 도착한 군용 화물을 체류시킨 것 때문에 다음과 같은 중대한 사태를 야기시켰다.
    1. 6월 28일 신탄역에서는 탄약을 실은 3대의 화차가 철도 경무원과 지휘부에서 수송 및 하차에 대해서 아무런 구체적 지시가 없었기 때문에 적기의 공습으로 폭격당하였다.
    2. 금천에서는 1개월 가까이 200톤의 휘발유를 방치하고 있었다. 또한 제12사단에 수송하는 탄약이 도중에서 체류하고 있었기 때문에 전투 보장에 막대한 지장을 주었을 뿐만 아니라 7월 7일에는 적기의 공습으로 폭격되었다. …… 48)

2. 철도의 피해 상황

한국전쟁 동안 철도의 피해는 다른 어느 부문보다 심각했다. 도로망이 발달되지 않았던 당시 철도는 군대와 물자를 운반하는 최상의 동맥이었으며, 그 자체가 군사 시설과 같은 성격을 지니고 있었기 때문이었다. 더구나 한국전쟁 동안 전선이 남북으로 빈번하게 이동하였기 때문에, 남북종관형으로 구축되어 있었던 우리나라의 간선철도는 양측의 집중적인 공격으로 인해 만신창이가 되었다. 특히

---

48) 하기와라 료 지음, 최태순 옮김, 『한국전쟁: 김일성과 스탈린의 음모』, 한국논단, 1995, pp. 279-280.

교량과 터널의 피해가 심했다. 북한군이 교량과 터널을 탄약집적소나 대피장소로 이용하였기 때문에 이곳들이 유엔군의 제1폭격 목표가 되었고 그만큼 많은 피해를 입을 수밖에 없었다.

1950년 9월 28일 서울 수복 직후 조사된 자료에 의하면, 철도의 본래 모습이 유지된 노선은 경부선에서 지남(枝南) 이남, 동해선에서 경주(慶州) 이남, 진주선에서 함안(咸安) 이남에 불과했다. 당시 329km의 선로가 손실되고, 163개의 대소 교량[49]이 파괴되었으며, 29개의 터널이 무너졌다. 71개의 급수 시설을 비롯하여 약 50%의 건물이 파괴되고, 4,470여 량의 차량이 철로변에 잔해로 버려졌으며, 170여 량의 동력차가 파괴되었다. 유엔한국위원단이 총회에 보고한 자료에는, "한국의 교통체계는 피폐가 극심하였으므로 광범한 복구공사를 요한다"라고 기록되어 있다.

1951년 5월 교통시설 전재복구계획안에 나타난 한국전쟁 피해는 다음과 같다.

철도의 피해는 궤도 329,480m(7.5%), 구교(溝橋) 및 배수 707m(7.0%), 로반 100,000m(3.0%), 터널 4,935m(6.0%), 급수시설 26개소(25.0%), 역건물 131,471㎡(46.0%), 급탄시설 38개소(40.0%), 보안장치 67(20.0%), 교량 9,351m(13.0%), 공장건물 122,673㎡(46.0%), 청사건물 58,045㎡(55.0%) 등이었다. 이 밖에도 전신·전화시설 50%, 전기신호장치 56%, 전력설비 56%, 공장설비 27%, 각종 자재 80%, 기관차 61%, 객차 69%, 화차 57%의 피해를 입었다.[50]

한편 한국전쟁으로 인해 한반도의 남과 북을 연결하였던 경의선, 경원선 등 간선철도들은 군사분계선을 경계로 단절되었다.

---

[49] 특히 판형교량(鈑桁橋梁)의 피해가 컸다. 한국전쟁 당시 남한의 교량 총연장은 71,657m이며, 교량 총수는 3,352개였다. 한국전쟁 중 이러한 판항의 총 피해는 297연(連)으로서 피해 총연장은 3,554m, 즉 전체 판항 연장의 5.3%에 해당하였다.

[50] 철도청, 『한국철도사』 제4권, 철도청 공보담당관실, 1992, p. 836.

<표-2> 남북철도 단절구간

노 선 명	구 분	구 간	길이(km)
경 의 선	남	문산-장단	12.0
	북	장단-봉동	8.0
경 원 선	남	신탄리-군사분계선	16.2
	북	군사분계선-평강	14.8
금 강 산 선	남	철원-군사분계선	24.5
	북	군사분계선-기성	50.8
동해 북부선	남	간성-군사분계선	27.8
	북	군사분계선-고성	5.0

출처 : 철도청,『한국철도 100년사』(1999), p. 968.

3. 긴급 복구 사업

 철도의 긴급 복구는 유엔군의 반격과 더불어 이루어졌다. 1950년 9월 15일 낙동강 방어선을 넘어 유엔군의 총반격이 개시되자 경부선 본선과 중앙선 본선의 복구가 긴급하게 필요하였다. 교통부는 유엔군 공병대와 긴밀한 협조 아래 중요 교량과 선로의 복구를 단시일 내에 끝내지 않으면 안 되었다. 철도복구대는 주야간 계속적인 복구작업으로 총공격 개시 이래 불과 20여일 후인 10월 8일에 부산-서울 간 제112열차 운행이 가능해졌다.
 이와 관련하여 "6·25사변으로 인하여 약 3개월 동안에 걸쳐 운휴 중에 있던 열차운행은 지난 9월 18일부터 4만 교통부 종업원이 쉴 사이 없이 활동하여 지난 1일까지 전선(全線)의 약 92퍼센트가 부활 운행되고 있었다."[51]고 보도되었다.
 그리고 38선을 돌파하고 북진하는 국군을 따라 북상한 철도복구대는 10월 25일 평양에 공작창(工作廠) 파견대를 설치하였다. 이에

---
51)『조선일보』1950년 11월 3일.

힘입어 11월 12일에는 서울-대동강 사이에 남북연결 열차가 운행될 수 있었다.

1950년 11월 중공군의 개입으로 전선이 다시 오산(烏山)·원주(原州)로 후퇴한 이후에는 각 지선의 보강과 확보가 군사적으로 중요했기 때문에 충북선, 충남선, 경북선 등의 교량은 유엔군이 지급한 아이빔으로 응급 복구되었다. 그 후 부산에서 일부 판항을 신규 제작하고 유엔군이 준비하여 가져온 일본 철도의 고형(古桁: 협궤 L-15 정도)을 개조 보강하고, 추락 파손된 판항의 인양 재생에 전력을 기울여 1951년 8월 1일에는 남한의 모든 철도가 정상적인 운행을 재개할 수 있을 만큼 복구되었다. 1948년 당시 선로 총연장은 2,684.3km였는데, 1951년에 2,635.6km로 전쟁 전의 수준을 거의 회복했고, 1952년에는 38개 노선 2,713.7km로 전전 수준을 능가하기 시작했다.[52]

한국전쟁 발발부터 1952년 7월까지 신규제작 10연(連), 고항 개조 38연, 공항 개조 및 조성 8연, 인양(引揚) 재생 177연 등에 의해 전체 피해 판항의 78%가 78%가 복구된 셈이었다. 추락 판항의 인양 재생량은 총 3,040톤이었다.

그리고 휴전을 전후해 중단되었던 영암선, 영월선의 재공사가 시작되었고, 3대 산업선의 하나인 문경선 건설이 기공되었다. 그 밖에 서울로 환도한 정부는 전후 복구를 하면서 군소 철도망을 건설하기 시작했다. 우암선, 울산선, 김포선, 장생포선, 옥구선, 사천선, 가은선, 영동선, 삼척발전소선, 태백선, 강경선, 충북선, 오류동선, 주인선 등은 한국전쟁 이후 건설되기 시작한 것들이다.

그리고 1953년 4월에는 철도 5개년 건설계획이 수립되었으며, 한국정부가 1955년 6월 1일 한국전쟁 이후 UN군에 의해 관리되던 철도운영권을 인수받았다.[53]

---

52) 공보처 통계국, 『1952년 대한민국통계연감』, 공보처, 1953, pp. 113-114.
53) 이러한 노력으로 서울-부산 간 특급열차의 운행시간은 1946년 5월 당시

4. 인적·물적 이동

한국전쟁 발발로 철도수송체계는 전시 수송체제로 전환되어 수송본부가 설치되고 비상차량이 동원되었으며, 수송본부가 남쪽으로 이동하였다. 그 결과 7월 14일 교통부 본부가 대구로 이동하고 수송본부가 부산에 설치되었다. 그리고 8월 18일에는 교통부 본부가 부산으로 이동하고 수송본부는 부산에서 대구로 이동했다. 이 때 철수작전에 동원된 객차는 3,354량, 화차는 11,755량이었다. 이 가운데 7,180여량의 객차 및 화차를 통해 피난민 2,168,000명이 수송되었다.

1950년 9월 15일 UN군의 인천상륙으로 반격이 이뤄졌을 때 1,900량과 5,300량의 객차가 각각 국군과 UN군을 수송하였으며, 3,700량과 21,000량의 화차가 각각 국군과 UN군을 수송하였다.

1951년에는 전쟁으로 철도시설이 파괴되고 모든 교통수단이 주로 군사적 목적에 이용되었기 때문에 인원 수송이 2,407만 명(통근 821만 명, 일반여객 1,586만 명)으로 격감하였다.

그리고 휴전협정이 조인되어 점차 사회적 안정되던 1952년에는 철도의 인원 수송이 4,456만 명(통근 1,977만 명, 일반여객 2,479만 명)으로 전년에 비해 2,049만 명이 증가하고, 1954년에는 5,811만 명(통근 2,220만 명, 일반여객 3,597만 명)으로 증가하였다.[54]

화물수송은 한국전쟁 발발로 군사수송이 급증함에 따라 1951년

9시간 40분이었고, 1954년 8월까지도 9시간 30분에 머물러 있던 것이, 1960년 2월에는 6시간 40분으로 단축되어 전쟁 이후 무려 3시간 가까운 시간적 압축이 이뤄졌다. 이 같은 열차시간의 단축은 그만큼 시간감각의 통일성 증진과 일상생활양식의 변화를 전국적인 수준으로 끌어올렸다고 할 수 있다. 강인철, "한국전쟁과 사회의식 및 문화의 변화," 정신문화연구원, 『한국전쟁과 사회구조의 변화』(서울: 백산서당, 1998), p. 275.
54) 철도청기획관리실(1972), pp. 58-65. 정경호(1974)에서 재인용.

도에는 1949년도에 비해 103% 증가한 1,302만 톤, 1952년도에는 1,345만 톤으로 증가하였다. 그러나 휴전협정이 성립된 1954년도에는 1951년도에 비해 29% 감소한 927만 톤의 화물이 철도로 수송되었다.55)

전쟁을 치르는 동안 철도는 많은 피란민들에게는 핵심적인 이동수단이었다. 한강다리가 폭파되어 용산역은 활동을 중단하고 영등포역이 새로운 기점 역할을 했다. 특히 1951년 1월 4일 북한군이 서울을 재점령함으로써 많은 피난민들은 기차를 타고 남으로 향했다. 당시의 경험을 기술한 글을 보면 이런 상황을 잘 알 수 있다.

> 그때는 기차가 있어 천안을 가니 서울과 북에서 온 피난민이 너무 많아서 기차 꼭대기밖에는 자리가 없었다. 눈은 펑펑 오는데 어머니를 부축하여 꼭대기에 올라와 … 역에 서기만 하면 석탄 싣고 물 넣고 천안에서 황간까지 4일 동안 그대로 기차 꼭대기에 앉아서 먹지도 못하고 추위와 싸웠다.56)

철도를 따라 움직이는 피란민들은 안전 따위는 생각할 겨를도 없었다. 객차 안이 가득 차면 지붕 위에라도 올라서서 떠나야 했으며, 한 사람이 자리를 떠서 빈자리가 생기면 다른 사람이 그 자리를 채웠고, 아이가 얼어 죽은 지도 모르고 안고 있었던 사람, 열차 지붕에서 떨어져 죽은 사람 등 전쟁의 참혹함을 경험했다.

> 우리는 다시 남쪽으로 피난을 가기 위해서 … 영등포역으로 … 기차역에는 사람들이 얼마나 많은지 기차지붕 위에도 올라갈 곳이

---

55) 『한국교통연감』, 교통부기획조정관실, 1960. 정경호(1974)를 토대로 재작성.
56) 조선일보 편(2001), pp. 52-53.

없어서 겨우 사람 위로 해서 올라갔다. … 밤새도록 겨우 수원까지만 가고 또 안 간다. 거기까지 가는데도 아침에 보니 자리가 많이 비어 있었다. 왜냐하면 둥그스런 지붕 위에 양쪽에 앉아서 서로 붙들어야 하는데 잠이 들면서 쥐었던 손을 놓치면 두 사람 다 떨어져 죽는다. 지붕 위에 몇 사람 남지 않고 다 떨어졌는데 … 저쪽에 있는 기차가 간다고 해서 가보니 지붕에도 탈 데가 없어서 기차 물 넣는 화통에 탔다.

차가 가려면 물을 넣어야 한다고 내려오라고 해도 한 사람도 내려오지 않자 사람이 있는 곳에 물을 부어 사람 옷과 철판이 붙어서 움직이지도 못하고 섰는데 그 상태로 기차는 조치원까지 갔다. 사람들은 다 내려도 우리는 몸과 옷이 철판에 얼어붙어서 꼼짝도 못하고 있는데 화통 양쪽 가장자리에 붙어있던 남자 한 사람이 움직여 얼음이 부서지면서 모두 내릴 수 있었다.[57]

전쟁 발발 후 남행열차가 뜸해지고 북행열차가 많아졌는데 남쪽 화차가 눈에 띄게 많아졌다. 똑같은 화차지만 화차에 그려진 '철도마크'로 식별할 수 있었다. 석탄을 사용하는 시절의 철도마크나 숫자는 흰색의 굵은 선으로 그려져 북한에서는 日政 때 마크를 그냥 사용하고 있었는데, 이남화차는 가는 획으로 새 모양을 그렸고 그 도안도 유치하게 느껴졌다.[58]

전쟁을 치르는 동안 남북한 간의 이동은 전쟁을 피하기 위해 강요된 집단이동인 동시에 정치적·사상적·귀속집단을 찾아가는 이동이었다고 할 수 있다.[59] 북한에서 남한으로 이동한 사람의 숫자를

---

[57] 조선일보 편(2001), pp. 95-96.
[58] 조선일보 편(2001), p. 163.
[59] 윤종주, "민족대이동으로 본 6·25," 『월간중앙』, 1980년 6월호, p. 119

정확하게 알 수는 없지만, 1955년에 실시된 제1회 간이 총인구조사 결과에 의하면 약 40~65만 명이 전쟁기간 중에 북한에서 남한으로 이동한 것으로 나타난다. 열차는 이러한 대량수송에 가장 큰 역할을 담당했다. 북한지역에서는 열차를 이용한 이동을 집중적으로 통제했었다. 따라서 북한에서 남하하려는 많은 사람들이 남행열차에 몸을 실었다가 좌절을 경험해야 했다.

> 당시 자동차는 별로 없었고 군수물자 수송은 철도에 의존하였다. … 후퇴 작전이란 정식통보된 것은 아니지만 남행열차 횟수가 많아지고 군수물자(철조망) 등이 역송(逆送)돼 내려오고 무개차에 편승해 오는 민간인은 군에 의해 퇴조역 이남으로 못 가도록 강제하차, 제지당했다.[60]

이처럼 통제되고 억압되는 가운데 남과 북의 왕래가 차츰 줄어들었다. 해방이후부터 전쟁 전까지는 그나마 고향이나 이전 주거지로의 왕래가 어느 정도 허용되었는데 한국전쟁을 통해서 완전히 남과 북이 단절되었다. 결국 휴전 후에는 남북한 이동이 완전히 단절됨으로써 남과 북의 사회·문화적 교류나 소통의 길이 가로막히게 되었고 이념적으로 상이한 남북 간의 이질화가 심화되었다.

VI. 맺는말

철도는 한국이 전통사회에서 근대사회로 전환되는 과정에서 일정부분 기여했다. 철도는 구습을 깨뜨리고 신문명을 전파하고, 시공

---

60) 조선일보 편(2001), pp. 166-167.

간개념을 명확하게 해주었으며, 사회구조의 틀도 바꾸었다. 또한 해방과 전쟁이라는 비정상적인 사회적 탈구(social dislocation)를 경험한 한국에서 철도는 새로운 사회·문화 시스템을 도입하고, 유지·발전시키는 데 있어서 중요한 역할을 하였다.

운수동맥의 심장이라는 표현이 함축적으로 나타내듯이 철도는 해방 이후부터 분단국가 수립기까지 최적의 인적·물적 이동 수단이었다. 그리고 철도는 인구 이동뿐만 아니라 사회·문화적 시스템과 가치관의 변화와 이동을 가져왔다.

철도는 미·소군정으로 남북한이 분단된 상황에서 기술 인력과 연료 부족을 겪으면서도 조금씩 운행되고 있었다. 또한 제한적이고 통제되기는 했지만 철도를 통해 남에서 북으로, 북에서 남으로 출퇴근하거나 통학할 수 있었다. 철도를 통한 인적 이동은 활자매체가 제한되었던 당시 상황에서 사상이나 가치관을 전파하는 중요한 창구 역할을 했다. 남북한의 주민들은 서로 왕래하며 남한과 북한의 소식을 전달하고 교환하는 과정을 통해 미군정하에서 겪은 자본주의나 민주주의 그리고 소련군정하에서 겪은 사회주의에 대해 서로 정보를 교환할 수 있었다. 그러한 경험에 의한 의견교환은 일반 대중에게는 활자매체보다 훨씬 더 큰 교육효과를 가졌다.

그리고 같은 열차로 통학하거나 출퇴근하는 사람들 간에 일정한 교류를 통해 인식의 연대가 이루어졌다고 할 수 있다. 이때까지는 철도가 사회적 동원의 기능을 어느 정도 했다고 할 수 있다.

한국정부는 정부수립 후 철도망 구축에 착수하여 동서횡관철도망(東西橫貫鐵道網)을 구축하고자 했다. 이후 잠시나마 남한지역의 철도는 지역 개발과 상권 통일이라는 역할에 치중했다. 그리고 심각한 자원부족을 해결하기 위해 주요 탄광을 개발하고자 지원하고자 소위 3대 산업철도인 영암선, 함백선, 문경선이 건설되기도 하였다.

한국전쟁에서 철도는 핵심적인 전쟁수단이자 전쟁의 최대 희생물이었다. 그러나 철도는 전쟁에서 중요한 병참수단이었기 때문에 긴급 복구가 이뤄졌고, 그 결과 철도는 다른 부문에 비해 비교적 빠른 속도로 복구되었다. 그 결과 1951년에 철도는 어느 정도 전쟁 전의 수준을 회복할 수 있었다.

철도는 한국전쟁의 어려움을 겪는 과정에서도 피란민들의 이동에 가장 큰 기여를 했다. 전선의 이동에 따라 철도국과 본부도 함께 이동하며, 군의 후퇴와 전진, 군수물자의 공급을 도왔을 뿐만 아니라 동시에 인적 이동을 가능하게 하였다.

철도는 피란민들의 중요한 이동수단이었다. 피난민들은 어렵게 올라탄 기차를 통해 남으로 이동할 수 있었다. 피난민들은 철길가에 버려진 코크스를 주워 땔감으로 쓰거나 팔았으며, 때로는 화차에서 석탄을 훔치기도 하였다.

해방 이후부터 한국전쟁 시기까지 한반도에서의 철도는 칼 도이취나 다니엘 러너가 말하듯이 남북한 간의 사회적 동원의 기회를 만들어 줄 수 있는 수단이 될 수 있었다. 식민지시대부터 시작된 왜곡된 모습이기는 하지만 근대화가 시작되었고, 해방 이후 근대화를 추진하는 데 있어서 철도는 중요한 견인차 역할을 할 수 있었다. 그러나 분단과 전쟁으로 철도는 남북한의 통합과 근대화의 수단으로 작용할 수 있는 기회를 상실하였다.

■ 참고문헌 ■

김영윤, "구동서독의 육로 수송 협력 사례와 시사점," 『통일경제』, 1999년 7월호.
김철범, 『한국전쟁을 보는 시각』, 을유문화사, 1990.
노형석, 『모던의 유혹, 모던의 눈물』, 생각의 나무, 2004.
박천홍, 『매혹의 질주, 근대의 횡단: 철도로 돌아본 근대의 풍경』, 2003.
신복룡 편, 『한국분단사자료집(Ⅱ)』, 원주문화사, 1991.
신복룡, 『한국분단사연구』, 한울아카데미, 2003.
신복룡·김원덕 편역, 『한국분단보고서』하, 풀빛, 1992.
이규목, 『한국의 도시 경관』, 열화당, 2004.
이태욱 편, 『북한의 경제』, 을유문화사, 1999.
전현수, "소련군의 북한진주와 대북한정책," 『韓國獨立運動史硏究』 9, 독립기념관 한국독립운동사연구소, 1995.
정경호, "한국의 철도교통에 대한 지리적 고찰," 고려대 교육대학원 석사학위 논문, 1974.
조선일보 편, 『6·25 우리들의 이야기』, 조선일보사, 2001.
철도청, 『한국철도사 2』, 1977.
철도청, 『한국철도사』제4권, 1992.
철도청, 『한국철도 100년사』, 1999.
하기와라 료 지음, 최태순 옮김, 『한국전쟁: 김일성과 스탈린의 음모』, 한국논단, 1995.

C.E. Black, *The Dynamics of Modernization*(New York: Harper and Row, 1966).
Daniel Lerner, "Toward a Communication Theory of Modernization," in Lucian Pye(ed.), *Communication and Political Development*(Princeton NJ: Princeton University Press, 1963).
Fred W. Riggs, "The Dialectics of Developmental Conflict," *Comparative Political Studies* I (July 1968).
Karl W. Detsch, "Social Mobilization and Political Development," *American Political Science Review*, Vol. 115, No. 3 (September 1961).
S.M. Lipset, "Some Social Requisites of Democracy," *American Political Sciences Review*, 53 (March 1959).

S.N. Eisenstadt, "Modernization and Conditions of Sustained Growth," *World Politics* 16(July 1964).
Talcott Parsons, *The Structure of Socail Action*(New York: McGraw-Hill, 1937).
_____, *The Social System*(Glorence,I.: Free Press, 1951).
Walt W. Rostow, *The Stage of Economic Growth: A Non-Communist Manisfeto*(Cambridge: Cambridge University Press, 1960).

「미육군 군정활동 보고서」 No. 5(1946. 2)/ No. 8(1946. 5)

『동아일보』
『매일신보』
『서울신문』
『조선일보』

제4부
철도네트워크와 동아시아의 미래

제9장 남북한 철도연결사업의 기대효과와 과제(서보혁)
제10장 러시아-한반도철도 복원과 연결사업(TSR-TKR)의
　　　　전망과 발전방향(안병민)
제11장 동아시아 철도네트워크의 미래와 그 의미(이철우)

제9장
남북한 철도연결사업의 기대효과와 과제

서 보 혁

I. 머리말

　국가 간의 철도연결은 인적·물적 수송을 통하여 경제·문화의 교류를 촉진하고 우호·협력의 기회를 제공한다. 유럽 각국의 철도 연결이 경제뿐만 아니라 정치적·사회적 통합을 가속화시키는 것이 좋은 예가 될 것이다. 남북한의 철도 연결도 남북한의 경제적·문화적 교류협력을 촉진하고 상호 신뢰회복에 기여함으로써 한반도 경제공동체 형성과 평화체제 수립에 디딤돌이 될 수 있을 것이다. 뿐만 아니라 남북한 철도 연결은 동북아시아와 유럽을 접속하여 대륙 간 인적·물적 교류를 확대하는 데에도 큰 역할을 할 것으로 기대된다.
　한반도의 철도는 일본 제국주의시대 조선의 물자 약탈과 대륙 침략을 위해 부설되기 시작하였고, 해방을 거쳐 분단 이후에는 남북한의 산업화의 중추 역할과 군사적 용도로 이용되었다. 2000년 6·15남북정상회담으로 남북관계가 새로운 국면을 맞이하면서 남북 철도연결사업이 합의되었다. 남북공동선언에 따라, 경의선은 같은 해 9월 복원연결 사업에 착수하여 문산-개성의 27.3km, 동해선은 2002년 9월 복원연결 사업을 시작해 저진-온정리의 27.5km가 연결 중에 있다. 남한은 경의선, 동해선의 북한 측 연결공사에 자재 및 장비 지원을 하고 있다. 남북한은 남북 간 열차운행합의서를 채택하는 등 남북철도의 연결 개통에 대비하고, 경의선·동해선의 남북 간 시범운행 계획도 갖고 있다.

경의선과 동해선은 민족경제가 번영할 수 있는 핵심축을 동서 양쪽에 연결하고 중국, 시베리아횡단철도와 연결될 경우 한반도가 동북아 물류중심지가 되는 기반을 제공할 것이다. 경의선은 개성공단 개발을 촉진하고 인천공항의 허브(hub)기능을 강화할 수 있고, 동해선은 육로관광 등 금강산관광 활성화 및 설악산과의 연계관광을 촉진시킴으로써 동해권 경제발전에 기여할 할 것으로 기대되고 있다. 남북한은 이 사업이 가져다 줄 경제적 이득에 주목하면서 신뢰조성과 군사적 긴장완화에도 기여하길 기대하고 있다. 그러나 5년 가까운 시간동안 남북 철도연결사업은 아직 완성되지 못한 채 운행을 기다리고 있다. 이는 남북 철도연결사업이 갖는 다각적인 의미가 있는 만큼 그 전개과정도 많은 시간을 필요할 것이라는 점을 말해주고 있다.

이 장은 남북 철도연결사업이 합의된 이후 지금까지 추진되어 온 과정을 살펴보고 거기서 철도연결사업의 완성을 위해 필요한 기술적, 정치적 과제를 도출하는데 목적을 두고 있다. Ⅱ절에서는 남북한 철도연결사업의 의의와 남북 간 추진과정을 살펴본 후 Ⅲ절에서는 남북한 철도연결사업의 방향과 기대효과를 논의할 것이다. 이를 근거로 Ⅳ절에서는 향후 정책 방향 및 과제를 검토하고 결론을 맺는 순서로 논의를 전개할 것이다. 이 논의를 위해 통일부, 철도청 등 정부의 관련 자료와 선행연구 결과를 참고하였다.

Ⅱ. 남북한 철도연결 논의경과

　남북 철도연결 구상이 처음 일어난 것은 남북 간 대화가 아니라 남한정부였다. 1982년 1월 22일 당시 정부가 북한에 제의한 '남북한 기본관계에 관한 잠정협정'에 따른 시범사업으로 경의선 복구계획 수립이 시발이 되었다. 그 후 1984년 남북경제회담에서 남측은 북측에 경의선 철도연결을 다시 제의하였다. 그러나 이에 대하여 북측이 아무런 반응을 보이지 않아 구체화되지 못하고 있다가 1980년대 후반 남북고위급회담이 수차례 열리면서 조성된 남북한 대화국면 속에서, 1990년 노태우 대통령의 지시로 남북철도연결사업계획을 수립한 바 있다.[1]

　남북 철도연결에 관한 남북 당국간 논의는 1990년 9월 남북고위급회담에서 시작되었다. 1980년대 말부터 8차례 진행된 남북고위급회담 결과 이루어진 남북기본합의서 제19조에서 "남과 북은 끊어진 철도와 도로를 연결하고 해로, 항로를 개설한다"고 합의하였다. 이를 이어 맺어진 부속합의서에서는 남북 간 미연결구간의 연결을 위한 실무적 차원의 협의도 진행되었다. 그러나 그 뒤 북한 핵개발을 둘러싼 한반도 긴장과 남북관계의 교착으로 남북 철도연결 논의는 중단되었다.

　2000년 6월 15일 남북정상회담 결과 이루어진 남북공동선언에서 거론되어 경의선, 동해선의 철도 및 도로 연결 사업이 합의되었다. 그리고 2000년 7~8월 열린 제1차, 제2차 남북장관급회담에서 경의선 철도(서울-신의주) 및 도로(문산-개성) 연결에 합의하였다. 남북한 철도연결사업의 가능성은 2001년 4월 8일 임동원 대통령특보의 평양방문, 같은 해 8월 30일 남북 경제협력추진위원회 등에 북한

---

1) 철도청, "남북철도건설 추진현황 및 계획," 철도청 연구보고서 (2002.5), p. 3.

이 보인 관심에서도 나타났다. 그러나 남북 철도연결을 위한 남북 당국간 본격적인 협의는 2002년 11월 평양에서 열린 남북경제협력 추진위원회(이하 경추위)에서 시작되었다.

철도연결에 대한 북한의 입장은 김용삼 북한 철도상이 2001년 7월 모스크바에서 열린 시베리아횡단철도 개설 100주년 기념세미나에서 밝힌 바 있는 그는 북한이 추구하는 "강성대국 건설은 한반도 종단철도와 시베리아횡단철도 연결과 무관하지" 않다고 말하였다.2) 북한은 남북 철도연결사업을 시베리아횡단철도(TSR) 연결사업과 관련짓고 있음을 알 수 있는데, 이는 남한도 지지하는 바이다. 한국과 러시아는 2000년 철도협력 실무회의, 2001년 정상회담에서 한반도종단철도(TKR)과 TSR의 연결에 합의하였다. 그리고 북한과 러시아도 2001~2년 두 차례의 정상회담을 통해 같은 내용에 합의한 이후, 2002년 양국 간 국경철도회의와 철도장관회담 등을 통해 북한 지역 TKR구간 철도 현대화 방안과 TKR-TSR 연결사업 방향을 논의해왔다. 이는 시베리아 개발 및 동북아 영향력 확대를 겨냥한 러시아의 의도와 맞물린 것으로 앞으로 3개국 간에 TKR-TSR 연결을 위한 협력이 증진될 것으로 전망된다.3)

3차 경추위(2002.11.6~9)는 경의선·동해선 철도·도로 연결을 동시에 빨리 진척시키기 위한 조치를 취하기로 합의하고 경의선은 개성공단에, 동해선은 금강산 지역에 연결하기로 하였다. 또 쌍방은 11월중 공동측량을 실시하여 연결지점을 정하고 공사일정표 교환, 공사진행 현황을 정기적으로 상호 통보하기로 하였다. 3차 경추위가 갖는 의의는 공사에 따르는 기술적 사항들은 협의가 완료된 만큼,

---

2) 『조선일보』 2001년 7월 30일.
3) 2002년 10월 18일 북한 철도성 대변인은 러시아가 제안한 TKR-TSR 연결관련 남·북·러 3자 회담을 지지하는 담화를 발표한 바 있다. 『중앙방송』 2002년 10월 18일.

철도·도로 연결 즉시 남북 간 통행이 가능하도록 열차·차량운행에 필요한 절차문제 등을 협의·해결하는데 주력할 수 있는 발판을 마련한 데 있다고 하겠다. 3차 경추위는 또 위와 같은 합의사항을 실천하기 위해 남북철도·도로연결 실무협의회(이하 실무협의회)을 갖기로 하였는데, 이후 실무협의회는 경추위 합의사항을 실무적으로 뒷받침하는 협의 창구 역할을 하게 되었고 실무접촉은 실무협의회의 논의사항을 보다 구체화하는 기술적 논의창구 구실을 하게 되었다.

1차 실무협의회(2002.11.18~20) 금강산에서 개최되었는데, 이 협의에서 남과 북은 공동측량 절차와 방법에 대해 합의함으로써 철도·도로연결공사의 차질 없는 진행이 이루어질 것으로 전망되었다. 또한 남북은 '차량운행합의서' 체결과 관련하여 '군사분계선에서 가장 가까운 곳에 차량운행사무소를 설치'하기로 하는 등 주요사항에 대해 의견접근을 이루었다. 특히, '차량운행합의서'의 필요성을 남북이 상호 인식하고 합의서의 주요사항에 대해 의견접근을 봄에 따라, 차량운행을 위한 물적·제도적 장치가 마련되게 되었다. 1차 실무접촉은 이후 경의선 및 동해선 철도·도로를 통해 개성공단 물자 및 인원의 수송과 금강산 육로관광을 통한 금강산관광 활성화 등의 효과가 있을 것이라는 기대를 불러일으켰다.

평양에서 개최된 2차 실무협의회(2003.1.22~25)에서 남북한은 자재장비 제공, 열차운행합의서 협의와 함께 경의선·동해선 연결에 구체적인 진전을 가져왔다. 구체적으로 남북 쌍방은 경의선·동해선 철도연결공사를 빠른 시일 내에 연결하기로 합의하고, 이를 위해 군사분계선에서 자기 측 방향으로 공사를 진행하고, 각 구간별 연결시점 등 구체적 사항은 향후 협의 해결하기로 합의하였다. 또 실무접촉에서는 경의선·동해선 철도 연결공사를 군사분계선에서부터 추진할 수 있게 합의함으로써 남북철도 연결공사가 본격화되는 한편, 개성공단조성 등 남북 간 교류협력활성화를 위한 추진 발판도 마련될 것으로도 기대를 모았다.

5차 경추위(2003.5.19~23)는 경의선·동해선 궤도연결을 위한 행사를 2003년 6월 10일경에 군사분계선 연결지점에서 진행하고, 철도와 도로 연결 공사를 계속 추진하여 최대한 빠른 시일 내에 완공할 수 있도록 적극 노력하기로 합의하였다. 5차 경추위 합의는 2002년 9월 착공식에 이어 남북 간 철도·도로 공사가 이제 개통으로 한걸음 더 나아간다는 의미를 갖는다. 또 남북 간 철도·도로 공사 진행 과정에서 군 담당자간 직통전화를 가동하는 등 남북 군당국간 접촉과 협력기회가 증대되어 상호이해의 폭이 넓어지고 군사적 신뢰구축으로 발전할 가능성을 열어놓았다는 점도 큰 의의라 할 수 있다.

5차 경추위 이후 열린 제3차 실무협의회(2003.7.2~4)는 경의선·동해선 철도 신호·통신·전력계통에 대한 합의와 함께, 열차운행과 관련한 신호·통신·전력분야의 남북 간 기술 협력이 본격화될 수 있는 계기도 마련하였다. 그리고 열차운행합의서에 대해 자기측 합의서(안)을 바탕으로 조항별 검토를 실시하여 상대측 입장에 대한 충분한 이해와 의견접근을 이루었다. 그러나 이미 임시도로를 이용한 남북 간 왕래가 계속적으로 이루어지고 있어 상호 차량통행에 따른 연락체계를 갖출 필요성이 제기되었다. 그래서 실무접촉은 철도·도로 연결공사가 완료되기 전에 약식으로 열차·차량 운행 사무소를 설치하고 단계적으로 확대해 나가는 방안에 대해 상호 공감하고, 그 구체적인 방법은 계속 협의해 나가기로 하였다.

6차 경추위(2003.8.26~28)에서 남과 북은 철도·도로 연결공사를 적극 추진하여 1차적으로 경의선은 문산–개성 간, 동해선은 저진–온정리간 궤도부설과 도로 노반공사를 연말까지 완료할 수 있도록 하기로 합의하였다. 이를 위해 남측은 경의선과 동해선의 철도·도로연결을 위한 자재·장비를 조속히 북측에 제공할 수 있도록 노력하기로 합의하였다. 당시 정부는 이 같은 합의 사항이 우선은 개성공단 건설 및 금강산 관광 활성화에 기여할 것으로 기대하였다.

7차 경추위(2003.11.5~8)에서는 남북한 철도·도로 공사현장에 상호 방문하기로 하였는데, 구체적으로 동해선은 12월 2일, 경의선은 12월 8일 오전·오후에 각각 10여 명씩 교차방문하기로 하였다. 이 현장방문은 같은 해 6월 11일 남북관리구역 현장 확인에 이어 상호 공사 진행 상황에 대한 이해를 높이고 공사의 원만한 추진에 기여할 것으로 기대를 모았다.

제8차 경추위(2004.3.2~5)에서 남북은 2004년 중 가능한 구간에서 철도 시험운행을 실시함으로써 철도 개통 단계에 진입한다는데 합의하였다. 시험운행을 통해 철도 개통을 위한 기술적 사항을 상호 점검하게 됨으로써 향후 열차 운행의 안전성 확보가 가능하게 되었다고 평가할 수 있다. 그리고 철도 개통에 필요한 범위 내에서 철도 분계역사 등을 남측이 설계하고 기자재를 제공하는 문제를 협의하기로 합의하였다. 이 회의에 이어 2004년 4월 10일 개성에서 열린 남북 철도도로 실무협의 4차 회의에서, 남북한 '남북 열차운행 합의서'에 가서명해 군사분계선을 사이에 둔 양측 역을 오가는 열차를 1년마다 교대로 운행하기로 했다. 실무협의에서는 또 남북 철도운영 공동위원회 연 1회 이상 개최와 분계역장 회의 3개월마다 1회 이상 개최 등에도 합의해 철도 연결 이후 남북한 철도운영에 관한 협력의 틀을 마련하였다.[4]

9차 경추위(2004.6.2~5)에서 남북은 2004년 10월까지 남북 간 도로의 동시개통과 철도 시험 운행을 실시하고, 2005년 말까지는 철도 개통을 추진한다는데 합의하였다. 그러나 이 같은 합의는 다른 문제로 남북대화가 중단되면서 연기되었는데, 이듬해 열린 제10차 경추

---

4) 『국민일보』 2005년 4월 11일.

위(2005.7.9~12)에서 10월경 열차 시험운행·도로 개통식을 진행한다는데 합의하였다. 이 같은 합의로 남북은 2000년 7월부터 시작된 남북철도·도로 연결 사업을 마무리 단계에 진입시킬 수 있게 되었다. 아울러 남북한은 분계역사 건설 등 철도 잔여공사를 빨리 끝내고 군사적 보장조치가 조속히 마련되는 데 따라 2005년 내로 철도 개통식을 진행키로 합의하는 한편, 남북연결 철도·도로를 통해 인원·물자의 교류가 확대되기 위해서는 군사적 보장조치를 제도적으로 확충할 필요성에 공감하였다.5) 5차 실무협의회(2005.7.28~30)는 제10차 경추위의 합의사항을 뒷받침하기 위하여 개성에서 개최되었다. 주요 합의 사항은 ① 철도연결공사 완료를 위한 자재 추가 지원, ② 철도연결구간 공사실태 공동점검,6) ③ 10월 하순경 열차시험운행 및 도로개통식 개최, ④ 철도 및 도로운영위원회 구성을 위한 남북위원 명단교환, ⑤ 철도연결공사 진행관련 기술지원의 원만한 진행 등이었다.

정부가 2005년 국정감사 자료로 제출한 바에 따르면, 경의선과 동해선 철도의 연결 현황은 〈표-1〉과 같다.

2006년 5월 11~12일 열린 제12차 남북철도·도로연결실무접촉에서 경의선·동해선 열차시범운행을 합의한 데까지 이르렀다. 실무접촉에서 남북은 5월 25일 경의선은 문산역-개성역, 동해선은 금강산역-제진역 사이를 남북한에서 각각 1백 명이 참가하는 시범운행

---

5) 이미 제10차 경추위가 개최되는 시점에 남북한은 「동·서해지구 남북관리구역 임시도로 통행의 군사적 보장을 위한 잠정합의서」에 서명한 상태여서 철도부문에서 군사적 보장 장치가 요청되었다.
6) 공동점검은 2005년 10월에 예정된 철도시험운행 및 연내개통에 앞서 남북철도연결구간의 기술적 안전성을 사전 점검하는 것으로서, 주요 점검 내용은 철길부설상태, 일반구조물 및 교량, 운영건축물, 신호·통신·전력 부문 공사 진행 실태 등으로, 8월중으로 경의선과 동해선을 점검하기로 하였다.

〈표-1〉 경의선·동해선 철도연결

구 분		구 간	공사현황
경의선	남측	문산-군사분계선 (12km)	공사완료('02년 12월말)
	북측	군사분계선-개성 (15.3km)	- 궤도부설 완료 - 신호·통신·전력계통 공사 및 역사 공사 추진 중
동해선	남측	저진-군사분계선 (7km)	군사분계선-통전터널간 구간(3.8km) 공사완료, 잔여구간 공사 추진중
	북측	군사분계선-온정리 (18.5km)	- 궤도부설 완료 - 신호·통신·전력계통 공사 및 역사 공사 추진 중

출처 : 통일부, 『제256회 정기국회 2005년도 국정감사 요구자료 Ⅳ』(2005년 9월), p. 38.

하기로 합의하였다. 그러나 시범운행 하루 앞두고 북한은 남북철도·도로 실무접촉 북측단장(박정성) 명의로 "군사적 보장조치 미비"를 들어 열차시험운행 연기를 통보하여 무산되었다. 이에 대해 남북한 6월 3~6일 개최된 제12차 경추위에서 "조건이 마련되는데 따라 열차시험운행 조속 이행 및 철도도로 개통식을 빠른 시일 내에 개최"하기로 합의하였다.

Ⅲ. 남북한 철도연결사업의 방향과 기대효과

1. 남북 철도연결사업의 방향

남북 간의 수송망이 연결될 경우 가장 커다란 변화는 수송거리가 장거리화 된다는 점이다. 서울과 개성을 중심으로 한 몇 개 구간을 제외하면 남한과 북한 도시들 간 수송거리가 300km 이상이 된다. 따라서 여객이나 화물수송 모두 도로보다는 철도수송이 비용측면에서 유리하여 철도수송 분담율이 절대적으로 높아질 전망이다. 다만 북한지역내의 접근도를 높이기 위하여 철도에 의한 접근이 어려운 지역이나 인접지역 간 또는 단거리 화물수송에는 도로가 철도를 보조할 것으로 판단된다.

남북한 철도연계의 기본방향은 물론 철도 연결이 남북한의 균형적 경제발전 및 사회통합은 물론 한반도가 동북아경제의 견인차 역할을 하는데 기여하도록 하는 것이 될 것이다. 그러나 이를 실현한 구체적인 정책방향을 철도분야에 적용해보면 다음 몇 가지로 나누어 생각해볼 수 있다. 첫째, 단절된 철도노선의 연결이 우선적으로 요구된다. 기존의 경의선, 경원선의 미연결 구간을 복구하여 단기적인 교통수요에 대비하고, 동해안 지역의 철도축을 구축하기 위하여 포항-삼척, 강릉-원산간의 미연결구간을 신설하는 것이다. 둘째, 남북한 철도시설의 균형화이다. 현재 단선구간인 경의선, 경원선 등 주요 교통축의 복선화를 추진하고, 북한 철도의 전철화 수준에 맞추어 남한 철도의 전철화 사업을 추진한다.[7] 셋째, 수도권 우회 및 대체 철도망을 개발하여 남북한 교류 활성화에 따른 수도권의 교통집중 현상에 대비하는 일이다. 넷째, 장거리 수송 수요에 대비한 고속철도망 구축이다. 고속철도는 막대한 재정 부담으로 단계적으로 진행되어야 하겠지만 경부/호남/동서 고속철도에 이어 경의선, 경원선의 고속철도 개통으로 한반도를 "사다리형 고속철도"망으로 연결하고, 장기적으로는 부산-속초-원산-나진-선봉을 연결하는 동해안지역 고속철도망을 건설하여 동북아와 중국 및 시베리아횡단철도와의 연계를 준비하는 것이다.

이상과 같은 남북 철도연결사업은 단기적인 과제와 장기적인 계

---

7) 철도 전철화율은 남한이 21%, 북한이 79%이고, 복선화율은 남한이 29%, 북한이 2%이다. 이종득, 이성욱, "남북철도 연결과 교류방안," 한국철도학회 2002년 추계학술대회 발표논문, p. 416.

획을 조화시켜 진행하는 것이 현실적이고 효과적일 것이다. 단기적으로는 남북 간 철도연결을 통하여 남북 간 접근성을 확보하고 북한의 경제개발을 지원하고 교통개발 시설의 재정비를 진행하는 것이 우선 과제로 부상할 것이다. 장기적으로는 철도망을 한반도의 종합교통체계 구축 계획의 일부로 자리매김하고 한반도 통합 간선철도망을 구축하고 산업철도를 정비하여 동북아 교통의 중심으로 발전하는 것이 과제가 될 것이다.

한편, 남북한 철도연결 및 통합에 대비함에 있어서 독일의 경험은 소중한 교훈으로 삼을 필요가 있다. 북한과 구동독은 여러 가지 측면에서 비슷한 철도 체계 및 운영 실태를 나타냈다. 전체 화물 수송량 가운데 철도의 비중이 동독은 76.7%였고 북한은 90%로 (매우) 높은 수준이었고, 북한 철도는 총연장길이 5,214km(남한의 1.67배)로 H자형의 노선으로 11개의 주 노선을 포함하여 100여개의 노선으로서, 동독과 마찬가지로 철도망을 비교적 조밀하게 구축하고 있다. 또한 북한과 동독은 철도 여객운임에 대한 국고 지원과 화물운송에 대한 강제조처를 실시하는 한편, 제1의 교통수단임에 따라 고용효과가 높았다는 점도 꼽을 수 있다. 그러나 독일 통일 이후 전체 물동량 대비 철도의 수송량은 28.6%로 격감하고 반대로 화물트럭에 의한 수송량이 전체 물동량의 65.4%를 담당하는 도로중심의 수송체계로 바뀌었다. 그 이유는 동독지역의 철도관련 시설이 노후화하여 효율적인 운송이 불가능한데다가 철도 투자에는 도로에 비해 많은 비용과 시간이 소요되었기 때문이다. 이와 함께 갑작스러운 통일로 연방정부의 동독 철도 개량과 동서독 철도통합은 막대한 재원을 필요로 하였고 반면에 동독철도 전문가는 부족하여 통일 초기 철도통합은 동독 철도의 장점을 충분히 살리지 못하고 토지 소유권 분쟁을 초래하는 가운데 많은 비용이 투입되었다.[8] 이는 남한이 통일 이전 적극적인 교류협력을 통하여 북한 철도시설의 개량과 북한철도의 표정속도 제고 등 남북철도 체계의 통합에 적극적으로 나서야 통일 후 철도의 역할을 기대할 수 있음을 말해준다.

2. 남북철도 연결사업의 기대효과

남북철도가 계획한대로 연결될 경우 얻을 효과는 매우 클 것으로 예상된다. 그 내용은 단지 남북 경제협력의 확대뿐만 아니라 사회문화적 측면과 북한경제 발전에 미치는 영향도 적지 않을 것으로 보인다. 여기에는 정부와 민간연구자들의 의견이 거의 일치해 정부가 갖고 있는 기대효과를 중심으로 논의하며[9] 민간의 의견을 덧붙이고자 한다.

1) 경제적 효과

첫째, 경제적 측면에서 생각해볼 수 있는 효과는 물류비 절감을 통한 남북 경제협력 확대, 민족 경제공동체 형성에 기여, 개성공단 개발촉진 및 활용도 제고 등을 꼽을 수 있다. 물류비 절감을 통한 남북 경제협력 확대는 가장 구체적으로 기대할 수 있다. 철도수송은 남북 간 물류비를 획기적으로 절감시켜 남북 간 경제교류협력의 증대를 촉진할 것이다.

지금까지 남북한 간 교역시 제3국에서의 선적을 통한 해상운송이 주로 이용되어 왔다. 그런데 해상운송은 높은 운송비와 더불어 열악한 항구사정이 항상 문제가 되어 왔다. 또한 해상운송이 결정적으로 불리한 점은 북한지역의 화물 운송의 90%는 철도가 담당해오고 있

---

8) 최연혜, "남북철도 연결에 있어서의 동·서독 철도통합의 시사점," 『자연과 문명의 조화』, 대한토목학회, 2001, p. 18-22; 이종득, 이성욱(2002), p. 417 참조.
9) 통일부 홈페이지 자료. http://www.unikorea.go.kr/index.jsp (검색일 2006.8.24)

다는 점이다. 인천-남포간 해상 수송시 1TEU당[10] 운임은 720달러 수준, 경의선 철도를 통해 수송할 경우 우리나라 수도권과 평양권간 물류비는 약 200달러 수준으로 520달러를 절감할 수 있다고 한다 (〈표-2〉 참조). 2005년 남북 간 교역액은 10.5억 달러로 2000년(4.3억 달러) 대비 2.4배 신장하였는데, 철도 수송을 통해 물류비가 절감되면 교역액은 비약적으로 증가할 것으로 기대할 수 있다.

〈표-2〉 인천-남포(왕복)간 수송수단별 비교

구 분	수송일수	운임(TEU당)
해상운송(A)	7~10일	$720
철도운동(B)	1~3일	$200
차이(A-B)	6~7일	$520

이외에도 한반도종단철도 연결은 남북교역 증대에 힘입어 남북 간 산업구조 변화도 촉진할 것이다. 예를 들어 경의선이 지나는 북한의 공업지구는 평양 공업지구, 청천강 공업지구, 신의주 공업지구가 있다. 따라서 경의선 연결로 인한 남북 간 수송로 확보로 현재의 단순 임가공 형태의 교역은 개성공단의 활성화와 함께 설비 반출형 위탁가공으로 질적 향상이 가능해짐으로써, 남북 경제협력이 물자교역에서 위탁가공무역으로 확대될 수 있다.

유럽의 경우 석탄, 철강의 원활한 철도수송을 위해 국가 간의 제도적 장벽 철폐 노력의 결과 오늘의 EU를 탄생시키는 계기가 되었다. 남북철도가 개통되어 인원, 물자의 철도수송이 활성화될 경우 궁극적으로 민족 경제공동체 및 동북아경제공동체 형성에 기여할 것이다.

남북 철도 수송의 발달은 현재 추진 중에 있는 개성공단의 개발을

---

[10] TEU란 Twenty-foot Equivalent Units의 준말로서 상선의 컨테이너 선적량의 단위이다.

촉진하고 공단사업이 남북경제 협력에 기여할 수준도 높아질 수 있다. 현재 개성공단 조성을 위한 물자수송과 개성공단 생산품은 도로를 통해 운반되고 있으나, 철도를 이용할 경우 대량운송이 가능해지고 운송시간도 단축됨으로써 물류비용을 대폭 절감할 수 있다. 가령, 개성공단에 근무하는 북측 근로자들은 버스와 자전거 등을 이용하여 출퇴근을 하고 있는바, 앞으로 철도를 이용하여 출퇴근을 할 경우 대규모 수송이 가능하므로 현재와 같은 열악한 환경을 개선할 수 있을 것이다.[11] 또 남북 철도연결로 남북 간 연계관광 상품화가 이루어질 경우 남북 간 관광 활성화에도 도움이 될 것으로 기대할 수 있다.

만약 남북철도 연결이 완성되면 그 경제적 효과는 남북한에 한정되지 않고 한반도가 동북아 물류중심지 역할을 함으로써 동북아 국가 간 교역을 증대시켜, 궁극적으로 역내 번영과 협력을 높일 것으로 예상할 수 있다. 이와 관련해 남한정부는 2004년말 제1차 남·북·러 3자 철도 전문가회의를 모스크바에서 가지고 대륙횡단철도와의 연결을 위한 기술적 협의를 진행한 바 있다. 또 같은 해 6월 16~19일 한국철도기술연구원이 개최한 'ASEM 철의 실크로드 국제심포지엄'에 북한 측 참가단 6명이 참가하여 주제발표를 하고 KTX 시승을 한 바도 있다. 남한정부는 러시아, 북한 등과의 양자 협의 창구를 통해서도 시베리아횡단철도 추진을 협의해 나가고 있고 이를 위해 남·북·러 3자 철도 전문가회의를 계속해서 개최해나갈 예정으로 알려졌다.[12] 이처럼 '철의 실크로드'는 차별화, 특성화된 지역을 따라 신규 수요를 창출하면서 유라시아 전 지역을 잇는 국제철도망으

---

11) 2000년 8월 현재 북측 근로자 수는 7,000여명이지만, 연말까지 1만 5천명으로 증가될 것으로 예상, 북측 근로자의 출퇴근 환경이 더욱 열악하게 될 것 전망된다.

12) 통일부, 『제256회 정기국회 2005년도 국정감사 요구자료 Ⅳ』(2005년 9월), p. 825.

로 발전할 것이다. 경의선 철도운행이 정례화 되고 중장기적으로 그것이 대륙철도와 연계할 경우 한국, 일본 ↔ 북한, 중국, 러시아, 몽골, 유럽 간 물동량이 증대할 수 있을 것이다. 한반도종단철도를 이용하게 될 이런 미래는 결국 남북 모두에게 경제적 이익(통과료 수입 등)을 가져다 줄 것이다.

한편, 한반도종단철도가 대륙철도와 연결될 경우 남북한의 경제적 효과는 위에서 말한 것 외에도 다음과 같은 점들을 추가적으로 생각해볼 수 있다.[13] 2005년 한국과 유럽간 컨테이너 물량은 약 75만 TEU, 일본-유럽 간 물동량은 약 160만TEU로 전망된 바 있고, 경의선이 복원될 경우 한국-유럽 간 물동량의 20%, 일본-유럽 간 물동량의 5%가 경의선을 거쳐 시베리아횡단철도로 운송될 것이고, 그에 따른 남북한의 연간 운임수입은 남한 4,036억 원, 북한 7,200억 원에 이를 것이라는 예측이 있다. 뿐만 아니라 한반도는 유라시아 대륙으로 진출하는 물류 전초기지가 되고 동북아에서는 물류중심지 역할을 수행해 환동해 또는 환서해 경제권을 형성할 수 있을 것이다. 또한 중국 동북 3성과 극동러시아 및 시베리아 지역의 천연자원을 원활하게 수송할 수 있으며, 한국과 일본의 자본·기술력과 북한, 중국, 러시아의 노동력을 결합하여 지역 경제협력을 이끌어낼 수도 있을 것이다.[14]

한반도종단철도 건설은 직간접적으로 북한경제의 성장에도 기여할 것으로 기대된다. 먼저, 북한 산업 및 주민생활 향상에 직접 기여하는 측면으로서, 남북철도 연결은 북한의 철도시설 현대화에 기여할 것이다. 남북 철도연결은 교통수단으로서 철도의 비중이 높은

---

13) 물론 한반도종단철도가 대륙철도와 연결될 경우 경제적 효과는 주변국들에게도 미칠 것이다. 윤재희, "남북 철도연결사업에 있어서 주변국가의 경제적 효과," 『복지행정연구』 제18집(2002), pp. 105-113 참조.
14) 윤재희(2002), pp. 111-112.

북한의 산업, 경제건설, 주민생활에 긍정적 요소로 작용할 것이다.15) 〈2003년 4월 산업은행 조사월보〉에 따르면, 경의선 연결 및 북한 철도 개보수를 위한 투자가 북한산업 전반에 미치는 연관효과는 약 6년간 112억 달러로 평가된 바 있다. 또 비료 및 식량 등 인도적 지원이 철도를 이용하여 이루어질 경우, 북측의 내륙지역까지 수송이 가능하게 되고 대북지원물자가 신속하게 전달됨은 물론, 북한지역 내부에서의 물류비용도 대폭 절감할 수 있다. 물론 남북철도 연결이 북한에 주는 이와 같은 다각적인 효과는 북한 전역에 일제히 미치지는 않을 것이다. 가장 먼저 그 효과가 미칠 곳은 남북 철도가 통과하고 남북 경제협력이 진행되고 남한과 가까운 지역이 될 것이다. 그렇게 볼 때 남북철도 연결의 유력한 수혜지역 중 하나가 개성이라는데 이견이 거의 없을 것이다.

2) 개성: 남북철도연결의 일차 수혜지

개성은 이미 남북 경제협력이 활발하게 전개되고 있고 관광산업을 불러일으킬 유적지와 자연환경을 갖고 있고, 무엇보다 남한과 가까이 있는 곳이기도 하다.

먼저, 경의선이 연결되어 화물열차가 개성 일대 남북 경제협력에 기여할 수 있는 효과를 살펴보자. 남북 간 경제협력 특성을 고려할 때 철도운송은 여러 가지 장점을 갖는다. 남북한의 경제협력은 거래품목과 거래절차가 제한된 범위 내에서 이루어진다는 점에서 철도운송이 보다 유리하다. 또한 철도운송은 운송거리, 운송의 안정성, 선로의 연계운영상 사전계획이 필수적이기 때문에 남북한 철도당국의 사전 사후 통제가 용이하다. 실제 남북한 당국은 남북철도 연결 이후 철도 운행에 관하여 남북 열차운행 합의서를 도출해 상호협

---

15) 북한은 화물의 90%, 여객의 60%를 철도를 이용하여 수송한다.

력의 기틀을 마련하였고, 부속합의서를 채택하면 본격적인 협력을 추진할 수 있을 것이다.

　경의선이 연결되어 화물열차 운행이 시행될 경우 그 시범운행으로 수색에서 개성까지 철도 운행경로를 가정한 화물 운행 세부계획을 연구한 결과를 살펴보도록 하자. 이에 따르면 화물열차는 화차 25량, 차장차 1량으로 편성하여 1일2왕복을 추진한다. 분계역에서의 절차는 남한 열차의 북한지역 월경→ 출입국 및 통관 절차→ 북한의 환적역 인입선 진입→ 통관절차→ 화차 및 화물의 인계인수→ 확인증 교부→ 남북기관차 화차·객차 직통 운행(또는 남한 기관차와 화차 분리, 기관차 해방)→ 목적지별 열차 조성 후 북한 기관차 진입→ 북한 기관차 화물 확인→ 북한열차 출발→ 남한 기관차에 열차 편성→ 남한으로 열차 출발과 같은 안을 구상하고 있다.[16] 이와 같은 화물열차 운송은 남북한 직교역 증가, 물류비용 절감, 철도시설을 비롯한 관련 산업시설의 표준화, 산업 분담체제 형성과 같은 경제적 이익뿐만 아니라 정치적 신뢰구축, 군사적 긴장완화와 같은 효과도 기대할 수 있다.

　둘째, 경의선 연결로 개성지역 관광열차가 운행되어 관광 수익을 올릴 수 있는 가능성을 살펴보자. 북한이 관광 사업에 적극성을 보이는 가장 큰 이유는 관관 진흥을 통한 외화획득에 그 목적이 있는 것으로 보인다. 두 번째 이유는 남북 관광교류 사업을 통해 북한에 대한 부정적 이미지를 탈피함으로써 북한이 추진하고 있는 투자유치 및 기타 지역에 대한 대외홍보효과를 기대한다는 점이다.

　북한으로서는 한 곳에 경협, 관광 등 두 가지 방식을 통해 최대의 경제적 수익을 낼 수 있다는 점에서 개성의 가치를 높이 평가하고 있다. 개성 일대에는 선죽교, 만원대, 성균관, 박연폭포 등이 있고

---

[16] 박홍순, "남북철도 연결에 따른 개성지역 화물열차운행에 관한 연구," 한국철도학회 2004년 춘계학술대회 발표 논문(2004. 6), pp. 213-218.

판문점에서 북으로 8km 밖에 떨어져있지 않는 곳이라는 점에서 남한 사람과 외국인들의 발길을 많이 불러올 것으로 기대할 수 있다. 물론 경의선을 이용한 개성지역 관광열차 운행은 아직 남북 당국 사이에 공식 논의된 바는 없지만, 멀지 않은 시간에 그 필요성에 따라 가시적인 논의가 시작될 것으로 예상된다. 그럴 경우에 대비하여 개성지역 관광열차 운행에 관한 제반 사항들이 준비되어야 할 것이다. 여기에는 입북 경로 및 출입국 수속, 관광증 및 열차승차권 등 여행 약관, 손실 보장 및 관광객 신변안전 보장 등 관광협약 등이 포함될 것이다. 이에 관한 남북협력 방안을 연구한 결과에 따르면, 처음 관광열차 시범운행 시에는 1일1왕복 500명의 여객으로 당일 관광을 시행할 수 있을 것으로 예상되고, 관광비용은 5만원으로 추정되는데 여행 일체의 수익 중 북한은 70%, 남한은 30%를 가지는 것이 적절한 것으로 제시되고 있다.[17] 경의선 복원 시 열차를 이용한 관광 효과는 개성지역 이외에도 해주, 사리원, 평양, 묘향산, 신의주 등으로 연장될 수 있다. 또 경의선 열차를 이용한 관광은 금강산 관광과 결합하여 다양한 운행계획을 상정할 수 있고 그에 따라 선택할 수 있는 관광 상품도 많아질 수 있다.[18]

개성지역 관광열차를 비롯해 경의선 철도를 이용한 관광사업이 활성화되면 ① 외부 관광객의 방문을 통한 수입증대 효과, ② 직간접적인 고용 창출 효과, ③ 교통, 건축, 서비스업 등 산업연관효과를 통한 지역사회발전, ④ 관광산업 발전 등과 같은 경제적 효과를 거둘 수 있을 것으로 기대된다. 뿐만 아니라 북한주민과의 교류 증대, 유적 방문을 통한 교육적 효과, 문화자원의 개발, 여가기회의 증대

---

17) 박홍순(2004).
18) 박홍순, 신택현, "남북철도 연결에 따른 관광 교류에 관한 연구-관광열차 운행을 중심으로," 2002년 한국철도학회 춘계학술대회 발표논문 (2002.5), pp. 41-46.

등과 같은 사회문화적 효과도 동반할 것으로 예상된다.

3) 비경제적 측면의 효과

남북철도 연결과 그것의 대륙철도와의 연결이 남북한과 동북아의 경제발전에 기여하는 것이 아무리 높다고 하더라도, 남한의 입장에서는 그것이 한반도 평화정착과 남북한 신뢰조성에 기여할 바에 높은 기대를 가지지 않을 수 없을 것이다.

첫째, 군사적 긴장 완화와 한반도 평화정착에 기여할 바를 생각해 볼 수 있다. 열차가 비무장지대를 가로질러 남북을 왕래함으로써 남북 간 군사적 긴장이 완화되고 신뢰가 구축될 것이다. 이와 관련하여 남북한은 이미 철도연결 과정에서 남북관리구역 내 지뢰제거 작업에 나서고 군사직통전화를 운용하였고,[19] 남북한 군사당국은 철도연결사업에 적극 협력하기로 하였다. 향후 남북한이 철도를 이용하여 대규모의 사람과 물자를 교류한다면 남북 간 화해와 협력이 더욱 심화되고, 나아가 한반도 평화정착에도 크게 기여하게 될 것이다.

또한 남북한 철도는 한반도 생명선의 재봉합이고 국가생존전략상 중요하다는 점을 감안할 때, 철도는 더 이상 전쟁의 수단이 아니라 평화의 전령이 될 수 있을 것이다. 특히, 우리나라에서 소비하는 원자재의 99.9%를 해상운송으로 조달하기 때문에 해상운송과 대체 보완할 수 있는 육상수송로 확보는 국가생존전략상으로도 매우 중요한 의미를 가진다.

둘째, 남북 철도연결사업이 사회문화적인 측면에서 가질 수 있는 효과도 기대해볼 수 있다. 철도를 이용한 남북 간 사회문화 교류의 확대가 그것이다. 남과 북의 많은 주민이 항공기보다 저렴하고 대량

---

[19] 경의선 지역은 2002년 9월 24일, 동해선 지역은 2003년 12월 5일 각각 운용하기 시작하였으나, 현재 중단 상태에 놓여있다.

수송이 가능한 철도를 이용하면, 사회, 문화, 예술, 체육 등 각 분야에서 교류협력을 활성화할 수 있을 것이다. 그와 같은 과정은 결국 분단으로 심화된 이질화를 극복함은 물론 민족의 동질성을 회복하는데도 크게 기여할 것이다.

Ⅳ. 향후 정책 방향 및 과제

남북한 철도연결사업은 이제 걸음마를 떼었다고 말할 수 있다. 따라서 이 사업을 완성하는 과정에서는 남북한의 협력과 주변국을 비롯한 국제적 관심과 협력을 조성할 수 있는 구체적인 계획이 필요할 것이다. 그러기 위해서는 남북한 철도연결사업이 어떤 방향으로 나아갈 것인지에 대한 뚜렷한 비전이 있어야 할 것이다. 또 그런 방향에 기초하여 이 사업을 완성하는데 필요한 구체적인 정책과제를 수립하고 북한의 협력과 국제사회의 지원을 이끌어내야 할 것이다.

1. 정책 방향

우선 남북 철도연결사업의 정책 방향은 한국의 주체성 확보, 한반도의 평화정착에 기여, 동북아 공동번영에 기여 등 세 가지로 생각해 볼 수 있을 것이다.[20]

첫째, 한반도의 철도연결사업에서 한국이 주체성을 확보해야 한다. 지난 세기에 우리는 한반도의 철도 건설 및 운영에서 주체성을 상실함으로써 철도는 물론이고 나라마저 잃어버리는 우를 범하였

---

20) 이하의 내용은 정재정, "역사적 관점에서 본 남북한 철도연결의 국제적 성격," 『동방학지』 제129집(2005), pp. 269-274 참조.

다. 물론, 지금은 철도를 통해 영토를 빼앗는 제국주의 시대가 아니기 때문에 과거와 같은 불행한 일이 되풀이되지는 않을 지도 모른다. 그렇지만 경제적 실리를 둘러싸고는 과거보다 더욱 치열한 각축이 나라들 사이에 벌어지는 게 오늘의 현실이다. 러시아, 중국, 일본, 몽골 등이 남북한 철도연결사업에 관심을 보이는 것도 바로 이 때문이다. 따라서 한국은 남북통일이라는 원대한 꿈에 부풀어 한반도 철도 운영의 미세한 부분에 주체성을 손상당하는 일이 있어서는 안 될 것이다.

둘째, 남북한 철도연결사업은 한반도의 평화정착에 기여하는 방향으로 나아가야 한다. 물론 남북한 철도연결사업을 통해 물류비용 절감, 교역 증대, 상호 인적 교류의 활성화 등으로 남북한 공동의 경제적, 문화적 협력을 가져올 것은 분명한 일이다. 그러나 그러한 기대 역시 남북한의 신뢰회복과 긴장완화를 이끌어내고 그것을 바탕으로 한반도 평화체제가 수립되지 않는 이상, 항상 중단될 위험을 안고 있다. 남북한이 경의선, 동해선의 육로 및 철로를 복원하는 과정에서 남북한 군사당국의 이해와 협력이 있었다. 군사적 대치를 핵심으로 하는 분단 상황에서 남북 철도연결사업은 완성되는 그날까지 군사적 긴장완화를 추구하지 않으면 경제적, 문화적 공동이익은 불안정할 수밖에 없을 것이다. 다시 말해 남북 철도연결사업은 경제적 이익과 한반도 평화정착의 기틀을 닦는 동시적 의미가 있다고 하겠다.

셋째, 또한 남북한 철도연결사업은 남북한의 공동 이익을 추구하는데 그치지 않고 주변국들의 번영에도 기여하는 국제협력사업의 일환으로 전개되어야 한다. 앞에서 언급하였듯이, 남북한 철도연결사업은 지리적으로 남북한에 국한되지 않고 동북아와 유라시아 대륙과 연결될 때 그 본연의 의의를 현실화할 수 있을 것이다. 현재 남북한 철도의 연결이 유라시아와 연결될 필요성과 그 의의는 재론이 필요하지 않을 정도로 널리 알려져 있다. 현실적인 측면에서도 남북한 철도연결사업은 주변국들과 국제사회의 협력 없이는 성공할 수 없는 것이 사실이다. 철도를 포함한 북한의 낙후한 산업 인프라와 남북한 철도 인프라의 이질화와 격차, 그리고 불안정한 한반도 정세 등을 고려할 때 경제적으로나, 정치적으로 주변국들과 국제사회의 지원과 협력은 이 사업의 성공을 좌우할 필수요건 중 하나이다. 그런 점에서 우리는 남북한 철도연결사업이 주변국들과 유라시아 철도와 연결하여 공동의 경제적 이익과 정치적 우호관계를 도모하는 역사임을 설득하고 적극적인 협력을 이끌어내야 할 과제를 안고 있다.

결국 남북한 철도연결사업은 한국의 주체성하에서 남북한과 주변국들의 공동 이익을 이끌어내고 한반도 평화정착과 동북아 번영을 안정적이고 지속적으로 이끌어내는 디딤돌이 되는 방향으로 전개되어야 할 것이다. 이를 위해서는 남북간 철도연결사업과 주변국들까지 참여하는 대륙 철도연결사업을 '동북아시아평화사업'으로 인식하고 국제협력을 도모하는 시범사업의 추진도 생각해 볼 만하다.

2. 기술적 과제

이상과 같은 정책 방향에 기초한 기술적 측면의 과제를 생각해보자. 정부는 이와 관련하여 남북철도개통에 필요한 철도운행 부속합의서, 철도도로운영공동위원회 구성 등 기술적 절차 준비를 차질없이 추진하는 한편, 철도개통식 이후 정기적 열차운행이 이루어질 수 있도록 제도적 장치를 마련하고 이를 위해 대북협의를 추진한다는 계획을 갖고 있다. 또 정부는 중장기적으로 동북아 물류중심국가 실현을 위한 한반도 종합교통망 구축에 노력한다는 방침 아래 TSR-중국횡단철도(TCR) 등 대륙철도와의 연계 운영을 위한 남북, 국제간

협력도 지속할 것이라고 밝히고 있다.[21]

정부의 거시적 계획을 전제로 전문가들이 밝히고 있는 남북 철도 연결사업의 완성을 위한 기술적 과제를 구체적으로 살펴보자.

첫째, 한반도의 철도가 동북아시아의 간선철도가 될 수 있도록 획기적인 수송력 강화 정책을 추진해야 한다. 오늘날 속도와 안전 등에서 철도가 비행기와 경쟁하는 상황에서, 한반도의 철도가 국제 간선으로 기능할 수 없다면 남북 철도를 연결하였다는 단순한 의미를 넘어서지 못할 것이다. 특히, 북한 철도가 시속 20~30km에 머물러 있고 시설이 노후화된 점을 고려할 때 남북한 철도연결사업마저도 경제성이 크지 않을 수도 있다. 남북한 철도연결이 안전과 속도 그리고 쾌적성에 있어서도 세계 최고의 수준을 갖추는 것이 기본적인 정책과제로 꼽는 이유가 여기에 있다.

둘째, 기술적 자립과 경영의 노하우를 축적하는 일이다. 철도는 철강, 경영, 토목, 회계 등이 결합되어 있는 종합산업이다. 역사에서 철도를 주체적으로 부설하고 경영한 나라가 결국 제국주의 국가가 되어 식민지를 영유하게 된 것은 결코 우연이 아니었다. 우리가 한반도의 철도에서 주체성을 확보하기 위해서는 기술적 자립과 경영의 노하우를 축적하지 않으면 안 된다.

셋째, 노후한 북한철도를 현대화하는 일이다. 북한철도는 북한의 수송, 특히 물류 운송에 절대적인 비중을 차지하고 있는 대신 그 시설은 노후화 되었다는 사실은 우리에게 시사하는 바가 크다. 북한 철도의 개보수는 막대한 재원이 소요되는데, 그 실태에 대해서는 북한의 협조 부족으로 그 전모를 알 수 없는 형편이다. 남북한 간 협력으로 북한의 철도 실태를 파악하고 개량할 노선과 그 수준을 결정하는 일이 우선 이루어져야 할 것이다. 북한의 철도 현대화 사

---

[21] 통일부 홈페이지 자료. http://www.unikorea.go.kr/index.jsp (검색일 2006.8.24)

업은 그 재원과 상호 이해관계 등을 생각할 때 남북한과 주변국들, 그리고 관련 국제기구 등 다각적인 채널을 동원하여 공동 협력의 필요성을 이끌어내는 일이 일차적인 과제가 될 것이다. 특히, 북한 철도의 복선화율(단선화율 98%)을 높이고, 전력 공급을 원활히 하여 운행 효율을 높여야 한다. 그리고 전기방식의 운행을 위해서는 북한의 직류 전력과 남한의 교류 전력 시스템을 공통으로 사용할 수 있는 차량 시스템의 개발도 이루어져야 한다.[22]

넷째, 남북 철도연결사업의 국제적 의의를 감안할 때, 장기적으로 남북한 철도와 유라시아철도의 통합운영을 위한 법적, 제도적, 기술적 대비가 있어야 할 것이다. 철도의 국가 간 운송을 위해서는 기관차 운영, 요금 정산, 여객 및 화물의 수송방법 등에 대해 일정한 기준이 있어야 하며, 국제철도의 수송효율 제고를 위해서는 철도분야의 국제운송협약에 가입할 필요가 있다. 한국정부는 현재 국제승객, 화물운송협정을 관장하고 있는 국제철도협력기구(OSJD)에 가입을 추진하고 있는 것으로 알려져 있는데, 남북한이 철도연결 이전에 이 기구에 가입하는 것이 요망된다. 나아가 한국은 동북아시아 철도 네트워크를 구상해야 한다. 동북아시아의 철도 운송효율을 높이기 위해서는 동북아시아철도운송협정을 마련하고 동북아시아철도협의체를 구성할 필요가 있다. 한국철도는 이것을 기반으로 동북아 철도네트워크의 통합연계방안 및 표준을 준비해야 할 것이다. 구체적으로 대륙횡단철도를 효과적으로 이용하기 위한 기술적 방안으로는 다음과 같은 사항이 고려되어야 한다: ① 궤간 차이를 극복할 수 있는 궤간가변대차의 개발, ② 대륙횡단열차 관련국들의 철도시스템에 적응할 수 있는 차상신호장치 개발, ③ 전철화 및 비전철화에 무관하게 운행될 수 있는 하이브리드(Hybrid)방식 추진장치 개발, ④

---

[22] 유원희, 구동회, "남북철도와 대륙횡단철도의 연계기술," 『토목』 제49권 제1호 (2001년 1월), p. 29.

유지보수품의 공급 및 생산체계 구축, ⑤ 열차 및 화물의 위치추적시스템 구축 등.23)

3. 정치적 과제

그러나 남북 철도연결사업의 합의 배경, 비경제적 측면에서의 기대효과, 점진적인 추진과정 등을 고려할 때 정치적인 측면에서 해결해야 할 과제들도 언급하지 않을 수 없다. 남북 간에 군사적 대치 상태가 계속되는 한 어떠한 비군사적 교류협력도 정치적·군사적 영향으로부터 자유로울 수 없다. 남북 철도연결사업 역시 6·15 이후 준비 작업을 진행하여 시험운행까지 합의하였지만 아직까지 실행에 옮기지 못하고 있다. 또 철도연결사업 자체가 경제적 측면뿐 아니라 군사적 의미를 동반하고 있다. 따라서 철도연결을 이루어 그 기대효과를 현실화하기 위해서는 기술적 문제 해결만이 아니라 남북관계의 전반적 발전과 주변 환경도 적지 않은 영향을 미칠 것이다. 이를 전제로 세 가지 정치적 측면의 과제를 제기하고자 한다.

첫째, 기합의대로 남북열차 시험운행이 이루어지도록 노력해야 한다. 2006년 5월 24일 북한이 시험운행을 하루 앞두고 운행 연기를 통보하면서 거론한 이유는 "군사적 보장조치 미비"였다. 그러나 북한은 그 미비점을 구체적으로 언급하지 않았다. 북한의 입장에서 경의선, 동해선 연결을 위한 남북 군사당국간 협조는 경제적 성과를 위한 군사적 양보로 평가할 수 있다. 그런데 북한 군부가 개성공단사업 등 남북 간 경제협력사업의 진척 속도에 대해 부정적 평가를 내리고 "군사적 보장조치 미비"를 이유로 시험운행에 반대했을 수도 있다. 북한은 2005년 제4차 6자회담 결과인 9·19공동성명 채택

---

23) 유원희 외(2001), p. 29.

후 그 이행국면으로 진입하지 않고 미국의 압박을 받고 있는 상태이다. 북한은 현재 수해를 당한 상황인데도 군을 수해 복구에 투입하지 않고 경계태세를 유지하고 있다고 알려져 있다.[24] 북한군은 2003년 1월 27일 남측과 '임시도로 통행을 위한 군사적 잠정합의서'를 채택하고 군사분계선 개방, 남북관리구역 설정 및 해당 구역에서 인력, 장비의 안전보장에 합의한 후 경의선, 동해선의 철도·도로 연결에 협조해 왔다. 이상과 같은 점들을 고려할 때 열차 시험운행은 북측이 외교적, 군사적, 경제적 상황이 호전될 때 가능할 것으로 보인다. 구체적으로 미국의 대북 금융제재 중단, 미국 주도의 미일 또는 한미 군사훈련의 중단, 수해 극복 등이 상황 호전의 '지표'로 꼽아볼 수 있는 점들이다. 물론 북한이 '우리민족끼리'를 내세워 남북협력 차원에서 시험운행에 전격 응할 가능성도 배제할 수 없지만, 철도연결사업의 군사적 측면을 감안할 때 위 '지표'들이 실현되거나 그런 상황에 임박해서 시험운행이 이루어질 것으로 예상된다. 따라서 남한으로서는 인도적 지원과 한미 군사훈련의 중단 혹은 축소를 검토해 볼 필요가 있다.

둘째, 남한은 철도연결사업 이후 남북 철도협력 활성화를 위한 대비책을 강구해야 할 것이다. 이와 관련한 기술적 측면의 과제는 위에서 살펴본 바와 같다. 여기서 강조하고자 하는 바는 북한 철도가 남한 철도 연결과 TSR-TCR 연결 사이에 있다는 점이다.[25] 현재 북한은 남한철도와 러시아 철도연결을 동시에 추진하고 있다. 그런데 남북철도 연결은 시험운행을 앞두고 있지만, 북한과 러시아는 남북 분단 이후에도 철도 연계운행을 해왔고 최근에는 러시아의

---

24) 좋은 벗들 북한연구소, 『오늘의 북한소식』 제34호(2006.8.22). http://www.goodfriends.or.kr/kor.html (검색일 2006. 8. 25)
25) 북한철도와 TCR철도의 연결 논의는 아직 확인되지 않고 있는데, 아직까지는 도로교통의 이점이 높기 때문인 것으로 판단된다.

북한철도 현대화 사업 참여와 양국 간 철도 연결에 관한 논의가 이루어지고 있다. 요컨대, 남북 철도연결사업이 북러 철도연결사업보다 매우 느리게 진전되고 있다는 것이다. 이는 단기적으로 북한이 경제 발전을 위해 남한에만 의존하지 않을 수 있고, 중장기적으로는 남한의 남북 경제공동체 수립 전략이 차질을 빚을 수 있음을 시사해준다. 따라서 남한은 북한과 철도분야에 있어서도 협력을 강화해 북한경제가 주변국에 대한 의존상태를 최소화하고 남북 경제공동체 형성과정에 들어오도록 만들어야 할 것이다. 이를 위해 남북 철도당국 간 협의 채널 가동을 모색할 필요가 있다 하겠다.

셋째, 이상 두 가지 과제는 휴전선 일대의 군사적 긴장상태의 완화를 전제로 하는바, 비무장지대(DMZ)의 평화적 이용 및 관할권 문제의 해결이 제기된다. 비무장지대를 평화지대, 생태지대로 하자는 구상은 남한은 물론 국제적으로 관심을 불러일으키고 있다. 이 중 경의선, 동해선이 통과하는 비무장지대를 평화적 용도로 전환하는 것을 먼저 추진할 필요가 있을 것이다. 남북 간 철도연결사업과 관련하여 남북 양측이 관리구역을 설치·운용하고 있는 점을 선례로 하여, 철도연결 접경지역의 평화적 전환에 남북이 적극적인 자세를 취할 필요가 있을 것이다. 그럼에도 여전히 비무장지대는 유엔군사령부의 관할 하에 있다. 철도연결을 위한 남북 군사당국간 관리구역 설치 과정에서 유엔군사령부는 북한 군사당국과 마찰을 빚은 적이 있다. 한국군의 전시 작전통제권의 환수 과정은 자연스럽게 유엔군사령부의 약화(궁극적 해체)를 가져올 것이다. 이 두 가지 점을 생각할 때 비무장지대의 평화적 관리 및 관할은 점진적으로 남북한 주도로 전환될 필요가 있다. 비무장지대 관할권을 점진적이고 자연스럽게 남북한으로 가져오는 계기가 남북 철도연결사업의 진전일 것이다. 이는 역으로 "DMZ에 대한 관할권이 지금처럼 유엔군, 사실상 미군에 있는 상태 하에서는 남북 간의 철도 및 육로 연결과 군사교류를 비롯해 군사적 신뢰구축을 이행하고, DMZ를 평화적으로 이용하는데 많은 장애가 조성될 수밖에 없다"는 지적과 맞다 있다.[26] 그러나 이를 무리하게 추진할 경우 나타날 수 있는 부작용과 남북 철도연결사업의 의의를 생각할 때 남북은 비무장지대의 평화적 이용에 우선적인 관심을 갖고 그 진전과정 속에서 관할권의 이양을 모색하는 것이 타당한 접근이라고 본다.

남북 간 철도연결사업이 갖는 역사적, 경제적, 지역적 의의가 적지 않다. 또 바로 그런 이유로 철도연결사업의 진전 속도가 더딘지도 모른다. 2000년 이후 남북관계는 이전 시기에 비해 호전된 것이 사실이지만 군사적 긴장상태는 줄어들지 않고 있고, 북한의 입장에서는 더 긴장을 갖는지도 모른다. 남북 철도연결사업은 군사적, 경제적 이슈가 긴밀히 연계되어 있으며 이를 정치적 측면이 연결하고 있다. 철도연결사업의 효과를 경제적 측면 중심으로 파악하는 것은 이 사업의 복잡성을 무시하는 것이 될 수 있다. 또 남북 철도연결이 성사되면 자연스럽게 한반도가 동북아 물류중심이 되고 남북 공동번영이 이루어질 것으로 보는 것은 주관적 기대가 객관적 현실을 압도하는 발상이라 하겠다. 북한이 남북 철도연결 시험운행 연기 이유를 "군사적 보장조치 미비"를 꼽은 점이나 남북 철도연결보다 러시아 철도와의 연결에 보다 깊은 관심을 보이고 있는 현실이 그런 점을 말해준다. 남북 철도연결사업이 갖는 의미는 남북한, 동북아, 유라시아 등 세 차원에서 바라볼 수 있기 때문에 이에 대한 한국의 전략도 중층적으로 수립되어야 할 것이다. 여기서는 주로 한반도 차원에서 논의를 전개해 왔지만 세 차원이 단계적으로 나아갈지,

---

26) 이장희, "작통권환수의 본질과 논쟁점," 민주언론시민연합 · 평화통일시민연대 주최 '전시작전통제권 환수와 언론보도' 토론회 발표문, 2006년 8월 25일.

동시 병행 할 것인지는 장기적 비전과 전략적 판단을 필요로 하는 문제이다. 이것이 본격적인 남북 철도연결을 앞두고 한국이 결정해야 할 우선적인 과제일지도 모른다.

■ 참고문헌 ■

『국민일보』 2005년 4월 11일.
박흥순, "남북철도 연결에 따른 개성지역 화물열차운행에 관한 연구," 한국철도학회 2004년 춘계학술대회 발표 논문(2004년 6월).
박흥순, 신택현, "남북철도 연결에 따른 관광 교류에 관한 연구-관광열차 운행을 중심으로," 2002년 한국철도학회 춘계학술대회 발표 논문(2002년 5월).
유원희, 구동회, "남북철도와 대륙횡단철도의 연계기술," 『토목』 제49권 제1호(2001).
윤재희, "남북 철도연결사업에 있어서 주변국가의 경제적 효과," 『복지행정연구』 제18집(2002).
이장희, "작통권환수의 본질과 논쟁점," 민주언론시민연합 · 평화통일시민연대 주최 '전시작전통제권 환수와 언론보도' 토론회 발표문, 2006년 8월 25일.
이종득, 이성욱, "남북철도 연결과 교류방안," 한국철도학회 2002년 추계학술대회 발표논문(2002. 5).
정재정, "역사적 관점에서 본 남북한 철도연결의 국제적 성격," 『동방학지』 제129집(2005).
『조선일보』 2001년 7월 30일.
좋은벗들 북한연구소, 『오늘의 북한소식』 제34호(2006년 8월 22일).
『중앙방송』, 2002년 10월 18일.
철도청, "남북철도건설 추진현황 및 계획," 철도청 연구보고서(2002. 5).
최연혜, "남북철도 연결에 있어서의 동 · 서독 철도통합의 시사점," 『자연과 문명의 조화』 (서울대한토목학회, 2001)
통일부, 『제256회 정기국회 2005년도 국정감사 요구자료 Ⅳ』(2005년 9월).
통일부 홈페이지 자료. http://www.unikorea.go.kr/index.jsp(검색일, 2006년 8월 24일).

제 10 장
러시아-한반도철도 복원과
연결사업(TSR-TKR)의 전망과 발전방향

안 병 민

I. 머리말

한국과 러시아는 국경을 접하고 있는 국가가 아니다. 한반도가 남북으로 분단되어 있기 때문에 철도, 도로와 같은 육상 교통망이 한국과 러시아를 연결하기 위해서는 한반도 북부지역, 북한 통과가 전제되어야 한다.

한국과 러시아는 이러한 육상운송망의 물리적 장애가 존재함에도 불구하고, 해상운송과 항공운송을 통해 다량의 인적, 물적 수송이 이루어지고 있다. 특히 러시아의 시베리아횡단철도(TSR: Trans Siberian Railway, 이하 TSR)는 한국의 주요 화물들이 러시아지역과 유럽, 중앙아시아지역으로 이동하는 주 수송로로서, 한국이 최대 고객으로서의 위상을 점하고 있다.

한국의 화주들은 부산항에서 선박을 이용하여 러시아 극동지역 항만(자르비노, 보스토치니, 블라디보스토크, 나홋카)로 화물을 수송한 다음, 항만에서 시베리아횡단철도로 환적하는 복잡한 시스템을 이용하고 있다. 현재와 같은 국제복합운송시스템은 정시성, 경제성, 안전성을 생명으로 하는 물류의 측면에서 볼 때, 비효율, 고비용 구조라고 볼 수 있다.

한반도를 종단하는 철도와 러시아 대륙횡단철도인 시베리아횡단철의 연계는 이러한 장애물을 일거에 해결할 수 있는 최적 대안이다. 따라서 UNESCAP, UNDP와 같은 국제기구, 남북한·중국·러시아 등 동북아 국가 다자 간, 혹은 양자 간 형태로 철도연계를 통한 운송시장 활성화 방안이 다양하게 논의되어져 왔다.

최근까지 북핵문제라는 악조건 하에서도 남북 간 철도망 연결사업과 한·러, 북·러, 남·북·러 3자 간의 TKR-TSR 연결사업은 가시적인 성과를 나타내고 있다. 또한 TKR-TSR 연결 사업은 지난 30년간 경제 및 교역부문에서 세계 다른 지역에 비해 역동적인 성장을 이룩하고 있는 동북아지역의 선결과제, 즉 수송문제를 근본적으로 해결할 수 있는 대안으로 추진되고 있다.

이 장에서는 이러한 동북아지역의 정치, 경제적 환경 변화를 배경으로 하여 한반도종단철도(TKR:trans Korean Railway, 이하 TKR)와 시베리아횡단철도의 현황을 분석하고 향후 발전 전망을 모색해 보기로 한다.

Ⅱ. 시베리아횡단철도의 위상

1. 러시아에서의 철도의 위상

러시아와 같이 영토가 광활하고 인구밀집지역이 산재되어 있으며, 원료 생산지와 가공지, 생산지와 반출항만이 원거리에 위치하고 있는 국가에서는 철도의 역할과 가능이 매우 중요하다. 또한 영토의 많은 지역이 혹독한 환경에 노출되어 있기 때문에 저렴하고 신속하며 안전한 수송수단으로 철도에 필적할 만한 운송수단은 없다고 해도 과언이 아닐 것이다.

러시아에서 철도가 도로나 해운에 비해 주도적인 역할을 담당하고 있는 이유는, 첫째, 러시아 철도의 기술 경제적 조건이 타 운송수단에 비해 우위에 있기 때문이며, 둘째, 철도노선의 노선 배치와 수송능력 등이 러시아 및 인접 CIS 국가 간 경제 관계와 밀접한 관련을 맺고 있기 때문이다.[1]

철도의 총연장은 약 8,600km로서, 철도연장은 미국에 이어 세계 2위, 화물 물동량 측면에서는 미국과 중국에 이어 세계 3위, 여객측면도 중국, 일본, 일본에 이어 세계 4위를 점하고 있다.[2]

2008년 상반기의 러시아 운송수단별 실적(톤-km)을 살펴보면, 전체 물동량은 2조5,220억 톤-km였으며, 이 가운데 철도는 전체의 43.4%인 1조954억 톤-km, 도로는 1,024억 톤-km(4.1%), 해운이 394억 톤-km(1.6%), 내륙수운이 219억 톤-km(0.8%), 항공이 18억 톤-km(-), 파이프라인이 50.0%를 차지하고 있다. 파이프라인을 제외할 경우, 철도수송은 전체 물동량의 87%를 담당하고 있는 것이다.[3]

화물수송의 품목을 살펴보면, 전체 물동량의 20%는 석탄이며, 석유 및 석유제품(19%), 건축자재(18%), 철광석 및 망간(9%), 철과 금속(7%)의 순이다. 또한 러시아 철도는 러시아의 대외경제 측면에서도 매우 중요하다. 철도는 모든 운송수단에 의한 전체 수출화물 물동량 중 40%, 수입화물 물동량 중 70%를 수송하고 있다.

러시아에서 철도 관련 업무에 종사하는 사람은 약 120만 명(2004

---

1) 성원용 외, 『러시아 교통물류정보 조사』, 한국교통연구원, 2005, pp. 69-70.
2) 최연혜, 『시베리아횡단철도-잊혀진 대륙을 찾아서』, 나무와 숲, 2006, p. 203.
3) http://gks.ru/bdg/free/b08-00/IssWWW.exe/Stg

년 기준)으로, 러시아 전체 경제활동 인구 중 약 2%를 차지하고 있으며, 러시아철도의 운영주체인 러시아철도공사의 수익규모는 6,170억 루블에 달해 러시아 5대기업 중 하나로 불리고 있을 정도이다.4) 이처럼 러시아 정치, 경제, 사회에 있어서 철도의 위상은 다른 어떤 교통수단과도 비교가 불가능한 상태이다.

2. TSR의 기능 및 수송 유형

TSR은 1891년에 공사를 개시하여 1916년에 블라디보스토크-모스크바 간 9,288km 전구간이 개통된 러시아의 장거리 철도 노선이다.5) 1939년에는 아무르강 철교부분을 제외한 전구간의 복선화공사가 종료되었으며 2002년에 전 구간 복선, 전철화가 완료되었다. 이후 TSR은 러시아의 동쪽 지역과 서쪽 지역을 연계하는 산업축으로서 천연자원과 노동력, 기술, 자본을 결합시키는 기능을 수행하였으며, 러시아의 국가적 과제인 시베리아 개발과 동방 진출의 간선 기능을 맡아 왔다. 또한 정치, 사회적으로는 광대한 러시아 영토를 하나의 통일된 국가로 결집시키는 국가통합에 크게 기여하였다고 평가할 수 있다.

이처럼 러시아의 국내 간선 장거리 철도망에 불과했던 TSR이 국제수송로로서 주목을 받기 시작한 것은 지난 1965년부터 일본 북해도산 목재를 핀란드로 국제운송이 이루어졌기 때문이다.6) 1967년부

---

4) 성원용 외(2005), p. 73.
5) 초기에 건설된 시베리아횡단철도(TSR)의 총연장은 9,288km였으나, 기종점역의 변경 및 노선 개량 등으로 인하여 현재 TSR의 총 노선 연장은 9,298km로 알려지고 있다.
6) TSR을 통한 국제운송은 1902년에 이미 일본 돈카(敦賀)항과 극동 러시아 블라디보스토크항 간의 해상항로가 개설되어, 동청철도와 시베리아철도 간선구간 노선을 이용한 국제철도운송이 개시되었다. 1911년에 일본과 러시아는 양국 간 철도연락운송을 합의하여 기존의 블라디보스토크-동

터는 일본-유럽 간 컨테이너 운송이 개시되었고, 1983년에는 연간 11만TEU의 국제물동량을 처리하는 주요 국제 간선수송로로서의 위상을 구축하였다.[7]

국제 대륙운송로로서의 TSR은 모스크바에서 상트페테르부르크를 경유하여 핀란드로 연결되는 노선과 벨루로시공화국의 민스크, 브레스트를 거쳐 폴란드·독일·헝가리로 연결되는 노선으로 분기되고 있다. TSR의 수송 능력은 연간 최대 1억 8천만 톤으로 평가되고 있다.

그러나 TSR은 1980년대 말부터 유럽항로의 선복 과잉으로 인한 선사간 운임경쟁과 소련체제 붕괴 이후의 철도운임의 급등, 안전성과 정시성 저하로 물동량이 격감하게 되었다. 특히 TSR의 개척자인 일본의 물동량은 크게 줄어들어 1998년에는 7,000TEU 수준에 달하였다.

1990년대 말부터 러시아의 정치, 경제시스템이 안정궤도에 접어들게 된 이후, 한국을 중심으로 한 물동량의 꾸준한 증가로 TSR은 다시 활성화되기 시작하였다. 2001년도에 TSR을 이용한 한국물동량은 약 100,000TEU에 달하였는데, 컨테이너 전용항만인 보스토치니항[8] 이용화물이 약 90,000TEU, 블라디보스크항 이용화물이 10,000TEU 수준이었다.

청철도-모스크바 노선 외에 다롄항-하얼빈-동청철도-모스크바 노선 열차 표가 발매되었다. Tsuji Hisako, 『シベリア・ランドブリッジ』(東京: 成山堂, 2007), p. 4.

7) 1970년대에 TSR이 주목을 받게 된 것은 닉슨 쇼트라고 불리는 미국의 달러 방어정책으로 인하여 해운업계의 동맹요금보다 TSR 운임이 저렴했으며, 중동지역의 정세 불안으로 인해 대체 수송로로서 활용이 가능했기 때문이다.

8) 시베리아횡단철도의 출발지인 보스토치니항에는 현재 4개의 컨테이너 부두(안벽 1,304m, 수심 13m)가 있으며, 연간 처리능력은 30만TEU로 평가되고 있다(35톤 갠트리크레인 2기, 30.5톤 갠트리크레인 4기를 보유)

특히, TSR의 기점항만인 보스토치니항에서 처리한 2001년도의 국제컨테이너 화물 중 한국화물이 전체물동량의 약 77%를 차지하였으며, 중국이 12%, 일본이 10% 수준이었다. 운송화물은 러시아를 통과하는 Transit 화물과 러시아 국내수송 화물로 구성되어 있었는데 Transit 화물의 비중이 높았다. 당시 러시아정부는 외화 획득을 위해 러시아 국내운임체계를 2원화하여 러시아 통과 요금은 러시아 국내수송요금 보다 저렴하게 책정하였다. 따라서 러시아를 목적지로 하는 화물들은 일단 러시아와 동일한 광궤를 채택하고 있는 핀란드까지 저렴한 통과운임으로 수송된 이후, 다시 러시아로 재수송되는 변형된 형태의 수송이 주류를 이루게 되었다.

〈표-1〉 시베리아횡단철도 구간별 주요 노선

구 간	구간별 거리	주 요 노 선
모스크바	0~112km	Moscow-Alexandrov1
북부지역	113~817km	Moshnino(정차)-Yaroslavl-Main-Danilov-Bui-Shar'ya-Svecha
고르키	818~1,223km	Yuma(정차)-Kotelnich1-Kirov-Balezino (1,217km 지점 정차)
스베르들로프스크	1,224~2,561km	Cheptsa-Perm2-Yekaterinburg-Kamyshlov-Tyumen-Ishim (2,557km 지점 정차)
서시베리아	2,562~3,712km	Nazyvaevskaya-Omsk-Barabinsk-Novosibirsk-Taiga (3,704km 지점 정차)
크라스노야르스크	3,713~4,489km	Mariinsk-Achinsk1-Krasnoyarsk-Ilanskaya-Novonikolaevskiy(정차)
동시베리아	4,490~5,783km	Yurty-Taishet-Zima-Irkutsk-Slyudyanka1-Ulan-Ude (5,780km 지점 정차)
트랜스 바이칼	5,784~8,079km	Petrovskiy Zavod-Chita2-Shilka-Chernyshevsk-Zab-Mogocha-Skovorodino-Belogorsk-Zhuravli
극동러시아	8,080~9,289km	Arkhara-Birobidzhan-Khabarovsk1-Vyazemskaya-Ruzhino-Ussuriisk-Vladivostok

자료: http://www.transsib.ru/Eng

TSR의 수송 물동량은 2006년 1월에 러시아가 Transit 요금을 대폭 인상하였으며, 보스토치니 항에서 화차부족 현상이 발생하는 등의 수송의 안정성과 경제성이 저하되기 시작하자, 화주들은 대거 해상운송으로 운송수단을 교체하기 시작하였다.[9] 2005년도의 Transit 컨테이너 수는 약 65,000TEU[10] 수준이었으나, 2006년도에는 전년과 비교하여 약 90%가 감소한 6,300TEU에 달하였다.

2006년의 TSR 화물의 발착국별 현황을 살펴보면, 한국이 63%, 중국이 33%, 일본이 4%로 나타나고 있는데, 중국 화물의 약진이 나타나고 있다. 이러한 배경에는 중국과 보스토치니항을 연결하는 항로의 개설과 중국에 진출한 한국 가전기업들의 대러시아 물동량 증가가 주요 원인으로 분석되고 있다.

TSR과 경쟁, 보완관계에 있는 유라시아 국제철도망인 중국횡단철도(TCR), 만주횡단철도(TMR), 몽골횡단철도(TMGR)의 특징을 살펴볼 필요가 있다. 중국횡단철도(Trans China Railway)는 황해 쪽의 항만인 리아늉강을 기점으로 하여 중국 내륙의 정주, 난주, 우루무치를 거쳐 카자흐스탄, 우즈베키스탄 등을 통과하여 유럽과 연결되는 철도이다. 이 노선은 중앙아시아를 목적지로 하는 화물이 주종을 이루고 있다. 중국횡단철도는 중앙아시아 주요 도시까지의 거리가 시베리아횡단철도에 비해 2,500km 짧으며, 중국의 서부대개발에 따른 철도망 정비로 인해 수송능력이 향상되었기 때문에 TSR과 경쟁 가능한 노선이다. 한반도종단철도가 중국의 동북지방과 하북지역을 통과

---

9) 2006년 1월에 러시아철도는 철도운임을 33% 대폭 인상하는 조치를 발표하여 한국과 중국의 transit 화물 대부분은 TSR 철도운송을 포기하고 해상 운송으로 이동하였다(운임 12.8%, 수출입화물부가세(18%) 도입, Convoy Charge 인상).

10) 1TEU란 길이 20피트, 높이 8피트, 폭 8피트짜리 컨테이너 1개를 지칭하는 용어로서 영어의 Twenty-foot Equivalent Units를 줄인 말이다. 40피트 컨테이너는 FEU(Forty-foot Equivalent Units)라고 부른다.

하여 중국 내륙인 정주에서 TCR과 연결될 경우, 이 지역의 심각한 체증을 감안한다면 TKR-TCR 연결노선보다는 해상운송을 통한 TCR 연결이 경쟁력이 있다고 판단된다.

만주횡단철도(Trans Manchurian Railway)는 주로 중국의 하얼빈을 거점으로 하여 중·러 간의 국경역인 만주리를 거쳐 러시아 자바이칼스크로 연결되는 노선이다. 이 노선은 러시아의 교통요충지인 치타에서 TSR과 연결되는데 현재 수송되는 화물의 대부분은 러시아에서 중국으로 수송되는 목재와 소량의 컨테이너화물이다(연간 13,000TEU/1999년). 우리나라에 있어서 이 노선의 장점은 시베리아횡단철도보다 노선연장이 짧으며 풍부한 천연자원을 갖고 있는 중국 동북지방을 종단하고 있다는 것이다. 단선구간과 비전철화 구간의 개선과 국경지역의 컨테이너 처리시설이 확충된다면, 우리나라의 TKR과 연계되어 경쟁력 있는 국제수송로의 가능성을 갖고 있다고 볼 수 있다.

한편 몽골횡단철도(Trans Mongolian Railway)는 중국의 톈진항을 관문으로 하여 북경, 몽골 울란바토르를 거쳐, 러시아의 울란우데에서 TSR과 연결되는 철도노선이다. 1999년도에는 중국과 몽골 간에 연간 약 5,000TEU의 컨테이너화물과 200만 톤의 일반화물이 수송되었다. 이 노선의 몽골구간은 단선, 비전철구간이기 때문에 심각한 수송난을 겪고 있으며, 중국구간도 체증이 가장 심한 지역을 통과하고 있어 많은 문제점이 있는 노선이다. 하지만 이 노선은 냉동컨테이너 수송이 이루어질 경우, 축산품 수송로로서 각광받을 것으로 예상되며, 석탄과 같은 천연자원의 주 공급로로서의 기능도 수행할 수 있을 것이다. 단기적으로는 활용도는 낮으나, 중장기적으로는 전면적인 시설 확충이 이루어질 경우 무한한 잠재력을 갖는 노선으로 평가할 수 있다.

Ⅲ. 한반도철도복원 및 대륙철도 연계사업과 러시아

1. 러시아와 북한 철도

 북한과 러시아(당시 소비에트연방, 이하 러시아로 표기)간의 철도 협력은 한국전쟁 종전 이후에 본격화되었다. 러시아는 한국전쟁 직후 파괴된 기관차 및 화차 생산 공장 복구를 지원하였으며, 선로 복구사업에 필요한 침목과 레일을 제공하였다. 러시아는 생산시설이 대파된 평양전기기관차공장(현, 김종태전기기관차연합기업소), 원산철도차량공장(현, 6월 4일 공장)을 폴란드와 공동으로 생산 재개를 위한 공방 건설을 지원하였으며, 1971년에는 청진철도차량공장(현, 6월 7일 공장)을, 1975년에는 평양디젤기관차공장에 자재 및 기술 지원을 하였다.
 이 밖에 러시아는 북한의 국경역인 두만강역과 러시아 국경역인 핫산역 간의 친선교 건설 및 두만강–청진 간 철도 개량 사업, 두만강–라진 간·두만강–청진 김책제철소간의 광궤 노선 부설 공사 사업, 북한 철도의 중앙통제시스템 건설 사업, 디젤 기관차 및 화차 공급, 철도 전문인력 양성 등을 지원하였다. 1940년대 중반부터 1980년대 말까지 러시아가 북한에 지원한 철도부문의 지원 금액은 약 1억 3,400만 달러 수준인 것으로 알려지고 있다.[11]
 러시아와 북한은 1950년대부터 우편, 소포교환에 관한 협정(1954), 교역과 항해에 관한 조약(1961), 국경철도공동운영위원회에 관한 의정서(1994) 등 인적, 물적 수송과 관련된 협정을 체결하였다. 1952년에는 '조선민주주의인민공화국과 소비에트사회주의공화국연방 간의 소련 고등교육기관으로의 유학에 관한 협정'을, 1955년에는 북한과 러시아 간에 '과학기술원조에 관한 협정'을 체결하여 유학생 파견

---

11) 보다 자세한 내용은 안병민, "북한의 교통부문 현대화를 위한 러시아의 지원 현황과 전망", 『교통』 제64호, 한국교통연구원, 2003을 참조.

및 전문기술자 양성교육을 추진하였다[12]. 따라서 북한의 철도기술자들이 대거 러시아에서 전문, 보수교육을 받았으며, 현재에도 철도전문가 양성프로그램이 가동하고 있다. 북한의 철도부문의 기술 관료 중 상당수는 러시아의 전문교육을 받은 것으로 알려지고 있다.

러시아는 극동함대의 거점항만인 블라디보스토크항이 동절기에 동결되었기 때문에 남측에 위치한 청진항과 나진항을 1970년대 초반까지 군사용 항만으로 임대하여 사용한 것으로 알려지고 있다. 이를 위해서는 러시아의 광궤(1,520mm) 철도를 북측 항만까지 건설하여야만 했으며, 현재에는 러시아 핫산역에서 나진항까지 54km 구간에 러시아 광궤철도가 북측 표준궤철도와 병설되어 있다.[13]

러시아와 북한은 핫산-나진 간 복합궤도 철도 노선 외에 국경역(두만강역, 웅상역)에 열차의 바퀴를 교환하는 대차교환시설을 설치하고 있다. 북한과 러시아간 국제철도화물 처리능력은 약 380만 톤(북한 도착화물 120만 톤, 북한 출발화물 260만 톤)에 달하고 있다.

북한은 1951년에 구소련사회주의 국가를 중심으로 구성된 국제철도협력기구(OSJD: Organization for the Cooperation of Railways)에 가입하여 본격적인 국제철도운송을 개시하였다. 이 기구 회원국은 국제여객운송협정(SMPS), 국제화물운송협정(SMGS), 국제수송화차(PPW), 국제철도여객운임(MPT), 국제철도화물운임(ETT) 등의 협정에 의해 운송

---

12) 1952년에 체결된 협정 제6조에는 소련 정부가 대학생의 경우는 1인당 1개월에 500루블의 장학금을, 대학원생은 900루블의 장학금을 지급하기로 되어 있음. 또한 교환교수의 경우에는 임금 지급, 학습 가사 및 사회생활 비용을 지급하는 것으로 규정되어 있으며, 제6조에는 이러한 제비용의 50%를 북한이 러시아 정부에 지불하게 되어 있다. 1962년에 체결된 북한과 러시아가 '대학 및 대학원생의 호상 연구를 위한 조건에 관한 협정'에서는 파견자의 부담(일정 금액의 장학금 및 왕복 여비)을 가중시켰다.
13) 궤간이 상이한 철도가 동일한 지점에 병설된 형태의 궤간을 혼합궤도, 혹은 복합궤도로 부르고 있다.

〈표-2〉 러시아의 자원으로 건설된 철도 차량 시설

시설 명	시 설 용 량
평양전기기관차공장	전기기관차 연 30대, 내연기관차 20대, 객화차 연 200대
원산철도차량공장	60톤급 중량화차 연 700대, 냉동차, 차량부품
평양디젤기관차공장	기관차 수리 연 100대
청진철도차량공장	객차 200대, 화차 3,800대

자료: 안병민(2003), p.65.

〈표-3〉 러시아의 북한 철도 지원 사업 규모

사 업 명	기 간	지원액(백만달러)
평양전기기관차공장	1950년대 말	7.5
원산철도차량공장	1960년대 초	4.75
광궤 공사	1970년대 초	3.1
두만강-청진간 철도 개량	1950년대 중반	21.55
중앙통제센터 건설	1970년대 중반	5.67
기관차 지원	1940년대말~1980년대 말	54.0
화차 지원	1940년대말~1980년대 말	20.0
레일, 침목 지원	1940년대말~1980년대 말	12.0
기술 교육	1940년대말~1980년대 말	6.0
합 계	-	134.57

자료: 안병민(2003), p. 65.

을 하고 있는데, 현재 북한, 러시아, 카자흐스탄, 중국, 몽골, 베트남, 폴란드, 유고, 체코, 알바니아 등 25개국이 가입하고 있다.

1990년대에 북한과 러시아간에는 교통, 물류 분야의 협력이 미미한 수준에 그쳤으나, 지난 2001년의 북·러 정상회담을 계기로 하여 철도부문에서의 긴밀한 협력이 이루어지고 있다. 북한과 러시아의 정상은 북·러 정상회담의 모스크바 선언문을 통해 "쌍방은 세계적 실천에서 공인된 호상리익의 원칙에 기초하여 조선반도 북남과 로씨야, 유럽을 련결하는 철도수송로 창설계획을 실현하기 위하여 필요한 모든 노력을 기울일 것을 공약하면서 조선과 로씨야 철도련결

사업이 본격적인 실현단계에 들어섰다"고 밝히고 있다. 이에 따라 북한과 러시아는 2001년 8월에 북·러 철도협력협정을 체결하였으며, 이 협정에서 북한철도시설 개보수를 위한 북한 내 조사를 합의하였다. 이에 따라 2001년 9월부터 1개월에 걸쳐 러시아 접경역인 두만강역-나진-청진-원산-평강구간 781km를, 12월에는 원산-금강산간 120km 철도노선에 대한 정밀실태조사, 2003년에는 북한의 국경역인 두만강 역에서 나진항 주변지역 간 약 56km에 대한 철도운영 실태와 지형조사를 실시했다.

러시아 철도부는 3차례에 걸친 북한철도 조사결과를 공개하고 있지 않고 있으나 2001년도의 조사결과는 조사단 관계자의 강연자료 등을 통해 부분적으로 밝혀진바 있다. 러시아는 두만강-평강선 철도망 복구와 관련하여 3가지의 방안을 제시하고 있다.

1안은 모든 본선과 지선, 복선지역을 전면 재조정하고 전 노선을 광궤로 부설하는 방안이며, 예상 공사비는 31억 5,900만 달러로 추산하고 있다. 2안은 현재 표준궤(1,435mm)인 궤도에 광궤를 부수적으로 설치하는 방안으로 표준궤의 전면 정비를 포함하는 방안이다. 혼합궤는 혼합궤용 체결구, 침목, 분기기 등의 설치가 필요하며, 열차속도가 40km/h이하로 떨어지는 문제점이 있다. 예상 공사비는 34억 4,100만 달러로 추산하였다. 3안은 기존의 표준궤 노선을 전면 개보수하는 방안으로 예상 공사비는 24억 9,600만 달러로 추산하고 있다.[14]

2. 러시아와 한국

러시아와 한국간의 철도협력은 주로 한·러 정상회담, 한·러 철도장관회담 등에서 철도분야 교류협력 확대에 관한 원론적인 수준의

---

14) 안병민, 성원용, 『북한 교통인프라 현대화를 위한 재원조달 방안 연구: 프로젝트 파이낸싱을 중심으로』, 한국교통연구원, 2006. p. 39.

합의가 이루어져 왔다. 한·소 수교 초기부터 한국은 주로 러시아의 첨단과학기술 도입에 관심을 가져 왔으며, 경제 분야의 협의 채널은 1997년에 한·러 경제공동위원회가 설립되었다. 경제공동위원회에는 운수분과위원회를 설치되어, 양국 간의 철도를 비롯한 교통, 물류 전반을 정부단위에서 정례적인 논의가 이루어지게 되었다.

2000년에 한·러 철도장관회담과 경제공동위 운수분과회의가 개최되었으며, 2004년에는 남·북·러 3개국 간 철도 전문가회의가 모스크바에서 개최된 바 있다.

2006년 3월에는 한국과 러시아의 철도 운영주체인 한국철도공사와 러시아철도공사 간에 철도운영과 영업활동, 여객, 화물운송에 대한 정책과 정보, 특히 한반도종단철도(TKR)와 시베리아횡단철도(TSR) 연계운영에 관한 기술 및 재무, 법률적 지원과 관련된 정보를 교류하기로 합의하는 양해각서를 체결한 바 있다. 또한 한국철도공사는 고속철도 관련된 운영 기법 및 신기술을 러시아 측에 제공하고 두 나라의 직원, 기술자 간의 인력교류도 합의하였다. 또한 3월에 남·북·러 3개국 간의 철도최고운영자(철도장관)회의가 개최되어 TKR-TSR 활성화를 위한 다양한 논의가 이루어졌다.

그러나 북핵사태와 6자회담 구도 하에서 한러 간, 남·북·러 간 실질적인 협력은 이루어지지 않았다. 그럼에도 불구하고 금년 상반기부터 남·북·러 3개국 간에 TKR-TSR 연결을 위한 새로운 협력 방안이 시도되고 있다. 대표적인 사업으로는 북한 나진항 개발 및 나진-러시아 핫산 간 철도 현대화사업과 관련된 남·북·러 간의 합영회사인 루코(RUCO) 설립사업 등이 있다. 우선, 북러 간 민간 합영회사 설립은 러시아가 합영회사 지분의 70%, 북한이 30%를 소유하는 것으로 하였으며, 러시아 지분의 제3자 참여가 합의되었다.

실제로 북·러 간 합영회사 설립과 보조를 맞추어 한·러 민간 합영회사를 설립하기로 한러 간에 합의가 이루어졌다. 러시아의

70% 지분을 한국과 러시아가 4:6으로 나누는 방식을 취했으며, 이는 철도 현대화에 드는 비용의 상당 부분을 한국이 담당하는 것으로 해석 가능하다.

특히 북한 나진항과 나진-핫산 간 철도 현대화를 위한 다자간 합영회사인 루코(RUCO)는 우리나라의 6개 기업(한국철도공사, 범한판토스, 현대글로비스, 우진글로벌, 정금상선, 한루 등)과 러시아 철도공사, 북측의 담당기관이 각각의 지분으로 참여하는 다자간 합영회사로서, 금년 중 정식 발족을 목표로 하고 있다.

나진-핫산 간 철도 보수에는 약 1억 달러, 나진항 개발에는 약 5천만 달러가 소요될 것으로 추산되며, 이 사업이 완료될 경우 나진항을 통해 연간 5.5만에서 8만TEU의 컨테이너화물이 시베리아횡단철도를 통해 러시아, 유럽지역으로 운송될 것으로 예상하고 있다.[15]

Ⅳ. 가능노선 검토 및 향후 선결 과제

1. TKR-TSR 연결 가능노선 검토

현재 TKR과 TSR의 연결은 4개 노선을 통해 가능하다. 노선1은 경부선과 경의선이 연결되어 경의선축의 부산-서울-평양-원산을 거쳐 나진, 두만강을 통해 시베리아횡단철도와 연결되는 노선이다. 평양에서 분기되는 평라선축은 북한에서 가장 많은 화물이 이동하는 산업노선으로 심각한 체증을 겪는 노선이다. 이 노선의 총연장(부산-두만강)은 1,488km로서, 험준한 산악지형인 낭림산맥을 관통하기 때문에 속도도 느리고, 시설도 노후화된 구간으로 알려지고

---

15) 안병민, "동북아 협력 생명줄은 남북협력체계 구축", 『통일한국』 통권 296호, 평화문제연구소, 2008, pp. 12-13.

있다. 또한 개성-평산-사리원을 거쳐 북측 수도인 평양을 통과하기 때문에 북측으로서는 정치적인 부담이 큰 노선이기도 하다.

노선2는 경부선-경의선을 통해 황해도 평산에서 청년이천선으로 분기되는 노선으로 세포-고원을 거쳐 홍남-청진, 두만강을 통해 러시아 핫산으로 연결된다. 이 노선은 물동량의 흐름이 많은 평양지역을 우회하는 노선으로, 노선 연장은 부산에서 두만강역까지 1,450km이다. 또한 물동량의 흐름이 많은 평양지역을 우회하는 노선이기 때문에 러시아와 북한간의 공동조사에서 긍정적으로 평가된 것으로 알려지고 있다.

노선3은 현재 남북 간에 단절되어 있는 경원선축의 연결을 통한 TSR 연결노선이다. 이 노선의 총연장(부산-두만강)은 1,327km로서, 현재 단절되어 있는 31km(남측: 16.2km, 북측: 14.8km)를 복원할 경우에 TSR과 연결이 가능하다. 노선3은 경의선 노선보다는 거리상으로는 짧으나 단절구간이 긴 것이 단점으로 지적되고 있다.

노선4는 동해선 연결을 통해 TSR과 연결되는 노선이다. 이 노선은 이 노선은 총연장이 1,295km로서 가장 짧다. 노선4는 한국의 수도권을 통과하지 않고 부산과 러시아를 최단거리로 연결하는 노선이나, 남측 단절구간 약 298km(동해중부선 171.3km, 동해북부선 127km)를 복원해야 하는 문제점이 있다. 인구밀집지역이나 산업시설을 통과하지 않기 때문에 주로 화물수송에 이용될 수 있으나, 여객수송량이 적기 때문에 단기적으로는 경제성이 떨어지는 단점이 있다.

이상 4개의 노선대안은 다음과 같은 각각의 장점과 단점을 갖고 있다. 경의선 연결노선들은 단절구간은 짧으나, 총연장이 길며, 수도권의 인구밀집지역을 통과하므로, 수송애로구간이 발생할 가능성이 매우 높게 나타나고 있다. 한편 동해선 연결노선은, 단절구간은 길지만, 총연장이 가장 짧은 특성을 가지고 있지만, 단절구간의 복원에는 공사시간이 12년, 총사업비가 4조~5조원 이상이 소요되는 대규모 사업이 되기 때문에, 상당한 시간소요와 함께 재원조달의 어려움이 예상되고 있다.

〈표-4〉 TKR-TSR 연결노선 대안 현황

노 선	통과지점	단절구간(km)	총연장(km)
경부선-경의선-청년이천선-평라선	부산-서울-개성-평산-세포-원산-나진-두만강	-	1,450
경부선-경의선-평라선	부산-서울-개성-평양-원산-나진-두만강	-	1,488
경부선-경원선-평라선	부산-서울-신탄리-평강-원산-나진-두만강	31	1,327
동해선-평라선	부산-강릉-온정리-원산-나진-두만강	307	1,295

자료: 한국교통연구원, 『북한교통자료집』(2007).p. 43.

2. TKR-TSR 연결을 위한 선결 과제

1) 북한 내 철도 인프라의 개·보수 및 정비 지원

TKR-TSR 연결을 위해서는 북한철도 현대화가 필수적이다. 적어도 국제적인 상업운송이 가능한 수준인 시속 40Km 이상의 운행이 가능한 단계까지 현대화되어야 한다. 그러나 북한은 남북 분단이래 50년간 남한과는 이질적인 교통 시스템을 구축해 왔으며, 폐쇄적인 경제 운용으로 인한 재정난으로 교통 부문에 대한 투자 및 개보수가 원활히 이루어지지 않았다. 그 결과, 북한의 철도시설들은 대부분 노후되어 화물열차 평균속도가 15~20Km 수준에 머물러, 수송의 효율성도 매우 낮은 실정이다.

북한 내 교통인프라에 대한 지원은 한반도의 종합적인 운송 네트워크 구축 차원에서 단계적으로 추진되어야 한다. 남북한의 산업입지 현황과 발전 전망, 산업구조 변화 가능성, 그리고 운송망의 경제성 및 지역개발의 파급효과까지 고려하여 교통축별, 운송수단별 정비 방안이 검토되어야 할 것이다.

철도망의 현대화 지원 사업은 현 정부의 남북경협 4대원칙(북핵문제 해결, 경제적 타당성, 재정부담 능력, 국민적 합의) 하에서 추진될 것으로 보여 향후 속도 조절이 예상된다.[16] 따라서 향후 북핵 진전 정도에 따라 북한 철도망 현대화사업이 추진될 경우, 북한의 경제능력을 감안하여 북한 측에 대한 지원은 하되, 필요한 최소한의 수준에서 이루어져야 할 것으로 보인다. 북한은 노동력과 기초 자재를 조달하고, 남측은 북측에서 조달하기 어려운 레일·전선·아스팔트 등을 제공하는 방식이다. 이 경우 남측 공사비 수준의 1/10로 북한 인프라에 대한 개보수가 가능할 것으로 판단된다.

2) 중장기적인 로드맵 하에서 북한철도 현대화를 추진

중장기적으로는 한반도의 동북아시아 물류 중심지 구축이라는 구상 하에 경쟁력을 확보한 최적 교통망 중심으로 정비가 이루어져야 한다. 즉 동일 지역 내의 철도·도로·항만·공항을 동시에 건설하는 방식보다는 화물 운송 유형에 따른 경제성·물동량·지형적 특성을 파악하여, 경쟁력이 있는 운송수단 중심으로 교통망을 단계적으로 구축하여야 한다. 특히 유라시아 대륙과 태평양을 연결하는 남북축을 중심으로 교통망 정비가 이루어져야 하며, 운송수단 간의 연계성도 확보해야 할 것이다.

이밖에도 남북한 간의 교통·물류 시스템 표준화를 적극 추진하여 운송 서류 및 장비의 표준화와 화물 운송 정보체계가 구축되어야 하며, 장기적으로는 시설의 통합도 이루어져야 할 것이다.

---

16) 안병민, "남북경협 4대원칙하에서의 남북 교통, 물류정책 추진방향", 『교통』, 통권 124호, 한국교통연구원, 2008, pp. 13-19.

3) 컨테이너전용열차의 시범 운행

화물수송에 있어서 정시성의 확보를 위해서는 신속하고 정기적으로 운행하는 컨테이너화물전용열차(Container Block Train)를 운행해야 한다. 아시아지역의 주요 항만에서 선박이 도착, 항만에서의 입항 및 세관절차 등 항만절차를 마친 후 바로 컨테이너 화물열차가 연계되어 유럽 또는 중앙아시아지역으로 운송할 수 있는 수송시스템은 화물의 정시성을 확보할 수가 있다. TKR-TSR 연결노선이 실제로 운행 가능한 노선임을 대내외적으로 증명하기 위하여, 조만간 남, 북, 러 3자간에 부산에서 북한을 경유하여 러시아를 통과하는 컨테이너시범열차 운행이 준비되어야 할 것이다.

4) 철도화물정보체계의 전산화

화물의 위치 및 목적지 도착 등 실시간 정보를 제공하고 국경통관 등에 필요한 서류를 전자문서로 송부할 수 있는 철도화물정보체제가 개선되어야 한다. 화주 등 고객들이 현재의 화물의 위치를 실시간으로 파악할 수 있고 최종 목적지까지 철도가 도착하는 일자를 알려주고, 관련서류를 열차가 도착하기 전에 화주, 국경역, 철도역, 운송주선인 등간에 정보를 교환할 수 있는 철도정보시스템이 개발되어야 할 것이다. 이를 위해 EDI를 도입해야 하며 화물정보교환을 위한 각종 서식 및 절차의 표준화가 요구된다. 이를 위해 우선 한-러 양자 간의 연구협력이 강화되어야 할 것이다.

4) 동북아시아 역내국가간 국제협력의 강화

남북한 간 철도망 연결을 통한 대륙철도망 연계는 관련국가 간의 긴밀한 협력이 전제가 되어야 한다. 유럽의 예를 볼 것 같으면, 이미 1868년에 벨기에, 프랑스, 독일, 네덜란드, 스위스, 영국 등 라인강 수로 운송에 관련된 6개국이 "라인강항해중앙위원회(CCR: Central Commission for Navigation of Rhine)를 결성하였는데 이를 계기로 유럽에는 철도, 도로, 항공 등과 관련된 수많은 운송관련 다자간기구가 창설되었다. 이러한 다자간기구는 유럽의 경제공동체가 형성을 촉진하였고 결국 EU라는 하나의 체제로 통합되는 계기를 제공하였던 것이다. 남북한의 철도망 연결사업의 성공적 수행은 동북아시아지역에도 이와 유사한 기구의 등장을 가능하게 할 것으로 보인다. 즉, (가칭)동북아시아교통장관회의나 동북아시아철도협력기구 등의 창설도 필요하다.

■ 참고문헌 ■

교통개발연구원, 『북한교통자료집』(고양: 교통개발연구원, 2001).
성원용 외, 『러시아 교통물류정보 조사』(고양: 한국교통연구원, 2005).
안병민, 『통일대비 남북종합교통망 구축계획』(서울: 교통개발연구원, 1998).
_____, "남북경협 4대원칙하에서의 남북 교통, 물류정책 추진방향", 『교통』, 통권124호(한국교통연구원, 2008).
_____, "동북아 협력 생명줄은 남북협력체계 구축", 『통일한국』, 통권 296호(평화문제연구소, 2008).
_____, "북한의 교통부문 현대화를 위한 러시아의 지원 현황과 전망", 『교통』 제64호(한국교통연구원, 2003).
안병민·성원용, 『북한 교통인프라 현대화를 위한 재원조달 방안 연구: 프로젝트 파이낸싱을 중심으로』(고양: 한국교통연구원, 2006).
최연혜, 『시베리아횡단철도-잊혀진 대륙을 찾아서』(서울: 나무와 숲, 2006).
한국철도기술연구원, 『남북철도시스템 연계방안 연구』(과천: 건설교통부, 2001).
한국교통연구원, 『TST-TKR 연결을 위한 국제컨소시엄 구축방안』, 2003.
Tsuji Hisako, 『シベリア・ランドブリッジ』(東京: 成山堂, 2007).

제 11 장
동아시아 철도네트워크의 미래와 그 의미*

이 철 우

I. 머리말

21세기 세계는 경제통합과 경제의 권역화가 활발히 전개되고 있다. 한반도가 위치하고 있는 동북아시아지역 내 국가들도 번영을 위해 상호협력관계를 도모하고 있는 한편, 지속적인 경제성장을 위해 인적·물적 자원의 교류를 적극적으로 추진하고 있다. 2000년 현재 동북아지역은 세계인구의 25%가 거주하고 있고 세계경제의 1/5을 점유하고 있으며, 세계 GDP의 20% 및 세계물동량의 30%를 차지하는 있는 곳이자 성장이 지속되고 있는 곳이다.[1] 세계 최대의 잠재시장인 인구 13억의 중국이 경제대국으로 부상하고 있는 곳이며, 세계 제2의 경제대국인 일본, 미개발자원의 보고인 러시아 극동지역과 인접하고 있는 곳이기도 하다. 따라서 현재 동북아지역은

---

* 이 글은 "한반도 철도네트워크의 미래와 그 의미: 대륙횡단철도와 해상네트워크의 비교"라는 제목으로『평화연구』제14권 1호(2006년)에 게재된 것임.
1) 현대경제연구원,『허브 한반도』, 거름, 2003년, p. 45.

세계에서 가장 역동적인 경제권으로 부상하고 있는 곳으로써 세계경제의 주목의 대상되고 있다.

유럽, 미주의 경제권과는 다른 특성을 보이는 동북아지역은 경제적 관계에서 상호보완적이며, 생산요소결합형의 경제권을 형성하고 있다. 또한 공동개발체형 경제권이며, 대외개방형 경제권, 개발과 성장을 전제로 한 협력체제 구축이 요망되는 경제권이다. 즉 경제개발, 구매력 증가, 교역증대 등 전면적 경제협력으로서 시장통합과 상호보완적이며 분업적인 경제협력이 필요한 지역이라고 할 수 있다. 특히 동북아 지역은 그 동안 경제발전의 걸림돌로 작용하였던 정치적 이데올로기 퇴조와 더불어 군사·안보보다는 경제적 이익추구가 급선무로 부각되는 지역이기도 하다.

한반도는 동북아 경제권을 형성하는데 있어 중심부에 위치하고 있으며, 주도적인 역할을 담당하기에 적합한 교량적 위치에 있다. 또한 한반도는 제2의 경제도약을 위해서 뿐만 아니라 동북아 경제권의 성장을 견인하기 위해서는 교통인프라의 구축이 그 어느 때보다도 중요한 시기이다. 국제물류의 중요성이 크게 부각되고 있는 상황에서 교통인프라의 구축은 결국 물류비용절감을 가져오는 제3의 이익원이자 제4의 경쟁력으로써 철도, 항만, 도로와 같은 사회간접자본시설의 투자가 요구된다. 기업들의 전체 매출액에서 물류비가 차지하는 비중이 15%임을 감안할 때 비용절감 및 매출액 증가를 위해 국제물류, 다국간 물류, 국제복합물류관리의 구축이 필요한 상황이다.[2] 이와 같이 한반도는 동북아 지역경제의 중심이자 물류거점으로서 지정학적, 지경학적으로 공동물류체계구축의 중요한 위치에 있다.

---

[2] 이강대, 『교통물류계획』, 두남, 2005년; 현병언, 김창은, 노전표, 이석태, 『신물류관리』, 율곡출판사, 2003년; 서선덕 외, 『한국철도의 르네상스를 꿈꾸며』, 삼성경제연구소, 2001년, p. 265.

한반도가 동북아지역의 경제허브지이자 국제물류의 중심지, 관문으로써 확고히 자리매김하기 위해서는 남북철도의 연결이 시급하다. 현재 여러 가지 변수로 답보상태에 있는 남북철도는 경의선 및 경원선, 동해선의 일부구간이 연결되거나 공사가 진행 중에 있다. 한반도는 물론 동북아지역의 경제발전의 성장 동력이자 대동맥으로서의 제 기능을 수행하기 위해서, 상호협력과 동반자관계를 촉진시키기 위해서 남북 간의 철도연결이 그 어느 때보다도 필요한 시점이다. 남북철도가 연결되면, 중국의 길림성, 요령성, 흑룡강성 등 동북3성을 비롯하여, 러시아의 극동 및 시베리아지역, 일본, 더 나아가 동남아시아, 중동 및 미주지역과의 교류가 지금보다 더 활발해짐으로서 동북아지역의 경제성장의 시너지효과를 가져올 뿐만 아니라 세계경제에 주는 파급효과는 클 것으로 전망된다. 그것은 결과적으로 환동해경제권과 환황해경제권을 아우르는 것으로 제2의 경제도약을 희망하는 한반도의 경제성장 잠재력을 극대화시키는 것이며 동북아지역 내 국가들과의 교역확대 및 인적·물적 교류, 경제발전을 증진시키는 것이다. 특히 북한의 개혁·개방촉진 및 경제난에 허덕이는 북한경제의 회생을 가져 올 것이며, 남북 간 교류 및 관계개선을 증진시켜 통일을 위한 밑거름이 될 것이다. 따라서 남북철도의 연결은 한반도지역의 평화와 안정을 가져다 줄 것임은 물론 동북아지역 내 국가들 간의 경제협력을 촉진시켜 다양한 이익을 증대시키는 기회가 될 것으로 전망된다.

따라서 본고는 먼저 남북한 철도가 연결됨으로써 철의 실크로드가 가져오는 정치적, 경제적, 사회문화적 의의 및 효과에 대해서 논의하고자 한다. 그 다음에는 남북철도의 현황과 문제점 및 남북철도의 연결구축방안, 국제철도연결에 대해서 논의하고자 한다. 또한 남북철도와 연결되는 대륙횡단철도 즉 시베리아횡단철도, 중국철도, 몽고철도, 만주철도의 현황, 이들 철도들이 갖고 있는 한계와 문제점 등을 살펴보고 한다. 그 다음 현재 남북철도의 미연결로 인해 지금도 운행되고 있는 해상네트워크를 통한 해상운송현황에 대해서 전반적인 내용에 대해서 논의하고자 한다. 또한 그것을 육상네트워크와의 비교를 통하여 운송거리, 운임시간, 운임 등 장단점 및 문제점에 대해서도 언급하고자 한다. 그간의 기존연구들이 남북철도연결을 전제하지 않은 상황에서 주로 해상네트워크와 관련된 복합연계운송만을 연구해온 점을 감안하여 본장에서는 남북종단철도와 대륙횡단철도와 연계된 육상네트워크 및 국제복합운송에 초점을 맞춰 논의를 전개하고자 한다. 궁극적으로 본장은 ESCAP에서 추진하고 있는 아시아횡단철도망(TAR: Trans Asia Railroad)의 활성화방안과 궤를 같이 하는 것으로 남북한 철도가 연결됨으로써 비로소 국제복합운송망구축의 완성을 의미함과 동시에 아시아대륙과 유럽대륙이 하나로 연결됨으로써 세계 3대축 가운데 2개의 축이 연결되는 목표를 실현하는 의미를 가질 것이다.

Ⅱ. 남북한 철도연결의 의미와 효과

동북아시아 경제발전의 중심축을 이루고 있는 한국은 제2의 경제도약을 위해 많은 노력과 관심을 기울이고 있다. 이러한 노력 중에 가장 크게 검토되고 있는 것이 1992년 북경에서 열린 아시아-태평양 경제사회이사회(ESCAP) 제48차 총회에서 합의된 아시아횡단철도 북부노선프로젝트의 하나인 남북철도의 연결사업이다. 남북철도의 연결사업은 그 동안 상이한 이데올로기와 체제 하에 60년 동안 분단되어 왔던 남북철도의 복원을 의미하는 것으로 궁극적으로 한반도내에 평화와 안정을 가져오는 것이라고 할 수 있다. 그것은 또한 한반도의 끝에서 유럽대륙까지 랜드브리지(land bridge)의 완성을 의미하는 것으로써 한반도가 동북아의 중심지이자 물류거점지로의 역할을 수행하는 것을 의미한다. 철의 실크로드의 완성이라고 할 수 있는 남북철도의 연결은 국내외적으로 많은 의미를 갖는다고 할 수 있다.[3] 즉 북한의 개혁・개방유도 및 남북한 관계개선, 유라시아대륙과의 직접적 물류수송망 연결 및 그에 따른 교역증대와 물류비용의 획기적 절감, 동아시아지역 국가들과의 단일시장구축을 통한 상호협력증진과 경제발전, 시장기반 확대, 철도관련 산업 해외진출, 자원의 안정적 확보 등 다양한 의미를 제공하는 것으로 요약할 수 있다.

1. 철의 실크로드 완성으로서 의미와 효과

남북철도의 연결은 대륙횡단철도와 연결되는 세기의 프로젝트로서, 한반도가 해양과 대륙 즉 유럽, 아시아, 태평양을 잇는 중심교량 역할의 완성이자 진정한 의미의 유라시아철도망의 시발점과 종착점의 완성을 의미한다. 남북철도연결은 동북아를 비롯한 대륙철도간 중심교량으로서의 역할과 물류중심지, 경제중심지로서의 발전가능성을 의미하는 것이다.

남북한철도의 연결은 그 동안 해상, 육상 등 복합운송망을 통해서만 이루어져 왔던 물류수송에 혁명을 가져다주는 것으로 대륙횡단철도와 연계됨으로써 물류비 절감과 수송거리와 수송기간 단축을 가능하게 할 것이다.[4] 그것은 수출입관련 기업들에게 제3의 이익원

---

[3] 남북한철도가 연결되면 그것은 세계물류의 혁명에 크게 기여할 뿐만 아니라 대륙횡단철도와 연결되어 동유럽과 중앙아시아지역으로까지 교역이 확대될 전망이다. 그것은 또한 기존물류비용의 1/5의 절감과 시간단축 등 물류에서의 경제적 효과뿐만 아니라 동북아시아의 긴장해소, 한반도의 평화정착이라는 정치안보적 실익도 매우 크다. 정재정, "역사적 관점에서 본 남북한 철도연결의 국제적 성격", 『동방학지』, 2005년, p. 240.

[4] 남북한철도의 연결은 유럽과의 교역물자를 시베리아횡단철도, 중국횡단철도 등 대륙횡단철도를 통해 수송함으로서 선박에 의한 해운수송보다

으로 간주되는 물류비용의 절감이라는 경제적 이익을 가져다 줄 것이다. 또한 수송기간의 단축은 교역량의 증가는 물론 기업의 경쟁력 강화 및 신수요를 창출하는 효과를 가져다 줄 것이다.

또한 남북철도연결은 한반도가 유라시아대륙으로 진출하는 물류전초기지가 될 뿐 아니라, 동북아 물류중심지로 환동해 또는 환황해 경제권을 형성함을 의미한다.5) 남북철도가 동북아 경제협력의 두 권역, 중국의 요동성, 산동성 및 황해연안지역, 발해지역의 환황해경제권과 러시아 극동연해주 및 시베리아지역, 북한의 두만강지역, 일본 호쿠리쿠지방의 환동해경제권을 결합시킴으로써, 환동해 및 환황해 교역네트워크 구축과 동서연결축을 구축하여 완전한 의미의 동북아 경제협력의 광역수송체계를 구축하게 됨을 의미한다.6) 한반도 전체가 동북아시아 역내외수송의 물류중심지로서, 상호 동반적 성장의 벨트로서 입지조건을 확보하게 된다. 따라서 한반도는 동북아의 물류거점지로써 부상하게 됨은 물론 동북아지역을 단일시장경제권으로 묶게 되는 계기를 마련할 것으로 전망된다.

또한 한반도는 남북철도가 대륙간 철도와 연결됨으로써 러시아의 풍부한 지하자원과 한국의 자본 및 기술력, 중국의 풍부한 노동력과 거대한 소비시장이라는 경제 3요소를 충족시키는 동북아 최고의

운송기간을 단축하고 비용을 절감할 수 있어 한국의 국제경쟁력을 획기적으로 향상시킬 수 있는 기틀을 만들 수 있으리라 본다. 서선덕 외(2001), pp. 214-5.
5) 환동해경제권 형성에 가장 열의를 보이고 있는 나라는 일본이다. 일본의 동해연안의 지역과 도시를 중심으로 환동해경제권 개발에 구상이 의욕적으로 일어나고 있다. 특히 홋카이도, 아오모리, 아키다, 야마가타, 니가타, 도야마, 이시카와, 후쿠이 현 등 동해안에 면해 있는 일본의 지역은 지리적으로 인접한 남북한 러시아, 중국 등 북부지방과의 경제교류를 활성화시켜야 한다는 움직임이 활발하게 일고 있다. 김영봉, "환동해 경제권형성과 국토개발과제",『국토』, 1994년, p. 8.
6) 성원용, "TKR-TSR 연결의 의의와 파급효과,"『동북아경제연구』, 제14권 제3호(2002년), p. 61.

경제요충지로 부상하게 될 것이다. 이것은 한반도가 물류이동의 중심지일 뿐 아니라 투자와 개발의 중심지로도 발전할 수 있음을 의미하는 것이다. 더 나아가 남북한 철도연결은 동북아시아지역에 협력인프라를 구축함으로써 동북아시아의 평화와 번영의 지렛대가 될 수 있을 것임을 의미한다. 따라서 남북한 철도의 연결은 지리적 근접성, 경제구조의 상호보완성을 넘어서 태평양을 통해 미국과, 시베리아횡단철도를 통해 유럽과 연결될 수 있는 세계경제의 성장거점으로서 유리한 조건을 차지하는 매개체가 될 것이다.

동북아지역에서 물류규모가 급증하고 있는 상황에서 새로운 운송루트의 확보는 해상을 통한 운송보다 운송시간을 단축하고 비용을 절감할 수 있게 해주는 의미를 갖는다. 남북철도연결은 아시아대륙 및 유럽대륙을 연결하는 내륙수송망을 갖추게 되어 동북아의 육상교통의 중심지로 부상할 수 있는 계기를 맞이할 수 있게 해주며 한국의 국제경쟁력을 획기적으로 향상시킬 수 있는 기틀을 만들 수 있을 것이다.[7] 그것은 중국의 동북부지역, 러시아의 극동연해주지역, 중앙아시아, 중동 그리고 동서유럽에 이른 국제 운송망을 형성하는데 단초를 제공함으로써 유라시아대륙의 복합운송주도권을 획득하게 됨을 의미한다. 뿐만 아니라 복합운송의 동북아 거점 그리고 아시아경제권의 물류중심지로 성장하게 함으로써 한반도가 동북아 경제협력의 구심점이 되게 할 것이다.[8] 그것은 제2의 경제도약을 꿈꾸는 한국의

---

[7] 서선덕 외(2001), p. 215. 동북아와 유럽을 연결하는 수송체계가 저렴하고 안전하며 신속한 유라시아철도운송 중심으로 재편됨에 따라 유럽시장에서 한국기업과 상품의 경쟁력이 제고될 것이고 동유럽을 비롯해 중앙아시아, 러시아지역(CIS)으로의 시장진출이 가속화될 것이다. 이는 미·일 시장에 편중되었던 한국의 교역구조를 획기적으로 개선함으로서 보다 균형잡힌 대외경제관계, 이를 바탕으로 보다 자주적인 대외정책을 추진할 수 있는 기회를 제공할 것이다. 성원용(2002), pp. 63-64.

[8] 김상원, "시베리아횡단철도와 동북아경제협력", 『한국철도학회지』, 제4권 제1호(2001년), p. 31.

경제를 한 단계 업그레이드시키는데 기여하는 것을 의미한다.

남북한 철도연결은 동북아지역 내 국가들의 경제발전과 경제적 보완관계를 형성시키는데 기여할 것이다. 그것은 그 동안 접근이 용이하지 못한 지역개발과 지역 간 경제협력을 촉진시켜 동북아지역의 단일경제권의 형성을 통한 상호지속적인 경제발전을 가져오게 됨을 의미한다. 즉 중국, 러시아 등 성장잠재력이 큰 동북아시아지역 내 국가들의 경제성장에 시너지효과를 극대화하는데 이바지할 것이다. 또한 상대적으로 낙후되어 왔던 일본 내 동부지역의 경제활성화에도 기여할 것이다. 이와 같이 동북아시아지역은 남북 철도연결을 통하여 그간 소극적으로 이루어져 왔던 국제협업과 국제 분업적 관계를 더욱 활성화 시킬 수 있을 것이다.[9] 남북철도연결이 동북아시아지역 내 국가들의 상호보완성과 다양성을 결합시킴으로써 동북아지역 내 국가들의 경제발전과 경제협력을 촉진시키는 요인으로 작용할 수 있음을 의미한다.

특히 러시아는 남북철도연결로 걸프전 이후 감소되어 왔던 시베리아횡단철도의 물동량 증가 및 연해주지방의 발전과 번영, 러시아 내륙지방의 경제 활성화에 크게 기여할 수 있을 것으로 전망된다. 또한 시베리아지역의 석유 및 우랄지역의 철광석, 쿠즈네츠크 탄전, 이르쿠츠크 천연가스, 삼림자원 등을 개발하는데 박차를 가할 것이며, 극동지역의 자원개발과 해양개발촉진, 나홋카의 공단개발에 중요한 영향을 미칠 것이다. 한편 중국에게 있어 남북한의 철도연결은 동북 3성의 지하자원 및 농업개발촉진에 기여할 것이며, 그것을 한국이나 일본으로 수출할 수 있는 진출루트로서 활용될 수 있을 것으로 전망된다. 또한 용량한계에 도달해 수출입화물적체로 고심하고

---

9) 중국의 천연자원과 저렴한 노동력, 러시아의 풍부한 부존자원, 북한의 값싼 노동력, 일본의 첨단기술과 자본, 한국의 자본과 개발경험이 공존하는 곳이다.

있는 대련항과 천진항의 숨통을 열어주는 대체루트역할수행 및 중국의 동해안 진출루트로서 활용될 것이다.10) 또한 일본은 남북철도연결로 인해 과거에 검토하였던 후쿠오카-대마도-아키도-거제도-부산을 잇는 235km의 한일해저터널계획을 현실화시킬 가능성이 높음은 물론 그에 따른 대 유럽행 교역상품 수출의 비용절감효과를 가져 올 것이며 동북아시아 지역 내 국가는 물론 동남아시아지역 국가들에게도 경제적 이익을 가져다 줄 것이다.11) 무엇보다도 남북철도연결은 중국과 러시아에게 있어 중국횡단철도와 시베리아횡단철도를 이용한 유럽의 교역물자수송에 따른 상당한 부가적인 수입을 가져다 줄 것으로 전망된다.

2. 남북한에 주는 의미와 효과

남북철도의 연결의 의미는 남북한 간에 있어서도 교통체계구축 이상의 상당한 함의를 준다. 그 동안 분단을 상징해왔던 비무장지대를 관통하여 남북한 철도가 연결된다는 것은 남북간 긴장해소 및 신뢰구축에 대한 분위기 조성, 남북화해협력의 안정성과 지속성을 담보해주는데 토대를 마련할 것으로 보인다. 남북한 철도연결은 남북철도의 복원을 의미하는 것이자 분단된 한반도의 운명을 극복하고 광활한 유라시아대륙으로 공간을 넓혀 나가는 것을 의미하는

---

10) 윤재희, "남북철도연결사업에 있어서 주변국가의 경제적 효과", 『복지행정연구』, 2002년, p. 108; 정성호, "동북아지역 철도연결망의 현황과 전망", 『지역개발연구』, 2002년, p. 151; 권원순, "시베리아횡단철도 이용활성화와 한-러경제협력", 『한국철도학회지』, 제4권 제1호(2001년), p. 55; 김영봉(1994), p. 6.

11) 世界日報社刊, 佐々保雄 監修, 『日韓TUNNEL PROJECT』, 1993년, p. 51; 김상원(2001), p. 32; 신범식, "교통의 국제정치: 시베리아횡단철도 국제화와 동북아 협력을 위한 한국의 대응전략", 『한국과 국제정치』, 제19권 4호(2003년), p. 288.

것으로 한반도에 평화와 안정, 번영을 가져오고 동북아시아의 경제발전에 기여함을 의미한다.12) 즉 남북철도연결은 그 동안 동북아의 안정과 평화에 걸림돌로 작용하였던 남북대치상황을 종식시켜 한반도는 물론 주변국가들로 하여금 긴장을 완화시키는데 기여할 것이며, 그것은 궁극적으로 한반도내부로부터 경제통합을 가로막았던 체제의 이질성을 극복함으로서 동북아 상호협력과 경제통합을 가속화하는 전기를 마련할 것이다.

남북철도연결의 가장 큰 의미 중의 하나는 경제난에 허덕이는 북한경제의 회생과 활성화에 기여함을 의미한다.13) 그것은 북한체제의 경직성을 완화시켜 개혁·개방화를 촉진시킴으로써 국제사회의 일원으로 참여시키는데 일조할 것이다. 남북한 철도연결은 남북경제교류발전과 함께 남북경제공동체구상을 앞당기는 촉매제가 될 것이며 대북사업의 활성화가 촉진될 것이다. 철도가 연결되면 남북교역상품의 생산지역인 북한 서해안공단 활성화에 기여할 것이고,

---

12) 남북철도의 연결의 상징인 경의선과 경원선, 동해선의 복원의미는 남북한 간의 정치적 갈등완화, 이산가족의 교류, 남북경제협력의 촉진 등 다양한 차원에서의 긍정적 효과를 가져다 줄 것으로 기대되고 있다. 그것은 대륙횡단철도를 통한 유럽대륙으로의 연계가능성과 함께 철의 실크로드시대가 개막되면서 섬 아닌 섬나라로 지내왔던 남한과 북한 모두에게 있어 커다란 기회와 도전이 될 것이다. 즉 물류거점지, 경제중심지로 부상하게 될 것으로 전망되며 그에 따른 상당한 경제적 효과를 가져올 것으로 기대된다.
13) 1994년 김일성은 벨기에 노동당 중앙위원회 위원장과의 대화에서 신의주와 개성사이의 철길을 복선으로 만들고 남한으로 들어가는 중국 상품을 운송해 주기만 해도 연간 4억 달러 이상의 수입이 발생한다고 언급했다. 러시아나 흑룡강에서 수출하는 물자를 두만강 역에서 넘겨받아 동해안에 있는 철길로 날라다 주면 거기에서도 한해 10억 달러의 수입이 발생할 것이라고 언급했다(조선노동당출판사,『김일성저작집』, 제44권, 1996년, pp. 470-471). 김일성은 남북철도의 연결로 이런 저런 수입이 연간 15억 달러 정도가 될 것이라 판단했던 것 같다. 그 만큼 북한에 있어서 철도연결은 북한경제에 커다란 도움이 될 뿐만 아니라 침체된 경제를 회생시키는 긴요한 수단임을 추측할 수 있다.

현재 진행 중인 개성공단의 개발촉진 및 금강산육로관광 등 남북협력 사업 추진이 순조로이 진행될 것임을 의미한다. 또한 북한, 러시아, 중국이 공동참여하는 두만강유역개발을 촉진시킬 것이며 특히 나진-선봉지역의 간선교통망으로 활용될 수 있을 것이다.[14]

또한 남북철도연결은 남북한 산업구조에도 변화를 줄 것으로 보인다. 지금까지 중소기업위주의 임가공형태에 머물던 남북경협이 대기업들의 대형투자로 설비반출형 위탁가공형태로 질적 도약을 이룰 것으로 기대된다. 남한의 사양산업으로 인식되어 왔던 업종들이 북한으로 생산기지를 이전함으로써 그 동안 침체되어 왔던 경공업분야의 활성화에 기여할 것이며 남북 간 산업구조가 기술집약형 대 노동집약형 산업으로 재편됨으로써 남북 간 상호보완적인 산업구조로 변화시킬 것이다.[15] 또한 남북철도의 연결은 그 동안 간접교역으로만 이루어져 왔던 거래관계를 직접교역으로 전환되는 계기를 마련할 것이다. 즉 인천에서 중국의 웨이하이웨이항을 우회하여 남포항과 해상교역을 해 왔던 화물컨테이너수송을 육로수송으로 직접 교역함으로써 물류비절감과 수송기간 단축으로 교역량이 대폭 늘어날 것으로 전망된다.[16]

따라서 남북철도연결은 한국철도 본연의 기능을 회복하는 사업임과 아울러 한반도의 통일을 앞당기는 민족적 프로젝트라고 할

---

14) 윤재희(2002), p. 108.
15) 윤재희(2002), p. 110; 이영선, "한반도 경제통합과 동북아 경제협력", 『동아시아연구논총』, 1994년, p. 200.
16) 남북한 철도를 연결할 경우, 인천에서 남포까지 인원과 물자를 수송할 경우 해운수송에 비하여 비용은 현재 1,000~1,100달러 정도 소요되고 있으나 1/3~1/5수준으로, 수송기간은 13~14일 소요되던 것이 1~3일 정도 소요될 것으로 예상되어 10일 이상 단축할 수 있다. 특히 컨테이너 1개당 800달러 수준이었는데 철도 이용 시 약 200~250달러가 예상되어 운임의 6분의 1수준으로 줄어들 것으로 추정된다. 이성욱, "북한의 철도시설과 운영현황", 『토목』, 2001년, p. 17; 성원용(2002), p. 56; 최연혜, "남북철도연결에 있어서의 동서독 철도통합의 시사점", 『토목』, 2001년, p. 17.

수 있다. 그것은 한반도의 끊어진 허리를 잇고 막혔던 핏줄을 통하게 하는 것으로 다방면에 걸친 남북교류와 상호발전을 가능케 하여 준통일에 가까운 효과를 가져오리라 기대할 수 있다. 그것은 통일이 후 갖추어야할 국가물류체계의 사회간접자본시설을 미리 구축해 두는 것으로 남북한은 남북철도연결로 인해 통일준비과정으로 들어서게 되는 것과 같은 의미를 제공한다.[17] 더 나아가 남북철도연결은 남북 간 인적·물적 교류의 확대를 가져와 상호이해와 협력분위기를 증진시키는 계기를 마련할 것이다. 그것은 남북한의 사회문화적 이질성을 줄이고 대신 그 동안 잊혀지고 상실되어 왔던 한민족의 동질성을 회복시키고 동시에 우리민족끼리의 공존공영을 추구하는 것을 의미한다.

이와 같이 남북철도연결은 한반도에만 국한된 지엽적인 사업이 아닌 전 세계인들이 바라는 거대한 프로젝트라 할 수 있다. 남북철도연결은 한반도가 동북아의 물류중심지로서, 아시아-태평양지역의 관문으로써 최상의 입지조건을 확보하게 됨을 의미함과 동시에 결과적으로 우리민족이 재도약하여 동북아의 중심국가로 자리매김함을 의미하여 세계 속의 강국중의 하나로 위치함으로써 한국의 위상을 높이는데 결정적인 계기를 마련하는 것이다.

Ⅲ. 남북한철도의 현황과 문제점

남한의 철도는 서울을 기점으로 하여 주로 여객위주의 철도시스템을 구축하여 오늘에 이르고 있다.[18] 경부선, 호남선, 중앙선을 중

---

17) 맹주환, "한반도종단철도의 연결과 효과", 『통일한국』, 2004년.
18) 남한의 철도는 해방직후부터 1960년대까지 철도가 모든 수송의 대동맥으로서 전국화물수송의 80% 이상, 여객수송의 50%정도를 분담하며 발

심으로 X자형으로 발달하여 온 남한철도는 2002년말 현재 노선총연장 3,125km이며 복선화율은 29%, 전철화율은 21%이다. 남한의 철도는 1,435mm의 표준궤로 50kg의 중량레일을 사용하고 있으며, 전기방식의 경춘선(교류 25,000볼트)을 제외하고는 대부분의 철도가 디젤방식으로 운용되고 있다.[19] 앞으로 남한철도는 북한철도와의 연결을 위해 디젤방식보다는 전기방식으로 전환될 필요가 있으며, 남북간 원활한 수송을 위해, 물동량증가에 대비하여 복선화율을 높여야 하고 에너지 효율성과 환경친화성을 고려하여 전철화비율을 높여야 한다. 또한 아시아-유럽 대륙간 컨테이너화물의 대량수송을 위해 2단 적재가 용이하도록 터널을 높이를 확장시키는 등의 개선작업이 요구되는 상황이다.

한편 북한은 여객수송보다는 주로 공업용 원자재, 광산물, 농수산물 등 화물수송을 위해 철도에 의존하는 주철종도의 정책을 추진하여 왔다.[20] 북한의 대부분의 간선도로가 기본적으로 철도노선을 따라 평행하게 발달되어온 것에서 알 수 있듯이, 철도는 중요한 육상운송기관으로서 자리 잡아 왔다.[21] 특히 북한은 산악지형이 많아 경사

전하여 왔다. 그러나 1970년 경부고속도로가 개통된 이래 자동차가 급격히 증가하자 1970년대 중반에는 철도의 수송분담이 여객의 25%, 화물의 52%로 감소하였으며, 1980년대 중반에는 여객의 21%, 화물의 40%로 철도의 수송분담률이 더욱 떨어졌다. 현재는 도로정체로 철도여객이 다소 증가하여 25%수준을 유지하고 있다. 반면 철도의 화물수송은 도로수송의 발달로 16% 수준으로 격감하고 있다. 서선덕 외(2001), p. 136.

19) 유원희, 구동희, "남북철도와 대륙횡단철도의 연계기술", 『토목』, 2001년, p. 23.
20) 북한의 수송부문은 전체화물수송의 90% 정도와 여객수송의 70% 정도를 철도가 담당하고 있다. 북한은 철도수송능력을 제고하기 위하여 철도의 전기화, 광궤화, 중량화, 복선화에 의한 정책을 꾸준히 추진하여 왔다. 1991년 현재 철도수송수단별로는 기관차 1,500여대, 화물 및 여객용차량 32,000여대 및 전문차량으로 구성되어 있다.
21) 북한은 해방이후부터 철도를 국유화하여 철도에 많은 투자를 하여 왔다. 철도를 통해 북한은 경제발전에 필수적인 지하자원 개발을 촉진하였으

가 급한 곳이 많기 때문에 견인력이 높고 대량수송이 가능한 전기철도를 보편화시켰다. 따라서 북한은 일찍부터 수차례의 경제계획기간 중에 전철화를 추진하여 현저한 성과를 거두었으며 주요간선인 평의선과 평라선, 만포선 등이 전철화 되었다.[22] 북한철도의 전철화율은 4,131km로 전체철도의 80%에 이른다.

북한철도는 2002년 말 현재 총연장길이가 5,214km이며, 98%가 단선으로 구성되어 있으며, 경량레일의 표준궤를 사용하고 있다.[23] 북한의 철도망은 평양을 중심으로 동서해안을 따라 H자형으로 발달되어 왔는데 크게 서해안축, 동해안축, 동서 횡단축을 중심으로 11개의 주 노선을 포함 100여개의 노선으로 구성되어 있다. 즉 서해안지대를 연결하는 경의선(또는 평의선이라 칭함), 동해안을 따라 부설된 원라선, 동서를 횡단하는 평원선 등이 중심 간선을 이루고 있다. 또한 신의주나 중국의 단동을 거쳐 북경까지 가는 TCR의 국제선과 남양과 중국의 도문을 거쳐 만주리를 경유하여 TSR과 연결되는 TMR의 국제선 및 두만강과 러시아의 핫산을 거쳐 TSR로 모스크바까지 연결되는 국제선이 있다.[24]

며, 농공업발전 및 지역 간의 균형적 개발에 박차를 가하였다. 북한은 험준한 지형으로 인한 도로운송의 취약점을 극복하기 위하여 간선철도를 비롯한 많은 지선을 건설하였으며, 험준한 지형에 적합한 3,000볼트 직류전압의 철도전기화 작업을 지속적으로 추진하였다. 북한은 철도운송의 대량성, 안정성, 정시성, 에너지효율성 등의 이점을 최대한 살려 철도에 대한 투자를 타교통기관이 따라올 수 없을 정도로 상당히 비중있게 다루었다.

22) 임명, "북한의 철도교통", 『대한교통학회지』, 제11권 제1호(1993년), p. 112.
23) 이영균 외, 『남북한간 교통물류체계 정비확충방안』, 교통개발연구원, 2001년, p. 47.
24) 북한은 지리적으로 중국 및 러시아와 접하고 있는 바, 이들 국가들과 철도망이 연결되어 국제화물 및 여객을 수송하고 있다. 현재 신의주-단동(주 4회 왕복), 남양-도문, 만포-집안(비정기적 운행)의 대중국 3개 노선과 두만강-핫산(주 2회 왕복)의 대러시아노선 등 4개가 운행되고 있다(김연규 외, 2000:31-4).

그러나 북한은 계속된 경제침체로 인해 철도기반시설에 대한 지속적인 유지보수 및 관리부족으로 열악한 상태를 면치 못하고 있는 실정이다. 또한 북한철도는 평균시속 40km로써 열차속도가 매우 느리고 선로상태의 불량 및 고중량에 견디지 못하는 취약성을 갖고 있다. 또한 화물차량의 부족 및 열차노후화도 문제가 되고 있을 뿐만 아니라, 화물적하 및 양하의 기계화 수준도 낮다.25) 또한 북한철도는 평양근처에만 복선화되어 있을 뿐, 나머지 전체의 노선은 단선화 되어 있어 앞으로 남북 간 원활한 수송을 위해 복선화작업이 시급히 요구되고 있는 상황이다. 또한 고중량에 견딜 수 있도록 지반시설을 튼튼히 할 필요가 있으며, 노후화된 열차들의 교체 및 보강, 차량수를 늘리고 다양화해야 하는 상황에 있다.

Ⅳ. 남북한철도 연결과 중·러간 국제철도연계

1. 남북한철도의 미연결구간과 연결구축

남북한은 일제시대의 철도시스템을 바탕으로 각각 서로 상이한 철도시스템을 구축하여 왔다. 가장 특징적인 것은 기본적으로 북한은 산세가 험한 지형에 맞게 견인력이 높은 전기방식의 철도시스템을 구축하여 운영하여 온 데 반해, 남한은 디젤방식의 철도시스템을 구축하여 발전하여 왔다는 점이다. 이러한 상황에서 아시아-유럽 간 대륙횡단철도와의 연결계획사업이 ESCAP에 의해 국제적으로 논의됨으로써 그 어느 때보다도 남북한 철도연결에 대한 필요성이 대두되고 있다. 현재 남북한의 철도는 단절구간의 복원 및 전 구간

---

25) 유석형, 임종관, 『남북한 화물운송체제 구축방안』, 해운산업연구원, 1993년, p. 26; 임명(1993), p. 118.

정비만으로도 중국 및 러시아와 연결하는 한반도종단철도망의 구축이 가능하다.

남북한 철도의 단절노선은 〈표-1〉에서 보듯이, 경의선, 경원선, 동해선 등 총 187km이다. 경의선은 남한의 문산에서 판문점(장단), 북한의 봉동까지 20km로, 이 구간을 통해 현재 운영되고 있는 신의주역과 중국의 단동역을 거쳐 중국횡단철도와 연계가 가능하다. 경원선은 남한의 신탄진에서 군사분계선을 가로질러 북한의 평강(복계)

〈표-1〉 남북한 철도단절구간 현황

노선	단절구간	단절구간 거리	비고 〈국제철도와 연계〉
경의선 (서울—신의주)	문산↔장단(판문점)↔봉동 12km　　　　8km	20km	*중국 단동역에서 중국 횡단철도연계(3개 노선으로 TSR과 연계) *경의선 현재완공 *부산-서울-문산(491km), 개성-평양-신의주(434km) → 총연장 945km (단절구간 포함 20km)
경원선 (서울—원산)	신탄진↔군사분계선↔평강 16.2km　　　　14.8km	31km	*청진에서 광궤를 이용하여 나진-두만강-핫산을 거쳐 TSR과 연계 *청진-회령-남양-도문을 거쳐 TMGR과 연결된 후 TSR과 연계 *부산-서울-신탄진(533km) 평강-청진-남양(790km) → 총연장 1,354km (단절구간 포함 31km) *부산-서울-신탄진(533km) 평강-청진-두만강(749km) → 총연장 1,313km (단절구간 포함 31km)
동해북부선 (강릉—청진) (=동해선)	강릉↔군사분계선↔고성(온정리) 127km　　　　9km	121km	*간성-군사분계선-고성 (33km)
금강산선 (서울-금강산 내금강)	철원↔군사분계선↔기성 25km　　　　51km	75km	*관광여객수송

까지 31km로서, 이 구간을 통해 원산, 나진이나 청진을 거쳐 두만강역과 러시아 핫산역을 경유하여 시베리아횡단철도와 연계가 가능하다. 동해선은 남한의 강릉에서 군사분계선을 넘어 고성(온정리)까지 136km로, 이 구간이 연결되면 나진 또는 청진을 거쳐 두만강역을 통해 시베리아횡단철도와 연결이 가능하다. 또한 경원선과 동해선을 통해 북한의 남양과 중국의 도문을 경유하여 중국횡단철도와 연결도 가능하다. 그 외에 관광객 수송을 위해 추진 중인 금강산선은 철원에서 군사분계선을 넘어 기성까지 75km이다. 이들 철도 중 경의선과 경원선은 짧은 시간 내에 복구개통이 가능하나, 동해선은 단기간 내에 개통하기에는 시간이 많이 소요될 것으로 전망된다. 현재 남북 간 철도중 경의선구간의 연결공사가 완료됨으로써 언제든지 대륙횡단운행이 가능한 상황이나 북한집권자의 정치적 결정이 남아 있는 상황이다.

그러나 남북철도간의 상이한 철도시스템 및 북한철도 자체의 문제점으로 인해 연결 또는 운행이 현재로서는 용이하지 않다. 따라서 이에 대한 선행작업으로, 견인력이 높고 환경친화적이 되기 위해서, 남한의 디젤방식의 철도시스템을 전기철도로의 전환할 필요가 있다. 따라서 남북한철도의 상이한 철도시스템을 극복하기 위해 디젤방식과 전기방식을 겸용할 수 있는 하이브리드(Hybrid)방식의 추진장치의 개발이 필요하다. 또한 북한철도가 직류방식의 전력을 사용하고 있는 바, 남북이 공동으로 사용할 수 있는 직교류방식의 차량시스템 개발이 필요하다. 그리고 북한 대부분의 철도차량 및 레일의 노후화로 인한 철도사고를 방지하기 위하여 화차의 교체 및 안전한 수송을 위해 무거운 하중을 견딜 수 있는 중량레일로 교체가 필요한 상황이며, 철도보수의 기계화와 신호통신설비의 현대화가 이루어져야 한다. 또한 대륙 간 화물의 원활하고도 신속한 수송을 위해, 대량수송을 위해 북한철도의 98%가 단선인 점을 감안하여 복선화

작업이 선행되어야 한다. 그리고 남북 간 원활한 수송을 위해 신호방식, 통신방식, 유지보수방법, 궤도의 내구력에 대한 세부적인 기술검토 등이 요구되고 있는 상황이다.[26]

2. 국제철도연결구간 현황과 문제점

남북 간 단절된 구간의 철도가 연결되면[27] 남북철도는 철도 본연의 기능을 수행하는 것이라 할 수 있다. 그것은 중국대륙이나 시베리아대륙을 향한 진출이 본격화됨을 의미한다. 〈표-2〉에서 보듯이, 그 동안 북한은 신의주-단동,[28] 남양-도문[29]을 통해 중국과 국제열차를 운영하여 인적·물적 교류를 하여 왔으며, 두만강역과 핫산[30]을 연결하여 러시아와 화물수송을 하여 왔다.

---

[26] 이종득, 이성욱, "남북철도연결과 교류방안", 한국철도학회 2002년도 추계학술대회논문집, p. 422; 유원희 외(2001), p. 29.
[27] 원래 한반도종단철도의 구상은 경부선 및 호남선을 경의선(서울-신의주) 또는 경원선(서울-원산) 및 원라선(원산-나진)과 연결한 후, 기존의 시베리아횡단철도 또는 중국횡단철도에 연계시켜 극동/유럽 간 새로운 복합운송경로를 개발하고자 하는 구상이다.
[28] 주 4회 운행되며 구간거리는 2.6km로, 화물과 여객을 수송하고 있으며 신의주-단동-심양-북경에 도달할 수 있는 한편, 몽골횡단철도를 이용하여 북경-대동-집령-에렌호트-울란바토르-울란우데를 거쳐 시베리아횡단철도와 연결된다. 다른 노선으로 중국횡단철도를 이용하여 북경-서주-정주-난주-우루무치-아라산쿠-카자흐스탄의 드루즈바(12km)-에카테린부르크나 노보시비르스크에서 시베리아횡단철도와 연결된다.
[29] 주 1회 운행되며 주로 화물노선으로 이용되며 남양-도문-목단강-장춘-길림-하얼빈-대경-치치하얼-만주리수분하 역과 러시아 자바이칼스크 그로데코보 역에서 환차·환적하여 치타에서 시베리아횡단철도와 연결된다.
[30] 월 3회 운행되며 구간거리는 8km로 시베리아횡단철도와 연결되나, 러시아 측(1,520mm 광궤)과 북한(1,435mm 표준궤)간 궤간차이로 환차·환적이 요구된다. 북한은 1974년부터 두만강과 나진사이의 50km 구간을 표준궤와 광궤의 혼합선을 건설하였으며, 1989년에는 이 구간을 청진까지 연장하였다(광궤철도인 청진에서 두만강까지는 70km). 정성호(2002), p.

〈표-2〉 국경역 현황과 국경간 환적·환차구간

연계구간	신의주-단동(중국)	남양-도문(중국)	두만강-핫산(러시아)
구간거리	2.6km	2km	8km
궤 간	同一(1,435mm)	同一(1,435mm)	러시아광궤(1,520mm) 북한표준궤(1,435mm)
운행횟수	주 4회 화물과 여객수송	주 1회 화물노선	월 3회
환적 여부	북한·중국 표준궤로 필요 없음	북한·중국 표준궤로 필요 없음	*북한·러시아 궤간 차이로 환적·환차 필요 *청진이나 나진에서 환적하여 핫산역 까지 수송

대륙횡단
열 차
국 경 간
환 적·
환 차 역
	• 북한 두만강역과 러시아 핫산역에서 환적·환차
	• 중국 아라산쿠역과 카자흐스탄 드루르바역에서 환적·환차
	  (TCR+TSR)
	• 중국 만주리 수분하역(1,435mm)과 러시아 자바이할스크(1,520mm)
	  그로레코역에서 환적·환차(TCR+TMR+TSR)
	• 중국 에렌호트와 몽골의 자민우드역에서 환적·환차
	  (TCR+TMGR+TSR)
	• 폴란드 테레스폴역(1,435mm)과 벨라루시 브레스트역(1,520mm)
	  에서 환적·환차
	* 국경간 철도궤간 상이시 방법 : 환적·환차, 대차교환,
	  혼합궤도 이용		

이와 같이 북한의 국제철도노선은 대중국노선과 대러시아노선이 연결되어 있다. 대중국 철도노선은 평양-북경구간 총연장 1,374km로, 22시간 소요되고 있으며, 청진-남양-도문-연길로 연결되는 구간은 주로 청진항을 이용하여 중국의 중계화물을 수송하는데 활용되고 있다. 대러시아 철도노선은 두만강-핫산 구간을 연계하여 시베리아횡단철도와 연결되고 있으며 궤간차이로 환차·환적이 필요하다. 특히 평양-모스크바노선은 두 선으로 나누어지는데 평양-신의주-단동-심양-바이칼-모스크바까지 총연장 8,666km로 1주일이

149; 나희승, 손지언, 조영걸, "대륙횡단철도 연계운영의 효율화를 위한 기초조사", 한국철도학회 2004년 춘계학술대회논문집.

소요되고, 평양-두만강-핫산-하바로프스크-바이칼-모스크바 간 노선은 총연장 10,214km이다.[31)]

남북한철도가 대륙횡단철도와 원활하게 연결되기 위해서 여러 가지 내재된 문제점을 극복하여야 한다. 우선적으로 북한, 중국, 몽골, 러시아 및 동유럽국가가 가입되어 있는 국제철도협력기구(OSSHD 또는 OSJD)에 가입할 필요가 있으며 국제여객수송(SMPS), 국제화물수송(SMGS), 국제수송화차(PPW), 국제철도여객운임(MPT), 국제철도화물운임(ETT) 등에 관한 국제협약기구에 가입하여야 한다.

남북한철도가 대륙횡단철도와 연계되는데 있어 또한 가장 중요하게 대두되는 것이 각 국가 간의 철도궤간차이로 국제철도운송에 필요한 차량정비시설, 환적화물운송에 필요한 환적·환차시설 등이 필요한 상황이다.[32)] 또한 시베리아횡단철도 전구간이 대부분 복선 전철화 되어 있지만 두만강-핫산-우수리스크구간은 비전철화 구간으로 되어 있어 전철화시설이 요구된다. 또한 북한철도 대부분이 전철화 되어 있긴 하지만 화물운송의 신속성, 대량수송을 위해 복선화작업이 요구되는 상황이다. 따라서 전철화 및 비전철구간을 운행할 수 있도록 하이브리드방식의 추진 장치가 필요하며, 다양한 국가들 간 경유가 가능하도록 통일된 신호시스템을 표준화거나 차상신호장치의 개발이 필요하다.[33)]

북한과 러시아 철도기반시설들이 대부분 노후화되고 낙후된 점을 감안하여 효율적인 운행과 안전성 확보를 위해 시설물에 대한

---

31) 정성호(2002), p. 149; 유원희 외(2001), p. 24.
32) 환적에 따른 많은 시간소요 및 원활한 수송을 위해서 궤간가변대차의 개발, 이중궤간, 대차교환시설 등이 필요하다. 즉 차량교환, 대차교환 등에 따른 환적설비가 필요하다. 심치호, "중국-북한 국경역 운영시스템 및 남북철도운송방안 연구",『한국철도학회지』, 한국철도학회, 2004년, p. 5.
33) 유원희 외(2001), p. 29.

보강 및 유지관리기술 또한 요구된다.34) 또한 화물의 안전하고도 신속한 수송, 적기수송을 위해 실시간 정보를 제공하는 위성에 의한 위치추적시스템구축이 필요하다. 또한 추위에 약한 액화화물이나 결빙 시 손상되는 화물수송을 위해 혹한에 대비한 대책, 컨테이너 부족에 따른 공컨테이너 회수문제, 다국경 통과에 따른 운임비용 산정, 통관문제 등을 해결해야만 국제복합운송노선으로서의 기능을 본격적으로 수행할 것이다. 따라서 서비스수준 향상, 기술적 자립 및 경영의 노하우 축적 등이 수반되어야 할 것이다.

V. 대륙횡단철도와 남북한종단철도

1. 시베리아횡단철도(Trans Siberian Railway)

〈그림-1〉에서 보듯이, 시베리아횡단철도(TSR)는 러시아의 극동지역과 유럽을 연결하는 복합운송루트이다.35) 세계에서 가장 최장 철도인 TSR은 1916년에 전구간이 완공된 총연장 9,298km의 광궤철도로 러시아의 극동항만인 보스토치니에서 출발하여 다른 국가들을 통과하지 않고 모스크바까지 직행할 수 있는 대륙횡단철도이다. TSR은 러시아연방의 20개주 89개 도시를 지나며, 벨라루시의 브레스트를 거쳐 유럽의 주요도시로 연계된다. TSR의 전구간은 복선화되어 있고, 직교류를 혼용하고 있으며 96.2%가 전철화되어 있다.36)

---

34) 나희승 외(2004).
35) TSR은 SLB(Siberian Land Bridge), TSL(Trans Siberian Landbridge), TSCS (Trans Siberian Container Service) 등의 이름으로 불린다. 김홍섭, "소련의 해운 및 시베리아횡단철도의 수송환경변화와 우리의 대응방향",『월간 해운산업동향』, 1991년, p. 342; 옥준종, "중국 대륙횡단철도를 이용한 컨테이너 서비스에 대한 연구",『무역학회지』, 제16권(1989년), p. 133.

한편 러시아는 군사적 목적과 산업발전을 목적으로 개발된 시베리아횡단열차의 수송력 부족을 보완하기 위하여 바이칼-아무르철도37)를 1989년에 완성하여 철도의 수송능력을 크게 향상시켰다.38)

TSR은 북한철도와 연계되는 바, 북한의 나진이나 청진을 거쳐 두만강역과 러시아의 핫산역에서 환적·환차하여 TSR의 전노선과 연계된다. 또한 한국에서 선적된 화물을 해상을 통하여 러시아의 극동항이자 TSR의 시종착역인 보스토치니항(나호트카)까지 운송하여 TSR과 연계되기도 한다. 그러나 TSR을 이용하는데 있어 가장 큰 문제점은 열차의 노후화, 화차, 보관 등 관련시설 미흡, 동절기 기상조건에 의한 추위에 약한 화물의 수송곤란, 적기수송과 신속한 수송을 위한 화물위치추적의 곤란, 철도종사자들의 서비스정신부족, 통관문제, 사회주의 잔재에 따른 관료들의 경직성과 비효율성 등이 있다.

2. 중국횡단철도(Trans Chinese Railway)

〈그림-1〉에서 보듯이, 중국횡단철도(TCR)는 연운항에서 철도를 이용하여 중국대륙 및 중앙아시아, 러시아 및 유럽 등으로 연결되는 복합운송루트이다. TCR은 표준궤철도로 총연장 4,147km이며 3개의 철도노선으로 연결된다. 즉 연운항과 란주간의 용해선(1,795km), 란주와 우루무치간의 란신선(1,892km), 우루무치와 아라산쿠간의 북강선(460km)으로 구성되어 있다. TCR은 1992년에 시베리아횡단철도

---

36) 김상원(2001), p. 26; 나희승 외(2004).
37) Baikal-Amur Main Line(BAM)는 제2시베리아횡단철도라고도 하며, 총연장 구간거리는 4,300km로 TSR노선 북쪽으로 평행하게 건설되었다. BAM선은 타이셰트에서 시베리아횡단철도와 합류되며, 태평양연안의 바니노항과 연결된다.
38) 김홍섭(2002), p. 36; 옥준종(1989), p. 134.

와 연결되었으며, 복선구간은 76.6%이며 직류전압을 이용하는 전철화구간은 28.8%이다.39)

〈그림-1〉 남북종단철도와 아시아-유럽 로테르담 간 복합운송경로

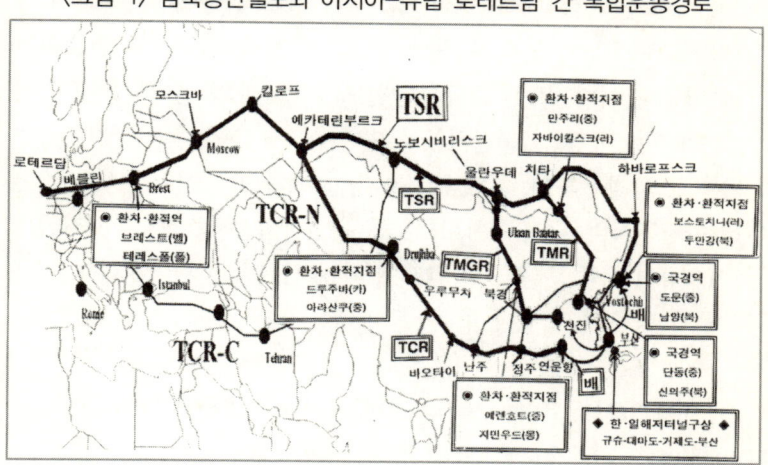

중국횡단철도 역시 북한철도와 연결되는 바, TCR만 이용하여 TSR 과 연계되기도 하고, TMR(만주철도 또는 장춘철도)을 이용하여 TSR 과 연계되기도 하고, TCR과 TMGR을 이용하여 TSR과 연계된다. 대표적인 노선으로 북한의 신의주를 거쳐 중국의 단동-북경-서주-정주를 경유하여, 란주, 우루무치를 경유, 아라산쿠와 카자흐스탄의 드루즈바에서 환적·환차하여 러시아의 예카테린버그역에서 TSR 과 연계된다. 또한 북한의 남양에서 중국의 도문을 거쳐 TMR을 이용하여 만주리 수분하역과 러시아 자바이칼스크 그로데코보역에서

---

39) 이상협, "범아시아철도의 컨테이너 화물수송노선 대안 및 사업추진방안", 『대한토목학회논문집』, 2002년, p. 631; 하영석, "아시아-유럽 간 대륙철도 복합운송로의 경제성 비교분석", 『한국해운학회지』, 제36호 (2002년), p. 50; 나희승 외(2004).

환적·환차하여 치타에서 TSR과 연계되기도 한다. 한편 항구를 이용하는 경우도 있는데, 한국에서 선적된 화물을 중국의 연운항[40]이나 천진항[41]까지 운송한 후 TCR이나 TMGR을 이용하여 복합운송한 후 TSR과 연계되기도 한다. 중국횡단철도의 문제점은 노후차량의 교체 및 속도를 높이기 위해 철도의 디젤화, 전구간의 전철화가 시급한 상황이다. 또한 중국횡단철도가 TSR과의 연계되는데 있어서 문제점은 국경 간 궤간차이로 인한 환적·환차문제, 국경통과절차 복잡, 국경통과에 따른 협조문제, 신속하고도 적기수송을 위한 화물위치추적의 곤란, 화차, 보관 등 관련시설 미흡, 철도종사자들의 서비스정신 부족, 사회주의 잔재에 따른 관료들의 경직성과 비효율성 등이 항존하고 있다.

3. 만주횡단철도(Trans Manchurian Railway), 몽골횡단철도(Trans Mongolian Railway)

장춘철도라고 칭하는 만주횡단철도(TMR)는 중국의 동북지역 남부에 위치하고 있는 대련항에서 출발하여 만주리역을 통과한 후, 러시아 자바이칼스크에서 환적·환차하여 치타에서 TSR과 연결된다. TMR은 연길-하얼빈-초이발산 노선을 중심으로 하고, 대련-심양-장춘-하얼빈 노선과 연결되는데, 이중 심양-단동, 하얼빈-도문 구간은 북한철도망과 연결된다. 즉 북한의 남양과 중국의 도문을 거쳐 만주리역을 통과한 후, 러시아의 카림스키야역(자바이칼스크)에서 환적·환차하여 TSR과 연계된다.

---

40) 연운항을 거쳐 북경-서주-정주-란주-우루무치(TCR)-아라산쿠와 카자흐스탄의 드루즈바에서 환적·환차한 후 TSR과 연계됨.
41) 천진항을 거쳐 북경-에렌호트와 몽고의 자민우드 역에서 환차, 환적하여 울란바토르(TMGR)-호이트를 경유하여 러시아의 울란우데에서 TSR과 연계됨.

한편 몽골횡단철도(TMGR)는 중국의 톈진항을 출발하여 북경과 에렌호트와 몽고의 자민우드에서 환차, 환적하여 몽고의 울란바토르를 경유하여 러시아의 울란우데에서 TSR과 연결된다. TMGR은 베이징-대동-집령-울란바토르 구간으로 북경-심양-단동 구간이 북한철도망과 연결된다. 즉 북한의 신의주와 중국의 단동을 거쳐 북경-몽고의 울란바토르-러시아 울란우데에서 TSR과 연계된다.

Ⅵ. 육상운송과 해상운송과의 비교

1. 한국의 부산과 유럽의 로테르담 간 운송경로

(1) 철도운송: 4개 경로(㉮ ㉯ ㉰ ㉱)

앞으로 연계될 우리나라 부산에서 유럽의 물류 거점지 로테르담으로 연결되는 철도는 시베리아횡단철도와 중국횡단철도가 있다. 시베리아횡단철도는 철도를 통하여 한반도 및 동북아시아에서 발생하는 화물을 유럽까지 운송할 수 있는 노선으로, 북한의 두만강역과 러시아의 보스토치니항에서 환적·환차한 후, 러시아의 주요도시를 거쳐 벨로루시의 브레스트역에서 환적·환차하여 유럽 각 지역으로 연결된다. 중국횡단철도 역시 철도를 이용하여 한반도 및 동북아시아에서 발생하는 화물을 신의주나 남양을 거쳐, 중국의 단동 또는 도문역을 통과하여 몽고나 카자흐스탄, 만주를 거쳐 시베리아횡단철도와 연결된 후 유럽 각 지역으로 운송이 가능한 노선이다. 유럽과 연결되는 경로가 TCR을 이용하여 카자흐스탄을 거쳐 TSR과 연계되는 경로, TCR을 이용한 후 몽골의 TMGR을 이용하여 TSR과 연계되는 경로, TMR(만주철도 또는 장춘철도)를 이용하여 TSR과 연계되는 경로가 있다. 따라서 화물의 수송을 위해 철도를 이용하는 경우 다양한 운송경로가 있고 그에 따라 운송거리 또는 소요시간도 각각 상이하게 나타나며, 어느 경로를 이용하든 TSR을 통해 로테르담으로 화물운송이 가능하다.

(2) 복합운송 : 해상운송과 육상운송을 통한 2개 경로(㉮ ㉯)

부산에서 유럽의 로테르담까지 화물을 운송하는 경로는 배와 철도를 이용하여 복합운송하는 경로도 있다. 먼저 배로 부산항에서 중국의 연운항에 운송한 후, TCR을 이용하여 TSR과 연계되는 경로, 또 다른 하나는 부산항에서 러시아의 보스토치니 항구에 도착하여 TSR과 연계되는 경로가 있다.42) 이들 공히 벨로루시 브레스트역에서 환적·환차하여 로테르담에 도달할 수 있다. 그러나 배와 철도를 이용하는 경우 항만의 적체로 인한 시간누수에 따라 도착시간이 일정하지 않을 수 있으며 국경역에서의 통관절차, 환적·환차, 철도 상황에 따라 운송시간이 달라질 수 있다.

(3) 해상운송: 1개 경로(㉰)

부산에서 유럽의 로테르담까지 화물을 운송하는 경로는 해상을 이용하여 운송하는 경로가 있다. 배로 가는 경로도 운송경로가 다양한 바, 수에즈운하를 통과하는 경로, 희망봉을 돌아가는 경로, 북극해로 가는 방법, 파나마운하를 통과하는 경로가 있다. 이 중 98% 이상의 대부분의 배들이 운송거리가 가장 짧은 수에즈운하를 이용하고 있다. 또한 운송거리도 선박회사를 어디로 선택하느냐에 따라

---

42) 최근 또 하나 검토되고 있는 것이 철도페리를 이용한 복합운송이다. 2007년말 운항될 것으로 전망되는 철도페리는 배의 내부에 선로를 설치, 컨테이너 등 화물을 실은 열차 즉 열차페리용 선박(5,000톤급)을 이용해 국내화물을 인천에서 중국의 옌타이항으로 실어 나르고 거기서 중국횡단철도(TCR) 및 시베리아횡단철도(TSR)를 이용하여 유럽으로 운송되는 것이라 할 수 있다. 『조선일보』 2006년 1월 3일.

달라질 수 있으며 그에 따라 소요시간도 달라질 수 있다. 지정학적 최단거리가 19,790km이지만 해상운송의 실제거리는 선사에 따라, 중간에 기항하는 항만의 수에 따라, 서향 항해냐 동향 항해냐에 따라 운송거리, 운송시간이 달라질 수 있다.

2. 부산과 로테르담 간 운송거리, 운송시간, 운임비교

현재 부산에서 유럽의 로테르담까지 철도를 이용하여 화물을 운송할 시, 운송거리는 해상을 이용한 운송거리보다 훨씬 짧으며, 수송시간도 대략 7일 정도 단축되는 것으로 나타난다. 즉 해상운송을 하는 경우 수송거리는 약 2만km에 수송시간은 30~35일 정도로 소요되나, 대륙횡단철도로 수송하는 경우 수송거리는 약 12,000km에서 14,000km로 수송시간은 23~28일 정도 소요되어 대륙횡단철도의 경쟁력이 있을 것으로 보인다. 따라서 대륙횡단철도를 이용하는 것이 해상운송보다 운송거리, 운송시간이 짧게 소요된다.

〈표-3〉에서 보듯이, 부산에서 로테르담까지 가는 경로는 다양하다. 즉 철도만을 이용해서 가는 경로, 배와 철도를 이용해서 가는 복합운송경로, 배로만 가는 경로가 있다. 이 중에서 부산에서 로테르담까지 가장 거리가 먼 노선을 순서대로 살펴보면, 배로만 가는 ㉔경로(20,190km), 그 다음 경원선과 TSR을 이용하는 ㉮노선(14,107km), 경의선과 TCR, TSR을 이용하는 ㉯노선(13,138km), 배와 TSR을 이용하는 ㉲노선(13,050km), 경원선과 TMR, TSR을 이용하는 ㉱노선(12,653km), 경의선과 TCR, TMGR, TSR을 이용하는 ㉰노선(12,276km), 배와 TCR, TSR을 이용하는 ㉳노선(11,150km)이 있다. 따라서 배편으로 가는 ㉔경로가 거리상 가장 멀고, 배와 철도를 이용하는 복합운송경로인 ㉳노선이 가장 가까운 경로라 하겠다. 즉 거리상으로 보면, ㉳노선의 운송시간이 가장 적게 소요될 것이고 ㉰, ㉱, ㉲, ㉯, ㉮,

㈏ 순으로 운송시간이 걸릴 것으로 예측되나 현실적으로는 그렇지가 않다. 그 이유는 국경 통과 시 철도궤간차이로 인한 환적·환차 소요시간, 국경통관절차상의 문제, 상이한 전기·신호체계, 항만사정, 철도시설의 노후화, 운영관리의 비효율성 등 다양한 요인들에 의해 운송시간이 달라질 수 있기 때문이다.

그와 같은 내용은 이론상의 이야기일 뿐, 실제로 이 중에서 현재 ㈐와 ㈑, ㈏경로만이 운행되고 있으며, 특히 배를 이용하여 중국 연운항에서 TCR과 연결하여 TSR을 경유하는 ㈐노선이 가장 적절한 운송경로로 평가되고 있다. 그러나 현재 ㈐경로를 통해 불규칙하게 소량의 컨테이너 화물운송이 이루어지고 있으나,43) 대다수의 화주들은 여러 가지 여건상 해상운송 ㈏경로를 많이 이용하고 있는 상황이다. 즉 철도를 이용하여 로테르담까지의 운송거리가 해상운송거리보다 약 1/2 정도 짧음에도 불구하고 철도보다 해상운송이 더 선호되고 있다. 그 이유는 해상운송이 TSR, TCR보다 운송거리가 길다는 지정학적 불리함에도 불구하고 선사들의 선박기항이 유럽지역에서 항만별로 특화되어 있으며 안정성, 정확성, 신뢰성 면에서 육상운송보다 더 낫기 때문인 것으로 풀이되며 동시에 거대한 운송능력을 갖고 있기 때문이다.

또한 운임측면에 있어서도 해상운송이 육상운송 혹은 복합운송보다 저렴한 것으로 나타났다.44) 즉 비록 철도와 배와 철도를 이용하는 것이 운송거리, 운송시간에서 유리함에도 불구하고 해상운송경로를 이용하는 것이 저렴한 것으로 나타났다.45) 그 이유는 철도운

---

43) 현재 TSR을 이용하여 운송하는데 있어 특징은 서향물동량이 동향물동량에 비해 훨씬 많아 서향운임이 동향운임에 비해 높다. 그 이유는 서향화물이 전자제품 등 고가품인데 비해 동향화물은 광산물 등과 같은 저가품인 벌크화물이 많은데 그 차이가 있으나 실제 이용량은 해상운송의 1/10도 안 되는 상황이다.
44) 우종균, "아시아횡단철도의 경로별 운송조건 및 경쟁력 분석",『월간 해양수산』, 1999년, p. 83.
45) 그러나 임종관의 논문에 의하면, 부산에서 로테르담까지 해상운송하는

<표-3> 대한민국 부산 – 유럽 로테르담간 운송경로

철도	㉮ TKR1(경원선)→TSR→로테르담(총연장 14,107km) 부산→서울→신탄진→평강→원산→청진→두만강→핫산→TSR→ 모스크바→브레스트→로테르담	
	㉯ TKR2(경의선)→TCR-TSR→로테르담(총연장 13,138km) 부산→서울→문산→개성→평양→신의주→단동→북경→정주→란주→ 우르무치→아라산쿠→드루즈바→TSR(예카테린부르크)→모스크바→ 브레스트→로테르담	
	㉰ TKR3(경의선)→TCR→TMGR→TSR→로테르담(총연장 12,276km) 부산→서울→문산→개성→평양→신의주→단동→북경→에렌후트→ 자민우드→울란바토르→TSR(울란우데)→모스크바→브레스트→로테 르담	
	㉱ TKR4(경원선)→남양→TMR→TSR→로테르담(총연장 12,653km) 부산→서울→신탄진→평강→원산→청진→회령→남양→도문(투문)→ 만주리→자이바이칼스크→TSR(치타)→모스크바→브레스트→로테르담	
배+철도	㉲ SEE→TCR→TSR→로테르담(총연장 11,150km) 부산→연운항→TCR→TSR→모스크바→브레스트→로테르담	
	㉳ SEE→TSR→로테르담(총연장 13,050km) 부산→보스토치니→TSR→로테르담	
배	㉴ SEE→로테르담(총연장 20,190km, 지정학적 최단거리 19,790km) 부산→배→로테르담	
비고(구간거리)	* 육상거리: 부산→두만강 1,313/ 부산→신의주 945/ 부산→남양 1,354/ 평양→북경 1,349/ 두만강→핫산→모스크바 9216/ 보스토치니→모스크바 9,298/ 모스크바→브레스트 2,533/ 브레스트→로테르담 1,045/ 신의주→단동→북경 1,126/ 북경→정주→우르무치→드루즈바→모스크바 7,489/ 북경→에렌후트→울란바토르→울란우데→모스크바 6,627/ 남양→도문→만주리→모스크바 7,721 (단위: km) * 해상거리: 부산→배→연운항 780/ 부산→배→보스토치니 820(단위: km)	

* 김한태(1994), 김상원(2001), 김성국·정헌영(2005), 김홍섭(2002), 진형인·조용갑·전형진(1998), 우종균(1999), 하영석(2002), 임종관(1992)의 논문을 참조하여 재구성.
* UN ESCAP(1999), TAR in the Southern Corridor of asia-Europe Route.

경우, 수출시 1컨테이너 당 1,880달러이나 TSR은 1,650달러이고, 수입시는 해상운송이 1,490달러, TSR이 1,160달러이다. 따라서 TSR이용운임이 해상운송보다 수출시 230달러, 수입시 330달러 더 저렴한 것으로 분석했다. 임종관, "대륙횡단철도와 극동-유럽 정기항로의 경쟁여건 비교", 『월간 해운산업동향』, 1992년, p. 41.

송이나 복합운송을 하는 경우 운영상의 문제로 발생하는 비용 즉 항만사용료, 항만적체로 인한 부대비용 발생, 통관에 따른 수수료부담 등에서 다양한 비용이 발생되거나 추가되기 때문이다. 또한 복합운송을 하는 경우 대륙횡단철도 이용 시 고율의 운임, 손실·멸실 위험에 대한 대책미흡, 국경 통과 시 환적·환차에 따른 시간지체 등으로 인해 제반 관련비용이 발생하기 때문이다.

따라서 대륙횡단철도가 해상운송에 대한 경쟁력을 가지려면, 보다 나은 운임경쟁력이 있어야 할 뿐만 아니라, 신속성, 안전성, 화물위치추적의 용이성, 서비스질의 향상, 운영의 효율성 등에서 전반적인 운송경쟁력을 갖추는 것이 필요하다.[46] 대륙횡단철도가 국제 복합운송망으로서 기능하기 위해서는 이러한 제반 문제점 등을 극복해야만 해상운송보다 경쟁력이 있을 것이다. 따라서 효율적인 철도 운송시스템 및 운송조건이 개선되는 경우 해상운송보다 운송시간의 단축 및 운임도 보다 더 저렴해져 더욱 더 경쟁력이 높아질 것이다.

3. 대륙횡단철도 TSR과 TCR 운송여건 비교

ESCAP을 비롯한 많은 전문가들은 TSR이 철도복합운송루트 가운

---

[46] 해상운송의 경우 아시아 주요항만에서 유럽의 주요항만까지 해상운송과 유럽의 항만에서 최종목적지까지의 내륙운송을 연계하는 일관복합운송 요금체계가 발달되어 있으나 부산에서 TSR 또는 TCR을 이용하여 유럽으로 운송하는 경우, 해상운송료, 항만이용료, 철도운송비용, 세관통과료 등 관련된 모든 비용이 화주부담으로 지불되므로 실질적으로 해상운송에 비해 운임경쟁력이 떨어진다. 또한 철도요금체계에 있어 운송거리 증가에 따라 운송거리단위당 요금이 체감하는 반비례운임제가 되어야 해상운송에 대한 경쟁력을 가질 수 있으나 현재 철도운송요금은 국가마다 구간별 비례증가요금제, 장거리 체감제 등 서로 다른 요금체계를 고수하여 대륙횡단철도 전체의 운임경쟁력을 갖추기 힘들다.

데 최적노선이라고 주장한다. 왜냐하면 그 동안 TSR이 두만강과 인접한 러시아지역의 핫산이 북한경유 통과화물에 대한 처리경험이 많은 것과 TSR의 인프라가 타 철도노선에 비해 비교적 잘 구축되어 있다는 이유 때문에 극동지역을 경유하는 TSR이 복합운송루트 가운데 최적노선이라 주장한다.[47]

또한 TSR을 이용하는 것이 TCR을 이용하는 것보다 더 유리한 노선으로 평가되고 있다. 그 이유는 TCR이 TSR보다 많은 문제점과 장애요인이 상존하고 있기 때문인 것으로 평가된다. 즉 TCR은 최종 목적지인 유럽으로 운송되는 거리가 짧다는 이점 이외에는 중국내 수송인프라의 낙후로 인해 기존 물동량의 소화도 어려울 뿐만 아니라 중국, 카자흐스탄을 거치게 됨에 따라 환적·환차, 국경통과수속, 수수료 부담 등 여러 가지 측면에서 TSR보다 경쟁상 열위에 있기 때문이다.[48] 또한 TCR의 수송능력이 철도의 단선노선, 비전철화

---

[47] TSR은 수송거리 면에서 해상수송의 경우 수에즈운하 경유보다는 약8,000 킬로, 희망봉을 경유할 때보다 14,000킬로 단축이 가능하고, 운임 면에서도 약 30%정도 저렴하다. TSR은 당초 기대치만큼 많은 수송량을 수송하지 못하고 있는데 이는 TSR이 물리적인 조건이나 배후설비의 낙후보다는 운영시스템과 노하우의 부족 그리고 마케팅 활동, 화물정보체계 및 적기 수송 등의 경영·관리상의 문제점으로 인해 비롯된 것이다. 이러한 문제점들을 개선하기 위해 시장경제원리와 경영의 자율화 등 자본주의적 경영기술이 도입되고 있으며 TSR에도 종래의 독점적·관료적 경영에서 자율이 강조되고 화주를 위한 서비스질을 높이기 위한 노력이 지속되고 있다. 따라서 시베리아횡단철도가 복합 운송망으로 경쟁력을 확보하기 위해서는 해상운송에 대한 상대적인 경쟁력을 확보하기 위해서는 특히 해상운송에 대한 상대적인 경쟁력을 확보하여야 한다. 부산-로테르담구간은 운송거리와 운송시간측면에서 우위를 가지고 있으나, 운임 면에서는 안전성을 포함하여야 하기 때문에 운임 비용 이외의 제반여건 안정화를 가져와야 한다. 철도이용운임 비교측면에서는 시베리아횡단철도는 중국횡단철도를 이용하여 로테르담까지 운송하는 경우 통과하는 국가가 중국철도루트보다 적어서 운송비용이 상대적으로 낮다고 할 수 있다. 김상원(2001), p. 31; 김홍섭(1991), p. 11.

[48] 하영석(2002), p. 55.

등으로 매우 제한적이어서 TCR루트의 개척이 당분간 TSR을 이용할 운송물량에 큰 타격을 주지 못할 것으로 예상되고 있기 때문이다. 그러나 부산과 로테르담간 복합운송에 있어 경로의 결합측면에서 중국횡단철도를 이용하는 경로가 시베리아횡단철도를 이용하는 경로보다 운송거리와 운송시간이 상대적으로 우위에 있음을 부인할 수 없다.[49]

중국횡단철도의 하나인 만주횡단철도(TMR)노선은 기술적 상태, 속도 및 운송기간, 4개국 국경지점에서의 연결미흡, 환적·환차 등의 문제점이 상존하고 있기 때문에 기존 TSR노선에 비해 경쟁상 열위에 있는 것으로 평가되고 있다. 즉 TMR을 이용한 운송루트가 만주의 하얼빈, 장춘 등 복잡한 구간을 통과하기 때문이다.

한편 TMR보다 TMGR을 이용한 운송이 보다 더 합리적이라 할 수 있다. 즉 TMGR은 운송구간 중 모든 화물이 집산되는 북경지역의 운송압박은 있으나, 단동-베이징 구간은 물동량이 그렇게 많지 않은 구간이기 때문에 TMGR을 이용하는 노선이 효과적인 운송루트로 평가되고 있다.

아무튼 현재 중국은 대륙횡단철도가 가져오는 막대한 운송수입 및 운송망 확충을 통한 경제성장의 극대화에 있어 철도역할의 중요성을 인식하여 철도의 현대화 작업을 서두르고 있다. 따라서 철도의 전철화, 복선화작업이 급속히 진행되고 있으며, 서비스질 향상, 열차속도개선, 노후화된 철도시설에 대한 개선을 적극적으로 추진하고 있다. 특히 시베리아횡단철도보다 운송거리가 짧다는 이점을 최대한 활용하여 동북아시아지역에서 발생하는 수출입화물운송을 적극

---

[49] 또한 TCR의 장점은 TSR보다는 약 1천km, 해상운송보다는 약 7천km 거리 단축이 가능하고 운송비용도 15~20%정도 절감이 가능하며, 동절기에는 TSR이 섭씨 -20~-30도로 액화화물운송에 따른 어려움이 있으나 TCR은 가능하다. 김홍섭, "대륙횡단철도를 통한 한반도 물류중심화 전략연구", 『물류학회지』, 2002년, p. 38.

유치하려고 노력하고 있다.

Ⅶ. 맺는말

남북 간 철도의 연결은 상이한 체제와 이데올로기 하에 60년 동안 분단이 고착화되어 왔던 한반도에 평화와 안정을 가져 오는 것으로, 그 동안 남북 간에 항존해 왔던 긴장의 해소 및 관계개선, 북한의 개혁·개방유도, 인적·물적 교류증진, 경제난에 허덕이는 북한경제를 회생시키는데 커다란 기여를 할 것이다. 대외적으로는 남북종단철도가 대륙횡단철도와 연결됨으로써 유럽과 아시아가 하나의 대륙으로서 연결되고, ESCAP 및 국제사회가 추진하였던 랜드브리지의 완성을 의미함과 동시에 철의 실크로드시대의 개막을 알리는 것이 될 것이다. 또한 남북철도연결은 한반도가 지정학적·지경학적으로 아시아-태평양의 관문으로서의 중요한 역할을 수행함과 동시에 국제물류중심지로 부상함을 의미한다. 따라서 남북철도의 연결은 한반도 만에 국한된 지엽적인 사업이 아닌 전 세계인들이 바라는 범지구적 프로젝트로서 한국에게 제2의 경제도약을 가져다주고 동북아지역 내 국가들의 경제발전에 기여함을 의미한다. 즉 남북 간 철도가 대륙횡단철도와 연결됨으로써 한반도는 물론 동북아지역 내 국가들 간의 상호보완적인 관계를 더욱 활성화시켜 상호협력과 번영을 추구하는데 시너지효과를 발휘하는 것을 의미한다.

그러나 남북 간 철도연결은 많은 난관과 문제점이 상존하고 있다. 이미 알려진 바와 같이 북한의 철도기반시설은 그 동안 경제침체로 지속적인 유지보수 및 관리부족으로 열악한 실정이다. 열차노후화를 비롯하여 고중량에 취약한 선로시설, 화차부족, 전 노선의 단선 등의 개선이 시급한 상황이다. 이와 같은 상황에서 대륙횡단철도와 연계되기 위해서는 남북 간의 철도가 상호통행이 가능하도록 전기와 디젤을 겸용할 수 있는 하이브리드방식의 추진 장치 개발, 중량레일로의 교체, 중심노선의 복선화, 전기·신호장치의 통일 등 철도시설의 기계화, 현대화작업이 요구된다. 그 중에서도 가장 큰 문제점으로 대두되고 있는 것이 북한 집권자의 정치적 결정 및 군부강경파의 협조가 있어야만 비로소 남북철도가 연결될 수 있는 정치적·군사적 과제가 남아있다.

한편 남북한 철도가 연계될 대륙횡단철도는 화물을 운송하는데 있어 여러 복합운송경로가 있다. 그러나 다양한 운송경로가 있음에도 불구하고 현재 해상운송이 선호되고 있다. 그 이유는 해상운송보다 철도운송이나 복합운송이 운송거리, 운송시간에 있어서 유리한 상황이지만, 운임에 있어서 경쟁력이 떨어지고 있기 때문이다. 또한 철도수송이나 복합운송을 하는데 있어 각 국경을 통과하는데 따른 제반문제, 항만사정, 상이한 철도시설, 상이한 신호체계, 국경 간 궤도차이로 인한 환적·환차문제 등이 있으며, 화물운송의 생명이라 할 수 있는 신속성(적기수송), 정확성, 신뢰성, 서비스 질 저하 등의 요인이 내재되어 있으며 동절기에 취약한 화물수송곤란, 화물위치 추적곤란, 사회주의 잔재에 따른 관료들의 경직성과 비효율성, 서비스부족 등의 문제가 있다.

이와 같이 남북한 철도가 대륙횡단철도와 연계되기 위해서는 여러 가지 난제들이 있지만 가장 큰 문제는 북한집권자의 정치적 결정이 급선무이다. 남북 간의 정치적 합의가 결정되면 남북종단 철도의 연결과 운행은 시간문제일 것이다. 그에 의해서 남북철도는 철도가 갖고 있는 본래의 기능을 회복할 수 있으며, 그에 따라 남북은 상호협력과 공존공영을 추구할 수 있으며, 더 나아가 동북아시아지역 내 국가들 간의 평화와 경제적 번영을 추구하는데 지렛대로 작용할 것이다. 또한 그럼으로써 랜드브리지로서의 대륙횡단철도의 본연의 목적을 수행할 수 있을 것이다. 그것은 동북아시아지역 내 국가들 간의 상호협력과 번영에 박차를 가할 것이다. 일본의 커다란 자본과 기술력, 한국의 개발경험과 자본력, 중국의 저렴한 노동력과 13억 시장, 러시아의 석유와 가스 등의 풍부한 지하자원, 북한의 저렴한 노동력 등이 어우러짐으로써 한반도는 물론 동북아시아지역 국가들이 상호번영을 지속하는 계기를 마련할 것이다. 따라서 남북철도연결은 통일을 앞당기는 민족적 프로젝트로써 민족화합의 동맥이자 생명선이며 제2의 경제도약을 추구하는 한국에게 커다란 이익과 북한에 경제적 효과이상의 것을 제공하는 성장 동력이며, 더 나아가 동북아시아지역 내 국가들의 번영에도 견인차 역할을 수행할 것이다.

■ 참고문헌 ■

권원순, "한·러 운송협력의 현황과 전망", 『유라시아연구』, 연세대 동서문제연구원, 2000.
_____, "시베리아횡단철도 이용활성화와 한-러경제협력", 『한국철도학회지』 제4권 제1호, 한국철도학회, 2001.
김상원, "시베리아횡단철도와 동북아경제협력", 『한국철도학회지』 제4권 제1호, 한국철도학회, 2001.
김성국·정헌영, "대륙횡단철도를 고려한 아시아-유럽 컨테이너 화물 운송수단 선택에 관한 시험적 연구", 『해운물류연구』 제44호, 한국해운물류학회, 2005.
김연규·안병민·이선영, 『남북한 교통망연결을 위한 기초조사』, 교통개발연구원, 2000.
김영봉, "환동해 경제권형성과 국토개발과제", 『국토』, 국토연구원, 1994.
김우준, "중국 동북3성과 시베리아·러시아극동지방간 관계", 『현대중국연구』, 현대중국학회, 2003.
김한태, "남북철도 연결과 대륙횡단철도 이용", 『북한』 5월호, 6월호, 1994.
김홍섭, "소련의 해운 및 시베리아횡단철도의 수송환경변화와 우리의 대응방향", 『월간 해운산업동향』, 한국해양수산개발원, 1991.

_____, "대륙횡단철도를 통한 한반도 물류중심화 전략연구",『물류학회지』, 한국물류학회, 2002.
나희승·손지언·조영걸, "대륙횡단철도 연계운영의 효율화를 위한 기초조사", 한국철도학회 2004년 춘계학술대회 논문집, 2004.
맹주환, "한반도종단철도의 연결과 효과",『통일한국』, 2004.
문명식, "연해주의 문화인류학고 한·러 관계: 여러 민족 간의 관계와 한·러 경제협력",『평화연구』 2003/2004 겨울, 제12권 1호, 고려대학교 평화연구소, 2004.
배긍찬, "ASEAN+3 협력과 동아시아정체성",『동남아시아연구』 13권 1호, 한국동남아학회, 2003.
서선덕 외,『한국철도의 르네상스를 꿈꾸며』, 삼성경제연구소, 2001.
성원용, "TKR-TSR 연결의 의의와 파급효과",『동북아경제연구』 제14권 제3호, 한국동북아경제학회, 2002.
신범식, "교통의 국제정치: 시베리아횡단철도 국제화와 동북아 협력을 위한 한국의 대응전략",『한국과 국제정치』 제19권 4호, 경남대 극동문제연구소, 2003.
심치호, "중국·북한 국경역 운영시스템 및 남북철도운송방안 연구",『한국철도학회지』, 한국철도학회, 2004.
옥준종, "중국대륙횡단철도를 이용한 컨테이너서비스에 대한 연구",『무역학회지』 제16권, 무역학회, 1989.
우종균, "아시아횡단철도의 경로별 운송조건 및 경쟁력 분석",『월간 해양수산』, 한국해양수산개발원, 1999.
유석형·임종관,『남북한 화물운송체제 구축방안』, 해운산업연구원, 1993.
유원희·구동희, "남북철도와 대륙횡단철도의 연계기술",『토목』, 대한토목학회지, 2001.
윤재희, "남북철도연결사업에 있어서 주변국가의 경제적 효과",『복지행정연구』, 안양대복지행정연구소, 2002.
이강대,『교통물류계획』, 두남, 2005.
이상협, "범아시아철도의 컨테이너 화물수송노선 대안 및 사업추진방안",『대한토목학회논문집』, 대한토목학회, 2002.
이성욱, "북한의 철도시설과 운영현황",『토목』, 대한토목학회, 2001.
이영균 외,『남북한간 교통물류체계 정비확충방안』, 교통개발연구원, 2001.
이영선, "한반도 경제통합과 동북아 경제협력",『동아시아연구논총』, 연세대학교 동서문제연구소, 1994.

이종득 · 이성욱, "남북철도연결과 교류방안", 한국철도학회 2002년도 추계학술대회논문집, 2002.
임명, "북한의 철도교통", 『대한교통학회지』 제11권 제1호, 대한교통학회, 1993.
임종관, "대륙횡단철도와 극동-유럽 정기항로의 경쟁여건 비교", 『월간 해운산업동향』, 한국해양수산개발원, 1992.
임현수, "러시아의 동북아 경제협력정책과 TSR-TKR연결을 위한 경제적 협상전략", 『동북아경제연구』 제15권 제2호, 한국동북아경제학회, 2003.
정성호, "동북아지역 철도연결망의 현황과 전망", 『지역개발연구』, 강원대학교지역개발연구소, 2002.
정재정, "역사적 관점에서 본 남북한 철도연결의 국제적 성격", 『동방학지』, 연세대 학교국학연구원, 2005.
진형인, "남북한 해상운송체계의 현황과 과제", 『해양한국』, 한국해사문제연구소, 1995.
진형인 · 조용갑 · 전형진, 『TAR활용을 위한 국제복합운송망 구축방안』, 한국해양수산개발원, 1998.
최연혜, "남북철도연결에 있어서의 동 · 서독 철도통합의 시사점", 『토목』, 대한토목학회, 2001.
하영석, "아시아-유럽 간 대륙철도 복합운송로의 경제성 비교분석", 『한국해운학회지』 제36호, 한국해운학회, 2002.
현대경제연구원, 『허브 한반도』, 거름, 2003.
현병언 · 김창은 · 노전표 · 이석태, 『신물류관리』, 율곡출판사, 2003.
UN ESCAP, 1999, TAR in the Southern Corridor of asia-Europe Route.
世界日報社刊, 佐佐保雄 監修, 1993, 『日韓TUNNEL PROJECT』.
조선노동당출판사, 1996, 『김일성저작집』 제44권.
『조선일보』 2006년 1월 3일자.

■ 집필자

이웅현 • 전 고려대 연구교수, 일본 도쿄(東京)대학 박사(국제관계)
이철우 • 고려대 강사, 고려대학교 문학박사
김지환 • 고려대학교 중국학연구소 연구교수, 중국 후단(復旦)대학 역사학박사
이군호 • 고려대 강사, 독일 뒤셀도르프(Düsseldorf)대학 독문학박사
이수석 • 국가안보전략연구소 책임연구위원, 고려대학교 정치학박사
박종철 • 통일연구원 선임연구위원, 고려대학교 정치학박사
서보혁 • 이화여대 이화학술원 평화학연구센터 연구위원, 한국외국어대학교 정치학박사
안병민 • 한국교통연구원 동북아·북한교통정보센터장, 일본 쓰쿠바(筑波)대학 박사

(연구참여 順)